"十三五"江苏省高等学校重点教材(编号:2018-1-042)

交通版高等学校交通工程专业规划教材

JIAOTONG GONGCHENG XITONG FENXI

交通工程系统分析

(第2版)

郑长江 沈金星 主 编
李 燕 李永义 李 锐 副主编
陆 建 主 审

人民交通出版社股份有限公司

北 京

内 容 提 要

本书系统阐述了系统分析的基本思想以及常用分析方法,以分章节的方式将系统分析的思想、方法与实际的交通工程问题衔接起来,以培养学生利用系统分析理论知识解决实际工程问题的能力。其主要内容包括:系统与系统工程、系统分析技术、线性规划问题、非线性规划问题、交通网络配流问题、交通系统排队问题、交通系统预测与优化问题以及交通系统决策问题等。

本教材的理论性、实践性、实用性和教学性均较强,可作为高等院校交通工程和交通运输专业本科生和研究生的专业教材,也可作为相关从业人员的学习参考用书。

图书在版编目(CIP)数据

交通工程系统分析/郑长江,沈金星主编. —2版. —北京:人民交通出版社股份有限公司,2021.12

ISBN 978-7-114-15814-8

Ⅰ.①交… Ⅱ.①郑… ②沈… Ⅲ.①道路工程—系统分析—高等学校—教材 Ⅳ.①U491

中国版本图书馆 CIP 数据核字(2021)第 182190 号

"十三五"江苏省高等学校重点教材(编号:2018-1-042)
交通版高等学校交通工程专业规划教材

书　　名:	交通工程系统分析(第2版)
著 作 者:	郑长江　沈金星
责任编辑:	郭红蕊　郭晓旭
责任校对:	孙国靖　扈　婕
责任印制:	刘高彤
出版发行:	人民交通出版社股份有限公司
地　　址:	(100011)北京市朝阳区安定门外外馆斜街3号
网　　址:	http://www.ccpcl.com.cn
销售电话:	(010)59757973
总 经 销:	人民交通出版社股份有限公司发行部
经　　销:	各地新华书店
印　　刷:	北京虎彩文化传播有限公司
开　　本:	787×1092　1/16
印　　张:	19
字　　数:	441 千
版　　次:	2016 年 8 月　第 1 版 2021 年 12 月　第 2 版
印　　次:	2024 年 7 月　第 2 版　第 3 次印刷　总第 4 次印刷
书　　号:	ISBN 978-7-114-15814-8
印　　数:	6001—8000 册
定　　价:	39.00 元

(有印刷、装订质量问题的图书由本公司负责调换)

交通版高等学校交通工程专业规划教材
编审委员会

主 任 委 员：徐建闽（华南理工大学）
副主任委员：马健霄（南京林业大学）
　　　　　　　王明生（石家庄铁道大学）
　　　　　　　王建军（长安大学）
　　　　　　　吴　芳（兰州交通大学）
　　　　　　　李淑庆（重庆交通大学）
　　　　　　　张卫华（合肥工业大学）
　　　　　　　陈　峻（东南大学）
委　　　员：马昌喜（兰州交通大学）
　　　　　　　王卫杰（南京工业大学）
　　　　　　　龙科军（长沙理工大学）
　　　　　　　朱成明（河南理工大学）
　　　　　　　刘廷新（山东交通学院）
　　　　　　　刘博航（石家庄铁道大学）
　　　　　　　杜胜品（武汉科技大学）
　　　　　　　郑长江（河海大学）
　　　　　　　胡启洲（南京理工大学）
　　　　　　　常玉林（江苏大学）
　　　　　　　梁国华（长安大学）
　　　　　　　蒋阳升（西南交通大学）
　　　　　　　蒋惠园（武汉理工大学）
　　　　　　　韩宝睿（南京林业大学）
　　　　　　　靳　露（山东科技大学）
秘 书 长：张征宇（人民交通出版社股份有限公司）

（按姓氏笔画排序）

JIAOTONG GONGCHENG XITONG FENXI

第2版前言

《交通工程系统分析》教材第1版自2016年8月出版以来，受到广大读者的欢迎，被多所高等院校的交通工程专业选用，取得了良好的教学效果。原教材主要介绍了系统分析的基本原理、原则和基本方法及其在道路交通工程中的应用，在借鉴现有同类教材的基础上，本教材在系统分析理论与实际交通工程案例应用的有效结合方面进行了尝试和探索。

近年来，随着交通工程学科的新理念、新问题的提出以及云计算、大数据、人工智能等技术的快速发展，交通工程专业的发展正面临着大变革、大调整的重大机遇和挑战。因此，本教材根据"新工科"人才培养要求，对原教材进行了优化和调整，并结合"课程思政"的教学要求，结合实际案例，增补思政素材，使其体现政治意志和道德导向，充分发挥专业课程的育人价值。除此之外，依据"十三五"江苏省高等学校重点教材建设实施方案，本教材充分吸收国内外交通工程系统分析课程相关的前沿研究成果，进一步归纳不同教学模块知识点的相互联系与发展规律，将教材的理论知识与实际案例相结合，使教材既有理论深度，又能培养学生解决实际问题的能力，内容丰富且易学易懂，符合交通工程学科的教学特点。

教材的修编工作由河海大学郑长江教授统筹完成，参编人员及主要分工为：河海大学郑长江（统筹编写，第一章和第二章）、河海大学沈金星（第四章、第七章和第八章）、苏州科技大学李燕（第三章）、南京工业大学李永义（第五章）、河海大学李锐（第六章）。同时，还特别邀请了东南大学陆建教授担任主审。此外，河海大学交通运输规划与管理专业的研究生也参与了资料收集与整理、数据处理以及制图方面工作：齐军杰（第一章、第二章和第三章）、王天童（第四章和第五章）、霍豪（第六章）、杨婷（第七章和第八章）。

本书出版得到国家级新工科研究与实践项目（基于新工科理念的新型土木类专业个性化人才培养模式的探索与实践）、江苏省教育科学"十三五规划"课题（c-a/2016/01/25）和河海大学中央高校基本科研业务费项目（2017B44914）联合支持，在此谨表谢忱。本书撰写过程中，参阅、引用了大量国内外相关文献资料和研究成果，在此亦对有关作者深表谢忱！

限于作者的学识水平和能力，书中可能存在疏漏、不妥之处，恳请广大读者批评指正。

编　者
2019年9月

第1版前言

随着城市化进程的加快,我国城市道路网规模不断增加,人们在交通出行中遇到的问题已不仅仅是单一的工程技术问题,还成为一种复杂的系统问题。面对这样的复杂系统难题,人们希望通过科学的系统方法来考虑交通系统中各种交通参与者之间的协调与冲突。因此,有关交通工程系统的理论与方法在近十年来再一次得到了快速的发展。

在系统科学的体系中,系统分析处于工程技术的层次,因此,系统分析是一种解决复杂问题的方法和手段。解决问题的关键是决策,而决策的前提是对信息的掌握与判断。用系统的观点来理解作为决策依据的信息,可以体会到系统分析的内容是庞大的,系统分析本身也是不断发展的。

为了充分体现交通系统分析的重要性,本着突出实践性、实用性、科学性和前瞻性的特点,人民交通出版社股份有限公司组织高等院校交通工程、系统分析、交通系统分析等领域内的教师和专家编写了《交通工程系统分析》一书。

本教材系统阐述了系统分析的基本思想以及常用分析方法,以分篇分章的方式将系统分析的思想、方法与实际的交通工程问题衔接起来,以培养学生利用理论知识解决实际工程问题的能力。其主要内容包括:系统分析基础、交通运输与资源分配问题、交通网络配流问题、交通系统排队问题、交通系统预测与优化问题以及交通系统决策问题等。

本教材的编审人员既有长期从事教学的专业老师,也有本领域经验丰富的专家学者。本书由河海大学郑长江教授统筹编写,东南大学陆建教授担任主审。参编人员及主要分工为:河海大学郑长江负责第一篇第一章、第二章以及第六篇第十五章、第十六章的编写;河海大学沈金星负责第二篇第三~第五章的编写;苏州科技大学李燕负责第三篇第六~第八章的编写;南京工业大学李永义负责第四篇第九~第十二章的编写;河海大学李锐负责第五篇第十三章、第十四章的编写。

教材中配有丰富的实际工程案例和复习思考题,理论性、实践性、实用性和教学性均较强,可作为高等院校交通工程和交通运输专业本科生和研究生的专业教材,也可作为相关从业人员的学习参考用书。

感谢河海大学交通运输规划与管理专业的研究生在资料收集与整理、数据处理以及绘图等方面做的大量工作。具体参与分工如下:陆棒为第二章;何瑞为第三章与第四章;倪勇为第五~第七章;张志伟为第八~第十章;付文进为第十一章、第十二章、第十五章、第十六章;杨淑茜为第一章、第十三章、第十四章。

作为本科生的专业课程教材,本书在编写过程中参考并引用了大量国内外相关文献资料和研究成果,在此一并表示感谢。

  本教材在系统分析理论结合实际交通工程案例应用的衔接方面进行了新的尝试和探索,但由于编者水平有限,教材难免存在不足之处,欢迎各位专家和同行批评指正。

编 者

2016 年 1 月

目 录

第一章 系统与系统工程 ... 1
- 第一节 系统的基本思想 ... 1
- 第二节 系统的基本概念与分类 ... 2
- 第三节 系统的分类与系统科学 ... 5
- 第四节 系统的特性 ... 6
- 第五节 系统工程简介 ... 7
- 第六节 霍尔三维结构 ... 8
- 第七节 逻辑维步骤详解 ... 10
- 第八节 几种常用的技术方法 ... 13

第二章 系统分析技术 ... 15
- 第一节 系统分析概述 ... 15
- 第二节 系统模型概述 ... 27
- 第三节 系统的自组织特征 ... 30
- 第四节 系统的结构动态性 ... 38

第三章 线性规划问题 ... 40
- 第一节 线性规划基础 ... 40
- 第二节 交通运输问题 ... 59
- 第三节 整数规划与交通资源分配问题 ... 76
- 第四节 线性规划问题的应用实例 ... 91
- 本章习题 ... 100

第四章 非线性规划问题 ... 103
- 第一节 非线性规划理论基础 ... 103
- 第二节 一维搜索 ... 114
- 第三节 无约束极值问题 ... 125
- 第四节 有约束极值问题 ... 140
- 第五节 非线性规划的应用实例 ... 154
- 本章习题 ... 157

第五章 交通网络配流问题 159
第一节 图与网络理论基础 159
第二节 交通网络最短路问题 164
第三节 交通网络最大流问题 168
第四节 交通网络配流问题的应用实例 174
本章习题 178

第六章 交通系统排队问题 179
第一节 系统排队问题理论基础 179
第二节 单服务台模型 184
第三节 多服务台模型 190
第四节 排队系统的优化 196
第五节 交通系统排队问题的应用实例 201
本章习题 206

第七章 交通系统预测与优化问题 208
第一节 交通系统预测 208
第二节 交通系统优化 253
第三节 交通系统预测及优化实例 267
本章习题 275

第八章 交通系统决策问题 277
第一节 决策分析基础 277
第二节 确定型决策和不确定型决策 280
第三节 风险型决策 283
第四节 交通系统决策问题的应用实例 287
本章习题 290

参考文献 292

第一章 系统与系统工程

第一节 系统的基本思想

19世纪下半叶以来,科学技术进入全面发展时期,而20世纪自然科学的迅速发展,使之开始形成了一个多层次、综合的统一整体。在科学技术快速进步的今天,系统思想得到了极大和极快的发展。

美籍奥地利理论生物学家贝塔朗菲的系统论思想便是其代表之一。他从20世纪20年代起多次发表文章,强调应当把有机体当作一个整体,一种在时空上有限的、具有复杂结构的自然整体来考虑。他认为"复杂现象大于因果链的独立属性和简单总和",他将系统定义为系统是相互作用的诸要素的复合体。贝塔朗菲还认为生命是一个开放系统,要从生物体与环境的相互作用中说明生命的本质。另外,他认为生物系统是分层次的,并于1937年第一次提出了一般系统论的概念。

随着生产规模的日益扩大,社会组织日益复杂,一个组织内的目标、协作以及信息的联系日趋重要,于是系统思想日益深入到管理领域。至于信息论、控制论等现代科学技术的发展,更是多方面地推动了系统思想、系统科学的发展。

20世纪60年代以来,先后诞生了耗散结构、协同学、超循环理论、突变论、混沌学等一系列关于系统的新科学、新理论,从而使人们对系统的复杂性、组织性、整体性的认识又提升到一个新的高度。

德国物理学家Haken在研究一类非平衡相变内在机制的基础上,吸取了耗散结构理论和突变论的核心观点,创立了统一解释系统从无序转变为有序过程的协同学。协同学认为,系统性质的改变是由于系统中的要素——子系统之间的相互作用所致。任何系统的子系统都有两种运动趋向:一种是自发地倾向于无序;另一种是通过子系统之间的关联引起的协调、合作运动,系统自发地走向有序。系统究竟是从无序走向有序还是相反,取决于哪一种运动趋势占主导地位。协同学通过序参量这一概念来描述一个系统宏观有序的程度,描述系统从无序到有序的转变,从而大大加深了人们对系统演化内部机制的认识。

德国生物物理学家Eigen于20世纪70年代提出了超循环理论。他认为,在关于生命起源的化学进化与生物进化之间,还有一个生物大分子自组织进化阶段,随机无序的大分子通过采取循环的自组织形式,发展形成有序的组织并向更高级、更复杂的组织进化。这一理论认为系统的演化采取了循环发展的形式,即从低级循环到高级循环,不同的循环层次与一定的发展水平相关联。

法国数学家 Thom 提出了突变理论,该理论揭示了原因的连续作用有可能导致结果的突然变化,从而深化了我们对于系统有序与无序转化的方式和途径多样性的理解。

混沌理论是 20 世纪自然科学最重大的发现之一,它告诉人们在确定性系统中也存在随机性。从整体上看系统具有稳定性,系统整体演化具有规律性。而从微观上看系统又是不稳定的,系统没有具体的轨迹可循。这就使我们对系统无序和有序的统一,即系统自组织过程的复杂性有了更深刻的认识。

第二节　系统的基本概念与分类

一、系统

系统本质上是一个描述客观对象存在方式的概念,其客观对象可以是人造的,也可以是自然的。而系统这一概念所要描述的存在方式主要关注些什么呢? 这应从引入系统概念的目的来理解。引入系统概念本质上是为了从联系、整体的视角来认识世界,因而,系统概念的实质就是要揭示联系与整体的特征与规律。

任何一个客观存在的对象总有其独立性,即存在一个边界,依据这一边界可以将此对象与其他的事物做出彼与此的区分,这是人们认识事物的最基本特征,也是事物存在的方式。既注意到客观对象的内部结构,又注意到客观对象与外界的联系,是系统概念描述客观对象存在方式的实质。

在此,我们引入系统的描述性定义:系统是相互关联的若干要素的集合体。

在这一定义中,"集合体"这样的概念,其意义仍然是模糊的。因此,在实际中用系统的特征来描述系统,是更具操作性的方法。

系统的特征可以概括如下:

(1)具有相互联系和彼此影响的要素。这是系统的最宏观特征,它强调了系统内部的可认识与可描述的存在方式。这一特征的进一步深化,就是系统结构的概念。

(2)具有一定的边界。以边界把系统从无限的存在中划分出来,系统以整个单位与环境发生关系。这一特征可进一步深化为系统功能的概念。

一所学校、一个部门、一个企业,这些作为系统是很容易被认同的。人体、家庭、社会,当然也是系统。但一只手、一支笔的笔套不是系统,尽管它们具有独立的物质存在形式,但这个独立的存在形式并不是与环境发生关系的整体单位,一般不会把它们当作一个独立的认识对象。

二、结构

结构是一个描述系统内部组织秩序的概念,对系统内部组织秩序的描述包括不可分割的两方面——要素和关联。

(1)要素,为系统内的有一定独立性的"零件"。它是系统内部在一定意义下的最小的基本单元。

既然要素是系统内部在一定意义下的基本单元,对要素的认定就有一定的任意性。系统内部要素的区分需遵守的基本原则是:对此要素与彼要素的边界以及要素之间彼此联系的描述是可行的。

在实际操作中,要素的划分与认识系统的目的有关,人们往往在达到目的要求的基础上,尽可能简单地规定划分要素的准则。

(2)关联,是指要素之间的联系。如领导与被领导关系是一种关联,师生关系是一种关联,企业之间在市场中的竞争是一种关联,企业之间组成集团是一种关联,有质量的物质之间的万有引力是一种关联等。

系统的结构是指要素及关联方式的总和。

需要强调的是,系统中的要素并不仅指物质的存在,也是指关联中的意义。如我们讲人体中的肺,其意义远比医学院里肺的标本的物质存在形式的意义更为深远;又如"砍下来的手不再是手"也是这一含义。

在一些特定场合,系统的结构可简单的指关联,这种场合主要是系统要素被命名后我们仅关注关联规律对系统的影响。如 $dX/dt = AX$,dX 称之为线性结构;又如由一组串联元件组成的系统,称之为串联结构。

实际上,结构这一概念与平常的一种认识方式相似,对一个认知对象,我们首先会给它一个名字,以区别其他对象,然后通过揭示内部的组成达到认识的目的。

三、功能

功能是描述系统与外部环境关系的一个概念。处于特定环境中的系统,外界给予它一组输入,不论这组输入是受控的还是不受控的,一般的系统能对该输入进行变换和处理,并产生一组返回环境的输出。系统内部对输入的处理能力是通过系统要素之间的配合行动来实现的。对系统的输入,有两类输入是需要区分的:一类是系统直接接受并处理的输入;另一类是影响系统处理过程的输入,如图1-1所示。如一个生产企业,各生产要素是企业

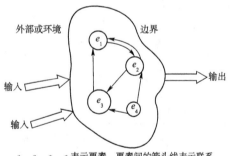

e_1、e_2、e_3、e_4 表示要素,要素间的箭头线表示联系

图1-1 系统的图像

这一系统直接处理的,而市场价格、法律法规等环境因素都影响企业行为,但它们不被企业直接处理。

把影响系统行为不被系统行为影响的输入称之为系统的环境因素。一般把输入区分为直接被系统加工的输入和环境因素。这样,系统的输入输出过程可以理解为,输入 X 经系统 S 作用后产生输出 Y,若记环境因素为 e,则输出 Y 可表示为:

$$Y = S(X, e) \tag{1-1}$$

一组输入在一定环境因素中导致了系统相应的输出,系统的这种输入输出过程称之为系统行为,全体行为的集合记录了系统与环境、输入与输出的全部关系。系统的功能就是指系统与环境相互影响与作用的能力。

任何一个系统,被人认识的功能往往只有这个系统功能的一部分,而没有被认识的功能更多。人们无法了解系统的全部功能,但人们必须关注尚未被认识的功能。

四、层次

系统层次的概念是自然界层次性的发展与延伸,例如在物理学中,量子力学、牛顿力学、爱因斯坦的相对论等分别对应不同层次物质的运动。层次这一概念是因为描述运动时空结构的局限性而产生的,可以在同一时空结构中描述的运动称为同一层次。而通常所说的属于不同层次,意指不能在一个时空结构中进行描述。由此可见,系统的层次概念是一个相当基本的概念,甚至可以认为是一个比时空还要基本的概念。

系统的层次有两个方面的含义。

一方面,系统的层次是指各种各样的系统在不同时空中的存在,如波尔丁把物理界、生物界、社会界的所有系统分成9个层次,见表1-1。

现实世界复杂性直观的层次关系　　　　　　　　　　表1-1

层　次	特　征	范　例
1.结构,框架	静态	晶体结构,桥梁
2.钟表机构	预定的运动	太阳系
3.控制装置	闭路控制	有机体内的平衡机制
4.开放系统	结构上自我维持	生物细胞
5.低级有机体	拥有功能部件的组织化整体	植物
6.动物	指挥全部行为的大脑	哺乳动物
7.人	自我意识,知识,语言	人类
8.社会—文化系统	角色,通信,价值观	家庭,民族,社会
9.超越系统	目前不可知物	—

但一个系统有跨越许多层次的存在形式,如人体系统,有按中医五行层次上的存在形式,有细胞层次上的存在形式,也有分子层次和原子层次上的存在形式等。

从功能的角度考虑,系统的层次主要是要求系统结构的描述与功能的描述在同一层次上,即系统的结构与功能在同一时空结构中的可描述性。由于系统在很多层次中都具有存在形式,因此,对系统的研究就要求在适当的层次中展开。

系统的层次概念要求人们在一定的层次上认识系统,特别需要避免几个层次之间的混淆。如在开发一个计算机系统时,在初步设计阶段就预定了购买某种显示器,这就是一种层次混淆;又如,一个不太称职的领导,其部下会反感其"该管的不管,不该管的又抓住不放"的无层次行为,等等。

另一方面,系统的层次也包括层面的意思。一个客观对象,被认为是系统时,往往可以从不同的视角去观察其存在及特性,这就是系统层面的含义。而观察对象的视角是无限多的,且从不同视角所观察的内容与意义不同。

总之,系统具有复杂的层次形式,在认识系统时要求我们对系统按层次展开。同时需注意到,有限层次上已认识到的系统往往并不是这一系统的全部。

总结起来,表现出复杂性的系统常常是具有层次结构的系统,而这种层次结构可以是以下几种:

(1)空间层次结构。即系统内要素之间的相互作用行为与它们在系统内所处的空间位置密切相关。例如,大多数宏观经济指标都是全国尺度上的加权平均,实际上忽略了不同地区与部门之间有着不同特征的空间结构。

(2)时间层次结构。即系统的变化与时间变化的尺度有着十分密切的关系。例如,社会经济系统在长时间尺度上的协调性、可持续性以及在短时间尺度上的具体管理方案之间究竟应如何耦合,是一件很复杂的事,因为协调性、可持续性是系统演化意义下的概念,是与我们可操作的短时间尺度不一致的另外一种长时间尺度下的解。

(3)功能层次结构。即系统的不同层次具有不同的作用。例如,对企业管理而言,高层为模糊与长远的经营决策,中层为慢时间的监督、调度与管理,下层则为各种生产过程的逻辑操作与精确控制。

第三节 系统的分类与系统科学

一、系统的分类

从系统的概念可以体会到,系统是普遍存在的。从逻辑上看,外延与内涵总是一对矛盾。缩小外延以求得更深刻的内涵是人们普遍的做法。对系统进行分类能够附加某些特征,以揭示出系统更深刻的内涵。为达到对特定类型系统深入研究的目的,人们通常会从以下几个方面对系统进行分类。

(一)自然系统和人工系统

这一分类是按照形成系统的原因所做的分类。自然系统是指自然演变而形成的系统,如太阳系就是一个自然系统。人工系统就是人为制造出来的,或是对自然要素加以人工利用形成的系统。实际上,人工系统这一概念强调了为了特定目标而创造系统这一特点,它往往是功能要求的产物。而自然系统,当然不是人的功能要求的产物。人们认识自然系统是先认识结构,再认识其可被利用的功能。但人们对待人工系统则是以功能为出发点,研究以怎样的结构来实现这些功能。

(二)实体系统与概念系统

实体系统是由通常物理意义下的物质组成的系统。概念系统是由概念、原理、原则、程序、规则等不具物理属性的存在物组成的。如太阳系是一个实体系统,而人们对太阳系的描述是一个概念系统。对于一个实体系统,人们用语言对其所做的描述是一个概念系统。人工系统往往是先有概念系统再有实体系统,而概念系统往往是实体系统的抽象与简化。实际上,实体系统与概念系统这一对概念,是由人类认识事物的过程是人的思想对被认识对象的反映这一特征引出的,即实体的存在与实体在人类意识中存在的区别。

(三) 封闭系统与开放系统

封闭系统是指与环境之间没有物质、能量、信息交换的系统。当然,若系统不存在环境,也可称为封闭系统。系统若不是封闭的,就称之为开放系统。对系统的这一种分类是人类认识的局限性及新认识突破旧认识的局限性的产物。热力学意义上的封闭系统,由热力学第二定律说明系统将演变成无结构的最无序状态,当然这里的无结构与无序也是局限于热力学的意义,进而人们认识到了系统的结构对外界环境的依赖性。系统正是以结构的存在作为必要条件,否则就不称之为系统。没有开放的概念也就没有系统存在的基础,所以强调了系统开放性的概念。开放系统这一概念的意义在于可以通过系统与环境的关系来研究系统的结构及其演变的特征。实体系统本身是开放的,但有时为了研究它而有意地忽略它与环境的关系,这样就有了封闭系统的概念。

(四) 静态系统与动态系统

静态系统是指其行为、状态与时间无关的系统,而动态系统则是指与时间有关的系统。严格来说,实体系统中不存在静态系统,因为任何系统都有生命周期。动态系统的概念强调的是系统行为或结构时间上的变化特征,这一概念主要是提醒人们在描述系统时对所使用语言的选择。如数学上的动态系统理论,就是为了描述动态系统及揭示动态系统的规律发展起来的。

总之,将系统按某些特征分类,是希望对具有这些特征的系统的共性认识更深刻。随着系统思想的不断发展,也会不断产生新的系统类型。

二、系统科学

通常所说的系统科学,是关于系统知识与应用系统知识的技术的总称。为了对系统科学在整体上有所认识,钱学森先生指出:人类的知识是一个多层次体系,可概括为4个层次,即哲学、基础科学、技术科学和工程技术。

哲学作为科学技术的最高概括,它描述了最一般的运动规律。基础科学,即自然科学、社会科学、数学科学、系统科学、思维科学和人体科学。技术科学是以自然科学为基础,针对工程中的普遍问题经抽象而形成的,如流体力学、电子学等。工程技术是指导人们改造客观世界并取得成效的知识。人类的工程实践离不开具体的环境与条件,离不开客观世界存在的复杂性。客观世界并不只是在某一学科中存在,而是在多个学科中存在着的。直接指导人类实践的工程技术,则是以硬件集成为特征,以改造客观对象为主要目的。

第四节 系统的特性

系统的特性主要是指系统在一般意义上的本质特征。本节中介绍的关于系统的几个基本特性,可以使读者对系统概念的理解更加清晰,并与日常思维的概念联系起来。

一、整体性

系统的整体性,直观上可理解为系统是一个整体的对外联系的单位,同时系统内部的各要素在整体中才有意义;从功能上,整体性可理解为这个整体所具有的功能区别于内部各部分的功能或各部分功能的简单叠加,各部分形成系统后可以产生新的质或新的功能。整体性强调的是组合效果的复杂性及组合的创新作用,是对机械整体论的否定。

二、相关性

相关性一般可理解为联系。相关性是用来描述整体性的原因,即相关性或联系是整体性的根据。同样的要素,其不同的联系可以成为不同的整体。一般来说,人们习惯在一个整体中先考虑作为部分的存在,而系统思想正是强调部分之间联系方式的重要性,这也是系统思维的一条主线。相关性一方面重视整体内部关联着的存在,另一方面也重视整体与环境的联系。对整体与环境的相关性不能作极端的理解,万物之间都有关联并不是说宇宙中只有一个系统存在。为了把相关性表达清楚,往往引申出两个新概念:把系统内若干要素看成一个系统,称其为子系统;把系统内能体现某一整体性能的若干要素视为一个系统,称其为分系统。如大系统的模块化集结,就是这种方法的体现。

三、层次性

物质运动总是以特殊的时空来表现的,而时空是有层次的。被命名的一个事物,在各时空层次中有特定的存在形式与运动规律,如一杯水,在分子层次上是分子的无规则运动,而宏观上可以用温度、质量等来描述,从而产生了一个难题,即认识客观对象到底选择哪个系统,这是一个在应用系统思想解决问题时较难把握的问题。

四、目的性

目的性限于人工系统。系统体现了特定的系统活动的目的,即人的目的被融入系统的特定过程。在行为的层次上,系统的目的性是指一定范围内不同的输入,可能都只有一种输出。如稳压器对各类输入电压都将输出恒压。

第五节　系统工程简介

自 19 世纪下半叶起,交通与通信规模日益扩大,电气化与化工技术使生产技术设备与组织渐趋复杂,人们开始考虑生产系统中的协调与综合,学者们也开始关注科学与系统:数理科学向经济学渗透,出现了华尔拉斯的经济系统平衡模型;丹麦数学家埃尔朗在吉布斯热力学统计平衡思想的影响下,运用比拟的思维方法,建立了电话系统统计平衡模型。

20 世纪 20 年代,列昂节夫在斯庐茨的指引下,把华尔拉斯供求模型的平衡方程应用到集中的计划经济情况中,创造了华氏平衡模型的一个变异——投入产出模型。

20 世纪 30 年代初,北欧统计学家丁伯根等,把物理建模、数学推论与计算引进经济学,建立了计量经济学,从而使经济系统分析工作进一步量化。

20 世纪 30 年代末期,苏联数学家康托洛维奇发表了《生产组织与计划的数学方法》,提出了科学进行生产组织与计划的一整套方法。

不难看出,大约到第二次世界大战前夕,经济、生产等一系列系统问题促使人们努力揭示系统的一般运行规律和创造组织管理系统的技术。当时的人们已较深入地研究了关于系统的平衡、要素配置、输入输出关系、竞争、博弈、聚散等问题。

第二次世界大战爆发之后,由于战争规模巨大,军事组织与战略、战术研究变得空前重要。例如,英国当时为了有效地使用技术上先进的雷达系统,在1940年成立了一个跨学科的 O. R. (Operational Research)小组,并在反潜艇问题、深水炸弹问题、军事运输问题等方面,都发挥了重要作用。O. R. 小组认为,要使武器系统的运用充分有效,必须到现场与使用者共同研讨实践中这个系统能发挥什么效用,并应用科学分析手段改进作战。

20世纪50年代,随着战争结束,生产规模进一步扩大,科学技术日益发展。这些情况反映在系统概念上,即系统的规模与复杂性,导致了一系列新的问题,诸如城市交通、环境保护等问题。

面对这些难题,单凭人们的直觉与经验,已经没有能力处理了,所以人们又一次寻求通过科学的系统方法作为解决复杂经济社会系统问题的技术,并在环境污染治理、生产技术选择、水力资源综合利用、大规模武器系统开发等方面取得了成功。以这些实例为基础,人们总结出解决系统问题的思路如下:

(1) 确定一个或多个目标。
(2) 确定达到目标需要的资源与条件。
(3) 确定达到目的的可行方案。
(4) 对各个方案在达到目标与所需资源、条件等方面进行综合分析评估。
(5) 根据一定的标准,判断各方案的优劣。
(6) 选择最终实施方案。

1962年 Hall 出版了《系统工程方法》一书,在这本书中他强调了创造性思维的重要性,提出了系统的需求与价值理论以及要重视经济理论与系统工程的关系,并首次提出了技术优越性与系统经济性的矛盾问题。

20世纪60年代美国开始阿波罗载人登月计划,参加者有42万多人,2万多厂家。成功后美国人首先宣布,阿波罗登月计划的成功是系统工程的胜利。

70年代中后期发展起来的软系统思想是系统工程从面向工程系统到面向无结构问题转变的典型标志。之后,人们又创造出一些面向更复杂系统的方法,如综合集成法。

总的来说,20世纪40年代是现代系统工程的起点;50年代,系统工程方法全面形成;60年代之后,系统工程方法取得突破;70年代之后,系统工程应用范围不断扩大,系统工程方法可以处理更加复杂的系统问题。

第六节　霍尔三维结构

系统工程,本质上就是一种组织与管理系统的工程技术。系统工程面对的是复杂工程,其复杂性可能是由许多工作交织在一起所造成的。系统工程的目标是把复杂内容厘清头绪,进行精心的组织安排,使工程有序展开。

一项复杂工程,可以从以下三个方面加以考察:

(1) 从时间方面考察,工程中的各项工作是互相联系的,工作的进行在时间上有先后并且互相依赖。

(2) 从工程管理的思维过程来考察,表现为围绕决策的一系列工作互相依存与展开的顺序。

(3) 从工程进展所需的科学知识方面来考察,表现为人类知识对工程进展的支撑作用。

美国系统工程科学家霍尔综合了上述三个方面,提出了著名的系统工程三维结构。

一、时间维

如果把系统工程看作是一个实际的工程,则它必须通过一系列有序的以时间先后排列的工作来体现工程进展。霍尔概括了系统工程在时间维上包含的七个阶段:

(1) 规划阶段。分析环境条件,确定所需的资源与目标。
(2) 方案阶段。根据规划目标提出具体的计划方案。
(3) 开发阶段。依据方案制订详细、具体的生产计划。
(4) 生产阶段。生产制造所需要的零件,并提出系统的安装计划。
(5) 安装阶段。安装系统,并拟订详细的运行计划。
(6) 运行阶段。系统投入运行,实现功能。
(7) 更新阶段。根据运行过程中的问题,改进系统或用新系统替代,或取消系统。

二、逻辑维

工程的进行,离不开思维活动。一系列的思维活动也是按特定的方式展开的,思维的展开顺序是逻辑。这样又可以从逻辑的视角对系统工程过程中的思维步骤作出概括。逻辑维就是用步骤来表示划分工程中的思维活动。霍尔概括了逻辑维的七个步骤:

(1) 明确问题。把握问题的实质,抓住主要矛盾,找出行动方向。
(2) 确定目标。针对问题确定要达到的目标。
(3) 系统综合。收集能达到目标的若干备选方案。
(4) 系统分析。对各方案进行分析,认清方案的本质。
(5) 系统评价。根据目标对方案作出评价。
(6) 决策。选定行动方案。
(7) 实施。对选定的方案进行具体实施。

霍尔认为,时间维的各个阶段都可按逻辑维的顺序展开为 7 个步骤,即各阶段在逻辑维上都是相似的,这样就刻画了时间视角与逻辑视角的关联特征。

三、知识维

这是从各类工程活动中需要的各种知识投入的视角对工程整体的观察,把知识放在一维坐标上,这一维是离散的、无先后的。系统方法强调的是以目的为中心,体现该用什么知识就用什么知识的原则。

霍尔三维结构如图 1-2 所示。

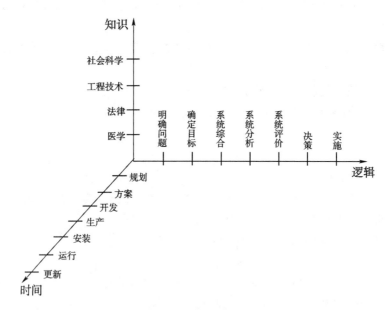

图 1-2 霍尔三维结构图

第七节　逻辑维步骤详解

逻辑维是霍尔三维结构的核心。本节专门对逻辑维各步骤进行详细解释。

一、明确问题

用任何方法解决问题,都首先要求把问题表述成为适当的形式,以提供一个该方法可启动的初始条件。如医生看病要先诊断,等确诊后,病情就变得明确了。那么逻辑维步骤中怎样才算明确问题呢?简单地说,可以概括为行动方向的初步轮廓已形成,或建立目标的依据已充分。显然,这里的明确问题不只是清楚地说明了问题,而是比说明问题更进一步的要求探明行动方向。例如,一家亏损企业,可能有许多原因说明亏损是一个事实问题。但这只是说明了问题,并没有明确问题,因为还没有掌握行动方向的信息。如果进一步调查表明了亏损是由生产成本造成的,那么降低成本就是一个行动方向,这才初步明确了问题。

一般来说,明确问题时往往会有较强烈的行动欲望,但并不是有行动欲望就真地明确了问题。明确问题这个步骤一般是决策者与分析者之间的接口。此步骤中,决策者处于主导位置,分析者可以帮助决策者按其价值观找到效率和价值更高的"问题定义"。

二、确定目标

目标的含义是希望得到的结果或希望达到的标准。从逻辑维步骤的关联来看,这一步骤是把上一步骤的问题具体地展开。

目标对行动具有导向意义,不同的目标往往会导致不同的行为。如第二次世界大战时英国战争物资需要商船运输,而商船很容易被炸沉。后来试验在商船上装高射炮,但发现其击落敌机的效果远不如把高射炮装在陆地上有效,以击落敌机为目标显然把高射炮装在船上是不合理的,但是从商船安全性目标来衡量,装有高射炮的船被击沉率从25%降为10%,于是人们选择在商船上安装高射炮。由此可见,目标的确定十分重要。

目标的原则性明确之后,需要我们建立目标是否实现的度量标准,称之为评价体系。评价体系一般是总体目标的分解,建立评价体系旨在对各种可实现目标的行动的优越性进行衡量。目标本身可能尚未达到数量化的描述,然而对评价体系中的指标,就力求有数量标准。例如,以提高商船的安全性作为目标,而评价指标就是商船的被击沉率,后者就把前者具体化与数量化了。

三、系统综合

系统综合是拟订实现目标的方案,这里的起点是目标。显然,如果只有一个方案,就没有选择余地。这个步骤中,存在多个方案均能实现目标是普遍现象。如果情况特殊只有唯一的方案,对管理者来说反而是需要认真对待的,因为有时"如果感到只有一条路可走,那很可能这条路是不该走的"。一般来说,理解多方案的存在是容易的,而如何获得实现目标的各种方案却更受人们关注,因为方案是创造力的结晶。

系统工程中提出方案一般区别于实验室里的发明创造,它强调在创新意义下的创造性,即强调把已有的发明应用于实践。虽然提出方案不像解一个方程那样按部就班地展开,但有几种方法是很有用的。

一种方法就是把其他事物中的原理借鉴过来,在类比中引申。创造学认为,新设想几乎无一例外是通过组合或不断改良,从其他旧思想中脱颖而出的。例如,某大公司的总经理发现一批业务骨干都很能干,在自己的岗位上都很出色,但是由于他们都想尽量地表现自己,反而产生了沟通上的困难。总经理偶然看到一则关于"夫妻沟通技巧"训练课程的报道,他马上想到,类似的课程也可针对业务骨干开展,于是公司内部开设了"冷静地沟通"的课程。

另一种方法是把一个整体功能分解成小的功能子块,小功能再分解,形成功能树,直到最小层可用已有零件来实现。然后再把零件组装回去形成一个整体结构。不同的分解,不同的组装就可能形成不同的方案。

再一种方法是对一个简单的方案进行改造。在某些方案思路的启发下,往往会激发出另一些方案,因此对方案的特征进行概括,抽象出一些基本原理,用同样的原理可能会得到更好的方案,也可以根据一个方案的原理引发联想,找到另一些可使用的原理并提出方案,一步步前进,这种方法称为爬山法。

提出方案往往不是一个人的事,而是一个小组或组织在讨论中完成的。因此,提出方案的有关人员之间要互相启发。头脑风暴法就是一种组织讨论的有效方法。

四、系统分析

这里的系统分析指的是对已提出方案的特征进行研究,对方案被采用时可能会出现的情况进行分析、预测。

系统分析的主要内容大致可分为允许性分析和可行性分析。

(一) 允许性分析

允许性分析指方案所利用的资源是否在允许范围内,一般考虑人力、物力、财力、技术、经济、社会等方面能否容纳方案。

(二) 可行性分析

可行性分析指方案所代表的系统在环境中运行效果的分析,主要考虑以下一些方面:

(1) 负作用分析。因为新创建的系统,除了要达到所需的功能外,必然存在剩余功能,而剩余功能可能会导致严重后果。

(2) 潜在问题分析。即对实施中可能出现的影响方案执行或方案预期效果的因素的分析。

(3) 敏感性分析。即对一些不可控因素的微小变化被放大后的效应的分析。

(4) 费用效果分析。

例如,企业为了形象设计,决定建造一个喷泉,并使用工厂的冷却水这样一个一举两得的方案。但是喷泉建成后不久,泉眼就被堵塞。经调查得知,原因是冷却水中含有少量氨,提供了水藻的生长环境,导致水藻堵塞了泉眼,这就是方案中的潜在问题。潜在问题分析往往不可能预见一切,但对方案保持这样一个视角十分必要。

敏感性分析是基于这样的认识:任何一个系统,总会存在对某些输入或外部环境变化十分敏感的因素。例如,一座大桥,对某些振动频率可能产生共振,这种共振就是大桥的敏感因素。

系统分析是对方案采用后产生的实际效果的分析,因而在系统分析时方案还只是存在于思想中。如何去认识一个尚未有实体存在的系统呢?这就要求我们有抽象把握事物的能力。通常,人们采用模型化方法,即对将采用的方案建立模型,通过模型分析,把模型的有关结论解释为方案的特征。

五、系统评价

系统评价是方案选优与决策的基础。由系统分析得到一系列关于方案的信息,如果某一方案在每一方面都优于其他方案,自然评价也就没必要了。通常涉及的情况是方案各有优缺点,一般从单项评价入手,再到综合评价,最终得到方案的优先顺序。

六、决策

决策就是根据对可行方案的评价结果,决策者确定一个方案加以实施。确定方案主体的是决策者,分析者的分析结果仅为决策者决策时提供参考,决策者在决策时必然有自己的偏好。因此,最优方案不仅是经济意义上的,也是综合的。

七、实施

实施,即把方案加以贯彻与落实。由于之前做了系统分析与评价,因此实施具有可行性。由于分析的局限性与环境的变化,在实施过程中对决策方案进行修正与完善是允许的、正常的。

无疑,霍尔提供了一种运用系统思想分析复杂工程问题的方法。但一种方法不可能是万能的。在实践中,各步骤与各阶段几乎都是有变形的,可能只有特定阶段,特定的步骤是重要的。所以,在应用时不必对每个步骤均匀用力,要抓住重点。

霍尔三维结构中,时间维和逻辑维都突出了从抽象到具体的特点,越是在抽象阶段,越难把握,知识维的支持也越弱。一个大型项目的管理者,在霍尔三维结构之后紧接着要匹配一个关于人力、财力、物力的综合调配系统,这就是项目管理的内容。

在使用霍尔方法时,各阶段各步骤的反馈非常重要,即某段工作再倒回到已走过的某一点是完全可能的,按系统工程方法展开比按经验展开走的弯路会更少。

第八节 几种常用的技术方法

本节介绍几种在创造学中使用的技术方法,它们可以融入系统工程结构之中。这些方法大多是个人或小组就能实行的方法。要注意的是,小组讨论时每一个人都要从各自不同的角度发言,因为有的想法个人一时想不出来,而通过讨论会得到启发,引出后续想法。

一、K. J. 法

K. J. (Kauakid Jiro) 法对于从许多具体信息中摸索出整体轮廓和内容是有效的。其原理是,把一个个信息作为一行行标记记在一张张卡片上,观察全部信息,把有亲近性的卡片集中起来组成辅助问题。

此法的优点是不需要特别的手段和知识,不论个人还是团体都能简便运用。如果辅助问题信息量太大,就不能环视整体,必须适当地加以整理,把它归纳为几十个辅助问题。

K. J. 法的实施按下列顺序进行:

(1)需要明确实施者目前在寻求什么,目的是什么,在资料和知识等方面还有哪些欠缺。
(2)尽可能广泛地收集与处理可能有关的信息,要用关键字简洁表示。
(3)为每个信息做一张卡片,标题要简明易懂。
(4)把卡片摊开通观一下,把有"亲近度"的卡片集中在一起作为一个小组。这是 K. J. 法最有特色的一部分,要充分运用人类本身的直觉能力。
(5)要给小组重新命名,由小项目(卡片)归纳起来的小组作为辅助系统来登记。
(6)重复步骤(4)和(5),编成小组、中组、大组,将难于编组的卡片单独放一边。
(7)把小组(卡片)放在桌子上进行移动,把小组间按类似关系、对应关系、从属关系、因果关系和相辅关系进行排列。
(8)将排列结果归纳为图表,这样一来,整体结构便一目了然。
(9)观察结构图,思考它的意义所在,把思考的结果总结成文章。

二、概要记述法

以文章的形式去记述问题,这本身就是发现问题的一个方法。因为要写出文理通顺的文章,必须分析和整理问题的内容。在这样的思考中,往往能明确问题,并想出各种对策。

如果是普通开发,这就相当于说明书。因为系统开发是个复杂的问题,而且在开始时常常不是十分明确,所以为了统一全体成员对问题的认识,使他们认识水平一致,最好论述其合理的情节,称作概要。

对系统建立者来说,概要的益处在于使情况前后分明,让别人都能理解,这不能仅依赖建立者的直觉和意图,还必须进行逻辑性的分析。

其次,对看概要的人来说,概要的益处第一是容易理解,第二是容易浮现出系统的具体形象。

但是概要记述法的缺点是问题的构成因素即使稍稍改变,其情节就会面目全非,这不得不从情节的一贯性来考虑。因此,拟将这个方法用于未来预测或希望它对系统计划的制订有所裨益时,要把极端情况及中间情况分别写成概要,并分别准备答案。

概要分析法与 K.J. 法相比,K.J. 法是积累目前的一个个问题,使以后的问题形象完整地浮现出来,从而构成一个理想的系统。与此相反,概要记述法一开始就勾画出理想的未来状况,从现状与未来的差距中找出完成概要所必须克服的问题。

三、头脑风暴法

头脑风暴法就是大约 10 人围桌而坐,共同研究一个问题。全体成员毫无顾虑地发表自己的意见。采用该方法应注意以下几点:

(1) 集中一个题目,用易懂的语言简洁叙述。
(2) 决不允许批判别人的想法。
(3) 欢迎各抒己见,想法越多越好。
(4) 鼓励以别人的想法为启示加以修改构成新想法。

用这种方法,能短时间内得到许多意见,有效发挥集体的优势。头脑风暴法目前得到广泛应用,其作用已被公认。

四、5W1H 法

对含糊的问题,首先定下几个方向,按照每个方向依次进行探讨。所谓 5W1H 法是:

(1) 这个项目何以需要(Why)。
(2) 它在什么时候和在什么样的情况下使用(When)。
(3) 使用的场所在哪里(Where)。
(4) 是以谁为对象的系统(Who)。
(5) 项目的对象是什么(What)。
(6) 怎样做才能解决问题(How)。

在系统开发的各个阶段,所要解决的问题应从宏观逐渐转到微观。因此,对这些疑问的回答也要按照相应阶段来改变。

第二章 系统分析技术

第一节 系统分析概述

系统分析方法不断发展的动力包括两个方面：一方面是系统思想的发展，另一方面是人们面临的问题越来越复杂。系统分析方法是在将系统思想应用于解决复杂问题的过程中产生并发展的。

在系统科学的体系中，系统分析处于工程技术的层次，因此，系统分析是一种解决复杂问题的方法和手段。解决问题的关键是决策，而决策的前提是对信息的掌握与判断。用系统的观点来理解作为决策依据的信息，可以注意到以下一些观点：要解决的问题在系统中存在；解决问题是对系统的创建或改造；系统在环境中存在；系统中的问题在功能、结构、环境的关系中表现出来；解决问题的决策涉及所追求的目标、可达到目标的方案及方案的选择标准等。最普遍与广义的理解是：系统分析是为解决问题的决策提供综合信息的方法，而这种方法是以系统思想为基础的。由此可以体会到系统分析的内容是庞大的，系统分析本身也是不断发展的。实践中，解决问题的决策往往是一个决策序列，如为了解决问题要定目标，定目标要决策；为了实现目标要找实现目标的方案，用什么方法找方案也要决策。当宣布解决问题的方案时，即用什么方案去解决问题的决策作出时，已经经历了一系列决策，即大决策包含了一系列小决策。可见，系统分析也是有层次的。本节介绍几种重要的系统分析方法及对重要信息进行系统分析的方法。

一、兰德型系统分析

（一）系统分析的目的

系统分析就是为了找到解决问题、实现目标的最优或满意方案，见图2-1。

图2-1 系统分析序列图

（二）系统分析的要素

兰德公司的系统分析专家希契对系统分析的要素做了以下概括：
（1）希望达到的目的和目标。

(2) 为达到目标所必需的方案。
(3) 系统方案所需的费用和可能获得的效益。
(4) 建立各种备选系统方案的模型。
(5) 根据有关技术经济指标确定评价标准。

这五个要点被人们总结为系统分析五要素,即目的和目标、方案、费用和效益、模型、评价标准。

(1) 目的和目标。

系统的目的和目标是建立系统的依据,是系统分析的出发点,主要内容包括:分析建立系统的依据是否可靠;分析和确定系统的目的和目标;分析和确定为达到系统的目的和目标所必需的系统功能和技术条件;分析系统所处的环境和约束条件。

(2) 方案。

为达到预定的系统目标,可以制订若干备选方案。通过对备选方案的分析和比较,才能从中选出最优或次优的系统方案,这是系统分析中必不可少的一个要素。备选方案越多越好。"什么也不做"也是一种方案,在确定别的方案比它优越之前,不应轻率否定它。

(3) 费用和效益。

开发一个大系统,需要大量的费用投资,而系统建成后就可以产生效果,带来可观的效益。一般我们把费用和效益折算成货币形式来表示,如果效益大于费用,则该系统方案是可取的,反之则不可取。大多数情况下,费用和效益的分析与比较是决定系统方案取舍的一个重要标准。

(4) 模型。

模型就是对于系统的主要因素及其相互关系本质性的描述、模仿或抽象,是方案的表达形式。在建立真实的系统之前用它来对系统的有关功能和相应的技术进行预测,并作为系统设计的基础或依据;或用它来预测系统方案的投资效果和其他经济指标;或用它来了解掌握系统中各要素之间的逻辑关系。

(5) 评价标准。

所谓评价标准就是确定各种备选方案优先采用次序的标准。评价标准一般根据系统的具体情况而定,但标准一定要具有明确性、可度量性和适当的敏感性。明确性是指标准的概念清楚、具体;可度量性是指标准尽可能做到定量分析;适当的敏感性是指标准在多目标评价时,应力求找出对系统行为和输出较为敏感的输入,以便控制输入来达到系统最佳的效果。

(三) 系统分析程序

(1) 分析问题,确定目标。

要解决某一问题,首先要对问题的性质、产生问题的根源和解决问题所需要的条件进行客观的分析,然后确定目标,目标要尽量符合实际,避免过高或过低。

(2) 收集资料,调查研究。

为了更好地解决问题,需要对问题进行全面、系统的研究。因此,必须收集与问题有关的数据和资料,考察与问题相关的所有因素,研究问题中各种要素的地位、历史和现状,找出它们之间的联系,从中发现规律。

(3) 建立系统模型。

根据系统的目的和目标,建立对象系统所需的各种模型,表示出系统的行为。根据不同

的目的和要求,应建立各种不同的模型。模型应能满足以下要求:

①能明确地记述事实和状况;
②即使主要的参量发生变化,所分析的结果仍然具有说服力;
③能探究已知结果的原因;
④能够分析不确定性带来的影响;
⑤能够进行多方面的预测。

(4)系统最优化。

运用最优化的理论和方法,对若干备选方案的模型进行仿真和优化计算,并求出相应的解答。应该注意,在实际工作中使系统达到绝对最优化是不可能的,它只能是在某种被限定意义上的最优化。

(5)系统评价。

在系统最优化所得到的待选解基础上,考虑前提条件和约束条件,结合经验和评价标准确定最优解,为选择最优系统方案提供足够的信息。

(6)实施方案。

这是解决问题的实际阶段。实施过程中,要根据出现的新问题,对方案进行必要的调整和修改。为了防止实施过程中可能出现的不平衡和偏差,需要对全过程实行系统控制,直到问题完全解决。

(7)总结提高。

问题解决后,需要对解决问题的全过程进行综合分析,为解决新问题提供可借鉴的经验。

(四)系统分析原则

系统分析要解决的问题,常常是错综复杂而又相当困难的。在分析时往往有许多前提条件需要作出假设,且有许多因素是随时变化的,分析过程中又不断受分析人员和决策人员价值观的影响。因此,在进行系统分析时应遵循以下原则:

(1)坚持以系统的目的和目标为中心。

在对系统方案进行分析并作出选择的过程中,必须紧紧围绕系统的目的和目标。对系统目的和目标的理解与掌握越透彻,越能在复杂情况下,正确地做出选择。

(2)局部与总体相结合。

在进行系统分析时,必须把要解决的所有问题看作是一个总体。但具体分析时,我们的一个主要任务是要努力揭示出系统中各局部问题之间的相互关系,以及各局部问题对全局所产生的影响。同时在系统最优化时,从系统总体出发,各子系统的最优选择必须服从系统的总体优化,必要时放弃个别子系统的最优来达到总体最优的目的。

(3)定性和定量相结合。

定量分析、数量化指标的满足程度,是我们评价系统方案优劣的重要依据。但是一些政治因素、心理因素、社会效果等,不一定都能建立定量模型进行分析,因而不能忽视人在系统分析中的影响因素,不能忽视分析人员和决策者通过直观经验进行综合判断的重要性,也就是不能忽视定性分析在系统分析中的作用。

(4)致力于抓住主要矛盾。

系统分析过程中,我们必须注意剖析矛盾的机理,从中抓住主要矛盾并提出解决矛盾的途径、方法和措施。

(五)系统分析中的技术方法

对系统进行描述、设计、优化有许多具体的方法和技术,大致可分为以下3类:

1. 模型化方法

这是一种为加深对事物本质的认识而采取的实验方法,主要有实物模型方法和数学模型方法。实物模型解决较为简单的实验任务,数学模型方法则能够表示事物内在联系和事物间的动态联系。

2. 定量化方法

这是对系统进行精确的定量研究所采取的方法。定量化方法包括3个内容:一是以一种客观尺度对系统进行量的测度,得出系统的状态空间表示;二是对系统各要素之间相互关系的量变规律进行正确描述;三是用数学演算方法寻找最优方案。

3. 最优化方法

这是寻找解决问题最优化方案的方法。通过对提出的各种方案进行比较,找出其中的最优方案。此过程通常利用计算机完成。

二、问题分析技术

(一)问题分析概述

问题分析是以系统思想为指导解决问题的一种方法。这里讲的问题类型是比较单纯的,然而其发生频率却较高。相对于正常状况而言,未达到预期绩效或绩效低落且原因不明就可视为出现问题。问题分析技术是在探讨及处理绩效低落的过程中,进行资料收集、分析及思维协调的系统方法,其目的是要找出出现问题的真正原因。

(二)问题分析技术的结构

问题分析技术的结构如图2-2所示。

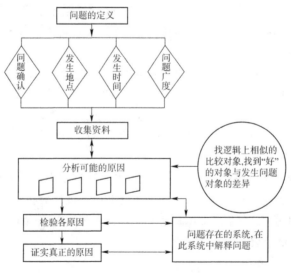

图2-2 问题分析技术结构图

其步骤如下：

步骤1：问题的定义。

这里的问题是指对某种绩效下降的确认，确认绩效的下降已超出正常波动的范围。简单说，就是要明确真实存在着一个需要解决的绩效问题。

步骤2：从四个方面来收集、组织资料。

(1)问题的确认，即发生问题的对象与范围的缩小。

(2)发生地点，即从空间特征方面来描述与记录绩效下降问题。

(3)发生时间，即从时间特征方面来描述与记录绩效下降问题。

(4)问题的广度，问题的严重程度，问题的范围有多广的信息记录。

步骤3：分析可能的原因。

对上一步获得的信息加以处理，分析可能的原因是该技术的关键，用什么方法来处理信息呢？采用的方法是找出逻辑上相似的比较对象进行比较。针对四个方面的信息，把有可比性的没有出差错的对象与出了绩效问题的对象进行比较。找出没有发生问题的对象与已发生问题的对象在广义的时空上、功能上的差异，或以时间、空间、功能为线索，把已发生问题的对象与未发生问题的对象进行比较，找出它们之间的差异。

步骤4：对可能的原因进行检验。

上一步得到了一些可能的原因，这一步就是要用排除法筛选，找出最可能的原因。有较多的方法可以实现这一目的。一种常用的方法是，把各原因中对问题发生的现象解释能力最强的原因首先列出。同样，也可用"如果是这种原因，就该有 a 现象，而现在没有 a 现象"来排除部分原因。实际中，有时在现场可以用改变原因的方法来检验。

步骤5：证实真正的原因。

排除或者列出重点原因之后，就要进一步证实真正的原因，这可能又要组织另一些信息或进行推理。经验表明：兰德型问题分析技术由一个小团队使用时效果更好。当然，要求这个小团队的成员均掌握这种技术，因为这样才可以有共同的思路。

三、潜在问题分析技术

(一)潜在问题分析的含义

潜在问题分析主要关注一个系统、一个组织或一项活动将来的运行状况，将来会发生的有碍于正常运行的事，目的是做到事前采取必要的防范措施。对一项活动、一项决策实施可能造成的后果及实施过程中的不可控事件或偶发事件进行预测是科学决策必不可少的步骤。当然，未来的事件也可能是意外的好事，而潜在问题分析技术所关注的主要是有碍于正常运行的事。

系统运行的良好现状当然重要，然而未来的正常运行同样重要。一个管理者若是发现了影响未来的某些征兆而抓住了机会，也可能没有在必要的时机采取措施而最终造成灾难。实际上，几乎没有必要在理论上讨论关注未来的重要性，人们普遍关心的是应该如何关注未来的问题，或者说对潜在问题的思考模式。潜在问题分析使我们能够走进未来，看看未来可能发生的与系统运行有关的情况，然后在最能产生效果的时机采取行动，而不是听其自然，在事后抱怨运气不好。

(二)潜在问题分析的要素

潜在问题分析技术有两个基本方面,可从这两个方面展开对潜在问题的系统思考。一方面是系统正常运行的各环节有什么因素可能会出错;另一个方面是现在能做些什么来对付它。潜在问题分析技术由下列四个因素构成:

(1)找出一项计划、作业、方案、系统运行的弱点或薄弱环节。现实中的系统往往会在某些方面或对外界的某些因素的变化更敏感。

(2)从这些弱点中找出对系统的运行产生相当大的不利影响而马上采取行动应对的潜在问题。

(3)找出这些潜在问题可能的原因和能够防止它们发生的行动。

(4)如果预防行动失败,或任何预防行动都无效,如何做到紧急应变。

紧急应变的设想,自然是设想第三项活动中的行动未达到效果的情况,这一步活动使得在最严重后果发生时不至于措手不及。

(三)潜在问题分析的价值思考

对潜在问题分析的价值往往是对风险的防范。但是,用一定的资源去防范潜在问题,甚至花精力去分析潜在问题都是有成本的。这样就导致了一个成本与收益的问题。而所谓的收益是从降低风险中转化来的。因此,花太大的代价去防范不太可能发生或不会引起严重后果的潜在问题是不必要的。这就要进行综合分析,对潜在问题的分析深入下去便可能成为一个风险分析。

四、目标的系统分析

(一)目标的位置

离开目标谈科学决策是难以想象的,目标是决策的一个基本前提。在任何决策中,总可以追究出决策所依据的目标,它们或是明确表达的,或是隐形的,或是不必表达的。

系统分析的目的是获得决策所需的信息。确定目标当然是系统分析的重要内容。确定正确的目标比选择正确的方案更为重要。对一个系统,其目标、决策、行动之间的关系可用图 2-3 表示。

图 2-3 目标分析序列图

我们可以从以下方面来理解目标是否正确:行动选择与系统现状改善所要求的正确目标,这两者能否得到较好的协调呢?

系统工程或系统分析的效果,更多地体现于在一组确定的目标下实现这一目标的效果。从一个系统现状到行动后果的全过程来观察目标,不难发现以下两点:

(1)决策必须依赖目标。

(2)从系统现状确定可行动的目标是困难的。

简单地说,系统面对着"做什么"及"怎样做"的问题。"怎样做"可使用既定目标下的选择技术,而"做什么"却不能像"怎样做"那样用一般性硬技术来解决。

（二）目标导向的问题类型

现实世界中的一类问题可以由如下方式表达：存在一个当前状态 S_0 和一个希望状态 S_1，并且有各种方式从 S_0 达到 S_1，$S_1 - S_0$ 表示要达到的目标。目标分析就是把 $S_1 - S_0$ 用更清楚、更清晰的方式表达出来，同时要求表达出来的目标是合理的、可行的，这类以一个 S_1 为基础的问题称为目标导向型问题。

（三）目标的基本要求

目标的基本要求有以下几点：

（1）目标的单义描述，即对一个目标的理解不能因人而异。例如某同事委托你，"这次去香港，请帮我带件好的衣服回来"。也许你觉得这种委托会很难办。

（2）目标需落在实处。这里的落实并不是指执行目标，而是指一个概括性的目标表达要层层展开，直到落在若干单义的子目标上。

（3）目标须有一个衡量是否达到或达到什么程度的标准，通常用一套评价指标体系来衡量。

（四）目标的层次特点

目标的层次性是系统层次性原理的反映，也可以说是源于决策的层次性。可以从三个视角来观察目标的层次性，即横向、纵向与时间。

（1）横向反映出系统是由块组成的。在系统分析中，对目标需要在上下层次的相关性中加以把握，即分析所在层次目标时，要考虑相关的上层目标及下层目标。上层目标并不能直接转化为决策目标，同时决策目标也不能直接转化为下层目标。目标在各子系统中的分解也是一个需要分析的问题。

（2）纵向是指条件意义下的目标层次，主要是指将目标按属性展开，即把一个具有更广泛外延的属性，落实在一系列由子属性描述的层次结构中，用内涵更具体的子目标表达目标。这种层次结构在建立目标的评价体系时相当重要。

（3）时间上的目标层次是关于不同时间尺度的目标的层次性，如围绕长远目标可有一系列阶段目标。这种层次性与横向层次关系密切，往往是横向层次越高，时间尺度就越长；较低层次的横向目标，往往时间上的层次也较低。

（五）多目标之间的关系

对于多数决策问题，往往涉及多个目标，各个目标的度量标准也可能不一样，目标与目标之间可能会形成各种关系，建立目标体系时需注意各目标的属性是独立的，其重要性要处在同一档次上。

多目标问题中，可把目标划分为两大类，一类是必须实现的目标，另一类是希望实现的目标。必须实现的目标是具有否决权的目标，而希望实现的目标是具有弹性的目标。希望实现的目标可以根据情况，作适当删减。多个目标之间往往存在相互关系，如价廉与物美通常不能两全，这就是说目标之间存在一组关系，这种关系称为约束条件。

五、系统的环境分析

系统的环境分析主要包括系统边界的确定和环境因素对系统的影响分析。

(一)系统边界的确定

对某一特定问题进行研究,需要划定一个与问题相关的研究范围。划定研究范围就会得到一个系统,称其为研究问题的系统。研究问题的系统通常并不直接等价于实际存在的系统。对一个有独立边界的实体而言,问题并非只局限在实体的某个层面上,还必须把它放到这个实体外的某些关联中进行考察才有意义。因此,把实体当成系统、把该实体的外部当作环境来讨论该实体中问题的想法本身可能就未能体现系统思想,尤其是与人类组织相关的系统或实体,其更需强调实体系统与研究问题的系统的区别。

用系统方法研究问题,确定研究问题的系统是必要的。任何具体的系统总是在无限层次的更大系统中存在着。万物都有联系的极端理解并不会给研究问题带来方便,人类目前能采用的方法就要求画出一条研究问题的系统的边界线,以便区分内部与外部。由系统与环境的关系可知,作为外部的环境因素对系统的影响与系统内部各部分之间的相互影响是用不同的方式进行描述和处理的。环境因素的变化规律独立于系统行为,即环境对系统的行为是没有针对性的。以下是两条确定系统边界的最基本原则。

(1)逻辑上的理性。

如果一个明显的整体,一半在边界内,一半在边界外,这就违背了逻辑上的理性。如果边界内有要素 A 与 B,而 C 与 A 的关系和 B 与 A 的关系相同,B 与 C 是同等层次的,则把 C 排斥在边界外就不合理,也可能是把 B 包含在内不合理。

(2)边界外与边界内的独立性。

边界外的变化独立于边界内的变化,这是对环境因素处理方式所要求的,即外部因素与系统之间的交互作用是可以忽略的。

下面介绍确立系统边界的一种操作方法,称之为要素扩张法。对一个研究的问题,先找出明显必须包含的部分,可能是一组部分;由这组部分构成初步边界,按逻辑理性进行扩张,产生调整边界;再以此为起点,把外部因素吸收到边界内。如果边界外的因素是与边界内相关的,并且与边界内已有因素是同层次的,则考虑把这种外部因素也吸收到边界内,再按逻辑理性处理,直到边界内的可研究性与研究问题的全面性达到某一平衡位置为止。

(二)环境因素对系统的影响分析

由上面所述的环境与系统的关系可以看出,影响系统的环境因素不是由与系统同等层次的另一个系统决定的,而是与系统的行为相互独立,这就使得环境的外部性得以确立,使之能以独立于系统行为的方式来考虑环境因素。环境因素相对于系统的不可控性是它的一个基本特征,它是外部与系统同等层次部分无关的综合因素,这种因素一般会表现出随机性或不确定性。

环境因素对系统的影响是通过系统结构起作用,并在输入输出中得以表现的。系统的存在不能离开环境的支撑,一方面是环境对系统功能的支撑,这对有人参与的系统是容易理解的;另一方面,系统结构及其变化也离不开环境因素的支持。一个已存在系统的结构在环境变化时可能会解体或变成另一结构,就像对冰加热会变成水一样。通常人们对决定功能的环境因素比较重视,然而当环境因素对系统的结构不再支撑时,相应的功能也就会失去。系统的自组织理论已表明结构在环境的连续变化中会产生突变,这要求我们从结构、功能、环境的关系中关注环境。环境因素对系统的影响可分为两个层次：

（1）不影响系统结构但影响系统行为（输入输出过程）的环境因素，称为行为层的环境因素。

（2）影响系统结构的环境因素，称为结构层的环境因素。

例如一个控制系统，白噪声是行为层的环境因素，而老化与摩擦是结构层的环境因素。

一般来说，行为层的环境因素由系统的一个子系统进行处理，它能过滤环境因素在一定范围内的变化而保证系统功能。在系统开发与设计时，这种适应能力是结构设计的重要内容。对结构层的环境因素来说，系统会以自组织的方式做出响应。而与人类行为有关的系统，在一定程度上可以主动处理这类环境因素。系统的环境分析就是找出影响系统的环境因素，为系统的环境适应子系统操作提供正确信息，或提供设计该子系统的目标，或协助该子系统执行功能。

（三）环境因素分析

环境因素的主要信息源是公众信息。在浩瀚的信息集中，要提炼出与系统相关的信息，主要还是经验把握的问题。认识到某种环境因素的重要性质，围绕这种环境因素的历史变化及对系统作用的机制进行分析、处理与预测，这本身也是系统分析。然而更难的是明确什么信息对系统而言是重要的。指望一种技术方法能对此做完美的处理是不现实的，必须强调经验的重要性。一条基本原则是：各种环境因素对系统行为的敏感性不同，因此，要选择较敏感的因素作为监测与分析对象。对正常运行的系统，可以通过提问"正常运行的环境是靠什么保证的，而这些因素中哪些最可能变化"并做出回答，以此来确定被监测的环境因素。

六、系统的结构分析

为了实现所期望的功能，或是为了研究系统中的问题，对系统的结构进行分析是一项重要内容。人们在观察系统时，尤其是观察与人类行为相关的系统时，普遍倾向于先明确系统的功能。然而，在创造系统或改造系统以解决系统中的问题时，系统的结构是基本的作用点，这是由系统的结构与功能之间的相应关系决定的。

之前提出，系统的结构需从两个方面进行描述，即系统中的要素及要素之间的关联。对系统的结构进行讨论一般是先确定系统中的要素集，即系统中的有一定独立性部分的全体，对要素进行命名，然后对已命名的要素之间的关联展开讨论，达到认识系统的目的。下面就按这一程序介绍系统结构分析的内容。

（一）系统中要素的描述

在系统分析理论中，一般认为结构是功能的载体，由于系统是有层次的，所以结构也是有层次的。进行要素分析的可行的方式是确定一个基本层次，相对于该基本层次，定义系统的要素。系统中的某一要素，由系统中的其他要素或环境提供该要素的输入与外部环境条件，并将输入变成输出，再将输出输送到其他要素或环境中。作为基本层次上的要素，必须要了解的是要素作为"黑箱"的描述，即特定类型的输入在特定环境下转化为特定形式输出的描述，如图2-4所示。

进行系统分析时，要素只是一只"黑箱"，而实现系统时，就要有一个可实现对应功能的

图2-4 "黑箱"要素描述图

实体。这就要注意以下两个方面：

(1) 以低"成本"的实体实现所分配的功能。一个实体，可以有所要求功能以外的更多功能，但这些剩余功能，如发生变异往往会使实体"大材小用"，这是系统的优化原理所不允许的。

(2) 实现功能的实体总会有变异。对物的要素，其老化及"加工能力"往往受环境影响，是"变异"的表现形式。对人的行为构成的要素，变异往往表现为要素本身的目的与系统分配功能之间的冲突。这表明，要素实现功能需要有一定的"能量"来维持。

有时把要素"放大"成一个系统进行讨论是必要的，即对要素的黑箱化描述进行白化。在物的要素中，白化的方法之一是寻找一组状态，并运用状态变量法进行描述。而对与人类行为相关的要素，用状态变量方法往往难度较大，对处理输入的过程进行分析与描述在一定程度上可以达到白化的目的。从要素的结构研究系统，要求列出要素集，对每个要素的描述要落实到该要素的功能上，具体来说，要对输入的类型、输出的种类、品质等要求及输出的输送方向做出完整的描述。

(二) 要素之间关联的类型及描述

1. 要素之间关联的类型

要素与要素之间的关联大致可分为以下三类：

(1) 确定性关联。要素之间的关联是受确定的规律支配的。

(2) 不确定性关联，也称为随机性关联。要素之间是随机关联，如统计学中所揭示的关联。

(3) 确定性与随机性关联的混合。

对关联的描述可以说并不是技术方法能解决的问题。本质上，描述关联就是建立模型。人们研究出了各种描述关联的方法，但任何方法都有局限性。

2. 要素之间关联的描述

在关联描述的较低层次，有以下几种常用的描述方式：

(1) 因果描述。即根据人们对因果的思考规律划出要素之间的关联。

(2) 过程描述。即从时间的整体性上描述各部分之间的关联。人类行为过程特征往往较为明显。

(3) 按职能的描述。这主要在组织系统中常用，实际上是一种以功能为基础的结构描述方法。

3. 关联的基本形式

(1) 正反馈。

正反馈是关联的基本形式之一，其特征是要素之间的某个量被相互作用不断加强。这种关联形象的描述为"滚雪球效应"——不断滚动的雪球，其体积加速增大。

(2) 负反馈。

负反馈是关联的一种最基本、最重要的形式。比如，将水倒满一个杯子的过程就是一个负反馈结构：通过所倒水的深度与实际已达到的水深的比较，来控制倒水的量。系统中负反馈关系也表现为要素之间的一种制约关系，是要素之间的平衡机制。负反馈关联是相当普遍的,也是系统稳定性、系统目的性的内在根据。

(3)滞延。

要素 A 对另一要素 B 的作用滞后,即作用关系出现时间差就是所谓的滞延。

(三)基本关联组合的复杂性

要素之间的正、负反馈往往并不表现为单纯的形式,如正反馈到一定程度会受到另一些关系的制约。又由于系统的层次性,使各层次的关联产生交互作用。基本关系的组合能使系统产生很复杂的行为。在与人类活动过程相关的系统中,有几种关联组合产生的复杂行为是值得注意的。

(1)成长上限。

正反馈有不断加强的作用,但系统可能会随之产生制约正反馈的机制,这种机制制约了正反馈的继续。成长上限就是指正反馈导致了制约正反馈的行为,认识到这一机制是相当有益的。人们对赖以成功的方法情有独钟,当其他因素制约了成功的方法时,也会毫不犹豫地再去发挥优势。然而受到了制约时,成功的方法就不再像以前那样有效。所以,系统思想的应用是需要克服惯性思维的。

(2)两极分化。

两极分化是两个因素争夺一种资源,争得资源越多者能越快的发展,进而又能在资源争夺中处于更有利地位。而另一个因素正好相反,当有限资源采用"扶优"的方式分配时,也会如此。两极分化到一定阶段后会被成长上限制约。

(3)表面控制。

用反馈实施控制,在人类行为中,往往会流于表面的控制,而不是对根本原因实现反馈控制。固然,配合根本控制进行表面控制也是必要的。然而,人们有时只是进行表面控制而忽略根本矛盾。表面控制可能带出另一效应,即劳而无功。系统出现问题的根本原因,在表面现象上可能有好几种表现形式。表面控制对各现象进行控制,虽然可能使表面平静下来,但由于根本原因未能解决,最终仍然会出问题。

(4)大起大落。

一批使用某种资源的竞争者,加速了资源使用极限的到来。由于竞争者之间的关系,会使每个竞争者骑虎难下。对紧缺性认识的滞延,往往导致资源紧缺的突然降临,使全体资源的使用者面临困境。大起大落往往与滞延有关,也与竞争者的思维特征有关。有时资源可以理解为机会,对机会的争夺也会引起大起大落的局面。多个要素,把正反馈、负反馈、滞延组合起来可以导出相当复杂的系统关联。如果再考虑不同层次中的正反馈、负反馈、滞延组合,系统关联就会更复杂。

七、系统的功能分析

分析系统的功能,是研究人造系统的基础,因为人造系统往往是由于对特定功能的追求而创造的。由于人类对功能需求具有人类社会价值取向,在特定的时期,人们可能只关心某种单一的功能。从系统的结构来理解功能,可注意到:一方面是一种功能可以由不同结构的系统来实现;另一方面是一种结构能实现某一种功能,但这个系统不会只有这种功能,可能还有许多功能存在;再一方面,因为不同的结构可实现同种功能,所以会产生实现功能的效率与成本问题。

(一)功能的区分

1. 基本功能

对功能的关心首先是关注其使用价值。从系统满足人的需要这一角度来观察,可以引入基本功能的概念,即实现人们目的的功能。对基本功能,又可以从两个层次来理解,一是从功效的方面来理解,它主要关注"可以干什么"或者"能干什么"之类的问题,用系统的语言来描述,就是考虑系统输出特征;二是从功效的方面来理解,或考虑输入、输出的综合特征,由此可引出一些在系统评价中经常使用的词汇,简要介绍如下:

(1)系统的效益。

效益主要是指体现基本功能的输出所要求的各种输入的效率成本关系,如投入产出关系。当然,投入产出关系中,投入与产出一般都不是单一输入与单一输出,而有时即使是单一的产出,也可能需要用几个指标进行描述。投入与产出之间的关系评价会涉及各因素如何综合分析的问题。

(2)系统的可靠性与稳定性。

系统的可靠性主要是指系统保持基本功能的持续性与稳定性,即对各种不可控干扰的抵抗能力。对系统可靠性的关注,一方面是对确定结构可靠性的评价,更主要的是用经济、合理的投入提高系统的可靠性。可靠性往往是与风险联系在一起的。

(3)系统的环境适应性。

适应性与可靠性有一定的关系,但这里讲的适应性,是指基本功能得以实现的环境范围的宽度。例如普通手表和防水手表,差别就是后者的基本功能可以在有水环境中实现。

2. 剩余功能

剩余功能是相对于一个系统的基本功能而言的。功能中除去基本功能都可以称为剩余功能。当过分强调环境适应性时,就可能形成剩余功能,通常被描述为浪费。

(二)功能的层次结构

系统的功能是系统结构的反映,结构与功能都具有层次性。当关注系统的功能时,揭示系统功能的层次结构可能是系统开发与设计的基础性工作。实际上,许多时候讲系统的结构是指系统功能的结构,即各子功能构成总功能的关系。例如,按经营周期划分企业的功能块,可划分出计划、实施、控制的经营管理周期的各个阶段,又把计划阶段划分为战略级和狭义的计划级两部分,将狭义的计划系统和控制阶段归纳为经营管理系统,从而把企业系统详细划分为经营战略系统、经营管理系统和作业系统等。

(三)单一因素限制功能的规律

通常,人们用"瓶颈"来形容系统的总功能受个别因素制约的特点。找到一个系统的"瓶颈"是提高功能的一个十分有效的方法。局部的因素制约系统的功能可从决定功能的几个方面来考虑。在系统的输入、结构、环境方面都存在这种制约因素,主要有以下一些类型:

1. 外界输入与环境因素的制约

一个系统对输入的要求及环境对功能的支撑是很复杂的。有时可能是一种很不起眼的输入或环境因素成为制约因子。例如,某地区的土壤缺乏某种元素,使农产量很低,通过喷洒化肥,则能很好地解决这一制约问题。

2. 系统内部要素与关联的制约

从系统演化的角度来看,随着时间的推移,系统内部要素及环境因素会发生变化,而这些变化会对系统功能产生影响。而在很多变化的因素中,可能先有一种因素制约功能。认识到功能被局部因素制约的规律后,可以在两个方面应用这一规律:对于希望的基本功能,找到制约因子而改变它是提高功能的捷径;对于不利的剩余功能,可以有意识地找出制约因子,通过对制约因子的控制,减少不利的剩余功能或副作用。

第二节 系统模型概述

对一个数学题目,设什么变量以及建立变量之间的关系是比较关键的。建立一个实体的模型,通常有一定难度,相对简单的建模经验是解一个数学应用题时,即从某种意义上说,用一个数学题建立方程是建模的最简单形式。在系统方法应用中,建立被分析系统的模型虽然有一定难度,但却是深入研究的基础。

本章的主要目的是:①从宏观上探讨模型的本质与建模思路;②通过实例体会建模的技巧与经验。

一、模型概论

(一) 模型的本质

客观存在的一切事物,都称之为实体,实体是人们认识与实践的对象或客体。

人们对实体 R 进行研究,就是要对 R 的性质进行认定、描述,对 R 的运行进行预测、控制,或对 R 的结构重新设计。要完成这些工作就得用人类可交流的语言或实物等表达工具对 R 做出描述。这样,用一种语言或表达工具 Y 对 R 做出描述,产生一个用工具 Y 描述的 R 的像 $\bar{R}$,可记为 $\bar{R} = Y(R)$。$\bar{R}$ 是实体 R 的模型,模型就是对实体描述的像。

很显然,模型是为了表达实体的,那么模型对实体的表达能达到什么程度呢?

如果能把实体的性质在一个模型中全部描述出来,当然是最理想的结果,但是人类能否得到这种反映实体全貌的模型呢?

拿人来比喻,一张照片是一个模型,一个塑像也是一个模型。然而不论用什么方式对人进行描述,并不能把人的一切特性都描述出来。

在经验上,人们认识到,模型只能对实体某一方面的特定性质与运动规律做出简化描述,而不能指望模型反映实体的全部性质。为什么会这样呢?任何实体都有数不清的层次,每一层次又有各自的特征,而各层次的运动需要有不同的时空形式来表达。描述各要素存在方式及要素之间联系规律的一个基本前提是一个相关运动的时空框架。由此可知,模型的最好效果是在一个时空框架中与实体充分相似,而实体超越这个时空框架的存在特性就不能包含进来了。

例如,狼与羊的关系是捕食与被捕食的关系,但不论怎样清楚地描述狼与羊的关系,也揭示不出狼群与羊群之间的关系。不同层次上质的不同,就意味着需要不同的时空框架。

客观存在着的实体,在人类的科学体系中都是以模型的形式存在着的。由此看来,科学意义上的模型就是用人类可交流的语言或工具(如图像、文字、算符)对实体某一层次的特性与规律的描述,而实体是更加"神秘"的。人们习惯于用一个名字区分彼实体与此实体,并给出一个模型以展示实体某一层次的性质。

(二)模型的目的性

上面论述了认识实体的层次性,从理论上说,对实体的认识与建模可以在任何层次上展开。然而在人类发展的特殊阶段,往往有特定的价值取向,对有选择的实体选择特定的层次进行研究,这就是人类认识的目的性。作为描述实体的模型,自然也离不开这种目的性。

把实体某一层次上的特征抽象出来,并以模型的形式表达出来,这是有目的的行为。通常建立模型的目的主要有认识对象的特性、预测变化、控制运行或进行结构设计等。

(三)模型的类型

宏观上模型的类型可分为物理模型与思考模型。建筑设计中用实物构造的建模物的模型、军事指挥用的"沙盘"等都可以称为物理模型;而思考模型是用人们抽象思维的工具描述的模型,例如 $F=ma$ 就是一个思考模型。

另一类模型称之为模拟模型,这是根据系统的结构功能原理,由于不同的结构可以有共同功能的特点,用一个实体的一部分功能来模拟另一实体中相同或类似功能。例如用一个电路系统来模拟力学系统。

在系统工程中,建模一般是指以抽象的符号(如文字、图表、数学方程等)描述的模型。

在思考模型中,最重要的一类是数学模型,数学模型是指用数学语言描述的模型。数学模型受到普遍的重视,这也是数学语言的特点所决定的。数学语言具有严密的逻辑性与理解上较弱的歧义性。用数学语言描述时把模型求解的前提条件、假定条件和约束条件以简化的假设或公理的形式呈现出来。这样,使人类语言中模糊成分引起的歧义得以显化。因而,如果认为假设与公理是可以接受的,就意味着相应模型导出的结论是可以接受的。数学语言是丰富多彩的,而不同的数学语言对不同实体的描述能力也各有所长。按模型所使用数学语言的不同,又可分为不同类型的数学模型,如离散数学模型、微分方程模型、随机模型等。

模型的类型也可按其不同的特征进行分类。

二、建立数学模型的一般过程

建立数学模型的过程不能像单纯型法解线性规划问题那样提供一套程序化的技术。一些学者认为,建模与其说是一门技术,不如说是一种艺术。这种认识是很有道理的,即使是条件与数据都恰到好处的给定,数学应用题在建立方程时也没有一套万能的技术和程序。

在确定建模的目的、用什么语言建模、怎样简化等方面都能体现出归纳法与创造性思维的特点,图2-5是实体与模型的关系。

建模往往是解决问题过程中的一个子过程。从问题出发到选择适当的方法解决问题,其中可能要运用模型。例如,用系统工程方法对方案做分析是一个必要步骤,而分析方案就要涉及模型。

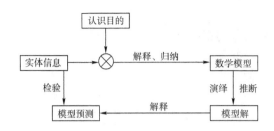

图 2-5　实体与模型的关系

因此,建模时一般已有其他分析过程所得的信息,或希望模型解决什么问题的具体要求,它们是建模的基础。

然而建模也是一个相对独立的过程。如前所述,建模不可能按技术化的程序完成,然而建模的原则性步骤是存在的,那么,如何来探讨这种原则性步骤呢?

实际上,如果把建模作为一项工程来理解,那么可以把建模看成是一项系统工程。这样就可以用系统工程的思路来理解建模过程。下面将简述建模过程。

(一)明确问题,确定目标

建模中的问题怎样才算明确呢?这里应先从数学语言的特点和数学表达问题所要求的形式开始。

数学模型的特点在于描述变量之间的数量关系,这就要使问题明确到变量关系的适当形式。如一家公司雇佣推销员,定性地讲,推销员多了会增加费用,少了又会失去顾客,所以存在一个最优的推销人数,然而就此进行建模还是不充分的,即问题不够明确。因为公司追求最大利润与追求最大市场占有率的目标不同,就会导致不同的优化结果,同时还隐含了下一层次的优化问题,即相同推销员在不同地域、不同消费群体上做推销,会产生不同的结果。由此可以看到,即使给出一个人数规模的答案,可能也不会起多大的作用。

问题的表达能对应一种数学结构,而数学结构所展示的模型的解则与问题相对应。

例如,著名的七桥问题:能否从岛上或岸上任一点出发通过每座桥一次且仅通过一次而回到出发点(图2-6)。

欧拉巧妙地把该问题模型化为一笔画问题。问题对应了一笔画的数学结构,而能否一笔画成图2-6b)的形状的模型解对应了原问题的解答,即从任一点出发通过桥一次回到出发点与一笔画成图2-6b)是等效的。

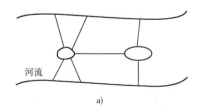
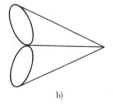

图2-6　七桥问题

(二)模型假设

模型假设即是对建模对象的特征与存在条件作简化。对一个实体来说，因素是复杂的，然而建模就是要在复杂性中抽象出既有说服力又有简单性的模型，因此，合理的简化是必不可少的。比如，对于地球，在一些问题中可以假设是一个球体，而在另一些问题中可以假设为平面。

模型假设至少有两层意思：一是问题的宏观简化与假设；二是在宏观简化后变量与变量之间的假设。

例如，考虑船在河上航行，可忽略水位落差的影响，并可作为一个不变水流速度的平面河道来思考，而考虑船的静水速度与水流速度是叠加关系（顺水为正，逆水为负）。

建模中问题的明确与假设通常是交互进行的。

(三)建模

建模就是选择一个合理的数学形式，将实际问题中的要素和关系用数学语言表达出来。很显然，数学语言越丰富，建模的路子就越宽。

对同一问题用不同数学形式表达，可能导致后续过程的难易程度不同。这同系统方法中有多个方案可达到目标是一个道理，模型的优劣确实存在，然而这往往是事后才可以评价的。

关于这一方面的原则与技巧，将在后面结合例子重点阐述。

(四)模型求解

建模后，可能会涉及纯数学的求解问题，重要的是模型的某种形式解的存在性，或某种形式的解可以转化为解决实际问题的答案。实践中可能用仿真或近似计算求解，这方面的内容归入数学知识。

(五)模型解的分析与检验

由于使用模型的目的不同，模型解的含义与要求也不同，如为了解释"为什么"的问题，往往会同模型特殊形式解的存在性联系在一起，例如公共资源的过度利用就转化为公共资源集中使用的最优解比分散使用最优解之和要小。

如果以预报、控制等为目的时，往往就要求对误差进行分析，要求在允许的误差范围内使用模型及解。而为了解释某些现象，往往是要求某种解的存在。

又如，建立了线性模型，线性化就要求预测时间不能太长。因为时间长了，被忽略的非线性因素会积累起来，使精度下降。

模型解的特征是对模型可否接受检验的一个方面，这往往同模型的假设、模型的结构设定及其他步骤联系起来，可能会反馈回去修改假设与模型。

第三节 系统的自组织特征

本节介绍系统的自组织理论。自组织是系统形成以及系统演变的一种相当普遍的规律。现实世界中显现出了各种各样的复杂系统，当人们对自己观察到的各种复杂系统追问为什么时，实际上也就在关心着系统随着时间进程的演变规律的问题。系统的自组织理论提供了一套用以观察和分析系统演变规则的方法。

科学界对自组织现象的深入研究，加深了人们对系统的理解，丰富了系统理论的内涵。自组织本身已成为一个专门的术语，而从自组织理论中提炼出来的一些基本概念与基本规律已成为系统理论的基本知识。

自组织现象引导人们思考的是被认为没有思考能力的分子通过内部的机制自发地形成有序结构的问题。可以说是无思维的物质之间形成了相当于有思维的生物行为。

现实世界的复杂性从何而来一直是困扰人类的问题，尤其在热力学第二定律被发现后，有人错误地理解了世界从总体上是无序化的过程。因而直接的推论就是今天所存在的各种形态只是一种暂时现象。人们自然不愿接受这种观点，希望找到从简单到复杂的过程合乎现代科学观念的解释。

对自组织现象研究有突出贡献的一些学科主要有耗散结构、协同学、突变论，被称为"新三论"。

（一）耗散结构理论

耗散结构理论是以比利时科学家普里高津为代表的布鲁塞尔学派的贡献。

该学派以物理、化学的不可逆现象为起点，经过长期艰苦的努力，冲破了主流科学的桎梏，创造了"耗散结构"这一名词。最主要的贡献是使人们认识到了结构产生的自组织途径，探索出从物理、化学的平衡态中产生出结构的途径，也可以说就是从无序状态中产生出有序结构的一种形式。较有代表性的著作有《从存在到演化》《从混沌到有序》《非平衡系统的自组织》《探索复杂性》等。

（二）协同学理论

协同学是德国著名学者哈肯所创立的一种解释自组织形成机理或从简单到复杂机制的理论。协同学在激光理论、耗散结构理论、超循环论的基础上，提出了一套分析与描述自组织问题的方法。较有代表性的著作有《协同学引论》《高等协同学》《协同学——自然成功的奥秘》等。

（三）突变论

托姆、齐曼、阿尔诺特等人从数学描述的角度研究结构突变的机制问题，形成了突变论，这是描述自组织过程的有力工具。代表性的著作有《结构稳定性和形态发生学》《突变论——思想和应用》。

另外如超循环理论、分形几何、混沌理论等也是与自组织相关的或对自组织理论形成与发展有较大贡献的理论。作为自组织的描述工具，微分方程的定性理论也是相当有力的工具。

一、系统的自组织概述

系统由相互作用的要素关联而成。如果系统有一种结构，则系统在环境中就会有其行为的动态性。现在我们进一步来讨论系统结构的动态性问题，即系统的结构变化规律。这是一个观察系统的高层次的视角，在一定的意义下，这是观察系统历史与未来的视角。

（一）系统的自组织

1. 系统结构的来源

在时间中存在着的系统，其结构的来源如何？就今天可接受的观点而言，有组织和自组织两个来源。

(1) 组织。

人们构造一个系统时,找到适当的元件,并对其进行组装,使得特定的元件与元件之间形成特定的关系。在组装一个系统时,对内部需要的元件有什么性能,与其他元件怎样联系的所有信息都将由系统的设计者来规定。这种外界的智能赋予每一元件在整体中的行为模式而形成系统的方式称之为组织。

人们每天在行动,而行动就广义而言就是对系统的行动,即以人的智慧与活动能量在组织系统、创造系统,以此实现人自身偏好的功能,这就是组织。

(2) 自组织。

系统的结构形成与变化是否还会有区别于组织这种方式的途径呢?即是否还有不依靠外界对每一元件的安排而形成结构的方式呢?

贝纳德水花,按一般的理解为外界加给每一个水分子的信息是对称的,即外界没有指定水分子的运动方式,但实验装置内的水形成了有序运动。像这种并非由于外界对每一要素的行动指令,而在特定的外部条件下,系统内要素之间自发地形成协调的整体运动,或要素之间相互分工与合作关系,我们称之为自组织。

自组织现象中,对于像水分子这样的要素形成的系统,就体现出了一种比喻的特征。如果把分子理解为像人一样有思维的话,可以说人们就不会觉得惊奇。按我们对自组织规定的含义,系统内部的创造性响应都是自组织,而并不在乎系统内要素是否具有拟人化的智慧。

2. 研究系统演变的意义

对固定的系统结构,研究系统的输入输出关系需要考虑与时间的相关性。如对一个控制系统,对其输入一个脉冲,对系统的响应 $y(t)$ 的分析就与时间有关,比如衰减速度等;一辆车,对一个制动动作的响应也表现为时间特性,如"一定的速度下几秒内能完全停车"等。然而系统还有一层时间特性,就是考虑结构变化的层次。如一辆车,考虑由于摩擦作用或器件老化所导致的车况的变化,这与一个制动的响应所考虑的时间不同,属于不同层次。类似于摩擦或器件老化对车的变化用系统的语言说,是系统结构意义上的时间。而对于制动的响应是行为意义上的时间,用协同学的语言来说,相对于行为层的时间,结构层的时间是慢变量,即行为层的时间规律可以在"系统结构不变"的假设下展开讨论。

研究系统结构动态特征有何意义呢?用最简单的例子来理解,比如一个机械加工系统,为了维持正常的功能,需要对结构进行维护。这也可以理解为由热力学第二定律派生的结构演变方式的表现形式,人对系统的定期维修、加润滑油、更换零件等可以理解为机械加工系统的"对外开放",或外部的负熵,以抵消内部的正熵增加,从而达到结构的维护。然而在一定的意义下,这种对系统结构动态性的思维是消极的,是一种被动的维护。自组织现象引导人们对系统结构动态性的研究更加丰富多彩与积极。在一定条件下,系统的结构(包括要素的特征、要素之间的关联)表现出主动的或自主的创造性。结构决定了功能,对功能的关注自然要求人们重视结构,重视结构的演变规律。从哲学意义上说,结构的动态性与自组织也是理解客观存在着的丰富多彩的复杂性的一种方式。虽然人们对自组织的更深层原因认识不多,然而自组织已经是一个被人们接受的描述世界为什么呈现复杂性的词汇。

系统的结构动态性研究对人们进行决策，了解客观世界存在的形式是基本的、重要的，也是系统分析更深一层的内容。因而自组织理论与系统的动态特征也是系统的基本理论。

(二)自组织的观察点

人们对自组织现象的研究表明，用自组织观点去观察系统时，有若干基本点是不可忽略的。

1. 自组织产生的必要条件——开放性

由热力学第二定律描述，一个有限的封闭系统在其时间进程中是走向无序的过程，这正好对应着自组织描述的从简单到复杂的相反过程，因而自组织的必要条件是系统与外界有物质、能量或信息的交换，概括地称之为开放性。

在耗散结构中观察到的开放性是通过某些量的非平衡来描述的。如在贝纳德水花中，上下两层夹板之间的温度差，就是一个实现开放的非平衡条件。又如在化学钟中，体系的开放性是通过外界对反应物与生成物的控制，使浓度的比例与化学平衡时的浓度之比的差别来实现的。即通过开放达到某些量的非平衡，再实现非平衡条件下的有序。

因为耗散结构是从分子中产生宏观层次的序为研究目的的，因而，最无序的平衡态自然成了一个参考点。这种情形对平衡是什么可能不会产生争议，然而在观察一个有序结构向一个新的有序结构转化时，可能对平衡就会产生争议。开放是否必须要通过非平衡来实现呢？事实上存在着平衡产生结构变化的较多例子，如水的三态，当结成冰时分子之间是有序排列的，从水到冰只是系统内分子能量的减少，并不需要非平衡。再如磁铁，在高温时失去磁性，低温时又恢复磁性，也不是非平衡。再观察"太空种子"，做了一次太空旅行的西红柿种子，经历了太空环境，产生了新的结构回到地球表面之后还保持着太空中形成的结构，由此得到高产的优质种子。

因而对开放可以这样来理解，非平衡是一种开放的方式，但还有更多的开放方式，包括系统处于不同的环境中等。系统实现开放的方式将会随着人们认识的提高而被进一步认识，人们现在认识到的开放方式只是很少的几种而已。

开放作为自组织的一个必要条件不能误解为充分条件，即不能简单地理解为只要开放了就能实现有序。系统可能对许多外界因素开放，然而能使系统向有序方向进行自组织的开放也许只有一些特殊方式的开放。正是这一点，使得自组织理论认识系统的作用比改造世界的作用更突出。一个系统经历了自组织，可以针对这种现象去寻找是什么开放起了作用，而对于系统新的结构，需要采用什么方式的开放来实现则显得更加困难。

2. 序参量

系统的演化过程，往往是通过由渐变到突变的形式表现出来的。系统结构的连续渐变，虽然也会使系统的输入输出行为有所变化，但其质是不变的。自组织现象所揭示的是系统结构的突变现象：在系统的输入输出中就表现为质变。在质变前与质变后的中间过程又怎样进行观察呢？或者说对这个过渡过程的共同规律的表现形式是什么呢？

协同学理论揭示了在众多的描述系统的状态变量中，起决定作用的变量只有少数几个变量，而其余变量只能处在跟随变化的从属地位。在结构变化中起决定作用的变量称之为序参量。

序参量是从定量描述中揭示出来的，然而序参量的概念可以在定性描述中应用，而序参量在描述自组织过程中,往往与一个正反馈过程联系在一起。

如在激光器中,各种光波之间争夺能发光的受激原子,在一定的条件下,各种光波之间的竞争加剧,不能维持各种光波共存的局面时,由于各种光波的竞争,其中就有一种光波首先被加强,而一开始的加强可能完全是偶然的,但是加强之后竞争力就会提高,因而能进一步争得受激原子来发出此种光波。这一过程一直到所有受激原子别无选择地产生一种光波。

在人类社会生活中,这种表现形式也是极普遍的,如应试教育的形成并成为一种社会行为就可以以同样方式来解释。高考制度,是选拔人才的一种形式,本质上并不是希望学生围绕应试内容进行学习,实质仍然在于选拔出有利于进一步培养的人才,然而围绕考试内容的应试教育却由此形成一种社会风气。当个别人发现围绕考试内容的应试教育更容易被选择为培养的人才之后,应试教育之风对个体而言成为"成功"的捷径。某个教师,某个学生,甚至某所学校,如果不加入应试教育的行列,都会付出代价。因此,强迫个体加入应试教育行列,使得应试教育之风更盛。而更盛的应试教育之风又迫使各个个体更不敢背离应试教育,使得应试教育之风愈演愈烈。虽然,几乎每个人都认识到这种教育的危害,然而这一风气的形成几乎是每个人都对之有贡献的,而形成了风气之后又迫使个体不管是否愿意接受也只得接受。

下面是一个实验性的例子:假设进行最佳邮票评选,n 个投票人投自己喜欢的最佳邮票,以得票最多的邮票为最佳邮票。而投票人的选择与最后的最佳邮票一致,该投票人可以无偿获得该最佳邮票。可以想象,在这种评选中,很容易形成一种舆论,认为邮票 A 是最佳邮票,这种舆论会不断加强,可能导致某人即使不喜欢 A,为了获得最佳邮票而投 A 的票。

又如一个城市务工市场的形成,偶然间的几个务工的聚集地会吸引更多的找工作的务工及需务工的雇主,形成一定的名气后,又会进一步吸引更多的务工与雇主在此聚集,使之形成一定规模的市场。

序参量的形成,从上面的一些例子中可以找到一般规律。序参量的演变如同一种势力的发展,在一定的条件下,偶然出现的势力被社会成员喜爱,因而加强了这种势力,而加强了的这种势力又对社会成员增加一个强迫喜爱的力,排斥其他势力,直到这一正反馈机制被另一宏观因素制约,形成了新的稳定结构。当然,并不是任何时候都会有这种正反馈机制,只有外界条件改变使得老结构已不再适应新局面时,才会有如此表现。

(三)自组织过程的特殊表现

下面讨论在自组织过程中系统的特殊表现形态及相关的一些基本概念。

1. 分支,临界点,突变

对系统演变的观察,以自然的时间为自变量,随自然的时间推进考察结构的演变形式是一个很常用的方法。但是对系统的演变,自然的时间往往不是作为根据的自变量,大多数情况下只是一种时间的标识。人们往往用对系统演变起直接作用的控制参量作为解释自组织现象的自变量,以控制参量取值对系统结构形态的决定关系为基础描述自组织现象。例如,在贝纳德水花中,以上下两层夹板间的温差作为自变量,考虑系统在不同温差下的响应特征。

对一个稳定的系统,当外界条件变化很少时,虽然不能指望系统不产生任何反应,但质变就不一定发生。如对于 $\dfrac{\mathrm{d}X}{\mathrm{d}t} = aX$，当 a 从 -5 到 0 变化时，系统以 0 为唯一稳定态的性质没有改变（然而不同的 a 对同一初态走向定态的时间是不同的）。一般地，一个稳定系统，其稳态的性质对小范围内外界条件变化的响应表现为连续性的渐变。稳态随外界控制的变化保持某种连续渐变的区域称之为支，而不同支的存在称为分支现象。自组织实际上就是从一分支到另一分支的过程。

不同支之间的分界值称为临界值。在临界值的左右方有不同的系统结构，经历临界值的系统从一种结构跳到另一种结构，当然系统的响应特征也表现为质的差异，这就是突变。

就实际系统的演化而言，可以观察到的临界点可能不是频繁出现的。从经验看，系统在绝大多数时候表现为连续性的渐变，这就会给人造成一种思维惯性，忽略临界点的存在而套用连续趋势外推，比如任何人都有坚定的信念，太阳明天仍然从东方升起。系统的自组织现象提醒人们，系统的演变并不总是表现为连续渐变的，需要关注可能存在着的临界点。

2. 临界慢化现象

在自组织的过程中，即经历临界点从旧稳态到新稳态的过程中，可以在行为层观察到一种特殊的宽幅振荡现象，如图 2-7 所示。

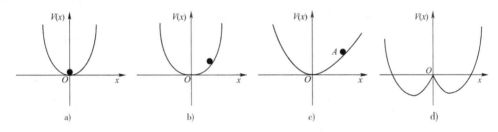

图 2-7　势函数的变化

图 2-7 所示的势函数，其形态表明原点从稳定变到不稳定，用小球在势函数提供的约束中的运动来作为系统的运动，小球的振荡可以理解为结构的波动。比较在图 2-7a)、图 2-7b) 中的小球，图 2-7a) 表明，小干扰被迅速消化，回到原点。而对于图 2-7b)，消化小干扰的能力就不如图 2-7a) 强了，图 2-7c) 消化小干扰的能力更弱，图 2-7d) 会对小干扰起正反馈的放大作用。如果有许多同样的系统同时经历临界点，这时就表现为结构的差异加大。在图 2-7c) 中的 A 点，尽管小球停不住，但可能以极慢的速度离开，即在不稳定点停留的时间加长了。而只有一个观察样本的系统（如人类社会的存在）临界慢化的表现是"不可思议"的事情增多，行为的可解释性较差。如在社会变革时期，对当初的"老实人"而今要刮目相看的现象十分普遍。

临界慢化原理是：在临界点，系统结构稳定的根据发生了变化；表现形式是对原稳态约束力减少，因而使结构的自由度加大，也表现为行为的振幅加大。

临界慢化现象是观察自组织现象的一个指标。

3. 对初始值的敏感性

系统从旧的稳态过渡到新的稳态的过程，由于新的稳态可能不止一个，到底实现哪一个呢？继续观察图 2-7 中的 c) 与 d)，当势函数从图 2-7c) 到 d) 时，小球将处在势函数的两个极小点中的哪一个呢？正如在山顶的一块圆石，到底滚向何方几乎可以由一阵风或一场雨决定一样，系统中更微观的因素决定了新的稳态实现。

对初始值的敏感性是指分支出现时系统的实现情况，也许是一个左向的小偏离与右向的小偏离就可能决定其命运。正如处于一个分叉路口而不知该走哪条路的人，可能一个很偶然的想法就会使他决定选择什么。

4. 对称破缺与选择

经历临界点的系统，往往提供了多种可能的新的稳态结构，而系统只能择其一为实现，例如在贝纳德水花中，某一特定位置上的小水花既可能是左旋的，也可能是右旋的，从理论上说，出现左旋与右旋的结果是对称的。然而系统只能择其一，这种在对称信息中做出选择称之为对称破缺。

例如，道路行车规则的靠左行或靠右行是对称的，一个地区或国家选择其一，就是对称破缺的选择。

5. 自组织序列

前面所描述的现象都是在临界点附近的情况，即一种结构向另一种结构过渡过程中的特殊表现。我们对分支的整个过程进行考察，也就可以得到一幅历史的画卷：系统经历了分支，形成了新的结构，这种新的结构在一定的范围内得以维持，发展到一定阶段，又到了临界点，又进入对称破缺与选择……系统的历史可能就是一次次分支的历史。如果这样来理解，现实的复杂性与事物之间的对立性质可能就在于某一对称破缺选择的差异导致了不同的分支。

人的大脑的观念体系，自孩子到大人可能经历了不同层次的许多的自组织，形成一个观念体系，这样即使在同样环境中成长的人，也可能由于自组织时的对称破缺，形成完全不同的观念体系。

二、形成自组织的途径

通向自组织的途径是指怎样的一些条件可以引发自组织。可以说，结构演变这样一个主题，人们对它的认识是很有限的。自组织作为一种结构演变的模式，人类对它的认识有限，因而探讨引发自组织的途径只是一些观察到的事例的总结，绝不意味着只有这些途径才会发生自组织。反过来说，某些途径也并不意味着必然发生自组织。

结构的演变也可以包含结构被外界破坏的方式，或外界对系统以组织的方式使系统的结构变化。当然这种形式并不包括在自组织中，因而我们的讨论不包括外界直接作用的方式导致的结构变化。

就形成自组织的必要条件而言，系统的内部组成关系也是必须考虑的。引出自组织的一些例子往往都是大量同类分子组成的系统。这与人造的，如一台机床，这样的系统有很大的差别。差别在哪里呢？前者作为系统的要素在系统内有它的自由度，而后者几乎规定了每一要素的动作方式，因而只有规定的运动形式，谈不上自由度。如果系统内要素没有自由度，就谈不上自发形成的关联，即无从谈到自组织。当然也不排斥像机床这样的系统，在被控制因素以外的自由度存在，而在这些自由度上可能形成自组织，如机床的振动就有自组织的特征，如可以表现为不同的稳定振幅。

下面讨论形成自组织的几种途径。

(一)改变系统的组分形成自组织

设想在一个孤岛上,植物、羊、狼构成了一个生态系统,维持着一种生态平衡。如果以外力把狼消灭,则这个孤岛上的生态系统会演变成什么样的结局呢?也许失去天敌的羊群繁殖太快,以至于破坏了自身的生存环境,最后这里变成了不毛之地。这是改变系统组分形成自组织的例子。实际上生态之间的关系,生物种类的多样性与保护对人类的重要意义正是"初始的一点改变,最后酿成一场灾难"的自组织后果。因而各个国家对边境检疫都十分重视,以防止新的细菌、病毒的侵入,造成对本国生态的破坏。

改变组分引发自组织除上面所说的引入新要素外,也表现为简单的同类要素的数目扩大而引发自组织。例如在市场上,如果只有两个销售某一商品的人,则这两个人很可能形成联盟,达成出售价格的协议,并遵守其协议。然而如果卖商品的人数增加,竞争关系就会在一定的时候取代联盟。

改变组分形成自组织可以用简单的动力学模型描述。如果系统的原描述为

$$\begin{cases} \dfrac{\mathrm{d}x_1}{\mathrm{d}t} = f_1(x_1, x_2) \\ \dfrac{\mathrm{d}x_2}{\mathrm{d}t} = f_2(x_1, x_2) \end{cases} \tag{2-1}$$

现改变为

$$\begin{cases} \dfrac{\mathrm{d}x_1}{\mathrm{d}t} = f_1(x_1, x_2) + g_1(x_1, x_2, x_3) \\ \dfrac{\mathrm{d}x_2}{\mathrm{d}t} = f_2(x_1, x_2) + g_2(x_1, x_2, x_3) \\ \dfrac{\mathrm{d}x_3}{\mathrm{d}t} = k g_3(x_1, x_2, x_3) \end{cases} \tag{2-2}$$

若 $g_3 = 0$,是特殊的不增加新成分而改变关联的形式。

在人类活动中,如企业经营规模的扩大,也会引发自组织,主要表现为形成特定的不成文的规则。例如规模小时无须更多的监督、激励,各自都能自律。而当规模扩大时,就可能会形成相互容忍,互相掩盖过错,形成对系统利益的侵害。在结构不再适应发展的需要时而仍然维持其结构,往往会引发自组织结构的出现。

(二)不同自由能引发自组织

系统内的要素,如果其行动是完全受控的状态,我们称之为无自由能的要素。如果完全无自由能,显然也就谈不上自组织。然而任何系统内的要素,总有某些运动与变化是不受控制的,因而无自由能的要素是不存在的。具有同样的要素但具不同的自由能,就会引发自组织。最简单的例子是,物质的固、液、气三态的不同结构,这可以解释为物质的不同自由能表现出的不同结构。在人类的层级组织中,给予下级更多的自主权也许会导致完全不同的组织效果。

(三)外界控制参量改变引发自组织

这种自组织的实例很多。如随着生产力的提高,生产的组织方式会进行自组织,形成新

的与生产力相适应的生产组织方式。又如宏观的政策实施,下级将会在政策及约束下形成新的行为方式(结构)。这里需要注意的是,对系统的干预及干预的后果并不都是可以简单地预见的。

第四节 系统的结构动态性

认识系统的结构是认识系统的基础,系统的结构可以通过输入输出关系的考察间接地认识,也可对结构进行直接认识,这是认识系统的第一个层次。然而要进一步深化对系统的认识,要从系统历史的角度对系统进行认识,这就要求对系统结构的发展或演变的过程进行研究,这就是系统结构的动态性。任何进化现象都可以纳入结构动态性进行研究。

对机械系统,如一辆汽车,其结构的动态性谈不上什么积极的意义,一辆车的结构的历史就是不断输入能量,使其结构得以维持(如保养、维修),然而终会因生命周期等原因使结构失效。其实,汽车的历史中也包含着人们对汽车结构设计的历史,从中可以看到汽车的进化。也许这种进化是人的智慧的产物,是外部作用,但应该注意到毕竟人类历史也是进化的历史,只是进化并非齐头并进的,因而就有了不同层次之间的控制作用。不依赖于外部控制的结构动态性是显而易见的,如自组织研究的成果表明了形成新结构的自组织方式的存在性。系统由自组织与他组织形成结构是两种基本模式,而自组织是他组织的根源,也是一切发展与演化的原动力。

一、观察结构动态性的时间尺度

在系统行为中,也可以观察到动态性。如对一个确定结构的控制系统,把初始状态导向目的状态就是一个动态进程:根据反馈信息不断调整状态,最终达到目的状态。观察这种动态性的时间尺度相对于结构的变化而言是小的,或者说行为的动态性是快变过程,通常系统结构动态性的时间尺度比行为要大得多。因而往往把行为动态性与结构动态性当作两个层次的问题来处理。例如,一支点燃的香烟,一个速度是香烟燃烧的速度,另一个速度是烟气被吸入口中的速度,显然后者要比前者快得多,所以在考虑烟气入口的速度时,可把香烟燃烧的速度当作零或一个无穷小量。对系统结构的动态性与行为的动态性,人们一般也是这样处理的,即考虑行为动态性时,认为结构不变;而考虑结构动态性时,认为行为是瞬间完成的。

二、结构稳定性

尽管可以假设在结构不变的条件下考虑系统的行为,然而从理论上说,结构的波动也是必然的,如 $\dfrac{\mathrm{d}X}{\mathrm{d}t} = AX$,把 A 当作结构因素时,绝对不变的 A 是不真实的。如果结构的极小波动将导致系统行为的显著差异,可以称之为结构的不稳定性。与此相对应,当极小的结构波动不致引发行为的质变时,可以称之为结构的稳定性,例如对一个单摆,没有摩擦时,轨线是一族封闭曲线;而有了摩擦时,则不论摩擦的大小,轨线是一个稳定的结构。因此,单摆对摩擦就不具有结构稳定性,然而有摩擦时,对摩擦的大小具有结构稳定性。结构稳定性的详细讨论可用微分方程的几何语言描述。结构稳定性的含义是微小干扰导致的相同空间轨线有相同的拓扑结构。

三、结构的突变

与结构稳定性直接相关的是结构的连续渐变，当某种使结构变化的因素连续变化时，结构保持连续变化，如单摆的摩擦大小。然而，结构的变化往往会在连续变化积累的基础上产生突变，也即微小的因素使之结构发生了跃变，表现在输入输出关系上，就有了相同输入的不同输出。结构的突变在有关突变论的书中有详细的讨论，产生的一些规律如多稳态、分叉等特殊的现象，对最简单的情况，可从自组织过程中观察到。

四、系统的演化

系统结构动态性是与系统进化或演化同等意义的，也就是系统结构生成与发展的问题。热力学揭示了有限封闭系统演化的终态——熵极大。达尔文的进化论揭示了生物的进化历史。由耗散结构理论等揭示的广义进化论是各种系统进化的历史，这些理论打开了研究系统进化的大门，开拓了系统演化研究的空间。

当今自组织理论的发展，不但从观念上加强了人们对演化的认识，更从方法上提供了分析演化的方法与工具，显然人类观察到的进化现象比人类可进行演化分析的工具更丰富多彩。但毕竟人们可以从进化的角度来把握系统的未来，更可以在把握进化规律的基础上控制进化，从而规划出人类及世界的美好未来。

第三章 线性规划问题

第一节 线性规划基础

线性规划是系统分析方法中最基础的方法,也是运筹学中应用最广泛的方法之一,它是研究在给定的约束条件下,确定所考察的目标函数的极值问题。目前,线性规划技术已被广泛地应用于解决军事、工业、经济和社会等领域的很多问题。同样,在道路和交通工程的规划、设计、施工和运营管理工作中,也可应用它来解决资源的合理使用和配置以及方案的评价和优选等方面的问题。

本节首先介绍线性规划问题的数学模型、基本性质及其求解方法。由于在实际问题中,经常遇到许多特殊类型的线性规划问题,它们相应的数学规划模型中的变量与约束方程的系数矩阵具有特殊性。由于这些线性规划的特殊性,求解这类问题将会有比求解一般线性规划的单纯形法更加简便、更加有效的方法,可以节省大量的计算时间和费用。

一、线性规划问题及模型的建立

在生产和经营等管理工作中,经常需要进行计划或规划。虽然各行各业计划和规划的内容千差万别,但其共同点均可归结为:在现有各项资源条件的限制下,如何确定方案措施,使预期目标达到最优。

线性规划的数学模型包含一个目标函数式和一组约束条件式。模型的建立,通常采用下述三个步骤:

第一步,明确所需确定的未知变量。它们是所讨论问题中的一些可变化的参数,称之为决策变量、设计变量或控制变量。这些变量可用 x_i 表示,其中下标 $i = 1,2,\cdots,n,n$ 为变量数。在一个物理系统中,决策变量往往都是非负值,可以表示为:

$$x_i \geqslant 0 \tag{3-1}$$

第二步,明确问题所需满足的约束条件或限制条件,并将它们表示为上述未知变量的一组线性方程或不等式。约束条件可能是资源方面的(如劳力、机具设备或材料供应量的限制)、物理方面的(如材料性质或结构尺寸的限制)、财政方面的(如预算或价格的限制)或者制度方面的(如各种规定、规范或规程条文上的限制)等。而表述各种约束条件的方程可能是等式,如

$$f(x_1,x_2,\cdots,x_i) = b_j \tag{3-2}$$

也可能是不等式,如

$$f(x_1, x_2, \cdots, x_i) \leq (\geq) b_j \quad (3\text{-}3)$$

其中 $j = 1,2,3,\cdots,m$;m 为约束条件数。

第三步,规定所需达到的目标,并表述为决策变量的线性函数,称作目标函数。目标函数是预定目标的一个数学表述,同时也是对目标实现效果的一个度量。目标函数可以是最大化的,例如在使所得收益或效益最大的问题中:

$$\max z = f(x) \quad (3\text{-}4)$$

目标函数也可以是最小化的,例如在使所支出的费用最小或消耗最少的问题中:

$$\min z = f(x) \quad (3\text{-}5)$$

现举一个实例来说明什么是线性规划问题,以及如何进行线性规划模型的建立。

例 3-1 某工厂拥有 A、B、C 三种类型的设备,生产甲、乙两种产品。每件产品在生产中需要占用的设备机时数、每件产品可以获得的利润以及三种设备可利用的时数如表 3-1 所示。

三种设备可利用时数表　　　　表 3-1

设备	产品		设备能力(h)
	产品甲	产品乙	
设备 A	3	2	65
设备 B	2	1	40
设备 C	0	3	75
利润(元/件)	1500	2500	

问题:工厂应如何安排生产以获得最大的总利润?

解 设变量 x_i 为第 i 种(甲、乙)产品的生产件数($i = 1,2$)。根据题意,我们知道两种产品的生产受到设备能力(机时数)的限制。根据题意,变量必须满足的条件如下:

$$\begin{cases} 3x_1 + 2x_2 \leq 65 \\ 2x_1 + x_2 \leq 40 \\ 3x_2 \leq 75 \\ x_1, x_2 \geq 0 \end{cases}$$

总利润为:$f(x) = 1500x_1 + 2500x_2$。

该问题的要求是求出使总利润最大的 x_1, x_2,并满足上述限制条件。

例 3-2 靠近某河流有两个化工厂(图 3-1),流经第一个化工厂的河流流量为每天 500 万 m^3,在两个化工厂之间有一条每天流量为 200 万 m^3 的支流。第一个化工厂每天排放含有某种有害物质的工业污水 2 万 m^3,第二个化工厂每天排放含这某种有害物质的工业污水 1.4 万 m^3。从一个化工厂流出的污水流到第二个化工厂以前有 20% 可以自然净化。

根据环保要求,河流中工业污水的含量应不大于 0.2%。这两个化工厂都需要各自

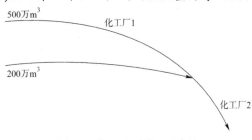

图 3-1　化工厂河流位置示意图

处理一部分工业污水。第一个化工厂处理污水的成本是 1000 元/万 m^3,第二个化工厂处理污水的成本是 800 元/万 m^3。现在要问:在满足环保要求的条件下,每个化工厂各自应该处理多少工业污水,使两个化工厂处理工业污水的总费用最小。

解 这个问题可用数学模型来描述。设第一个化工厂每天处理工业污水量为 x_1 万 m^3,第二个化工厂每天处理工业污水量为 x_2 万 m^3,从第一个化工厂到第二个化工厂之间,河流中工业污水含量要不大于 0.2%,由此可得近似关系式

$$\frac{2-x_1}{500} \leqslant \frac{2}{1000}$$

流经第二个化工厂后,河流中的工业污水量仍要不大于 0.2%,这时有近似关系式

$$\frac{0.8(2-x_1)+(1.4-x_2)}{700} \leqslant \frac{2}{1000}$$

由于每个化工厂每天处理的工业污水量不会大于每天的排放量,故有

$$x_1 \leqslant 2$$
$$x_2 \leqslant 1.4$$

该问题的目标是要使两个化工厂处理工业污水的总费用最小。即 $z = 1000x_1 + 800x_2$ 最小。综上所述,这个环保问题可用数学模型表示为:

$$\min z = 1000x_1 + 800x_2$$

$$\begin{cases} 0.8x_1 + x_2 \geqslant 1.6 \\ 1 \leqslant x_1 \leqslant 2 \\ x_2 \leqslant 1.4 \\ x_1, x_2 \geqslant 0 \end{cases}$$

从上面的几个例子,可以看出一些共性:

(1) 这些问题中,都有许多不同的方案可以选择,它的目标是要在既定的条件下选择最优的方案,表达这个目标的数学表达式称为目标函数。

(2) 这个目标必须满足一定的条件,这些条件称为约束条件。

(3) 目标函数及约束条件均为变量的线性表达式。

(4) 变量均为非负。

在数学的规划论中,这类问题可以概括为:在一定的约束条件下求目标函数的极值(极大值或极小值)问题。我们称这类问题为线性规划问题。

目标函数

$$\max(\min) z = c_1 x_1 + c_2 x_2 + \cdots + c_n x_n \tag{3-6}$$

约束条件

$$\begin{cases} a_{11}x_1 + a_{12}x_2 + \cdots + a_{1n}x_n \leqslant (=,\geqslant) b_1 \\ a_{21}x_1 + a_{22}x_2 + \cdots + a_{2n}x_n \leqslant (=,\geqslant) b_2 \\ \cdots \\ a_{m1}x_1 + a_{m2}x_2 + \cdots + a_{mn}x_n \leqslant (=,\geqslant) b_m \\ x_1, x_2, \cdots, x_n \geqslant 0 \end{cases} \tag{3-7}$$

由式(3-6)和式(3-7)可以看出,线性规划问题有不同的形式。对目标函数,有的要求实现最大化,有的要求实现最小化,约束条件可以是不同形式的不等式,也可以是等式。这种多样性,给问题的讨论带来不便。

二、线性规划模型的标准化

为便于讨论,设定线性规划问题的标准式为

目标函数

$$\max z = c_1 x_1 + c_2 x_2 + \cdots + c_n x_n$$

约束条件

$$\begin{cases} a_{11} x_1 + a_{12} x_2 + \cdots + a_{1n} x_n = b_1 \\ a_{21} x_1 + a_{22} x_2 + \cdots + a_{2n} x_n = b_2 \\ \quad \cdots \\ a_{m1} x_1 + a_{m2} x_2 + \cdots + a_{mn} x_n = b_m \\ x_1, x_2, \cdots, x_n \geq 0 \end{cases} \tag{3-8}$$

在式(3-8)中,我们假设 $b_i \geq 0$,否则在等式两端乘以 -1,使 $b_i \geq 0$。

用向量形式表达时,上述模型可写为

$$\max z = \boldsymbol{CX} \tag{3-9}$$

$$\text{s.t.} \begin{cases} \boldsymbol{AX} = \boldsymbol{B} \\ \boldsymbol{X} \geq \boldsymbol{0} \end{cases} \tag{3-10}$$

其中:

$$\boldsymbol{C} = (c_1, c_2, \cdots, c_n)$$
$$\boldsymbol{X} = (x_1, x_2, \cdots, x_n)^T$$
$$\boldsymbol{B} = (b_1, b_2, \cdots, b_m)^T$$
$$\boldsymbol{A} = \begin{bmatrix} a_{11} & a_{12} & \cdots & a_{1n} \\ a_{21} & a_{22} & \cdots & a_{2n} \\ \vdots & \vdots & \vdots & \vdots \\ a_{m1} & a_{m2} & \cdots & a_{mn} \end{bmatrix} \tag{3-11}$$

将非标准型的线性规划模型转化为标准型,一般要经过以下几步工作:

(1)若目标函数为求极小值,即为

$$\min z = \sum_{j=1}^{n} c_j x_j \tag{3-12}$$

由于 $\min z = -\max(-z)$,从而将目标函数转化成

$$\max z' \mid (z' = -z) = -\sum_{j=1}^{n} c_j x_j \tag{3-13}$$

(2)约束方程为不等式。当约束条件为"≤"时,则在其左边加一个非负的松弛变量,将不等式变成等式。由于加的松弛变量,其物理意义是未被充分利用的资源或处于闲置的资源,因而不能带来价值或利润,故它们在目标函数里的系数定为零。

(3) 如果约束条件右边的常数项为负数,则将约束条件两边同乘 -1,从而将右端常数项变为正数。

(4) 若存在 $x_k \leq 0$,则可令 $x_k = -x_k'$,从而用 x_k' 取代 x_k,且满足 $x_k' \geq 0$。

如果某变量 x_k 为无约束变量,即变量 x_k 取 ≥ 0 或 ≤ 0 皆可,为了满足标准型对变量的非负要求,可令 $x_k = x_k' - x_k''$,其中 $x_k' \geq 0, x_k'' \geq 0$,将其代入模型即可。

例 3-3 将下列线性规划问题转化为标准型。

$$\min z = -x_1 + 2x_2 + 3x_3 \tag{3-14}$$

$$\begin{cases} 2x_1 + x_2 + 3x_3 \leq 10 & (3\text{-}15) \\ 2x_1 + 2x_2 + x_3 \geq 6 & (3\text{-}16) \\ 3x_1 - 2x_2 - 3x_3 = -6 & (3\text{-}17) \\ x_1, x_2 \geq 0, x_3 \text{ 无约束} & (3\text{-}18) \end{cases}$$

解 分下面几步进行:

(1) 由于 x_3 无约束,令 $x_3 = x_4 - x_5, x_4 \geq 0, x_5 \geq 0$;将式(3-14)~式(3-18)中的 x_3 均换成 $x_4 - x_5$;

(2) 在式(3-15)的左边加上一个非负的松弛变量 x_6;

(3) 在式(3-16)的左边减去一个非负的剩余变量 x_7;

(4) 对式(3-17)两边同乘 -1;

(5) 令 $z' = -z$,即将目标函数中各变量的系数均变成其相反数,从而将目标函数转化为 $\max z'$;

(6) 令松弛变量和剩余变量在目标函数中的系数为零。

经过以上变换,得到如下模型:

$$\max z' \mid (z' = -z) = x_1 - 2x_2 - 3(x_4 - x_5) + 0x_6 + 0x_7$$

$$\begin{cases} 2x_1 + x_2 + 3(x_4 - x_5) + x_6 = 10 \\ 2x_1 + 2x_2 + (x_4 - x_5) - x_7 = 6 \\ -3x_1 + 2x_2 + 3(x_4 - x_5) = 6 \\ x_1, x_2, x_4, x_5, x_6, x_7 \geq 0 \end{cases} \tag{3-19}$$

模型已符合标准型的所有要求。

三、线性规划的图解法

当一个线性规划模型只有两个变量时(在转化为标准型之前),可以通过在平面上做图的方法来求解。这种方法的优点是直观性强,计算方便,但缺点是只适用于有两个变量的情况。

(一)图解法的步骤

图解法的步骤可概括为:在平面上建立直角坐标系;图示约束条件,找出可行域;作出目标函数线;寻找最优解。

例 3-4 用图解法求解下列模型。

$$\max z = 2x_1 + 3x_2 \tag{3-20}$$

$$\begin{cases} x_1 + 2x_2 \leq 4 & (3\text{-}21) \\ 4x_1 \leq 8 & (3\text{-}22) \\ 4x_2 \leq 6 & (3\text{-}23) \\ x_1, x_2 \geq 0 & (3\text{-}24) \end{cases}$$

解 选取适当坐标长度,以变量 x_1 为横坐标轴, x_2 为纵坐标轴作平面直角坐标系。约束条件式(3-24)规定了变量只能在第一象限取值,所以绘图时第一象限占较大的版面。

图示约束条件,画出可行域。满足所有约束条件的解称为可行解。约束条件式(3-21)是一个不等式,代表的是以直线 $x_1 + 2x_2 = 4$ 为边界的左下方的平面,同理分析式(3-22)、式(3-23)后,加上式(3-24),则满足所有约束条件的解(即可行解)组成的区域为多边形 $OQ_4Q_3Q_2Q_1$,这一区域称之为可行域,见图3-2,可行域用阴影表示。

作出目标函数线。目标函数 $z = 2x_1 + 3x_2$ 中,z 是待定的值,随 z 的变化,$z = 2x_1 + 3x_2$ 是以 z 为参数、斜率为 $-2/3$ 的一组平行线,当 z 值由小变大时,直线 $z = 2x_1 + 3x_2$ 沿其法线方向向右上方移动,即离 O 点越远的直线,z 值越大。

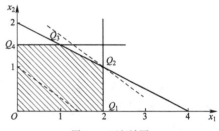

图3-2 可行域图

确定最优解。因最优解是可行域中使目标函数值达到最优的点,因此 x_1、x_2 的取值范围只能从凸多边形 $OQ_1Q_2Q_3Q_4$ 中去寻找。从图3-2中可以看出,当代表目标函数的那条直线由 O 点开始向右上方移动时,z 的值逐渐增大,一直移动到当目标函数直线与约束条件包围成的凸多边形相切时为止,切点就是最优解的点。例3-4中目标函数直线与凸多边形的切点是 Q_2,该点坐标为(2,1),于是可得

$$z = 2 \times 2 + 3 \times 1 = 7 \qquad (3\text{-}25)$$

(二)线性规划问题求解的几种可能结果

(1) 唯一解。比如例3-4得到的最优解(2,1)就是唯一解。

(2) 多重解。如果将例3-4的目标函数改变为

$$\max z = 2x_1 + 4x_2 \qquad (3\text{-}26)$$

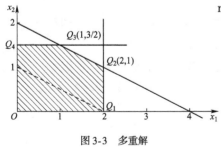

图3-3 多重解

则目标函数的直线族恰好与约束条件 $2x_1 + 4x_2 \leq 4$ 的边界线平行。当目标函数向优化方向移动时,与可行域相切的不是一个点,而是整个线段 Q_2Q_3 上(图3-3)。这时线段 Q_2Q_3 上的任意点都使 z 取得相同的最大值,即该线性规划问题有无穷多最优解,也称有多重解。图3-3中,Q_2 和 Q_3 的坐标分别是(2,1)、(1,3/2),则 Q_2Q_3 连线上的一切点都可表示成

$$\alpha(2,1) + (1-\alpha)\left(1, \frac{3}{2}\right) \quad (0 \leq \alpha \leq 1) \qquad (3\text{-}27)$$

这些点都是最优解。

（3）无界解。如果将例 3-4 的约束条件进行修改后得到如下线性规划模型

$$\max z = 2x_1 + 3x_2$$
$$\begin{cases} x_1 + 2x_2 \geqslant 4 \\ 2x_1 + x_2 \geqslant 3 \\ x_1, x_2 \geqslant 0 \end{cases} \quad (3\text{-}28)$$

则此时可行域可伸展到无穷远处，即 z 的取值可以一直增大到无穷大（图 3-4）。这种情况下问题的最优解无界，称为取无界解。产生无界解的原因是在建立实际问题的数学模型时，可能遗漏了某些必要的资源约束条件。

（4）无可行解。考察如下线性规划模型

$$\max z = 2x_1 + x_2$$
$$\begin{cases} 2x_1 + 2x_2 \leqslant 3 \\ x_1 + 2x_2 \geqslant 4 \\ x_1, x_2 \geqslant 0 \end{cases} \quad (3\text{-}29)$$

用图解法求解时，可以看出不存在满足所有约束条件的公共区域（可行域），见图 3-5，我们称这种情况为线性规划问题无可行解。产生无可行解的原因是模型中存在相互矛盾的约束条件。

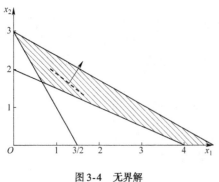

图 3-4　无界解

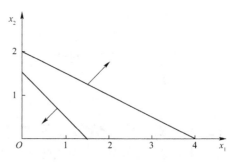

图 3-5　无可行解

从图解法可以看出：
(1) 在求解线性规划问题时，解的情况有：唯一解、多重解、无界解、无可行解四种情况。
(2) 如果线性规划问题存在可行解，则其可行域一定是一个凸多边形。
(3) 如果线性规划问题取得唯一最优解，则其最优解一定在可行域的某个顶点处得到。
(4) 如果线性规划问题存在多重最优解，则有两个顶点及其连线上的一切点均为最优解。

四、单纯形法

（一）线性规划问题解的概念

1. 基本概念

在讨论线性规划问题的求解之前，先要了解线性规划问题解的概念。由前面的讨论可知，一般线性规划问题的标准型如式（3-30）、式（3-31）所示：

$$\max z = \sum_{j=1}^{n} c_j x_j \qquad (3\text{-}30)$$

$$\text{s.t.} \begin{cases} \sum_{j=1}^{n} a_{ij} x_j = b_i & (i = 1, 2, \cdots, m) \\ x_j \geq 0 & (j = 1, 2, \cdots, n) \end{cases} \qquad (3\text{-}31)$$

(1) 可行解

满足约束条件式(3-31)的解 $X = (x_1, x_2, \cdots x_n)^T$，称为线性规划问题的可行解，所有可行解构成的集合称为可行域。

(2) 最优解

满足目标函数式(3-30)及约束条件的可行解称为线性规划问题的最优解(即:使目标函数达到最大值的可行解为最优解)。

(3) 基

假设 A 是约束方程组的系数矩阵，其秩为 m，B 是矩阵 A 中由 m 列构成的非奇异子矩阵(B 的行列式的值不为0)，则称 B 是线性规划问题的一个基。这就是说，矩阵 B 是由 m 个线性无关的列向量组成。为不失一般性，可设

$$B = \begin{bmatrix} a_{11} & a_{12} & \cdots & a_{1m} \\ a_{21} & a_{22} & \cdots & a_{2m} \\ \cdots & \cdots & 0 & \cdots \\ a_{m1} & a_{m2} & \cdots & a_{mm} \end{bmatrix} = (P_1, P_2, \cdots, P_m) \qquad (3\text{-}32)$$

称 $P_j(j = 1, 2, \cdots, m)$ 为基向量，与基向量 P_j 相对应的变量 $x_j(j = 1, 2, \cdots, m)$ 称为基变量，否则称为非基变量。

为进一步讨论线性规划问题的解，下面研究约束方程组(3-31)的求解问题。设该方程系数矩阵 A 的秩为 m，因 $m < n$，所以它有无穷多个解。假设前 m 个变量的系数列向量是无关的，这时式(3-31)可改写为

$$\begin{bmatrix} a_{11} \\ \vdots \\ a_{m1} \end{bmatrix} x_1 + \cdots + \begin{bmatrix} a_{1m} \\ \vdots \\ a_{mm} \end{bmatrix} x_m = \begin{bmatrix} b_1 \\ \vdots \\ b_m \end{bmatrix} - \begin{bmatrix} a_{1,m+1} \\ \vdots \\ a_{m,m+1} \end{bmatrix} x_{m+1} - \cdots - \begin{bmatrix} a_{1n} \\ \vdots \\ a_{mn} \end{bmatrix} x_n \qquad (3\text{-}33)$$

或

$$\sum_{j=1}^{m} P_j x_j = \boldsymbol{b} - \sum_{j=m+1}^{m} P_j x_j \qquad (3\text{-}34)$$

方程组(3-34)的一个基是 $b = (P_1, P_2, \cdots, P_m)$，$P_j = (a_{1j}, \cdots, a_{mj})^T (j = 1, 2, \cdots, m)$，设 X_B 是对应于这个基的基变量，即

$$X_B = (x_1, x_2, \cdots, x_m)^T \qquad (3\text{-}35)$$

现若令(3-34)中的非基变量 $x_{m+1} = \cdots = x_n = 0$，并用高斯消去法求出一个解 $X = (x_1, x_2, \cdots, x_m, 0, \cdots, 0)^T$，这个解的非0分量的数目不大于方程的个数 m，这时称解 X 为基本解。

（4）基本可行解

满足式(3-31)中非负条件的基本解称为基本可行解。由此可见，基本可行解非 0 分量的数目不大于 m，并且都是非负的。

（5）基本最优解

满足式(3-30)的基本可行解称为基本最优解，其对应的基称为最优基。

图 3-6 各类解相互关系图

（6）可行基

基本可行解的基称为可行基。由此可见，满足约束方程(3-31)的基本解的数目最多是 C_n^m 个。一般来说，基本可行解的数目要小于基本解的数目，最多相等。以上提到的几种解的概念，他们之间的相互关系可用图 3-6 表示。

2. 线性规划的几何特征

在这里，只列出一些基本定理，这些定理的证明请参考有关书籍。

定理 1 线性规划问题的可行域 $K = \{x \mid Ax = b, x_i \geq 0, i = 1, 2, \cdots n\}$ 为凸集。

定理 2 若线性规划问题的可行域 K 非空有界，则必有极点；若线性规划问题存在最优解，则一定存在一个基本最优解。

定理 3 线性规划问题的基本可行解 X 对应于可行域 K 的极点。

定理 4 线性规划问题若有最优解 X^*，则一定可以在可行域 K 的极点上找到。

由上述定理，我们很自然会想到一种解题方法：先求出可行域的所有顶点，然后计算这些顶点的目标函数值，取最大的作为最优值，其相应的顶点坐标就是最优解。当变量个数 n、约束条件个数 m 较大时，这种方法是不行的。所以还必须寻找一种方法，使其能有效地求解线性规划问题。

（二）单纯形法求解

根据线性规划问题的基本性质可知，目标函数的最大值(若有)总可以在可行域的某个顶点达到，且顶点个数是有限的。因此，我们自然会想到这样一条使目标函数达到最大值点的途径：先取一顶点 X_0，代入目标函数得 z_0，然后在顶点 X_0 的基础上换一个顶点 X_1，使得 $z_1 > z_0$，如是迭代，将目标函数从一个顶点移到另一个顶点，经有限个步骤求得使其达到最大值的点，最终得到线性规划问题的最优解。

这就是单纯形法的指导思想。单纯形法是求解线性规划问题最主要的一种方法。

（1）单纯形法的基本求解步骤。

步骤 1：将数学模型标准化。

步骤 2：建立一个初始基本可行解，建立初始单纯形表。

步骤 3：检查此初始解的目标函数值是否为最优，如果不是最优，则寻找其目标函数值优于现解的另一个基本可行解。单纯形法摒弃了对于其目标函数值低于(求解最大化问题时)或高于(求解最小化问题时)现解的其他基本可行解的考虑，因而提高了求解过程的效率。

步骤 4：重复前一步，继续寻找使目标函数值更优的基本可行解，直到满足最优检查的要求为止。此时的基本可行解，即为其目标函数值为最优的解。

（2）单纯形表。

用单纯形法寻求最优解的上述求解过程，可以较为方便和有效地利用标准表格的形式进行计算。如表3-2所示。

单 纯 形 表　　　　　　　　表3-2

C_{Bi}	C_j X_j X_{Bi}	C_1 x_1	C_2 x_2	...	C_n x_n	C_{n+1} x_{n+1}	C_{n+2} x_{n+2}	...	C_{n+m} x_{n+m}	b_i	θ_i
C_{n+1}	x_{n+1}	a_{11}	a_{12}	...	a_{1n}	1	0	...	0	b_1	θ_1
C_{n+2}	x_{n+2}	a_{21}	a_{22}	⋱	a_{2n}	0	1	...	0	b_2	θ_2
⋮	⋮	⋮	⋮	⋮	⋮	⋮	⋮	⋱	⋮	⋮	⋮
C_{n+m}	x_{n+m}	a_{m1}	a_{m2}	...	a_{mn}	0	0	...	1	b_i	θ_m
	z'_j	z'_1	z'_2	...	z'_n	z'_{n+1}	z'_{n+2}	...	z'_{n+m}	z	
	$\sigma_j = c_j - z'_j$	$C_1 - z'_1$	$C_2 - z'_2$	...	$C_n - z'_n$	$C_{n+1} - z'_{n+1}$		...	$C_{n+m} - z'_{n+m}$		

表3-2为单纯形表，表中 X_B 为基变量，C_B 为相应于基变量的价值系数，它们随着基变量的改变而改变，并与基变量相对应。σ_j 为检验数，定义 θ_i 为判断基准行的指示数，z 为目标行的函数值，其各自表达式如下。

$$z'_j = C_B^T P_j = \sum_{i=1}^m C_{n+i} a_{ij} \tag{3-36}$$

$$\sigma_j = C_j - z'_j = C_j - \sum_{i=1}^m C_{n+i} a_{ij} \tag{3-37}$$

$$\theta_i = \frac{b_i}{a_{ij}} \tag{3-38}$$

$$z = \sum_{i=1}^m b_i C_{n+1} \tag{3-39}$$

结合以下例子说明单纯形法基本原理以及利用单纯形表求解线性规划问题的操作步骤。

例3-5 用单纯形法求解以下问题。

某工厂用钢、铁、橡胶生产 A、B 两种产品，生产单位产品 A 可获得利润2万元，消耗1t钢、4t铁，不消耗橡胶，生产单位产品 B 可获得利润3万元，消耗2t钢、4t橡胶，不消耗铁。该厂每天可获得4t钢、8t铁、6t橡胶，问该工厂每天各生产 A、B 多少，可获得最大利润？

解 设生产 A 产品 x_1 件，B 产品 x_2 件，建立模型

$$\max z = 2x_1 + 3x_2$$

$$\begin{cases} x_1 + 2x_2 \leq 4 \\ 4x_1 \leq 8 \\ 4x_2 \leq 6 \\ x_1, x_2 \geq 0 \end{cases}$$

将上述模型转化成标准型

$$\max z = 2x_1 + 3x_2 + 0x_3 + 0x_4 + 0x_5 \quad (3\text{-}40)$$

$$\begin{cases} x_1 + 2x_2 + x_3 = 4 & (3\text{-}41) \\ 4x_1 + x_4 = 8 & (3\text{-}42) \\ 4x_2 + x_5 = 6 & (3\text{-}43) \\ x_1, x_2, x_3, x_4, x_5 \geq 0 & (3\text{-}44) \end{cases}$$

先确定初始基可行解。约束方程式(3-41)~式(3-43)的系数矩阵

$$A = (P_1, P_2, P_3, P_4, P_5) = \begin{bmatrix} 1 & 2 & 1 & 0 & 0 \\ 4 & 0 & 0 & 1 & 0 \\ 0 & 4 & 0 & 0 & 1 \end{bmatrix} \quad (3\text{-}45)$$

其中(P_3, P_4, P_5)为一单位矩阵,因而(P_3, P_4, P_5)构成一个基,记作

$$B^{(0)} = \begin{bmatrix} 1 & 0 & 0 \\ 0 & 1 & 0 \\ 0 & 0 & 1 \end{bmatrix}$$

同时确定x_3, x_4, x_5为初始基变量,x_1, x_2为初始非基变量。分别用$X_B^{(0)} = (x_3, x_4, x_5)^T$,$X_N^{(0)} = (x_1, x_2)^T$表示。将式(3-41)~式(3-43)变换后得

$$\begin{cases} x_3 = 4 - x_1 - 2x_2 \\ x_4 = 8 - 4x_1 \\ x_5 = 6 - 4x_2 \end{cases} \quad (3\text{-}46)$$

令$x_1 = x_2 = 0$可得初始基可行解

$$X^{(0)} = (0, 0, 4, 8, 6)^T \quad (3\text{-}47)$$

这个基可行解表达的经济意义是:工厂不生产产品A和B,资源没有被利用。那么这个解是不是最优解呢? 将式(3-47)代入式(3-40)内可得

$$z^{(0)} = 0 + 2x_1 + 3x_2 \quad (3\text{-}48)$$

从式(4-48)可知,当$x_1 = x_2 = 0$时,企业的利润为零。进一步考察式(3-48),我们发现,两个非基变量x_1、x_2前的系数分别为2和3,都大于零,这表明,如果我们将x_1或x_2由非基变量变换成为基变量,即:将x_1或x_2的值由零变为某一个正数,那么,目标函数的值即有增大的可能,从而可以断定$X^{(0)}$不是最优解。

为了改进基可行解,我们要将非基变量与基变量进行对换。一般选择在目标函数中正系数最大的变量作为换入变量(后面将这一规则称为"σ规则"),本题中应该选择x_2作为换入变量。

当确定了x_2作为换入变量以后,必须要从x_3、x_4、x_5中换出一个变量,并保证其余的均为非负。由于x_1仍为非基变量,令$x_1 = 0$,则式(3-46)变成

$$\begin{cases} x_3 = 4 - 2x_2 \geq 0 \\ x_4 = 8 \geq 0 \\ x_5 = 6 - 4x_2 \geq 0 \end{cases} \quad (3\text{-}49)$$

分析式(3-49)可知,只有当x_2的取值不超过$\min\left\{\dfrac{4}{2}, -, \dfrac{6}{4}\right\} = \dfrac{3}{2}$,才能满足非负条件。

其经济意义是，每生产一件产品 B，需要用掉各种资源数为 $(2,0,\frac{3}{2})$，由这些资源中的薄弱环节（橡胶的供应量）确定了产品 B 的产量不超过 3/2 件。而当 $x_2 = 3/2$ 时，变量 $x_5 = 0$，$x_3 > 0, x_4 > 0$，这就决定了用 x_2 去替换 x_5（后面将这一规则称为"θ 规则"）。

经过上述基变换以后，新的基变量 $X_B^{(1)} = (x_3, x_4, x_2)^T$，新的非基变量为 $X_N^{(1)} = (x_1, x_5)^T$。

将式(3-46)中的 x_5 和 x_2 的位置对调后，可得

$$\begin{cases} x_3 + 2x_2 = 4 - x_1 \\ x_4 = 8 - 4x_1 \\ 4x_2 = 6 - x_5 \end{cases} \tag{3-50}$$

式(3-50)可变换成

$$\begin{cases} x_3 = 1 - x_1 + \frac{1}{2}x_5 \\ x_4 = 8 - 4x_1 \\ x_2 = \frac{3}{2} - \frac{1}{4}x_5 \end{cases} \tag{3-51}$$

令 $x_1 = x_5 = 0$ 可得

$$X^{(1)} = \left(0, \frac{3}{2}, 1, 8, 0\right)^T \tag{3-52}$$

将式(3-51)代入式(3-48)可得

$$z^{(1)} = \frac{9}{2} + 2x_1 - \frac{3}{4}x_5 \tag{3-53}$$

从式(3-53)中可知，由于 x_1 前的系数为 2>0，所以 $X^{(1)}$ 仍不是最优解。继续进行基变换可得到另一个基可行解

$$X^{(2)} = \left(1, \frac{3}{2}, 0, 4, 0\right)^T \tag{3-54}$$

再经过一次迭代，又得到另一个基可行解

$$X^{(3)} = (2, 1, 0, 0, 2)^T \tag{3-55}$$

而这时目标函数的表达式是

$$z = 7 - \frac{3}{2}x_3 - \frac{1}{8}x_4 \tag{3-56}$$

由于式(3-56)中所有非基变量 x_3、x_4 的系数都是负数，则表示 $X^{(3)}$ 已是最优解。最优解中 $x_1 = 2, x_2 = 1$ 表示 A 产品生产 2 件，B 产品生产 1 件，$x_3 = 0, x_4 = 0, x_5 = 2$ 表示原料钢和原料铁没有富余，原料橡胶富余 2 单位。在式(3-56)中，令 $x_3 = x_4 = 0$ 可得

$$z = 7 \tag{3-57}$$

表示按照最佳生产方案生产可获得最大利润为 7 万元。

例 3-6 用单纯形表算法求解上述例题。

解 （1）根据例 3-5 的标准型，取松弛变量 x_3、x_4、x_5 为基变量，它对应的单位矩阵为基。这时可以得到一个初始可行解

$$X^{(0)} = (0,0,4,8,6)^T$$

将相关的数字填入表中,得到初始单纯形表,见表3-3。

单纯形迭代计算表一　　　　　　　　　　　　表3-3

C_B	X_B	$c_j \longrightarrow$ b	2 x_1	3 x_2	0 x_3	0 x_4	0 x_5	θ_i
0	x_3	4	1	2	1	0	0	2
0	x_4	8	4	0	0	1	0	—
0	x_5	6	0	[4]	0	0	1	3/2
	z	σ_j	2	3	0	0	0	

表3-3左上角的c_j是表示目标函数中各变量的价值系数,在表的C_B列中,填入初始基变量的价值系数,它们都是0,检验数行各非基变量的检验数为

$$\sigma_1 = c_1 - z_1 = 2 - (0 \times 1 + 0 \times 4 + 0 \times 0) = 2$$
$$\sigma_2 = c_2 - z_2 = 3 - (0 \times 2 + 0 \times 0 + 0 \times 4) = 3$$

(2)因$\sigma_1 = 2, \sigma_2 = 3$都大于零,且$P_1, P_2$的坐标有正分量存在,转入下一步。

(3)因为$\max(\sigma_1, \sigma_2) = \max(2,3) = 3$,所以$x_2$为换入变量。

$$\theta = \min\left(\frac{b_i}{a_{i2}} \Big| a_{i2} > 0\right) = \min\left(\frac{4}{2}, -, \frac{6}{4}\right) = \frac{6}{4} = \frac{3}{2}$$

因为3/2对应x_5这一行,所以x_5为换出变量,4为主元素。

(4)以[4]为主元素进行旋转运算,即将P_2变换为$(0,0,1)^T$,在X_B列中将x_5替换为x_2,得到表3-4。

单纯形迭代计算表二　　　　　　　　　　　　表3-4

C_B	X_B	$c_j \longrightarrow$ b	2 x_1	3 x_2	0 x_3	0 x_4	0 x_5	θ_i
0	x_3	1	[1]	0	1	0	-1/2	1
0	x_4	8	4	0	0	1	0	2
3	x_2	3/2	0	1	0	0	1/4	—
	z	9/2	2	0	0	0	-3/4	

b列的数字是$x_3 = 1, x_4 = 8, x_2 = \frac{3}{2}$。于是得到新的基可行解

$$X^{(1)} = \left(0, \frac{3}{2}, 1, 8, 0\right)^T$$

目标函数的取值

$$z = \frac{9}{2}$$

(5)检查表3-4中所有σ_j,因为σ_1为2,说明x_1应为换入变量,重复(2)~(4)的计算步骤,得到表3-5。

单纯形迭代计算表三 表3-5

c_j		→	2	3	0	0	0	θ_i
C_B	X_B	b	x_1	x_2	x_3	x_4	x_5	
2	x_1	1	1	0	1	0	−1/2	—
0	x_4	4	0	0	−4	1	[2]	2
3	x_2	3/2	0	1	0	0	1/4	6
	z	13/2	0	0	−2	0	1/4	
2	x_1	2	1	0	0	1/4	0	
0	x_5	2	0	0	−2	1/2	1	
3	x_2	1	0	1	1/2	−1/8	0	
	z	7	0	0	−3/2	−1/8	0	

(6) 表3-5最后一行的所有检验数都已为负或零，这表示目标函数已不可能再增大，于是得到最优解

$$X^* = X^{(3)} = (2,1,0,0,2)^T$$

目标函数值

$$z^* = 7$$

例3-7 利用单纯形法求解以下问题。

$$\max Z = X_1 + 2X_2$$

$$\begin{cases} X_1 \leqslant 4 \\ X_2 \leqslant 3 \\ X_1 + 2X_2 \leqslant 8 \\ X_1, X_2 \geqslant 0 \end{cases}$$

解：将上述模型转化成标准型

$$\max Z = X_1 + 2X_2 + 0X_3 + 0X_4 + 0X_5$$

$$\begin{cases} X_1 + X_3 = 4 \\ X_2 + X_4 = 3 \\ X_1 + 2X_2 + X_5 = 8 \\ X_1, X_2, X_3, X_4, X_5 \geqslant 0 \end{cases} \quad (3\text{-}58)$$

第一步：确定初始基可行解，其中 (X_3, X_4, X_5) 为一单位矩阵。同时确定 X_3, X_4, X_5 为初始基变量，X_1, X_2 为初始非基变量。将式(3-58)变换后得式(3-59)，则初始基可行解为 $X^{(0)} = (0,0,4,3,8)$，并将上述结果列于表3-6。

$$\begin{cases} X_3 = 4 - X_1 \\ X_2 = 3 - X_4 \\ X_5 = 8 - (X_1 + 2X_2) \end{cases} \quad (3\text{-}59)$$

单纯形迭代计算表一　　　　　　　　　　　　　　　　　表3-6

			1	2	0	0	0
			X_1	X_2	X_3	X_4	X_5
C_B	X_B	0	1	2	0	0	0
0	X_3	4	1	0	1	0	0
0	X_4	3	0	(1)	0	1	0
0	X_5	8	1	2	0	0	1

注：C_B为目标函数中各变量的价值系数，初始基变量的价值系数均为0。

第二步：易知第一步中的初始基可行解不是最优解，因此将目标函数中正系数最大的变量（本例中为X_2）作为换入变量，得式(3-60)。

$$\begin{cases} X_3 = 4 - X_1 \\ X_2 = 3 - X_4 \\ X_5 = 2 - X_1 + 2X_4 \end{cases} \tag{3-60}$$

第三步：由于X_1仍为非基变量，令$X_1=0$则只有当$X_4=1$时，才能满足非负条件。当$X_4=1$时，变量$X_5=0$，$X_3>0$，$X_2>0$，因此用X_1替代X_5（θ规则），新的基变量(X_3,X_2,X_1)，新的非基变量(X_4,X_5)，得式(3-61)且基可行解为$X^{(1)}=(2,3,2,0,0)$，且$Z^{(1)}=8$，见表3-7。

$$\begin{cases} X_3 = 2 - 2X_4 + X_5 \\ X_2 = 3 - X_4 \\ X_1 = 2 + 2X_4 - X_5 \end{cases} \tag{3-61}$$

单纯形迭代计算表二　　　　　　　　　　　　　　　　　表3-7

			1	2	0	0	0
			X_1	X_2	X_3	X_4	X_5
C_B	X_B	6	1	0	0	-2	0
0	X_3	4	1	0	1	0	0
2	X_2	3	0	1	0	1	0
0	X_5	2	(1)	0	0	-2	1

第四步：可再进行一次基变量，得到新的基可行解$X^{(2)}=(4,2,0,1,0)$，$Z^{(2)}=8$并将结果与$X^{(1)}$和$Z^{(1)}$一共列于表3-8中。

单纯形迭代计算表三　　　　　　　　　　　　　　　　　表3-8

			1	2	0	0	0
			X_1	X_2	X_3	X_4	X_5
C_B	X_B	8	0	0	0	0	-1
0	X_3	2	0	0	1	(2)	-1
2	X_2	3	0	1	0	1	0
1	X_1	2	1	0	0	-2	1

续上表

			1	2	0	0	0
			X_1	X_2	X_3	X_4	X_5
C_B	X_B	8	0	0	0	0	-1
0	X_4	1	0	0	1/2	1	-1/2
2	X_2	2	0	1	-1/2	0	1/2
1	X_1	4	1	0	1	0	0

第五步:基于上述分析可知,该例题存在无穷多解,可用式(3-62)形式表示。
全部解

$$X = \alpha \begin{bmatrix} 2 \\ 3 \end{bmatrix} + (1-\alpha) \begin{bmatrix} 4 \\ 2 \end{bmatrix} (0 \leq \alpha < 1) \tag{3-62}$$

五、单纯形法的进一步讨论

利用单纯形法的一个基本前提是要有一个初始的基本可行解,这对于一些简单问题,利用观察或其他手段是容易得到的;但对于复杂的问题,利用这种方法几乎是不可行的。这就引起了人们对求初始基本可行解的思考。

下面分几种情形加以讨论。

(1)对于 $AX = b$,若人们从系数矩阵 A 中能够观测到一个单位矩阵,这时初始基 B 就是该单位矩阵,对应的基变量为 X_B,非基变量为 X_N。这时

$$\begin{bmatrix} X_B \\ X_N \end{bmatrix} = \begin{bmatrix} b \\ 0 \end{bmatrix} \quad (当然,这里假设 b \geq 0, b 中每个分量都大于 0) \tag{3-63}$$

然后按单纯形法计算步骤便可得到最优解,这种情况包含了 $AX \leq b$ 的情形。

(2)对于 $AX = b$,并且不能够从系数矩阵 A 中观测到一个单位矩阵。这时分别给每一个约束条件加入一个人工变量 $x_{n+1}, \cdots, x_{n+m}$ 得

$$\begin{cases} a_{11}x_1 + \cdots + a_{1n}x_n + x_{n+1} = b_1 \\ a_{21}x_1 + \cdots + a_{2n}x_n + x_{n+2} = b_2 \\ \cdots \\ a_{m1}x_1 + \cdots + a_{mn}x_n + x_{n+m} = b_m \\ x_1, x_2, \cdots, x_n, x_{n+1}, x_{n+m} \geq 0 \end{cases} \tag{3-64}$$

由此可以得到一个 m 阶单位矩阵。以 $x_{n+1}, \cdots, x_{n+m}$ 为基变量,令非基变量 $x_1, \cdots, x_n$ 为 0,便可得到一个初始基本可行解

$$X^{(0)} = (0, \cdots, 0, b_1, \cdots, b_m)^T \tag{3-65}$$

因为人工变量是后加入到原约束方程组中的虚拟变量,因此在最优解中人工变量必须取 0,这就要求人工变量要从基变量中逐渐被替换掉。若经过基的变换,基变量中不再包含有人工变量,这就表示原问题有解;若经过基变换,当左右的 $\sigma_j \leq 0$ 时,在基变量中至少还有一个人工变量,这就意味着原问题无可行解。

六、线性规划的大 M 法

对于加入人工变量的线性规划问题的目标函数,我们希望人工变量不影响目标函数值。因此在迭代过程中,需要把人工变量从基变量中换出,让其成为非基变量。为此,就必须假定人工变量在目标函数中的价值系数为 $-M$(对于极大化目标),M 为充分大的正数。这样,对于要求实现目标函数最大化的问题来讲,只要在基变量中还存在人工变量,目标函数就不可能实现最大化。这就是大 M 法。以下举例加以说明。

例 3-8 试用大 M 法求解下列线性规划问题。

$$\min Z = -3x_1 + x_2 + x_3$$

$$\text{s.t.} \begin{cases} x_1 - 2x_2 + x_3 \leq 11 \\ -4x_1 + x_2 + 2x_3 \geq 3 \\ -2x_1 + x_3 = 1 \\ x_1, x_2, x_3 \geq 0 \end{cases}$$

解 引入松弛变量、剩余变量和人工变量得

$$\max Z = 3x_1 - x_2 - x_3 + 0x_4 + 0x_5 - Mx_6 - Mx_7$$

$$\text{s.t.} \begin{cases} x_1 - 2x_2 + x_3 + x_4 = 11 \\ -4x_1 + x_2 + 2x_3 - x_5 + x_6 = 3 \\ -2x_1 + x_3 + x_7 = 1 \\ x_1, x_2, x_3, x_4, x_5, x_6, x_7 \geq 0 \end{cases}$$

其中,M 是足够大的正数。引入人工变量后,取基变量为 x_4、x_6、x_7,则 x_4、x_6、x_7 所对应的系数矩阵为单位矩阵,便可用单纯形法求解原线性规划问题,其计算过程见表3-9。

大 M 法迭代计算表　　　　表3-9

C_{Bi}	X_{Bi}	C_j X_j	3 x_1	-1 x_2	-1 x_3	0 x_4	0 x_5	-M x_6	-M x_7	b_i	θ_i
0	x_4		1	-2	1	1	0	0	0	11	11
-M	x_6		-4	1	2	0	-1	1	0	3	1.5
-M	x_7		-2	0	[1]	0	0	0	1	1	1
	σ_j		3-6M	M-1	3M-1	0	-M	0	0	-4M	
C_{Bi}	X_{Bi}	C_j X_j	3 x_1	-1 x_2	-1 x_3	0 x_4	0 x_5	-M x_6	-M x_7	b_i	θ_i
0	x_4		3	-2	0	1	0	0	-1	10	—
-M	X_6		0	[1]	0	0	-1	1	-2	1	1
-1	X_3		-2	0	1	0	0	0	1	1	
	σ_j		1	M-1	0	0	-M	0	1-3M	-M-1	

续上表

C_j		3	-1	-1	0	0	-M	-M	b_i	θ_i
C_{Bi}	X_{Bi} \ X_j	x_1	x_2	x_3	x_4	x_5	x_6	x_7		
0	x_4	[3]	0	0	1	-2	2	-5	12	4
-1	x_2	0	1	0	0	-1	1	-2	1	—
-1	x_3	-2	0	1	0	0	0	1	1	—
σ_j		1	0	0	0	-1	1-M	-1-M	-2	

C_j		3	-1	-1	0	0	-M	-M	b_i	θ_i
C_{Bi}	X_{Bi} \ X_j	x_1	x_2	x_3	x_4	x_5	x_6	x_7		
3	x_1	1	0	0	1/3	-2/3	2/3	-5/3	4	
-1	x_2	0	1	0	0	-1	1	-2	1	
-1	x_3	0	0	1	2/3	-4/3	4/3	-7/3	9	
σ_j		0	0	0	-1/3	-1/3	-1/3-M	2/3-M	2	

在表3-9中,所有的 $\sigma_j \leq 0$,故得到最优解为

$$X^* = (4,1,9,0,0,0,0)^T$$

目标函数值为

$$Z' = 2$$

原问题的最优目标值为

$$Z^* = -2$$

需要说明的是,原约束条件中有多个"≥"或多个"=",则需添置多个人工变量。在相应的目标函数中,有几个人工变量就应该添加几项 $-M$。

前面我们已学习了求解线性规划问题的几种方法,掌握了这些方法之后,我们就可以解决任意的线性规划问题了。现在我们对前面的内容做一个简单的小结,并给出几个需要进一步说明的问题。

(1)对给定的线性规划问题,应该首先化为标准形式,选取或构造一个单位矩阵的基,求出初始基可行解并列出初始单纯形表。对各种类型线性规划问题如何化为标准形式及如何选取初始基变量,可参考表3-10。

线性规划标准化步骤表　　表3-10

线性规划模型		化为标准型
变量	$x_j \geq 0$	不变
	$x_j \leq 0$	令 $x_j' = -x_j$,则 $x_j' \geq 0$
	x_j 取值无约束	令 $x_j = x_j' - x_j''$,其中 $x_j' \geq 0, x_j'' \geq 0$

续上表

线性规划模型			化为标准型
约束条件	右端项	$b_i \geq 0$	不变
		$b_i < 0$	约束条件两端乘"-1"
	形式	$\sum\limits_{j=1}^{n} a_{ij}x_j \leq b_i$	$\sum\limits_{j=1}^{n} a_{ij}x_j + x_{si} = b_i$
		$\sum\limits_{j=1}^{n} a_{ij}x_j = b_i$	$\sum\limits_{j=1}^{n} a_{ij}x_j + x_{ai} = b_i$
		$\sum\limits_{j=1}^{n} a_{ij}x_j \geq b_i$	$\sum\limits_{j=1}^{n} a_{ij}x_j - x_{si} + x_{ai} = b_i$
目标函数	极大或极小	$\max z = \sum\limits_{j=1}^{n} c_j x_j$	不变
		$\min z = \sum\limits_{j=1}^{n} c_j x_j$	令 $z' = -z$,化为求 $\max z' = -\sum\limits_{j=1}^{n} c_j x_j$
	变量前的系数	加松弛变量 x_{si} 时	$\max z = \sum\limits_{j=1}^{n} c_j x_j + 0 x_{si}$
		加人工变量 x_{ai} 时	$\max z = \sum\limits_{j=1}^{n} c_j x_j - M x_{ai}$

(2)线性规划求解过程可用图 3-7 表示。

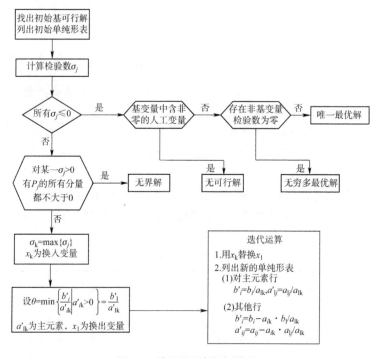

图 3-7　单纯形法计算步骤框图

(3)目标函数为取极小化解的最优性判别,只需将原来要求的检验数 $\sigma_j \leq 0$ 改成 $\sigma_j \geq 0$ 即可。

(4)按"θ 规则"来确定换出变量时,如果存在两个相同的最小比值 θ_i,则在下一轮单纯形表的基可行解中就有可能出现一个或多个基变量等于零的退化解。出现退化解的原因是模型中存在多余的约束,使多个基可行解对应于同一个顶点。当存在退化解时,就有可能出现迭代计算的循环,从而永远迭代不到最优解。为此,1974 年勃兰德提出了一个简便而有效的原则:第一,当存在多个 $\sigma_j > 0$ 时,始终选择下标最小的变量作为换入变量;第二,当计算 θ 值出现两个及以上相同的最小比值时,始终选取下标最小的变量作为换出变量。

第二节 交通运输问题

日常生活中,人们经常需要将某些物品由一个空间位置移动到另一个空间位置,这就产生了运输。如何制订科学的运输方案,使运输所需的总费用最少,就是本节需要解决的问题。

一、运输问题的数学模型

运输问题的典型数学语言表述为:某种物品有 m 个产地 $A_1, A_2, \cdots, A_m$,各产地的产量是 $a_1, a_2, \cdots, a_m$;有 n 个销地 $B_1, B_2, \cdots, B_n$,各销地的销量分别为 $b_1, b_2, \cdots, b_n$,假定从产地 $A_i(i = 1,2,\cdots,m)$ 向销地 $B_j(j = 1,2,\cdots,n)$ 运输单位物品的价格是 C_{ij},问怎样调运这些物品才能使运费最少?

这是一个由多个产地供应多个销地的单品种物品运输问题。为直观起见,可列出该问题的运输表,如表 3-11 所示。表中变量 $x_{ij}(i = 1,2,\cdots,m;j = 1,2,\cdots,n)$ 为由产地 A_i 运往销地 B_j 的物品数量,C_{ij} 为 A_i 到 B_j 的单位运价。有时,也会将单位运价单独列入另一表中,这就是运价表,见表 3-11。

单 位 运 价 表   表3-11

产地＼销地	B_1		B_2		$\cdots$	B_n		产量
A_1		c_{11}		c_{12}			c_{1n}	a_1
	x_{11}		x_{12}			x_{1n}		
A_2		c_{21}		c_{22}			c_{2n}	a_2
	x_{21}		x_{22}			x_{2n}		
$\cdots$								$\cdots$
A_m		c_{m1}		c_{m2}			c_{mn}	a_m
	x_{m1}		x_{m2}			x_{mn}		
销量	b_1		b_2		$\cdots$	b_n		

如果运输问题的总产量等于总销量,即有

$$\sum_{i=1}^{m} a_i = \sum_{j=1}^{n} b_j \tag{3-66}$$

则称该运输问题为产销平衡运输问题;反之,称之为产销不平衡运输问题。
产销平衡运输问题的数学模型可表示如下

$$\min z = \sum_{i=1}^{m}\sum_{j=1}^{n} c_{ij} x_{ij}$$

$$\begin{cases} \sum_{j=1}^{n} x_{ij} = a_i & (i = 1,2,\cdots,m) \\ \sum_{i=1}^{m} x_{ij} = b_j & (j = 1,2,\cdots,n) \\ x_{ij} \geq 0 & (i = 1,2,\cdots,m; j = 1,2,\cdots,n) \end{cases} \tag{3-67}$$

其中,约束条件右侧常数 a_i 和 b_j 满足式(3-66)。读者可以验证,约束条件(3-67)中只有 $m+n-1$ 个有效。

从运输问题的典型数学模型可见,它是一个线性规划问题,当然可以用单纯形法求解。但由于这类问题的模型结构比较特殊,本节主要介绍一种较单纯形法更为简便的表上作业法来对其进行求解。

运输问题泛指一类问题,这类问题不仅在物资调运中经常遇到,在其他工作中也会有类似情况出现,如机床加工零件时,如何分配 m 台机床和 n 种零件,使总加工费用最少,表上作业法提供了这类问题的求解方法。

从运输问题的数学模型可见,运输问题是线性规划问题,但又有其特殊性:
(1)约束条件系数矩阵元素等于0或1。
(2)约束条件系数矩阵的每一列有两个非零元素,这对应于每一个变量在前 m 个约束方程中出现一次,在后 n 个约束方程中也出现一次。

对于产销平衡运输问题,除以上两个特点之外,还有以下特点:
(1)所有约束条件都是等式约束。
(2)各产地产量之和等于各销地销量之和。

二、平衡运输问题的表上作业法

表上作业法是求解运输问题的一种简便而有效的方法,求解过程在运输表上进行。这是一种迭代求解法,迭代步骤为:
(1)按某种规则找出一个初始基可行解。
(2)对现行解作最优性判断,即求各非基变量的检验数,判别是否达到最优解,如已是最优解,则停止计算;如不是最优解,则进行下一步骤。

(3)在表上对初始方案进行改进,找出新的基可行解,再按第二步进行判别,直至找出最优解。

下面结合例题说明表上作业法的求解步骤。

例3-9 某公司下设生产同类产品的产地 A_1、A_2、A_3,生产的产品由4个销地 B_1、B_2、B_3、B_4 出售,各产地的生产量、各销地的销量以及各产地到各销地的单位运价见表3-12,请列出相应的数学模型。

单位运价表　　　　　　　　　　　　　　　表3-12

产地＼销地	B_1	B_2	B_3	B_4	产量
A_1	4	12	4	11	16
A_2	2	10	3	9	10
A_3	8	5	11	6	22
销量	8	14	12	14	48

解 由于总产量和总销量均为48,因此这是一个产销平衡运输问题。

用 x_{ij} 表示由第 i 个产地运往第 j 个销地的产品数量,即可写出该问题的数学模型:

$$\min z = \sum_{i=1}^{3}\sum_{j=1}^{4} c_{ij}x_{ij} = 4x_{11} + 12x_{12} + 4x_{13} + 11x_{14} + 2x_{21} + 10x_{22} + 3x_{23} + 9x_{24} + 8x_{31} + 5x_{32} + 11x_{33} + 6x_{34}$$

$$\begin{cases} x_{11} + x_{12} + x_{13} + x_{14} = 16 \\ x_{21} + x_{22} + x_{23} + x_{24} = 10 \\ x_{31} + x_{32} + x_{33} + x_{34} = 22 \\ x_{11} + x_{21} + x_{31} = 8 \\ x_{12} + x_{22} + x_{32} = 14 \\ x_{13} + x_{23} + x_{33} = 12 \\ x_{14} + x_{24} + x_{34} = 14 \\ x_{ij} \geq 0 \quad (i = 1,2,3; j = 1,2,3,4) \end{cases}$$

表上作业法共分三步:给出运输问题的初始基可行解、检验、调整方案。

(一)给出初始基可行解

下面给出几种常用的确定初始基可行解的方法。

1)西北角法(West North Corner Method,WNC)

西北角法是优先从运价表的西北角（或左上角）的变量开始赋值。当行或列分配完毕后，再在表中余下部分的西北角（或左上角）赋值，依此类推，直到右下角元素分配完毕。当出现同时分配完一行和一列时，在相应的行或列上选一个变量作为基变量，以保证最后的基变量等于 $m+n-1$。

西北角法应遵循"优先安排运价表上编号最小的产地和销地之间（即运价表的西北角位置）的运输业务"的规则。

下面结合例3-9说明该方法的解题步骤。

第一步：由表3-12可知，其西北角的方格（即左上角）是 (A_1, B_1)，填入 $x_{11} = \min(a_1, b_1) = \min(16, 8) = 8$，并将该数值填入该方格。因 B_1 的销量已满足，划去 B_1 列，A_1 的可供量变为8。在表中尚未划去的部分中，西北角方格变为 (A_1, B_2)，由于 $\min(a_1 - 8, b_2) = \min(8, 14) = 8$，故在 (A_1, B_2) 中填入8，因 A_1 的可供量已用完，划去 A_1 行，B_2 的需求量变为6。这时 (A_2, B_2) 是运输表剩下部分的西北角方格，因 $\min(a_2, b_2 - 8) = 6$，在 (A_2, B_2) 填入6，并划去 B_2 列。如此继续，在 (A_2, B_3) 中填入4，在 (A_3, B_3) 中填入8，最后在 (A_3, B_4) 中填入14，并同时划去 A_3 行和 B_4 列。寻求初始调运方案的过程示于表3-13中。

西 北 角 法　　　　　表3-13

销地 产地	B_1	B_2	B_3	B_4	产量
A_1	4 8	12 8	4	11	16
A_2	2	10 6	3 4	9	10
A_3	8	5	11 8	6 14	22
销量	8	14	12	14	48

第二步：令空格处的非基变量为零，得到该运输问题的一个初始调运方案：$x_{11} = 8$，$x_{12} = 8$，$x_{22} = 6$，$x_{23} = 4$，$x_{33} = 8$，$x_{34} = 14$，其余 $x_{ij} = 0$。即由 A_1 运8个单位物品至 B_1，运8个单位物品至 B_2；由 A_2 运6个单位物品至 B_2，4个单位物品至 B_3；由 A_3 运8个单位物品至 B_3，14个单位物品至 B_4。总运输费用为：

$$z = 8 \times 4 + 8 \times 12 + 6 \times 10 + 4 \times 3 + 8 \times 11 + 14 \times 6 = 372$$

2）最小元素法

最小元素法，顾名思义就是按照运输表的最小元素，寻找初始调运方案。这个方法的基本思想就是就近供应，即从单位运价表中最小的运价开始确定供销关系，然后次小，一直到得出初始基可行解为止。

下面仍以例3-9说明最小元素法的步骤：

第一步：从表3-12找出最小运价2，故首先考虑此项业务。由于 A_2 产地的供应量大于 B_1 销地的需求量（10>8），故在表3-14的 (A_2, B_1) 交叉格处填上8，由于 B_1 销地的需求已满足，划去表3-14中 B_1 列得表3-14。

最 小 元 素 法　　　　　　　　　　　　　　　　表 3-14

产地＼销地	B_1	B_2	B_3	B_4	产量
A_1	4	12	4 10	11 6	16
A_2	2 8	10	3 2	9	10
A_3	8	5 14	11	6 8	22
销量	8	14	12	14	48

第二步：在表 3-15 中再找出最小运价 3，将 A_2 多余的产品供应给 B_3，故在表 3-10 的 (A_2, B_3) 交叉格处填上 2，此时 A_2 产地产品已分配完毕，划去表 3-15 中 A_2 行得表 3-16。

最 小 元 素 法　　　　　　　　　　　　　　　　表 3-15

产地＼销地	B_2	B_3	B_4
A_1	12	4	11
A_2	10	3	9
A_3	5	11	6

最 小 元 素 法　　　　　　　　　　　　　　　　表 3-16

产地＼销地	B_2	B_3	B_4
A_1	12	4	11
A_3	5	11	6

第三步：在表 3-16 中再找出最小运价 4，由于 A_1 的产量大于 B_3 剩余的销量（16＞10），故在表 3-13 的 (A_1, B_3) 交叉格处填上 10，由于 B_3 销地的销量已满足，划去表 3-16 中的 B_3 列。

依次进行下去，当销地需求满足后，划去相应的列，产地产量分配完毕，划去相应的行。

第四步：在表 3-10 的 (A_3, B_2) 交叉格处填 14，划去 B_2 列。

第五步：在表 3-10 的 (A_3, B_4) 交叉格处填上 8，划去 A_3 行。

第六步：在表 3-13 的 (A_1, B_4) 交叉格处填上 6，划去最后一列元素。

经过以上六步得到产销平衡的一个调运方案，见表 3-13，这个方案的总费用为

$$z = \sum_{i=1}^{3}\sum_{j=1}^{4} c_{ij}x_{ij} = 10 \times 4 + 6 \times 11 + 8 \times 2 + 2 \times 3 + 14 \times 5 + 8 \times 6 = 246$$

这个解满足所有的约束条件，其非零变量的个数为 6（$m + n - 1 = 3 + 4 - 1 = 6$），且 6 个非零变量对应的约束条件系数列向量线性无关，所以最小元素法给出的初始解是运输问题的基可行解。

3) 伏格尔法(Vogel 法)

最小元素法的思想基础是就近供应,但有时按某一最小运价优先安排某地货物调运时,却可能导致别处运费增加,从而使整体费用上升。伏格尔法正是为了有效解决这一问题而提出的。伏格尔法的思路是:一产地的产品如不能按最小运费就近运输的话,就应考虑按次小运费的路线运输。如果最小运费与次小运费的差额数值不大,那么按次小运费路线运输造成的整体运费损失不大;反之,如果这一数值很大,不按最小运费组织运输就会造成很大损失,这种情况下,应尽量按最小运价安排运输。

下面再结合例 3-9 说明这种方法的解题步骤。

第一步:计算运输表每一行和每一列的次小单位运价与最小单位运价之间的差值,并把差值分别填入行差额的第一列与列差额的第一行相应的格子中,见表 3-17。

表 3-17 伏 格 尔 法

产地\销地	B_1	B_2	B_3	B_4	产量	行差额				
						1	2	3	4	5
A_1	4	12	4 12	11 4	16	0	0	0	⑦	0
A_2	2 8	10	3	9 2	10	1	1	1	6	0
A_3	8	5 14	11	6 8	22	1	2			
销量	8	14	12	14	48					
列差额 1	2	⑤	1	3						
2	2		1	③						
3	②		1	2						
4			1	2						
5				②						

第二步:在这些差额中找出最大数值 5(在表 3-17 中用小圆圈示出),由于它位于 B_2 列,故在此列的最小元素即(A_3,B_2)交叉格中填入尽可能大的运量 14,此时 B_2 销地的销量已满足,划去 B_2 列。

第三步:在未划去的各行各列中,重新计算次小运价与最小运价的差额,并把差额填入行差额的第二列与列差额的第二行相应的格子中,见表 3-17。

再重复第二步,在表 3-17 的(A_3,B_4)交叉格中填 8,划去 A_3 行,依此类推,在(A_2,B_1)交叉格中填入运量 8,划去 B_1 列,在(A_1,B_3)交叉格中填入运量 12,划去 B_3 列,在(A_2,B_4)交叉格中填入运量 2,划去 A_2 行。最后,在(A_1,B_4)交叉格中填入运量 4。此时,所有产地和销地的需求均被满足。

用这种方法得初始基可行解为:

$$x_{13} = 12, x_{14} = 4, x_{21} = 8$$
$$x_{24} = 2, x_{32} = 14, x_{34} = 8$$

(3-68)

其余变量值为零,这个解的目标函数值:

$$z = \sum_{i=1}^{3} \sum_{j=1}^{4} c_{ij} x_{ij}$$
$$= 12 \times 4 + 4 \times 11 + 8 \times 2 + 2 \times 9 + 14 \times 5 + 8 \times 6$$
$$= 244$$
(3-69)

比较最小元素法与伏格尔法的目标函数值可知伏格尔法的目标函数值较小。一般来说伏格尔法得出的初始基可行解更接近最优解。

(二)解的最优性检验

1. 最优性判别

根据最小元素法或伏格尔法求得运输问题的初始基可行解之后,需按照表上作业法的第二步,对这个解进行最优性判别,看它是否为本运输问题的最优解。下面介绍两种判别方法。

1)闭回路法

要判定运输问题的初始基可行解是否为最优解,可仿照一般单纯形法,计算这个解的各非基变量(对应运输表中的空格)的检验数。运输问题中非基变量的检验数定义为给某空格增加单位运量导致总费用的增加量。因此如有某空格(A_i,B_j)的检验数为负,说明将 x_{ij} 变为基变量将使运输费用减少,故当前这个解不是最优解。若所有空格的检验数全非负,则不管怎样变换,均不能使运输费用降低,即目标函数值已无法改进,这个解就是最优解。

现结合例 3-9 运用最小元素法得到的初始基可行解(表 3-18),来说明闭回路法的检验过程。

闭回路是从运输表的某一空格出发,画水平或竖直直线,转弯时必转 90°,且转弯的格子必须是基变量的格子,直至最终回到初始空格而形成一条回路。从每一空格出发,一定可以找到一条且只存在唯一一条闭回路。表 3-18 中的实线回路为空格(A_1,B_1)的闭回路,虚线回路为空格(A_2,B_2)的闭回路。

闭回路法　　　　　　　　　　　　　表 3-18

产地＼销地	B_1	B_2	B_3	B_4	产量
A_1	(1)　4	(2)　12	10　4	6　11	16
A_2	8　2	(1)　10	2　3	(-1)　9	10
A_3	(10)　8	14　5	(12)　11	8　6	22
销量	8	14	12	14	

设想由产地 A_1 供应一个单位的物品给销地 B_1,为使运入销地 B_1 的物品总量不大

于它的销量,就应将 A_2 运到 B_1 的物品数量减去1个单位,即将(A_2,B_1)的交叉格中的数字由8改为7,同时为使由 A_2 产地运出的物品数量正好等于它的产量,需将(A_2,B_3)交叉格中数值由2增加到3;同理(A_1,B_3)交叉格中的数值由10改为9。显然,这样的调整将影响到 $x_{11},x_{21},x_{23},x_{13}$ 这四个变量的取值,其中只有 x_{11} 为非基变量,由此引起的总运费变化是:$c_{11}-c_{21}+c_{23}-c_{13}=4-2+3-4=1$,根据检验数的定义它正是 x_{11} 的检验数。

同理(A_2,B_2)空格的检验数 $\sigma_{22}=c_{22}-c_{32}+c_{34}-c_{14}+c_{13}-c_{23}=1$。按照同样的方法,求出表3-18中所有各空格(非基变量)的检验数如下:

$$\begin{aligned}
\sigma_{12} &= c_{12}-c_{32}+c_{34}-c_{14}=2\\
\sigma_{24} &= c_{24}-c_{14}+c_{13}-c_{23}=-1\\
\sigma_{31} &= c_{31}-c_{21}+c_{23}-c_{13}+c_{14}-c_{34}=10\\
\sigma_{33} &= c_{33}-c_{34}+c_{14}-c_{13}=12
\end{aligned} \quad (3-70)$$

检验数求好后,一般用括号标于表中,见表3-18。

由于 $\sigma_{24}=-1<0$,故知表3-18中所示的调运方案不是最优解。

2)位势法

用闭回路法求检验数来判断解的最优性,需找出每一空格的闭回路,当产销点很多时,这种方法就显得很烦琐。位势法则是一种较为简便的方法。

位势法又称对偶变量法。本方法的思想基础是对偶理论,本书不作详述,这里只就例题给出位势法的操作步骤。仍以例3-9中以最小元素法得到的解来判断其最优性。

位势法判断步骤如下:

(1)在表3-18上增加一位势列 u_i 和一位势行 v_j,得表3-19。

位 势 法　　　　　　表3-19

销地 产地	B_1	B_2	B_3	B_4	产量	u_i
A_1	4	12	4 10	11 6	16	$u_1(1)$
A_2	2 8	10 2	3	9	10	$u_2(0)$
A_3	8	5 14	11 8	6	22	$u_3(-4)$
销量	8	14	12	14	48	
v_j	$v_1(2)$	$v_2(9)$	$v_3(3)$	$v_4(10)$		

(2)计算出运输表各行和各列的位势。对于基变量的格(A_i,B_j),令 $u_i+v_j=c_{ij}$。在本

例中,$x_{13},x_{14},x_{21},x_{23},x_{32},x_{34}$ 这 6 个变量为基变量,故有

$$\begin{cases} u_1 + v_3 = c_{13} = 4 \\ u_1 + v_4 = c_{14} = 11 \\ u_2 + v_1 = c_{21} = 2 \\ u_2 + v_3 = c_{23} = 3 \\ u_3 + v_2 = c_{32} = 5 \\ u_3 + v_4 = c_{34} = 6 \end{cases} \quad (3-71)$$

为计算简便,常任意指定某一位势等于一个较小的整数或零。在本例求解式(3-71)时,任意指定 $u_2 = 0$,由此可计算出:

$$u_1 = 1, u_3 = -4, v_1 = 2, v_2 = 9, v_3 = 3, v_4 = 10, \quad (3-72)$$

上述各位势的值示于表 3-19 中相应的圆括号内。

在实际计算时,不必列出式(3-71),可在运输表上凭观察直接计算,并填入 u_i 和 v_j 的值。

(3)计算检验数。

对于空格(A_i,B_j),求检验数 $\sigma_{ij} = c_{ij} - (u_i + v_j)$。本例算出的各空格的检验数示于表 3-20 中(基变量的检验数等于 0,表中不再列出)。

位 势 法 表 3-20

销地 产地	B_1	B_2	B_3	B_4	u_I
A_1	4 (1)	12 (2)	4	11	1
A_2	2	10 (1)	3	9 (-1)	0
A_3	8 (10)	5	11 (12)	6	-4
v_j	2	9	3	10	

比较由位势法和闭回路法求出的检验数数值,可见结果完全相同。因 $\sigma_{24} = -1 < 0$,故由最小元素法求出的解不是最优解。

2. 初始基可行解的改进

如检验出初始解不是最优解,即某非基变量检验数 σ_{ij} 为负,说明将这个非基变量变为基变量时运费会下降。根据表上作业法的第三步,需对初始方案进行改进。

解的改进步骤为:

(1)以 x_{ij} 为换入变量(如存在多个非基变量的检验数为负,以最小负检验数所在空格为起点),找出它在运输表中的闭回路。

(2)以空格(A_i,B_j)为第一个奇数顶点,沿闭回路的顺(或逆)时针方向前进,对闭回路上的每个折点依次编号。

(3)在闭回路的所有偶数折点中,找出运输量最小的一个折点,以该格中的变量为换出变量。

(4)将闭回路上所有奇数折点处的运输量都增加这一换出变量值,所有偶数折点处的运输量都减去这一数值,最终得出一个新的运输方案。

对得出的新方案再进行最优性检验,如不是最优解,就重复以上步骤继续进行调整,一直到得出最优解为止。

下面仍结合例3-9说明解的改进步骤。

从表3-20可知,检验数中只有$\sigma_{24} = -1 < 0$。故以x_{24}为换入变量,其对应的闭回路示于表3-21中。

解 的 改 进　　　　　　　　　　　表3-21

销地 产地	B_1	B_2	B_3	B_4	产量
A_1	4	12	4 (+2)10	11 6(-2)	16
A_2	2 8	10	3 (-2)2	9 (+2)	10
A_3	8	5 14	11	6 8	22
销量	8	14	12	14	48

该闭回路的偶数折点格是(A_1, B_4)和(A_2, B_3),其中运输量较小的是格(A_2, B_3),即$\min\{x_{14}, x_{23}\} = \min\{6, 2\} = 2$。

对所有的折点做如下调整,即:$x_{24} + 2 = 2, x_{14} - 2 = 4, x_{13} + 2 = 12, x_{23} - 2 =$ 空格。

得出新的运输方案,示于表3-22中,目标函数为$246 + 2 \times (-1) = 244$。

解 的 改 进　　　　　　　　　　　表3-22

销地 产地	B_1	B_2	B_3	B_4	产量
A_1	4	12	4 12	11 4	16
A_2	2 8	10	3	9 2	10
A_3	8	5 14	11	6 8	22
销量	8	14	12	14	48

再用位势法或闭回路法,进行解的最优性判断,求出各非基变量的检验数:$\sigma_{11} = 0, \sigma_{12} = 2, \sigma_{22} = 2, \sigma_{23} = 1, \sigma_{31} = 9, \sigma_{33} = 12$。由于所有检验数均大于或等于零,故这个解为最优解。这个解同由伏格尔法求出的初始解恰好相同,如果仍存在某检验数为负,则要按上

述步骤对所得方案再次进行改进。因 $\sigma_{11} = 0$，如以 x_{11} 为换入变量可再得一解，目标函数值仍为 244，也是一个最优解。所以例 3-9 的运输问题有多个最优解。

3. 对运输问题需要说明的几个问题

1) 多重解

当迭代到运输问题的最优解时，如有某非基变量的检验数为零，则说明该运输问题有多重(无穷多)最优解。如例 3-9，$\sigma_{11} = 0$，以 x_{11} 为换入变量，找出闭回路，如表 3-23 所示，$\min\{x_{21}, x_{14}\} = 4$，将解调整为：$x_{11} = 4, x_{21} = 4, x_{24} = 6, x_{14} = 0$。此方案的目标函数仍为 244。

多 重 解　　　　　　　　　　　　　表 3-23

产地＼销地	B_1	B_2	B_3	B_4	产量
A_1	4 (+4)	12	4	11	16
A_2	2	10	3	9	10
A_3	8	5	11	6	22
销量	8	14	12	14	48

2) 退化问题

在迭代求解过程中，有可能在某个格子中填入一个运量时，会同时划去运输表的一列和一行，这时就出现了退化。在运输问题中，退化是时常发生的。为了使表上作业法能进行下去，就应当在同时划去的一列或一行的某一个位置上补"0"，同时将这个"0"看成基变量，"0"一般补在单位运价较小的格子里。

3) 调整方案时，补"0"基变量

当用闭回路法进行解的调整时，如果两个偶数折点的运量相等，且正好等于调整量，建议在其中单位运价较小的偶数折点格子中补"0"，将其视为基变量，另一格子变成空格。

4) 极大化运输问题

对目标函数取极大值的运输问题，可采取如下两种方法求解：

方法一：初始方案采取"最大元素法"，最优解的判定准则为所有的 $\sigma_{ij} \leq 0$。

方法二：从单位运价表(实际上为效益型指标)中取最大值，用这一最大值减去单位运价表中每一元素，获得一新的单位运价表，针对这一单位运价表，采取"极小化"运输问题的解法进行求解。

4. 案例分析

例 3-10　船舶调度问题。

某航运公司承担 6 个港口城市 A、B、C、D、E、F 的四条固定航线的物资运输任务。已知各条航线的起点、终点城市及每天航班数见表 3-24。

起终点城市及航班数　　　　　　　　表 3-24

航　线	起点城市	终点城市	每天航班数
1	E	D	3
2	B	C	2
3	A	F	1
4	D	B	1

假定各条航线使用相同型号的船只,各城市间的航程天数见表 3-25。

航程天数　　　　　　　　　　　　　　表 3-25

起＼终	A	B	C	D	E	F
A	0	1	2	14	7	7
B	1	0	3	13	8	8
C	2	3	0	15	5	5
D	14	13	15	0	17	20
E	7	8	5	17	0	3
F	7	8	5	20	3	0

又知每条船只每次装卸货的时间各为一天,则该航运公司至少应配备多少条船,才能满足所有航线的运货需求?

解　该公司所需配备船只分为两个部分:

(1)载货航程需要周转船只数。

(2)各港口间调度所需船只数。

对于航线 1,在港口 E 装货 1 天,$E \to D$ 航程 17 天,在 D 卸货 1 天,总计 19 天,每天 3 班,故需 57 条船周转,依此类推各航线所需船只数见表 3-26,累计共需周转船只 91 条。

所需周转船数　　　　　　　　　　　　表 3-26

航　线	装货天数	航程天数	卸货天数	小　计	航班数	所需周转船数
1	1	17	1	19	3	57
2	1	3	1	5	2	10
3	1	7	1	9	1	9
4	1	13	1	15	1	15

各港口每天余缺船只数见表 3-27,港口 C、D、F 每天到达船只数多于所需船只数。A、B、E 每天到达船只数则少于所需船只数。

余缺船只数 表3-27

港口城市	每天到达船只数	每天需求船只数	余 缺 数
A	0	1	-1
B	1	2	-1
C	2	0	2
D	3	1	2
E	0	3	-3
F	1	0	1

为了使配备船只数最少,应做到在各港口间调度的船只数最少,因此建立以下运输问题,产量为每天多余船只数,销量为每天缺少船只数,单位运价为相应港口之间的船只航程天数,见表3-28。

单位运价 表3-28

供船港口 \ 需船港口	A	B	E	每天多余船只数
C	2	3	5	2
D	14	13	17	2
F	7	8	3	1
每天缺少船只数	1	1	3	5

这是一个产销平衡运输问题,用表上作业法求出空船的最优调度方案见表3-29。

由表3-29知,最少需周转的空船数为40条,这样在不考虑维修、储备等情况下,该公司至少应配备131条船。

最优调度方案 表3-29

供船港口 \ 需船港口	A	B	E	每天多余船只数
C	1		1	2
D		1	1	2
F			1	1
每天缺少船只数	1	1	3	5

例3-11 大型公司的员工通勤费问题。

某公司动力厂供电车间共有13个变电所,分布在公司数十里厂区。总共有104名需要通勤的职工,散居在全市各地。不少职工每天上班或舍近求远,或甲乙地对流。不仅浪费了宝贵的时间,增加了负担,又加剧了交通拥挤,厂里还需为此多支出职工通勤费。此问题如能较好地解决,对国家、单位和个人都有利。

分析：

(1)将职工分散的住地，按就近乘车的原则，合并为18个点，并逐点求出每个住地的职工数。于是得到第 i 个住地的职工数 a_i ($i = 1, 2, \cdots, 18$)，建立起受住地职工人数约束的条件方程。

(2)将13个变电所按上班终到站合并为8个工作地，并按定员确定每个工作地所需职工数。于是得到第 j 个工作地所需职工数 b_j ($i = 1, 2, \cdots, 8$)，建立起受工作地职工定员约束的条件方程。

(3)逐个求出第 i 个住地至第 j 个工作地单人日通勤费 c_{ij}。

(4)设第 i 个住地应去第 j 个工作地上班的人数为 x_{ij}。

于是得出本问题的数学模型：就是在条件

$$\begin{cases} x_{1,1} + x_{1,2} + \cdots + x_{1,8} = a_1 \\ x_{2,1} + x_{2,2} + \cdots + x_{2,8} = a_2 \\ \quad\quad\quad\quad \vdots \\ x_{18,1} + x_{18,2} + \cdots + x_{18,8} = a_{18} \\ x_{1,1} + x_{2,1} + \cdots + x_{18,1} = b_1 \\ x_{1,2} + x_{2,2} + \cdots + x_{18,2} = b_2 \\ \quad\quad\quad\quad \vdots \\ x_{1,8} + x_{2,8} + \cdots + x_{18,8} = b_8 \end{cases}$$

的约束下，求总通勤费用。

要使 $f(x) = c_{1,1}x_{1,1} + c_{1,2}x_{1,2} + \cdots c_{18,7}x_{18,7} + c_{18,8}x_{18,8}$ 最少，也就是求一组变量 x_{ij} ($i = 1, 2, \cdots, 18; j = 1, 2, \cdots, 8$)，使其满足：

$$\begin{cases} \sum_{j=1}^{8} x_{ij} = a_i & (i = 1, 2, \cdots, 18) \\ \sum_{i=1}^{18} x_{ij} = b_j & (j = 1, 2, \cdots, 8) \\ x_{ij} \geq 0 & (i = 1, 2, \cdots, 18; j = 1, 2, \cdots, 8) \end{cases}$$

而使总通勤费用最少，即

$$\min f(x) = \sum_{i=1}^{18} \sum_{j=1}^{8} c_{ij} x_{ij} \quad (i = 1, 2, \cdots, 18; j = 1, 2, \cdots, 8)$$

具体产销平衡表(即居住人数、需职工数)、单位运价表(即单人日通勤费)见表3-30。

产销平衡、单位运价表　　　　　表3-30

居住地 \ 变电所 c_{ij}	1	2	3	4	5	6	7	8	居住人数
1	7.92	9.36	0	5.76	5.76	5.76	9.36	5.76	3
2	2.16	5.76	7.92	2.16	2.16	2.16	5.76	2.16	31
3	0	3.60	7.92	0	0	2.16	3.60	2.16	9

续上表

居住地 \ c_{ij} \ 变电所	1	2	3	4	5	6	7	8	居住人数
4	0	6.48	8.64	5.04	5.04	5.04	6.48	5.04	2
5	3.60	0	7.20	3.60	3.60	3.60	7.20	0	9
6	2.16	0	7.92	2.16	2.16	2.16	5.76	2.16	6
7	5.04	6.48	8.64	5.76	5.76	5.76	5.76	2.88	7
8	2.88	6.48	2.88	0	0	2.88	5.76	2.88	1
9	5.04	6.48	8.64	2.88	2.88	2.88	6.48	2.88	1
10	5.76	3.60	9.00	5.76	5.76	5.76	9.36	2.16	8
11	8.64	10.08	6.48	3.60	3.60	6.48	10.08	6.48	1
12	2.16	3.60	5.76	0	0	0	5.76	0	5
13	3.60	7.20	11.52	6.12	6.12	6.12	0	6.12	6
14	2.16	3.60	7.92	2.16	2.16	0	5.76	0	4
15	2.16	5.76	7.92	0	0	0	5.76	0	2
16	2.16	3.60	5.76	0	0	0	5.76	0	4
17	2.16	5.76	7.92	2.16	2.16	0	5.76	0	4
18	5.04	6.48	8.64	2.88	2.88	2.88	6.48	2.88	1
需职工数	36	9	9	19	5	6	15	5	104

经求解,获得如下人员分配方案,见表 3-31。

人员分配方案　　　　　表 3-31

居住地 \ 变电所	1	2	3	4	5	6	7	8	a_i
1			3						3
2	31								31
3	3				5		1		9
4	2								2
5		9							9
6				6					6
7							7		7
8			1						1

续上表

变电所 居住地	1	2	3	4	5	6	7	8	a_i
9				1					1
10			4					4	8
11			1						1
12				5					5
13							6		6
14						3		1	4
15				2					2
16				4					4
17						3	1		4
18				1					1
b_i	36	9	9	19	5	6	15	5	104

计算结果表明,总通勤费用由原来的每日 504.9 元下降到 237.6 元,下降了 53%,每年可节约通勤费近 10 万元。通勤职工由 104 人下降到 64 人,有 40 人(几乎都是每天上下班需两小时左右的职工)可解除由于通勤而造成的终日紧张状态,其余的通勤职工大部分也都不同程度地减少了上下班时间。

讨论: 需要说明的是:本问题只是通勤费最优方案。在具体实施时,需要把人员的职位、技术等级、男女比例等客观因素考虑进去,最后选出综合最优方案。

三、产销不平衡的运输问题

前面讲述的运输问题的算法,是以总产量等于总销量(产销平衡)为前提的,即满足 $\sum_{i=1}^{m} a_i = \sum_{j=1}^{n} b_j$。

实际上,在很多实际运输问题中,总产量并不等于总销量。这时,为了能应用表上作业法来求解,就需要把产销不平衡运输问题转化成产销平衡运输问题。根据产销总量的大小,分两种情况来分别讨论。

(一) 总产量大于总销量的情形

这种情形即

$$\sum_{i=1}^{m} a_i > \sum_{j=1}^{n} b_j \tag{3-73}$$

此时对应的运输问题的数学模型应为

$$\min C = \sum_{i}^{m} \sum_{j}^{n} c_{ij} x_{ij}$$

$$\begin{cases} \sum_{j=1}^{n} x_{ij} \leqslant a_i & (i = 1, 2, \cdots, m) \\ \sum_{i=1}^{m} x_{ij} = b_j & (j = 1, 2, \cdots, n) \\ x_{ij} \geqslant 0 & (i = 1, 2, \cdots, m; j = 1, 2, \cdots, n) \end{cases} \quad (3-74)$$

由于产大于销,必有某些产地的一些物资无法运出去,只能就地储存。这就要考虑多余的物资应在哪些产地就地储存的问题。假设每个产地 $A_i (i = 1, 2, \cdots, m)$ 的就地储存物资量为 $x_{i,n+1}$,则有

$$\sum_{i=1}^{m} x_{i,n+1} = \sum_{i=1}^{m} a_i - \sum_{j=1}^{n} b_j \quad (3-75)$$

且

$$\sum_{j=1}^{n} x_{ij} + x_{i,n+1} = \sum_{j=1}^{n+1} x_{ij} = a_i \quad (i = 1, 2, \cdots, m) \quad (3-76)$$

由此,假设一个虚拟的销地 B_{n+1},其销量 $b_{n+1} = \sum_{i=1}^{m} a_i - \sum_{j=1}^{n} b_j$,各个产地 $A_i (i = 1, 2, \cdots, m)$ 运往销地 B_{n+1} 的运输量就是其相应的就地物资储存量 $x_{i,n+1}$。由于没有经过实际运输,显然单位运价 $c_{i,n+1} = 0 (i = 1, 2, \cdots, m)$。则总产量大于总销量的运输问题就等价于如下的 $m \times (n+1)$ 产销平衡运输问题,就可以用前面介绍的表上作业法求解了。

$$\min C = \sum_{i=1}^{m} \sum_{j=1}^{n+1} c_{ij} x_{ij}$$

$$\begin{cases} \sum_{j=1}^{n+1} x_{ij} = a_i & (i = 1, 2, \cdots, m) \\ \sum_{i=1}^{m} x_{ij} = b_j & (j = 1, 2, \cdots, n+1) \\ x_{ij} \geqslant 0 & (i = 1, 2, \cdots, m; j = 1, 2, \cdots, n+1) \end{cases} \quad (3-77)$$

(二) 总产量小于总销量的情形

这种情形即

$$\sum_{i=1}^{m} a_i < \sum_{j=1}^{n} b_j \quad (3-78)$$

对应的运输问题的数学模型应为

$$\min C = \sum_{i=1}^{m} \sum_{j=1}^{n} c_{ij} x_{ij}$$

$$\begin{cases} \sum_{j=1}^{n} x_{ij} = a_i & (i = 1,2,\cdots,m) \\ \sum_{i=1}^{m} x_{ij} \leqslant b_j & (j = 1,2,\cdots,n) \\ x_{ij} \geqslant 0 & (i = 1,2,\cdots,m; j = 1,2,\cdots,n) \end{cases} \quad (3\text{-}79)$$

由于产小于销,必有某些销地的物资需求无法得到满足,那么,对于物资运输部门来讲,这就要决定让哪些销地的需求量短缺,短缺多少,使得所有产地的物资都全部运出,且总的运输费用最少。假想每个销地 $B_j(j=1,2,\cdots,n)$ 在上述运输模型对应的方案下的需求短缺量为 $x_{m+1,j}$,则有

$$\sum_{j=1}^{n} x_{m+1,j} = \sum_{j=1}^{n} b_j - \sum_{i=1}^{m} a_i \quad (3\text{-}80)$$

且

$$\sum_{i=1}^{m} x_{ij} + x_{m+1,j} = \sum_{i=1}^{m+1} x_{ij} = b_j \quad (j = 1,2,\cdots,n) \quad (3\text{-}81)$$

由此,假设一个虚拟的产地 A_{m+1},其产量 $a_{m+1} = \sum_{j=1}^{n} b_j - \sum_{i=1}^{m} a_i$,从 A_{m+1} 运往各个销地 $B_j(j=1,2,\cdots,n)$ 的运输量就是其相应的物资需求短缺量 $x_{m+1,j}$,由于这一部分需求量运输部门没有办法满足,需要各个产地自行解决。由于是自行解决,不经过实际运输,所以虚拟的产地 A_{m+1} 的单位运价 $c_{m+1,j} = 0(j=1,2,\cdots,n)$。则总产量小于总销量的运输问题就等价于如下的 $(m+1) \times n$ 产销平衡运输问题,就可以用前面介绍的表上作业法求解了。

$$\min C = \sum_{i=1}^{m+1} \sum_{j=1}^{n} c_{ij} x_{ij}$$

$$\begin{cases} \sum_{j=1}^{n} x_{ij} = a_i & (i = 1,2,\cdots,m+1) \\ \sum_{i=1}^{m+1} x_{ij} = b_j & (j = 1,2,\cdots,n) \\ x_{ij} \geqslant 0 & (i = 1,2,\cdots,m+1; j = 1,2,\cdots,n) \end{cases} \quad (3\text{-}82)$$

第三节　整数规划与交通资源分配问题

一、整数规划的特点及作用

(一)整数规划的介绍

前文已经讨论了一般线性规划问题,其可行域都是实数空间的子集,也就是说变量都取实数值。但是有许多来自实际应用的线性规划问题,其部分变量必须要取整数值。例如,公

交车辆的分配、建筑设备的合理配备、产品的生产规划等问题,其中的车辆数、机械设备数和产品件数等都必须为整数。还有一些问题,如工程项目优化排序、投资项目的选择、任务分派等问题,相应的线性规划问题中某些变量只能取0或1。这种限制某些变量只能取整数的线性规划称为整数线性规划,简称为整数规划。其中,所有变量都要求取整的线性规划称为纯整数规划或全整数规划;只一部分变量要求取整的线性规划称为混合整数规划。特别地,要求变量只能取0或1的线性规划称为0-1整数规划或0-1规划。

1) 整数规划的松弛问题

在整数规划中,不考虑整数条件,由余下的目标函数和约束条件构成的规划问题,称为松弛问题。若松弛问题是一个线性规划,则称该整数规划为整数线性规划。

2) 整数线性规划的数学模型

$$\max(\text{或}\min)z = \sum_{j=1}^{n} c_j x_j$$

$$\begin{cases} \sum_{j=1}^{n} a_{ij} x_j \leq (=, \text{或} \geq) b_i & (i=1,2,\cdots,m) \\ x_j \geq 0 & (j=1,2,\cdots,n) \\ x_1, x_2, \cdots, x_n \text{中部分或全部取整数} \end{cases} \quad (3\text{-}83)$$

3) 整数线性规划问题的类型

(1) 纯(全)整数线性规划:全部决策变量都必须取整数值的整数线性规划。

(2) 混合整数线性规划:决策变量中有一部分必须取整数值,另一部分可以不取整数值的整数线性规划。

(3) 0-1型整数线性规划:决策变量只能取0或1的整数线性规划。

(二) 整数规划的解的特点

(1) 整数规划问题的可行域是它的松弛问题可行域的子集。

(2) 整数规划问题的可行解是它的松弛问题的可行解。

(3) 整数规划问题的最优解不一定是它的松弛问题的最优解(前者的目标函数值一般大于后者)。

(三) 整数规划的解法

例3-12 某厂拟用集装箱托运甲、乙两种货物,每箱的体积、质量、可获利润以及托运所受限制如表3-32所示。问两种货物各托运多少箱,可使获得利润最大?

条件限制　　　　　　　　　　　　　　　　　　　　　表3-32

货物	体积(m³/箱)	质量(百千克/箱)	利润(百元/箱)
甲	5	2	20
乙	4	5	10
托运限制	24	13	

解 设 x_1, x_2 分别为甲、乙两种货物的托运箱数。

$$\max z = 20x_1 + 10x_2$$

$$\begin{cases} 5x_1 + 4x_2 \leq 24 \\ 2x_1 + 5x_2 \leq 13 \\ x_1, x_2 \geq 0 \\ x_1, x_2 \text{ 为整数} \end{cases}$$

则:(1)松弛问题的最优解如图3-8所示。

(2)整数问题的最优解如图3-9所示。

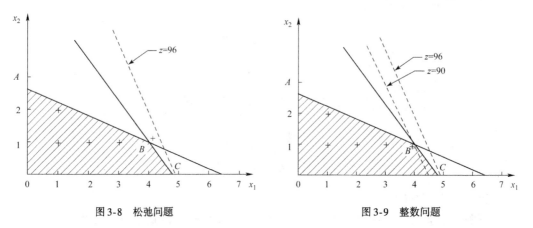

图 3-8　松弛问题　　　　　　　图 3-9　整数问题

对于可行域有界的整数规划问题,整数规划的可行解是一个有限集,将这个集内的每一个点对应的目标函数值都一一计算出来,然后从中找出最优者,即为整数规划的最优解。此方法为完全枚举法。

所以关于整数规划问题可以得到下面结论:

(1)对整数规划问题的松弛问题的最优解进行取整,所得到的整数解可能不是整数规划问题的最优解,也可能不是可行解。

(2)对于复杂的模型,完全枚举法费时,甚至不可能实现。

二、分支定界法

分支定界法可用于求解纯整数规划和混合整数规划。设有极大化的整数规划问题,先求其松弛问题的最优解,若此解也同时满足整数约束条件,则为整数规划问题的最优解;若此解不满足整数约束条件,则根据某个变量的整数要求来抛弃松弛问题可行域中不含整数解的部分,缩小松弛问题的可行域,由此将原来的松弛问题逐步分解成多个小可行域内的松弛问题(分支),最终求得整数最优解。

对于极大化问题,松弛问题的最优值一定是原整数规划最优值的上界(对于极小化问题,则为下界),记为 $\bar{z}$;而每个分支中的整数最优解对应的目标函数值将是最优值的一个下界,记为 $\underline{z}$。

这就是分支定界法的基本思想,其基本步骤如下:

(一)首先求解松弛问题的最优解

若无最优解,则整数规划也无最优解。若有最优解,且最优解满足整数要求,则此最优解也为整数规划的最优解。否则,松弛问题的最优值可作为整数规划的上界 $\bar{z}$。

(二)分支

若松弛问题最优解中至少有一个分量不为整数,不妨设为 x_j,则将 x_j 分为 $x_j \leqslant [x_j]$ 和 $x_j \geqslant [x_j]+1$ 两部分([ ]为取整运算,如[2.25]=2),作为新的约束条件分别添加到松弛问题中,于是就把原松弛问题的可行域分成了两个部分,得到两个新的整数规划,设为 IP_1 和 IP_2,这称为分支。

(三)定界与剪支

分别求解 IP_1 和 IP_2 两个分支的松弛问题。在分支的求解中,可能会遇到以下情况:

(1)若某分支的最优解满足整数要求,则不能再分支。

其中,如果最优值大于下界 $\underline{z}$,则将其作为新的下界 $\underline{z}$,此分支求解结束;如果最优值小于下界 $\underline{z}$,原下界不变,剪支。

(2)若某分支的最优值小于下界,即此分支不可能找到比下界 $\underline{z}$ 还要大的最优解,则剪支。

(3)若某分支的最优解不满足整数要求,且其最优值大于下界 $\underline{z}$,则再分支,转至(1),若其最优值小于上界 $\bar{z}$,则将其作为新的上界。

例 3-13 用分支定界法解下述整数规划问题。

$$\max z = x_1 + x_2$$

$$\begin{cases} 14x_1 + 9x_2 \leqslant 51 \\ -6x_1 + 3x_2 \leqslant 1 \\ x_1, x_2 \geqslant 0 \\ x_1, x_2 \text{ 取整数} \end{cases}$$

解 先不考虑整数条件,求解相应于 A 的线性规划 B(设原问题为问题 A,相应的松弛问题为问题 B),得最优解为:$x_1 = \frac{3}{2}, x_2 = \frac{10}{3}, z = \frac{29}{6}$,,对应于图 3-10 中的 A 点。

这个解不符合整数条件,将 $z = \frac{29}{6}$ 定为问题 A 的最优解 z^* 的上界;选择问题 A 的一个整数可行解 $x_1 = 0, x_2 = 0$,其目标函数值 $z = 0$,将其作为 z^* 的下界,即 $0 \leqslant z^* \leqslant \frac{29}{6}$。

将问题 B 分解为两个问题 B_1、B_2,见图 3-11,在 B_1 中加上约束条件 $x_1 \leqslant \left[\frac{3}{2}\right]$,在 B_2 中加上约束条件 $x_1 \geqslant \left[\frac{3}{2}\right]+1$。

分别求解两个子问题,得到相应的最优解:

$B_1: x_1 = 1, x_2 = \dfrac{7}{3}, z = \dfrac{10}{3}$,对应于图 3-11 中的 C 点。

$B_2: x_1 = 2, x_2 = \dfrac{23}{9}, z = \dfrac{41}{9}$,对应于图 3-11 中的 B 点。

重新给定 z^*,定界 $0 \leqslant z^* \leqslant \dfrac{41}{9}$。

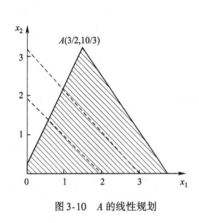

图 3-10 A 的线性规划

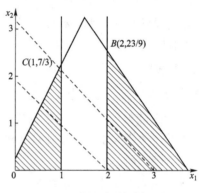

图 3-11 B 的两个子问题 B_1、B_2

由于 $\dfrac{41}{9} \geqslant \dfrac{10}{3}$,所以优先选择 B_2 再进行分支。分别加上约束条件 $x_2 \leqslant \left[\dfrac{23}{9}\right]$ 和 $x_2 \geqslant \left[\dfrac{23}{9}\right] + 1$,将 B_2 分支为 B_{21} 和 B_{22} 两个子问题,继续求解。按照这一方法不断分支和定界,可行域不断缩小,上界不断减少,下界逐渐增大,当上界和下界相等时,便得到最优整数解。如图 3-12 和图 3-13 所示。

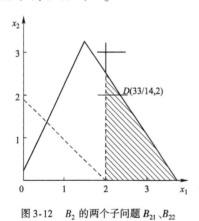

图 3-12 B_2 的两个子问题 B_{21}、B_{22}

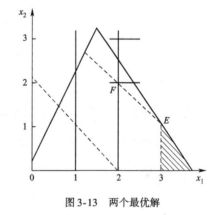

图 3-13 两个最优解

从图 3-13 可见本题有两个最优解,分别为 $x_1 = 3, x_2 = 1$ 和 $x_1 = 2, x_2 = 2$,$\max z = 4$。上述分支定界法的求解过程还可以用图 3-14 来表示。

用分支定界法可求解纯整数规划问题(所有变量都限制为非负整数)和混合整数规划问题(一部分变量限制为整数),它比穷举法优越。由于它不断缩小可行解区域,因此计算量大大下降,但如果变量数很大,其计算量也是相当可观的。

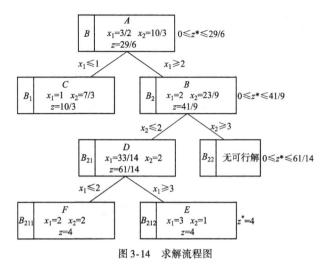

图 3-14 求解流程图

三、割平面法

分支定界法通过分支把可行域中的非整数解割去,逐步缩小可行域。美国著名学者柯莫利(R.E.Gomory)提出了求解整数规划的另一种比较简单的方法——割平面法。割平面法的基本思想和分支界定法基本一致,首先利用单纯形法求解整数规划松弛问题的最优解,如果得到的解是整数,那么这个最优解就是整数规划的最优解;如果最优解不是整数解,则构造一个新的约束条件,即割平面,将松弛问题中含有最优解的非整数点但不包含整数可行解的点的那一部分可行域切割掉,缩小可行域,得到新的整数规划。继续求解这个整数规划的松弛问题,如果得到的新最优解是整数,运算就停止,如果不是整数,则继续增加适当的割平面约束条件,直到求出满足整数要求的最优解为止。

割平面法的关键是如何构造割平面约束条件,切割掉非整数点而又不会切割掉任何可行的整数点。下面介绍割平面的构造方法。

用单纯形法求解整数规划的松弛问题,若最优解不满足整数要求,那么选择其中一个非整数变量建立割平面。

设表 3-33 为松弛问题的最优单纯形表。

最 优 单 纯 形 表   表3-33

c_j		c_1	$\cdots$	c_m	c_{m+1}	$\cdots$	c_n	b_i	$\theta_i = \dfrac{b_i}{a_{ij}}$
C_b	X_b	x_1	$\cdots$	x_m	x_{m+1}	$\cdots$	x_n		
c_1	x_1	1	$\cdots$	0	$a_{1,m+1}$	$\cdots$	a_{1n}	b_1	θ_1
$\vdots$	$\vdots$	$\vdots$		$\vdots$	$\vdots$		$\vdots$	$\vdots$	$\vdots$
c_m	x_m	0	$\cdots$	1	$a_{m,m+1}$	$\cdots$	a_{mn}	b_m	θ_m
σ_j		0	$\cdots$	0	σ_{m+1}	$\cdots$	σ_n	z	

设 x_r 为基变量中一个非整数解的变量,即 $x_r = b_r$ 为非整数值,则根据表 3-33 可得:

$$b_r = x_r + \sum_{j=m+1}^{n} a_{rj} x_j \tag{3-84}$$

将式(3-84)中的变量 x 系数以及左端常数 b_r 分解为整数 N 和非负分数 f 两部分相加的形式，即

$$b_r = N_r + f_r$$
$$a_{rj} = N_{rj} + f_{rj} \tag{3-85}$$

其中 $N_r = [b_r]$ 为 b_r 的取整部分，f_r 为 b_r 的非负真分数部分，$N_{rj} = [a_{rj}]$ 为 a_{rj} 的取整部分，f_{rj} 为 a_{rj} 的非负真分数部分，并且满足：

$$0 \leq f_r < 1, 0 \leq f_{rj} < 1 \tag{3-86}$$

则式(3-84)可以改写为

$$N_r + f_r = x_r + \sum_{j=m+1}^{n} N_{rj} x_j + \sum_{j=m+1}^{n} f_{rj} x_j \tag{3-87}$$

移项得

$$f_r - \sum_{j=m+1}^{n} f_{rj} x_j = x_r + \sum_{j=m+1}^{n} N_{rj} x_j - N_r \tag{3-88}$$

为了满足所有的决策变量 x 均是整数，f_r 和 f_{rj} 都是非负真分数且都是小于1的，则应有

$$f_r - \sum_{j=m+1}^{n} f_{rj} x_j \leq 0 \tag{3-89}$$

这就是割平面约束条件，把割平面约束条件添加到原规划问题中，利用单纯形法继续求解，重复以上过程，一直到所求的最优解全部都为整数为止。

例 3-14 用割平面法求解整数规划问题。

$$\max z = x_2$$
$$\text{s.t.} \begin{cases} 3x_1 + 2x_2 \leq 6 \\ -3x_1 + 2x_2 \leq 0 \\ x_1, x_2 \geq 0 \text{ 且为整数} \end{cases}$$

解 增加松弛变量 x_3 和 x_4 将松弛问题标准化

$$\max z = x_2$$
$$\text{s.t.} \begin{cases} 3x_1 + 2x_2 + x_3 = 6 \\ -3x_1 + 2x_2 + x_4 = 0 \\ x_1, x_2, x_3, x_4 \geq 0 \end{cases}$$

求解松弛问题的单纯形表如表3-34所示。

单纯形表　　　　　　　　　　　表3-34

c_j		0	1	0	0	b	$\dfrac{b_i}{a_{ij}}$
C_b	X_b	x_1	x_2	x_3	x_4		
0	x_3	3	2	1	0	6	3
0	x_4	-3	[2]	0	1	0	0
σ_j		0	1	0	0	$z=0$	

续上表

c_j		0	1	0	0	b	$\dfrac{b_i}{a_{ij}}$
C_b	X_b	x_1	x_2	x_3	x_4		
0	x_3	[6]	0	1	-1	6	1
1	x_2	$-\dfrac{3}{2}$	1	0	$\dfrac{1}{2}$	0	—
σ_j		$\dfrac{3}{2}$	0	0	$-\dfrac{1}{2}$	$z=0$	
c_j		0	1	0	0	b	$\dfrac{b_i}{a_{ij}}$
C_b	X_b	x_1	x_2	x_3	x_4		
0	x_1	1	0	$\dfrac{1}{6}$	$-\dfrac{1}{6}$	1	
1	x_2	0	1	$\dfrac{1}{4}$	$\dfrac{1}{4}$	$\dfrac{3}{2}$	
σ_j		0	0	$-\dfrac{1}{4}$	$-\dfrac{1}{4}$	$z^* = \dfrac{3}{2}$	

得最优解 $X^* = \left(1, \dfrac{3}{2}\right)^T$，但不是整数最优解，引入割平面。$x_2 = \dfrac{3}{2}$ 不为整数，故以基本变量 x_2 所在行的约束条件 $x_2 + \dfrac{1}{4}x_3 + \dfrac{1}{4}x_4 = \dfrac{3}{2}$ 来构造割平面。

$$x_2 + \dfrac{1}{4}x_3 + \dfrac{1}{4}x_4 = \dfrac{3}{2}$$

$$(1+0)x_2 + \left(0 + \dfrac{1}{4}\right)x_3 + \left(0 + \dfrac{1}{4}\right)x_4 = 1 + \dfrac{1}{2}$$

$$\dfrac{1}{2} - \dfrac{1}{4}x_3 - \dfrac{1}{4}x_4 = x_2 - 1$$

依据式(3-89)得到割平面约束条件 $\dfrac{1}{2} - \dfrac{1}{4}x_3 - \dfrac{1}{4}x_4 \leq 0$，即 $x_3 + x_4 \geq 2$，由标准化的约束条件可得：$x_3 = 6 - 3x_1 - 2x_2$ 和 $x_4 = 3x_1 - 2x_2$，代入到割平面约束条件 $x_3 + x_4 \geq 2$ 中，得 $x_2 \leq 1$。

添加割平面约束条件后得到新的整数规划

$$\max z = x_2$$

$$\text{s.t.} \begin{cases} 3x_1 + 2x_2 \leq 6 \\ -3x_1 + 2x_2 \leq 0 \\ x_2 \leq 1 \\ x_1, x_2 \text{ 为正整数} \end{cases}$$

松弛问题标准化

$$\max z = x_2$$

$$\text{s.t.} \begin{cases} 3x_1 + 2x_2 + x_3 = 6 \\ -3x_1 + 2x_2 + x_4 = 0 \\ x_2 + x_5 = 1 \\ x_1, x_2, x_3, x_4, x_5 \text{ 为正整数} \end{cases}$$

用单纯形法求新的整数规划的松弛问题,如表3-35所示。

单纯形表　　　　　　　　　　　表3-35

c_j		0	1	0	0	0	b	$\dfrac{b_i}{a_{ij}}$
C_b	X_b	x_1	x_2	x_3	x_4	x_5		
0	x_3	3	2	1	0	0	6	3
0	x_4	−3	[2]	0	1	0	0	0
0	x_5	0	1	0	0	1	1	1
σ_j		0	1	0	0	0	$z=0$	
c_j		0	1	0	0	0	b	$\dfrac{b_i}{a_{ij}}$
C_b	X_b	x_1	x_2	x_3	x_4	x_5		
0	x_3	6	0	1	−1	0	6	1
1	x_2	$-\dfrac{3}{2}$	1	0	$\dfrac{1}{2}$	0	0	—
0	x_5	$\left[\dfrac{3}{2}\right]$	0	0	$-\dfrac{1}{2}$	1	1	$\dfrac{2}{3}$
σ_j		$\dfrac{3}{2}$	0	0	$-\dfrac{1}{2}$	0	$z=0$	
c_j		0	1	0	0	0	b	$\dfrac{b_i}{a_{ij}}$
C_b	X_b	x_1	x_2	x_3	x_4	x_5		
0	x_3	0	0	1	1	−4	2	
1	x_2	0	1	0	0	1	1	
0	x_1	1	0	0	$-\dfrac{1}{3}$	$\dfrac{2}{3}$	$\dfrac{2}{3}$	
σ_j		0	0	0	0	−1	$z^*=1$	

得到最优解$X^* = (2/3,1,2)^T$,x_1不为整数,故以基变量x_1所在行的约束条件$x_1 - \dfrac{1}{3}x_4 + \dfrac{2}{3}x_5 = \dfrac{2}{3}$来构造割平面。

$$x_1 - \dfrac{1}{3}x_4 + \dfrac{2}{3}x_5 = \dfrac{2}{3}$$

$$(1+0)x_1 + \left(-1+\dfrac{2}{3}\right)x_4 + \left(0+\dfrac{2}{3}\right)x_5 = 0 + \dfrac{2}{3}$$

$$x_1 - x_4 = \dfrac{2}{3} - \dfrac{2}{3}x_4 - \dfrac{2}{3}x_5$$

依据式(3-89)得到割平面约束条件$\dfrac{2}{3} - \dfrac{2}{3}x_4 - \dfrac{2}{3}x_5 \leq 0$,即$x_4 + x_5 \geq 1$。由标准化的约束条件可得:$x_4 = 3x_1 - 2x_2$,$x_5 = 1 - x_2$,代入到割平面约束条件$x_4 + x_5 \geq 1$中,得$x_2 - x_1 \leq 0$。

添加割平面约束条件后得到新的整数规划

$$\max z = x_2$$
$$\text{s.t.} \begin{cases} 3x_1 + 2x_2 \leq 6 \\ -3x_1 + 2x_2 \leq 0 \\ x_2 \leq 1 \\ x_2 - x_1 \leq 0 \\ x_1, x_2 \text{ 为正整数} \end{cases}$$

松弛问题标准化

$$\max z = x_2$$
$$\text{s.t.} \begin{cases} 3x_1 + 2x_2 + x_3 = 6 \\ -3x_1 + 2x_2 + x_4 = 0 \\ x_2 + x_5 = 1 \\ x_2 - x_1 + x_6 = 0 \\ x_1, x_2, x_3, x_4, x_5, x_6 \text{ 为正整数} \end{cases}$$

可以求得最优解 $X^* = (1,1,1,1,0,0)^T$，且满足整数要求，至此得到整数规划的最优解。

从整数规划的割平面法中，可以看到割平面的过程非常慢，每次只能割去一点点。另外割平面法对实际问题的结构以及解的结果都有较高的要求，因为它要区分纯整数线性规划和混合整数线性规划，对于这两种不同类型需要用不同的切割方法。为了改善割平面法的缺点，常常会选择分支定界法和割平面法混合使用的方法来求解整数规划问题。

四、分配问题与匈牙利法

所谓资源分配问题，就是将数量一定的一种或若干种资源（例如原材料、资金、设备、劳力等）恰当地分配给若干个使用者，使目标函数为最优。这里介绍的资源分配问题是可以由整数规划来描述和求解的简单静态资源分配问题，也常称为分配问题或指派问题。

在工程项目管理、资源利用与劳动分配等实际工作中，分配问题比较常见。例如在工程运输中各个运输任务的人力与物力分配问题、n 个工程公司对 n 个工程项目的投标问题、生产企业管理中工人或设备的合理分配问题、学校里教师课程的合理安排以及课表的制订问题等。

（一）概念问题的提出与数学模型

概念：n 项任务分配给 m 个人去完成，要求每项只能交给其中一个人完成，每人只能完成其中一项。如何分配使总效率最高？

数学模型：设 $(c_{ij})_{n \times n}$ 表示分配问题的效率矩阵。令

$$x_{ij} = \begin{cases} 1, \text{指派第 } i \text{ 人去完成第 } j \text{ 项任务} \\ 0, \text{不指派第 } i \text{ 人去完成第 } j \text{ 项任务} \end{cases} \quad (3\text{-}90)$$
$$(i = 1, \cdots, m; j = 1, \cdots, n)$$

则分配问题的数学模型为

$$\min z = \sum_{i=1}^{m}\sum_{j=1}^{n} c_{ij}x_{ij}$$

$$\begin{cases} \sum_{j=1}^{n} x_{ij} = 1 \quad (i=1,\cdots,m) \\ \sum_{i=1}^{m} x_{ij} = 1 \quad (j=1,\cdots,n) \\ x_{ij} = 0\ \text{或}\ 1 \quad (i=1,\cdots,m;j=1,\cdots,n) \end{cases} \quad (3\text{-}91)$$

模型特点:当工作数与人数相等时,含有 $m \times m$ 个变量, $m+m$ 个约束方程,所有变量均为 0-1 变量。

(二)匈牙利法

从资源分配问题的数学模型可以看出,资源分配是 0-1 整数规划的特例,也是运输问题的特例,即 $n=m$, $a_i=b_j=1$,当然更是一个整数规划问题,所以指派问题可用隐枚举法、表上作业法和分支定界法求解。但是我们可以利用资源分配问题的数学模型的特点,找到更加简便的方法,这就是由匈牙利数学家康尼格(D. koing)提出的匈牙利解法。

匈牙利解法的思想基础是:从资源分配问题的系数矩阵 $(c_{ij})_{n \times n}$ 的某行(某列)各元素中分别减去一个常数 k,得到的新矩阵 $(c'_{ij})_{n \times n}$ 所代表的新资源分配问题与原资源分配问题有相同最优解。

例 3-15 有一份中文说明书,要将其翻译成三种不同的文字,三位不同人翻译三种不同的文字所花的时间(h)见表 3-36。

翻译文字所花时间　　　表 3-36

语种 人员	英文	日文	德文
甲	4	2	5
乙	4	6	3
丙	4	4	7

试确定翻译的最佳资源分配方案。

解 第一步:先对时间矩阵的各行减去最小值。

$$\begin{bmatrix} 4 & 2 & 5 \\ 4 & 6 & 3 \\ 4 & 4 & 7 \end{bmatrix} \begin{matrix} -2 \\ -3 \\ -4 \end{matrix} \rightarrow \begin{bmatrix} 2 & 0 & 3 \\ 1 & 3 & 0 \\ 0 & 0 & 3 \end{bmatrix}$$

第二步:确定独立 0 元素,即在每行和每列中各圈出一个"0"。

当 n 较小时,可用观察法、试探法找出 n 个独立 0 元素,当 n 较大时,可按以下步骤进行:

(1)从只有一个 0 元素的行(列)开始给这个 0 元素加"[ ]",称为独立 0 元素,记作[0],这表示对这行所代表的"人"只翻译该列所对应的语种,然后划去[0]所在列或行的其他 0 元素,记作 ⌀,这表明该行的"人"得到任务后,该人则不能再翻译其他语种。

(2) 再在剩下的元素中,从只有一个0元素的行(列),给这个0元素加"[ ]"。

重复上述过程,直到所有0元素都被标记符合"[ ]"或划掉。

如果独立元素有 n 个,则表明已可确定最优资源分配方案。此时,令矩阵中和独立0元素相对应位置上的元素为1,其余元素为0,即可得最优矩阵。

按此步骤,本例可得独立0元素如下

$$\begin{bmatrix} 2 & [0] & 3 \\ 1 & 3 & [0] \\ [0] & \emptyset & 3 \end{bmatrix}$$

从而得到资源分配方案

$$\begin{bmatrix} 0 & 1 & 0 \\ 0 & 0 & 1 \\ 1 & 0 & 0 \end{bmatrix}$$

即:甲翻译日文;乙翻译德文;丙翻译英文。

所花总时间为:2 + 3 + 4 = 9(h)。

但并非所有的问题均能像例3-15那样,方便地获得独立的0元素。在此通过下一个例子,以进一步说明匈牙利算法的详细解题步骤。

例3-16 某商业公司计划开办5家新书店,决定由5家建筑公司分别承建。建筑公司 $A_i(i = 1,2,\cdots,5)$ 对新商书店 $B_j(j = 1,2,\cdots,5)$ 的建造费用的报价(万元)为 $c_{ij}(i,j = 1,2,\cdots,5)$ 见表3-37。为节省费用,商业公司应当对5家建筑公司怎样分配承建任务,才能使总的费用最少?

建造费用的报价　　表3-37

B_j \ A_i	B_1	B_2	B_3	B_4	B_5
A_1	4	8	7	15	12
A_2	7	9	17	14	10
A_3	6	9	12	8	7
A_4	6	7	14	6	10
A_5	6	9	12	10	6

解 第一步:先对各行元素分别减去本行的最小元素,然后对各列元素也如此,即

$$C \rightarrow \begin{bmatrix} 0 & 4 & 3 & 11 & 8 \\ 0 & 2 & 10 & 7 & 3 \\ 0 & 3 & 6 & 2 & 1 \\ 0 & 1 & 8 & 0 & 4 \\ 0 & 3 & 6 & 4 & 0 \end{bmatrix} \rightarrow \begin{bmatrix} 0 & 3 & 0 & 11 & 8 \\ 0 & 1 & 7 & 7 & 3 \\ 0 & 2 & 3 & 2 & 1 \\ 0 & 0 & 5 & 0 & 4 \\ 0 & 2 & 3 & 4 & 0 \end{bmatrix} = C'$$

此时, C' 中各行和各列都已出现0元素,且没有负数。

第二步:确定独立0元素,即

$$C' = \begin{bmatrix} \varnothing & 3 & [0] & 11 & 8 \\ [0] & 1 & 7 & 7 & 3 \\ \varnothing & 2 & 3 & 2 & 1 \\ \varnothing & [0] & 5 & \varnothing & 4 \\ \varnothing & 2 & 3 & 4 & [0] \end{bmatrix}$$

第三步:由于本例中只有4个独立0元素,少于系数矩阵阶数$n=5$,表示还不能确定最优指派方案。此时,需要确定能覆盖所有0元素的最少直线数目的直行集合。可按下面步骤进行:

(1)对没有[0]的行打"√"。
(2)在已打"√"的行中,对0所在列打"√"。
(3)在已打"√"的列中,对[0]所在行打"√"。
(4)重复(2)和(3),直到再也不能找到可以打"√"的行或列为止。
(5)对没有打"√"的行画一横线,对打"√"的列画一垂线,这样就得到了覆盖所有0元素的最少直线数目的直线集合。

本例可得下面矩阵

$$C' = \begin{bmatrix} \cdots & & & & & & & & & \\ M & \varnothing & M & 3 & M & [0] & M & 11 & M & 8 & M \\ \cdots & & & & & & & & & \\ & [0] & & 1 & & 7 & & 7 & & 3 & \surd \\ \cdots & & & & & & & & & \\ & \varnothing & & 2 & & 3 & & 2 & & 1 & \surd \\ \cdots & & & & & & & & & \\ M & \varnothing & M & [0] & M & 5 & M & \varnothing & M & 4 & M \\ \cdots & & & & & & & & & \\ M & \varnothing & M & 2 & M & 3 & M & 4 & M & [0] & M \\ \cdots & & & & & & & & & \\ & & & & & \surd & & & & & \end{bmatrix}$$

第四步:在未被直线覆盖的元素中找出一个最小元素,对未被覆盖元素所在行中各元素都减去这一最小元素,这样势必会出现0元素,但同时却又使已被直线覆盖的元素中出现负数,为了消除这些负数,只对划了线的列的各元素都加上这一最小元素即可。

本例矩阵变换为

$$C' \rightarrow \begin{bmatrix} 0 & 3 & 0 & 11 & 8 \\ -1 & 0 & 6 & 6 & 2 \\ -1 & 1 & 2 & 1 & 0 \\ 0 & 0 & 5 & 0 & 4 \\ 0 & 2 & 3 & 4 & 0 \end{bmatrix} \rightarrow \begin{bmatrix} 1 & 3 & 0 & 11 & 8 \\ 0 & 0 & 6 & 6 & 2 \\ 0 & 1 & 2 & 1 & 0 \\ 1 & 0 & 5 & 0 & 4 \\ 1 & 2 & 3 & 4 & 0 \end{bmatrix} = C''$$

第五步:返回第二步,确定C''中的独立元素

$$C'' = \begin{bmatrix} 1 & 3 & [0] & 11 & 8 \\ \emptyset & [0] & 6 & 6 & 2 \\ [0] & 1 & 2 & 1 & \emptyset \\ 1 & \emptyset & 5 & [0] & 4 \\ 1 & 2 & 3 & 4 & [0] \end{bmatrix}$$

C'' 中已有 5 个独立 0 元素，故可确定资源分配问题的最优资源分配方案。本例的最优解为

$$X = \begin{bmatrix} 0 & 0 & 1 & 0 & 0 \\ 0 & 1 & 0 & 0 & 0 \\ 1 & 0 & 0 & 0 & 0 \\ 0 & 0 & 0 & 1 & 0 \\ 0 & 0 & 0 & 0 & 1 \end{bmatrix}$$

也就是说，最优资源分配方案是：让 A_1 承建 B_3，A_2 承建 B_2，A_3 承建 B_1，A_4 承建 B_4，A_5 承建 B_5。

基于上述安排能使总建造费用最少，为：$7+9+6+6+6=34$（万元）。

五、0-1 规划

0-1 规划是指变量只能取 0 或 1 的线性规划，是一种特殊的整数规划。在进行实际问题最优决策和处理问题时常常会碰到 0-1 规划。

对于 0-1 规划的求解，由于它是特殊的整数规划，当然可以用整数规划的方法来求解。另外，由于每个变量都只取 0、1 两个值，变量取值的 0-1 组合是有限的，容易想到用枚举法，即先列出各变量分别取 0 或 1 值的每一种组合，然后在满足约束条件的变量的 0-1 组合中找出使目标函数达到最优值的组合，即是该 0-1 规划的最优解。但是，用这种方法求解变量个数为 n 的 0-1 规划，通常需检查 2^n 个组合，显然，当 n 相当大时，这种做法几乎是不可能的。前面介绍的求解整数规划的分支定界法，事实上就是对整数规划的部分整数可行解进行枚举的求解方法。因此，对于求解 0-1 规划的隐枚举法，即利用过滤性条件，只需要检查 0-1 变量取值组合的一部分即可得到问题的最优解。0-1 规划模型的解法一般为枚举法或隐枚举法。下面结合例子来介绍求解 0-1 规划的这两种方法。

（一）枚举法

枚举法指的是对决策变量的每一个 0 或 1 值进行组合，检查每一种组合是否满足约束条件，再比较其目标函数值的大小，从中求出最优解。

例 3-17 利用枚举法求解 0-1 规划问题。

$$\max z = 3x_1 - 2x_2 + 5x_3$$

$$s.t. \begin{cases} x_1 + 2x_2 - x_3 \leq 2 & (1) \\ x_1 + 4x_x + x_3 \leq 4 & (2) \\ x_1 + x_2 \leq 3 & (3) \\ x_1, x_2, x_3 = 0 \text{ 或 } 1 \end{cases}$$

解 列出变量取值为 0 或 1 的组合,共 $2^3 = 8$ 个,分别代入约束条件判断是否满足,再计算其对应的目标函数值。具体求解过程如表 3-38 所示。

枚 举 法　　　　　　　　　　表 3-38

(x_1, x_2, x_3)	约束条件			是否满足约束条件	z 值
	(1)	(2)	(3)		
(0,0,0)	0	0	0	是	0
(0,0,1)	-1	1	0	是	5
(0,1,0)	2	4	1	是	-2
(0,1,1)	1	5	1	否	—
(1,0,0)	1	1	1	是	3
(1,0,1)	0	2	1	是	8
(1,1,0)	3	5	2	否	—
(1,1,1)	2	6	2	否	—

从而得最优解为 $X^* = (1,0,1)^T$,最优值为 $z^* = 8$。

当变量的个数比较少、约束条件比较简单时,使用枚举法求解 0-1 整数规划问题比较简单明了。但是当变量的个数比较多、约束条件比较复杂时,使用枚举法求解时要求必须检查每一种组合,而全部组合的个数是随着变量的个数以指数形式增加的,此时即便用计算机进行穷举来求最优解,也是很困难的。

(二)隐枚举法

鉴于变量较多时枚举法的运算量太大,不是一种有效的算法,因此提出隐枚举法,即只要检查全部变量组合中的一部分组合就可求出最优解。目前,求解 0-1 整数规划问题通常采用隐枚举法,该方法大体又分为两种类型:一种为过滤隐枚举法,一种为分支定界法。本书只介绍隐枚举法。

隐枚举法是在枚举法的基础上进行了改进,对于极大化 0-1 规划问题求解的基本步骤如下:

(1)寻找一个初始可行解 X_0,得到对应目标函数值的下界 $\underline{z}$(极小化问题则为上界)。

(2)按枚举法列出 2^n 个变量取值的组合,当组合解 X_j 对应的目标函数值 z_j 小于 $\underline{z}$ 时则认为不可行;当 z_j 大于 $\underline{z}$ 时,再检验是否满足约束条件,如果满足约束条件,令 $\underline{z} = z_j$。

(3)依据 z_j 的值确定最优解。

例 3-18 利用隐枚举法求解例 3-17。

解 (1)先试探性求一个可行解,易看出 $X_0 = (0,0,0)^T$ 满足约束条件,故可作为一个初始可行解,得到目标函数值的下界 $\underline{z} = 0$;

(2)凡是使目标函数值 $z_j < 0$ 的解不必检验是否满足约束条件即可删除,因为它肯定不是最优解,于是应增加一个约束条件:$3x_1 - 2x_2 + 5x_3 \geq \underline{z} = 0$,称该条件为过滤条件。原问题变为

$$\max z = 3x_1 - 2x_2 + 5x_3$$

$$\text{s.t.} \begin{cases} 3x_1 - 2x_2 + 5x_3 > 0 & (0) \\ x_1 + 2x_2 - x_3 \leq 2 & (1) \\ x_1 + 4x_2 + x_3 \leq 4 & (2) \\ x_1 + x_2 \leq 3 & (3) \\ x_1, x_2, x_3 = 0 \text{ 或 } 1 \end{cases}$$

其中约束条件(0)为过滤条件。根据枚举法,3个变量共有8种可能的组合,将这8种组合依次检验它是否满足条件(0)~(3)。若某个组合 X_j 不满足过滤条件(0),则其他约束条件不必再检验;若 X_j 满足过滤条件和其他约束条件,则改进过滤条件:$3x_1 - 2x_2 + 5x_3 > \underline{z} = z$。

由于对每个组合首先计算目标函数值以验证过滤条件,故应优先计算目标函数值大的组合,这样可提前抬高过滤门槛,以减少计算量。

按上述思路与方法,求解过程如表3-39所示。

隐 枚 举 法　　　　　　　　　　　　　表3-39

(x_1, x_2, x_3)	z_j	是否满足过滤条件	是否满足约束条件			改进过滤条件	z值
			(1)	(2)	(3)		
(0,0,0)	0	是	是	是	是	$3x_1 - 2x_2 + 5x_3 > 0$	0
(0,0,1)	5	是	是	是	是	$3x_1 - 2x_2 + 5x_3 > 5$	5
(0,1,0)	-2	否	—			—	—
(0,1,1)	3	否	—			—	—
(1,0,0)	3	否	—			—	—
(1,0,1)	8	是	是	是	是	$3x_1 - 2x_2 + 5x_3 > 8$	8
(1,1,0)	1	否	—			—	—
(1,1,1)	6	否	—			—	—

从而得最优解为 $X^* = (1 \ 0 \ 1)^T$,最优值为 $z^* = 8$。

第四节　线性规划问题的应用实例

一、报刊征订的运费问题

(一)问题的提出

中国图书进出口总公司的主营业务之一就是中文书刊出口业务,由中文书刊出口部及深圳分公司和上海分公司负责。就中文报刊而言,每年10~12月为下一年度报刊订阅的征订期,在此期间,为巩固老客户,发展新客户,要向个人、大学图书馆、科研机构等无偿寄发小礼品和征订宣传推广材料。

(二)有关数据

由于中文书刊出口的订户大部分集中在日本、韩国及中国香港地区,因此根据订户的数量分布的不同,要寄发征订材料的数量也就不同;由于三个部门都同属于中国图书进出口总公司,为了避免内部恶性竞争,三个部门寄发宣传材料的数量由总公司统一安排。

一般情况下这些材料无论由三家中哪一家寄出,征收用户的效果都大致相同;同时无论读者向哪个部门订阅,为总公司创造的利润额也大致相同。但由于各个部门与三个用户地区的距离不同,邮寄方式及人工费用不同,导致从各部门寄往各地的费用也不同。具体数据如表3-40~表3-42所示。

三个部门基础的征订材料数量　　　表3-40

部　门	份数(册)
中文书刊出口部	15000
深圳分公司	7500
上海分公司	7500
总计	30000

寄往三个地区的征订材料数量　　　表3-41

部　门	份数(册)
日本	15000
中国香港特别行政区	10000
韩国	5000
总计	30000

各部门寄往各地的费用(元/册)　　　表3-42

部　门	日　本	中国香港特别行政区	韩　国
中文书刊出口部	10.20	7	9
深圳分公司	12.50	4	14
上海分公司	6	8	7.50

例 3-19　根据以上数据,要求总公司做出一个整体的中文书刊材料的邮寄方案,使得总的邮寄运费最少。

解　记 A_1,A_2 和 A_3 分别表示"中文书刊出口部""深圳分公司"和"上海分公司";B_1,B_2 和 B_3 分别表示"日本""中国香港特别行政区"和"韩国",则本问题可以转化为一个运输问题,其销量和需求量及运费如表3-43所示。

销量、需求量及运费　　　表3-43

寄送地区 部门	B_1	B_2	B_3	总　计
A_1	10.20	7	9	15000
A_2	12.50	4	14	7500
A_3	6	8	7.50	7500
总计	15000	10000	5000	

利用工具求解得到表3-44的最优解。

最　优　解　　　表3-44

寄送地区 部门	B_1	B_2	B_3
A_1	7500	2500	5000
A_2	0	7500	0
A_3	7500	0	0

注:表中数字表示 A_i 邮寄到 B_i 的材料数量。

二、货物转运问题

例 3-20 某电子仪器公司,其生产线分布在大连和广州,已知对于某种仪器,大连分厂每月生产 400 台,广州分厂每月生产 600 台。在任意分厂的生产线生产的产品可能被运往公司设在长沙或天津地区的仓库中的任意一个。从这些仓库,公司向南京、西安、济南和上海的零售商发货。这些城市间的每台仪器的运费标注在两个城市间的弧上,单位为万元;工厂和零售商的供给与需求在图的左侧和右侧标明,如图 3-15 所示。问该如何调运仪器,使总的费用最低?

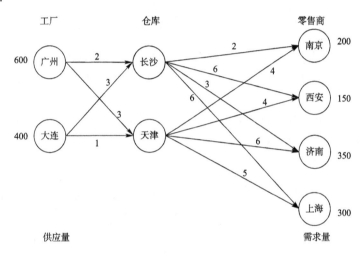

图 3-15 某电子仪器转运网络图

解 该转运问题可以转化为一个运输问题。做如下处理:

(1) 由于该问题的所有产地、中转站都可以看成产地,而中转站与销地都可以看成销地,因此整个问题可以看成是由一个由 4 个产地和 6 个销地组成的运输问题;

(2) 对已扩大的运输问题建立运价表,表中的不可能运输方案的运价用 M 代替;

(3) 所有中转站的产量等于销量,即流入量等于流出量。由于运费最少时不可能出现物资地来回倒运现象,因此每个中转站的运量不会超过 1000 台,所以可以规定中转站的产量和销量均为 1000 台,这样就可以得到扩大的产销平衡运输问题及其运价表,如表 3-45 所示。

运价表(万元/台)　　　　　　　　　　　　　　　　表 3-45

产地＼销地	长沙	天津	南京	西安	济南	上海	产量(台)
广州	2	3	M	M	M	M	600
大连	3	1	M	M	M	M	400
长沙	0	M	2	6	3	6	1000
天津	M	0	4	4	6	5	1000
销量(台)	1000	1000	200	150	350	300	

利用表上作业法求得最优解如表3-46所示。

表上作业法最优解(台) 表3-46

销地 产地	长沙	天津	南京	西安	济南	上海	产量
广州	550	50					600
大连		400					400
长沙	450		200		350		1000
天津		550		150		300	1000
销量	1000	1000	200	150	350	300	

从表3-46可以看出,从广州运往长沙550台,从长沙再运往南京200台、济南350台;从大连运往天津400台,从广州运往天津50台,再从天津运往西安150台、上海300台。总运费5200万元。

如果公司认为从大连到上海的距离较近,可以直接从大连分厂向上海供货(图3-16),且每台运费为5万元,这时的运输问题及其运价表,如表3-47所示。

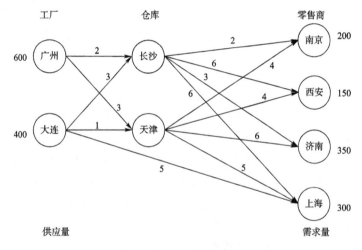

图3-16 某电子仪器转运网络图

运价表(万元/台) 表3-47

销地 产地	长沙	天津	南京	西安	济南	上海	产量(台)
广州	2	3	M	M	M	M	600
大连	3	1	M	M	M	5	400
长沙	0	M	2	6	3	6	1000
天津	M	0	4	4	6	5	1000
销量(台)	1000	1000	200	150	350	300	

利用表上作业法求得最优解如表3-48所示。

表上作业法最优解(台) 表 3-48

销地 产地	长沙	天津	南京	西安	济南	上海	产量
广州	550	50					600
大连		100				300	400
长沙	450		200		350		1000
天津		850		150			1000
销量	1000	1000	200	150	350	300	

这时的最优运输方案为：从广州运往长沙 550 台，从长沙再运往南京 200 台、济南 350 台；从广州运往天津 50 台，从大连运往天津 100 台，从天津再运往西安 150 台；直接从大连运往上海 300 台。总运费 4900 万元。

如果公司认为从大连到上海的距离较近，可以直接从大连分厂向上海供货，且每台运费为 4 万元，也可以从济南向上海供货，且每台运费为 1 万元(图 3-17)，这时要把问题中的所有产地、销地、中转站都可以看成产地，也可以看成销地，因此整个问题可以看成是一个由 8 个产地和 8 个销地组成的运输问题。

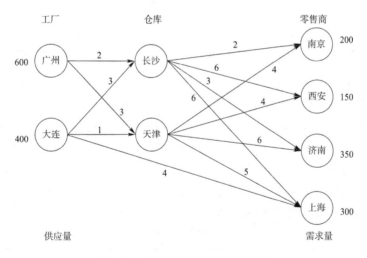

图 3-17 某电子仪器公司转运网络图

这时的最优运输方案为：从广州运往长沙 600 台，从长沙再运往南京 200 台、济南 400 台，从济南运 50 台到上海；从大连运往天津 150 台，运往上海 250 台，再从天津运往西安 150 台。总运费 4600 万元。

三、航空公司飞行方案选择问题

例 3-21 某航空公司经营 A、B、C 三个城市之间的航线，这些航线每天班机起飞和到达时间见表 3-49。

起飞和到达时间　　　　　　　　　　　　　　　　　　　　表 3-49

航班号	起飞城市	起飞时间	到达城市	到达时间
101	A	9:00	B	12:00
102	A	10:00	B	13:00
103	A	15:00	B	18:00
104	A	20:00	C	24:00
105	A	22:00	C	2:00(次日)
106	B	4:00	A	7:00
107	B	11:00	A	14:00
108	B	15:00	A	18:00
109	C	7:00	A	11:00
110	C	15:00	A	19:00
111	B	13:00	C	18:00
112	B	18:00	C	23:00
113	C	15:00	B	20:00
114	C	7:00	B	12:00

设飞机在机场停留的损失费用大致与停留时间的平方成正比,又每架飞机从降落到下班起飞至少需要2个小时的准备时间,试确定一个使停留损失费用为最小的飞行方案。

解 把从某市起飞的飞机当作要完成的任务,到达的飞机看作分配去完成任务的人,只要飞机到达后两个小时,即可分配去完成起飞的任务。这样可以分别对城市 A、B、C 各列出一个指派问题,各指派问题效率矩阵的数字为飞机停留的损失费用。设飞机在机场停留1 个小时损失为 a 元,则停留2 个小时损失为 $4a$ 元,3 小时为 $9a$ 元,依次类推。

对 A、B、C 三个城市建立指派问题的费用矩阵,见表 3-50。

指派问题费用矩阵　　　　　　　　　　　　　　　　　　　　表 3-50

到达 \ 起飞		101	102	103	104	105
城市 A	106	$4a$	$9a$	$64a$	$169a$	$225a$
	107	$361a$	$400a$	$625a$	$36a$	$64a$
	108	$225a$	$256a$	$441a$	$4a$	$16a$
	109	$484a$	$529a$	$16a$	$81a$	$121a$
	110	$196a$	$225a$	$400a$	$625a$	$9a$

续上表

到达＼起飞		106	107	108	111	112
城市 B	101	256a	529a	9a	625a	36a
	102	225a	484a	4a	576a	25a
	103	100a	289a	441a	361a	576a
	113	64a	225a	361a	289a	484a
	114	256a	529a	9a	625a	36a

到达＼起飞		109	110	113	114
城市 C	104	49a	225a	225a	49a
	105	25a	169a	169a	25a
	111	169a	441a	441a	169a
	112	64a	256a	256a	64a

对上述三个城市分别求解指派问题,即可得到相应的最佳安排方案。

四、消防站选点问题

例 3-22 某城市的消防总部将全市划分为 11 个防火区,设有 4 个消防站,图 3-18 显示各防火区域与消防站的位置,其中①、②、③、④表示消防站,1、2…11 表示防火区,根据历史资料证实,各消防站可在事先规定允许时间内对所负责的地区的火灾予以消灭,图中虚线表示各地区由哪个消防站负责。现在总部提出,可否减少消防站的数目,仍能同样负责各地区的防火任务,如果可以,应当关闭哪个?

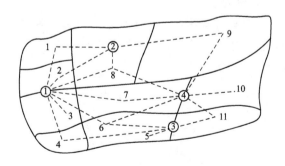

图 3-18 防火区域与消防站位置示意图

解 定 x_i 为 0-1 变量。

$$x_i = \begin{cases} 1, \text{第 } i \text{ 消防站保留} \\ 0, \text{第 } i \text{ 消防站关闭} \end{cases} (i = 1,2,3,4)$$

$$\min z = x_1 + x_2 + x_3 + x_4$$

$$\begin{cases} x_1 + x_2 \geq 1 \\ x_1 \geq 1 \\ x_1 + x_3 \geq 1 \\ x_3 \geq 1 \\ x_1 + x_3 + x_4 \geq 1 \\ x_1 + x_4 \geq 1 \\ x_1 + x_2 + x_4 \geq 1 \\ x_2 + x_4 \geq 1 \\ x_4 \geq 1 \\ x_3 + x_4 \geq 1 \\ x_1, x_2, x_3, x_4 = 0 \text{ 或 } 1 \end{cases}$$

由约束条件可知 x_1, x_3, x_4 必为 1,应予保留。由于 $x_2 = 0$ 满足约束条件,故可以关闭②消防站。最后可以解得 $z = x_1 + x_2 + x_3 + x_4 = 3$。

五、工程建设筹资优化问题

例3-23 某工程建设的工期为 n 年,其中第 i 年需要的建设投资为 $N_i(1 \leq i \leq n)$,贷款共分为 t 种,即1年期,2年期,…,t 年期。工程项目从第 s 年具有偿还能力,且要求在第 $n+l$ 年之前还清全部贷款,而从第 s 年到 $n+l$ 每年的偿还能力分别为 $R_j(s \leq j \leq n+l)$。

记 r_{ij} 为第 i 年借 j 年期贷款的总利率;γ_0 为基准折现率;x_{ij} 为第 i 年所贷款 j 年期的贷款数额。

为使工程建设部门获得最经济的贷款方案,试建立这一问题的数学模型。当 $n = 4$,$N_1 = 10$ 万元,$N_2 = 20$ 万元,$N_3 = 30$ 万元,$N_4 = 40$ 万元,$s = 3$,$R_3 = 30$ 万元,$R_4 = 40$ 万元,$R_5 = 50$ 万元,$t = 3$,$l = 2$,$r_{i1} = 13\%$,$r_{i2} = 30\%$,$r_{i3} = 54\%(i = 1,2,3,4)$,$\gamma_0 = 12\%$,$r_d = 20\%$ 时,试求最经济的贷款方案。

分析:研究工程建设部门如何以最低的资金成本向金融市场筹措工程建设所需要的资金是一个很有意义的课题,现运用线性规划的方法进行分析。

解 (1)借款的最大期限为 t 年,则有
$$x_{ij} = 0 \quad (i = 1,2,\cdots,n;j \geq t+1)$$

(2)规定借款只借到第 n 年,则有
$$x_{ij} = 0 \quad (i \geq n+1;j = 1,2,\cdots,t)$$

(3)规定还款年限不超过第 $(n+l)$ 年,则有
$$x_{ij} = 0 \quad (i > n+l-j;j = 1,2,\cdots,t)$$

(4)项目从第 s 年开始才具有偿还能力,则有
$$x_{ij} = 0 \quad (i < s-j;j = 1,2,\cdots,t)$$

(5)第 i 年的借款数额应等于第 i 年所需建设资金,即

$$\sum_{j=1}^{t} x_{ij} = N_i \quad (i = 1, 2, \cdots, n)$$

需要指出的是，从理论上讲，这一约束可取"≥"，但以银行的角度来看，银行不可能贷给工程单位太多的资金从而加大回收贷款资产的风险，因此，工程建设单位也只能期望贷到所需的建设款项。

(6) 假设还款能力超过当年还款额度部分，建设单位可用于短期投资，短期投资以1年为限，其利润率为 r_d，则有

$$\sum_{i=1}^{k-1} x_{i,(k-i)}(1 + r_{i,(k-i)}) + Y_k = R_k + Y_{k-1} \cdot (1 + r_d)$$

$$(k \geqslant s; 1 \leqslant i \leqslant k-1)$$

这里 Y_k 为第 k 年可用于短期投资的部分；$Y_{k-1} \cdot (1 + r_d)$ 为第 $(k-1)$ 年的短期投资到第 k 年的本利和。

(7) 第 $s-1$ 年及之前尚没有资金用于短期投资，则有

$$Y_m = 0 \quad (1 \leqslant m \leqslant s-1)$$

(8) 贷款额以及短期投资额应满足非负性，则有

$$x_{ij} \geqslant 0 \quad (i = 1, 2, \cdots, n; j = 1, 2, \cdots, t)$$
$$Y_m \geqslant 0 \quad (m = s, s+1, \cdots, n+l)$$

(9) 项目在建设及还贷期内的借贷总收入的现值为

$$PV_{贷收} = \sum_{i=1}^{n} \frac{N_i}{(1 + \gamma_0)^{i-1}}$$

(10) 最终短期投资收益的现值为

$$PV_{投收} = \frac{Y_{n+l}}{(1 + \gamma_0)^{n+l-1}}$$

需要说明的是，$Y_s, Y_{s+1}, \cdots, Y_{n+l-1}$ 已用于还贷或继续短期投资，不应计入最终的收益。

(11) 项目在建设及还贷期内的借贷总支出现值为

$$PV_{支出} = \sum_{k=s}^{n+l} \frac{1}{(1 + \gamma_0)^{k-1}} \sum_{i=1}^{k-1} x_{i,(k-i)}(1 + r_{i,(k-i)})$$

(12) 项目要求获得最经济的筹资方案，则目标函数为

$$\max z = PV_{贷收} + PV_{投收} - PV_{支出}$$

综上所述，我们获得工程项目筹资方案优化决策的数学模型是

$$\max z = \sum_{i=1}^{n} \frac{N_i}{(1 + \gamma_0)^{i-1}} + \frac{Y_{n+l}}{(1 + \gamma_0)^{n+l-1}} - \quad (3-92)$$

$$\sum_{k=s}^{n+l} \frac{1}{(1 + \gamma_0)^{k-1}} \sum_{i=1}^{k-1} x_{i,(k-i)}(1 + r_{i,(k-i)})$$

$$\begin{cases} x_{ij} = 0 \quad (i = 1, 2, \cdots, n; j \geqslant t+1) & (3-93) \\ x_{ij} = 0 \quad (i \geqslant n+1; j = 1, 2, \cdots, t) & (3-94) \\ x_{ij} = 0 \quad (i > n+l-j; j = 1, 2, \cdots, t) & (3-95) \\ x_{ij} = 0 \quad (i < s-j; j = 1, 2, \cdots, t) & (3-96) \\ Y_m = 0 \quad (1 \leqslant m \leqslant s-1) & (3-97) \end{cases}$$

$$\sum_{j=1}^{t} x_{ij} = N_i \quad (i = 1,2,\cdots,n) \tag{3-98}$$

$$\sum_{i=1}^{k-1} x_{i,(k-i)}(1 + r_{i,(k-i)}) + Y_k = R_k + Y_{k-1} \cdot (1 + r_d) \quad (k \geq s) \tag{3-99}$$

$$x_{ij} \geq 0 \quad (i = 1,2,\cdots,n; j = 1,2,\cdots,t) \tag{3-100}$$

$$Y_m \geq 0 \quad (m = s, s+1, \cdots, n+l) \tag{3-101}$$

这个模型是线性规划模型,可直接利用已有的计算机程序进行运算。

根据模型中的式(3-90)~式(3-94),我们可设定如下变量:$x_{12}, x_{13}, x_{21}, x_{22}, x_{23}, x_{31}, x_{32}, x_{33}, x_{41}, x_{42}, Y_3, Y_4, Y_5, Y_6$。

再根据式(3-89)、式(3-97)~式(3-98)我们可得到如下的数学模型

$$\max z = \left(\frac{40}{1.12^3} + \frac{30}{1.12^2} + \frac{20}{1.12} + 10\right) + Y_6 \cdot \frac{1}{1.12^5} - \frac{1.3x_{12} + 1.13x_{21}}{1.12^2} -$$
$$\frac{1.54x_{13} + 1.3x_{22} + 1.13x_{31}}{1.12^3} - \frac{1.54x_{23} + 1.3x_{32} + 1.13x_{41}}{1.12^4} - \tag{3-102}$$
$$\frac{1.54x_{33} + 1.3x_{42}}{1.12^5}$$

$$x_{12} + x_{13} = 10$$
$$x_{21} + x_{22} + x_{23} = 20$$
$$x_{31} + x_{32} + x_{33} = 30$$
$$x_{41} + x_{42} = 40$$
$$1.3x_{12} + 1.13x_{21} + Y_3 = 30$$
$$1.54x_{13} + 1.3x_{22} + 1.13x_{31} + Y_4 = 40 + 1.2Y_3$$
$$1.54x_{23} + 1.3x_{32} + 1.13x_{41} + Y_6 = 50 + 1.2Y_4$$
$$1.54x_{33} + 1.3x_{42} + Y_6 = 50 + 1.2Y_5$$
$$x_{12}, x_{13}, x_{21}, x_{22}, x_{23}, x_{31}, x_{32}, x_{33}, x_{41}, x_{42} \geq 0$$
$$Y_3, Y_4, Y_5, Y_6 \geq 0$$

经运算获得如下结果

$$x_{12} = 10, x_{13} = 0, x_{21} = 0, x_{22} = 20, x_{23} = 0$$
$$x_{31} = 0, x_{32} = 0, x_{33} = 30, x_{41} = 0, x_{42} = 40$$
$$Y_3 = 17, Y_4 = 34, Y_5 = 91, Y_6 = 61.34$$
$$\max z = 31.46$$

即工程单位最经济的筹资方案是:

第1年贷款2年期10万元;第2年贷款2年期20万元,第3年贷款3年期30万元,第4年贷款2年期40万元。

本章习题

1. 已知某产销平衡运输问题的单位运价表及最优调运方案如习题表3-1、习题表3-2所示。

单位运价表　　　　　　　　　　　　　　　　　　　　　　　　习题表3-1

销地＼产地	B_1	B_2	B_3	B_4
A_1	10	1	20	11
A_2	12	7	9	20
A_3	2	14	16	18

最优调运方案　　　　　　　　　　　　　　　　　　　　　　　　习题表3-2

销地＼产地	B_1	B_2	B_3	B_4	产　量
A_1		5		10	15
A_2	0	10	15		25
A_3	5				5
销量	5	15	15	10	

（1）A_2 到 B_2 的单位运价 c_{22} 在什么范围内变化时，上述最优方案不变？

（2）A_2 到 B_4 的单位运价变为何值时，有无穷多最优方案。除习题表3-2中方案外，至少再写出其他两个。

2. 用分支定界法求解整数规划。

$$\max z = 4x_1 + 3x_2$$
$$\text{s. t.} \begin{cases} 3x_1 + 4x_2 \leq 12 \\ 4x_1 + 2x_2 \leq 9 \\ x_1, x_2 \geq 0 \text{ 且为整数} \end{cases}$$

3. 用割平面法求解整数规划。

$$\max z = 4x_1 + 3x_2$$
$$\text{s. t.} \begin{cases} 2x_1 + x_2 \leq 6 \\ 4x_1 + 5x_2 \leq 20 \\ x_1, x_2 \geq 0 \text{ 且为整数} \end{cases}$$

4. 用隐枚举法求 0-1 规划问题。

$$\min z = 2x_1 + 2x_2 + 3x_3 + x_4$$
$$\text{s. t.} \begin{cases} -4x_1 + x_2 + x_3 + x_4 \geq 0 \\ -2x_1 + x_2 + x_3 + x_4 \geq 2 \\ x_1 + x_2 - x_3 + x_4 \geq 1 \\ x_1, x_2, x_3, x_4 = 0 \text{ 或 } 1 \end{cases}$$

5. 有 4 个工人，指派他们完成 4 种工作，每人做各种工作所消耗的时间如习题表 3-3 所示，问指派哪个人去完成哪种工作，可以使得总耗时最小？

每人工作所消耗时间　　　　　　　　　　　习题表 3-3

人员＼任务	A	B	C	D
甲	15	18	21	24
乙	19	23	22	18
丙	26	17	16	19
丁	19	21	23	17

第四章　非线性规划问题

第一节　非线性规划理论基础

一、极值问题

(一)局部极值和全局极值

设 $f(X)$ 为定义在 n 维欧氏空间 E^n 的某一区域 R 上的 n 元实函数，其中 $X = (x_1, x_2, \cdots, x_n)^T \in E^n$。

局部极小值：对于 $X^* \in R$，如果存在一个 $\varepsilon > 0$，使得所有满足 $\|X - X^*\| < \varepsilon$ 的 X 都有 $f(X) \geq f(X^*)$，我们就把点 X^* 称为函数 $f(X)$ 在 R 上的局部极小值点，$f(X^*)$ 为局部极小值。若对于所有满足 $X \neq X^*$ 且 $\|X - X^*\| < \varepsilon$ 的 $X \in R$，都有 $f(X) > f(X^*)$，则称点 X^* 为 $f(X)$ 在 R 上的严格局部极小点，$f(X^*)$ 为严格局部极小值。

全局极小值：是实值函数在某区域取得极小值。若 $X^* \in R$，对于所有 $X \in R$ 都有 $f(X) \geq f(X^*)$，则称 X^* 为函数 $f(X)$ 在 R 上的全局极小值点，$f(X^*)$ 为全局极小值。若对于所有 $X \in R$ 且 $X \neq X^*$，都有 $f(X) > f(X^*)$，则称 X^* 为函数 $f(X)$ 在 R 上的严格全局极小值点，$f(X^*)$ 为严格全部极小值。

上述不等式的符号相反时，可得到相应的极大值的定义。

(二)极值存在的必要条件

偏导数：设函数 $z = f(x, y)$ 在点 (x_0, y_0) 的某邻域内有定义，当 y 固定在 y_0 而 x 在 x_0 处有增量 Δx 时，相应的函数有增量 $f(x_0 + \Delta x, y_0) - f(x_0, y_0)$。如果 $\lim\limits_{\Delta x \to 0} \frac{f(x_0 + \Delta x, y_0) - f(x_0, y_0)}{\Delta x}$ 存在，那么称此极限为函数 $z = f(x, y)$ 在点 (x_0, y_0) 处对 x 的偏导数，记作 $\left.\frac{\partial z}{\partial x}\right| = x = x_0, y = y_0$，$\left.\frac{\partial f}{\partial x}\right| = x = x_0, y = y_0$，$\left.z_x\right| = x = x_0, y = y_0$ 或 $f_x(x_0, y_0)$，即 $f_x(x_0, y_0) = \lim\limits_{\Delta x \to 0} \frac{f(x_0 + \Delta x, y_0) - f(x_0, y_0)}{\Delta x}$。

类似地，可定义 $z = f(x, y)$ 在点 (x_0, y_0) 处对 y 的偏导数，即 $\lim\limits_{\Delta x \to 0} \frac{f(x_0, y_0 + \Delta y) - f(x_0, y_0)}{\Delta y}$，

记号与 x 的偏导数完全类似,故不再重复。

定理1 设 R 是 n 维欧氏空间 E^n 上的某一开集, $f(X)$ 在 R 上有一阶连续偏导数,且在点 $X^* \in R$ 取得局部极值,则有

$$\frac{\partial f(X^*)}{\partial x_1} = \frac{\partial f(X^*)}{\partial x_2} = \cdots = \frac{\partial f(X^*)}{\partial x_n} = 0 \tag{4-1}$$

或者

$$\nabla f(X^*) = \left[\frac{\partial f(X^*)}{\partial x_1}, \frac{\partial f(X^*)}{\partial x_2}, \cdots, \frac{\partial f(X^*)}{\partial x_n}\right]^T = 0 \tag{4-2}$$

式中:$\nabla f(X^*)$——函数 $f(X)$ 在点 X^* 处的**梯度**。

由于 $\nabla f(X)$ 的方向是 $f(X)$ 等值面在点 X 处的法线方向,故沿这个方向的函数值减小或增加得最快。满足式(4-1)或式(4-2)的点称为驻点,在区域内部,极值点必为驻点,但驻点并不一定是极值点。

(三)极值存在的充分条件

定理2 设 R 是 n 维欧氏空间 E^n 上的某一开集, $f(X)$ 在 R 上有二阶连续偏导数, $X^* \in R$,若 $\nabla f(X^*) = 0$,且对于任何非零向量 $Z \in E^n$ 有

$$Z^T H(X^*) Z > 0 \tag{4-3}$$

则 X^* 为 $f(X)$ 的局部极小值点。

其中 $H(X^*)$ 为 $f(X)$ 在点 X^* 处的**海塞(Hesse)矩阵**:

$$H(X^*) = \begin{pmatrix} \frac{\partial^2 f(X^*)}{\partial x_1^2}, & \frac{\partial^2 f(X^*)}{\partial x_1 \partial x_2}, & \cdots, & \frac{\partial^2 f(X^*)}{\partial x_1 \partial x_n} \\ \frac{\partial^2 f(X^*)}{\partial x_2 \partial x_1}, & \frac{\partial^2 f(X^*)}{\partial x_2^2}, & \cdots, & \frac{\partial^2 f(X^*)}{\partial x_2 \partial x_n} \\ & & \cdots & \\ \frac{\partial^2 f(X^*)}{\partial x_n \partial x_1}, & \frac{\partial^2 f(X^*)}{\partial x_n \partial x_2}, & \cdots, & \frac{\partial^2 f(X^*)}{\partial x_n^2} \end{pmatrix} \tag{4-4}$$

定理2中的充分条件式(4-3)并不是必要条件,可以举出这样的例子:X^* 是 $f(X)$ 的极小点,但却不满足式(4-3)。例如,$f(x) = x^4$,它的极小值点 $x^* = 0$,但 $f''(x^*) = 0$,这不满足式(4-3)。

(四)方向导数

设函数 $z = f(x,y)$ 在点 $P(x,y)$ 的某一邻域 $U(P)$ 内有定义,自点 P 引射线 l,设 x 轴正向到射线 l 的转角为 φ,并设 $P'(x + \Delta x, y + \Delta y)$ 为 l 上的另一点且 $P' \in U(P)$,如图4-1所示。

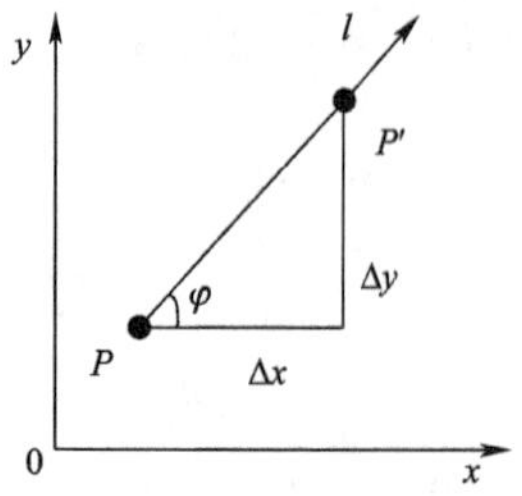

因为 $|PP'| = \rho = \sqrt{(\Delta x)^2 + (\Delta y)^2}$,且 $\Delta z = f(x + \Delta x, y + \Delta y) - f(x,y)$,考虑 $\frac{\Delta z}{\rho}$,当 P' 沿着 l 趋于 P 时,$\lim\limits_{\rho \to 0} \frac{f(x + \Delta x, y + \Delta y) - f(x,y)}{\rho}$ 是否存在?

图4-1 方向导数图

定义函数的增量 $f(x + \Delta x, y + \Delta y) - f(x,y)$ 与 PP' 两点间的距

离 $\rho = \sqrt{(\Delta x)^2 + (\Delta y)^2}$ 之比值,当 P' 沿着 l 趋于 P 时,如果此比值的极限存在,则称这个极限为函数在点 P 沿方向 l 的方向导数。记为

$$\frac{\partial f}{\partial l} = \lim_{\rho \to 0} \frac{f(x + \Delta x, y + \Delta y) - f(x, y)}{\rho} \tag{4-5}$$

定理 3 如果函数 $z = f(x,y)$ 在点 $P(x,y)$ 是可微分的,那么函数在该点沿任意方向 l 的方向导数都是存在的,且有 $\frac{\partial f}{\partial l} = \frac{\partial f}{\partial x}\cos\varphi + \frac{\partial f}{\partial y}\sin\varphi$,其中 φ 为 x 轴到方向 l 的转角。

证明 由于函数可微,则增量表示为

$$f(x + \Delta x, y + \Delta y) - f(x, y) = \frac{\partial f}{\partial x}\Delta x + \frac{\partial f}{\partial y}\Delta y + o(\rho) \tag{4-6}$$

两边同除以 ρ,得到

$$\frac{f(x + \Delta x, y + \Delta y) - f(x, y)}{\rho} = \frac{\partial f}{\partial x}\frac{\Delta x}{\rho} + \frac{\partial f}{\partial y}\frac{\Delta y}{\rho} + \frac{o(\rho)}{\rho} \tag{4-7}$$

故有方向导数

$$\begin{aligned}\frac{\partial f}{\partial l} &= \lim_{\rho \to 0} \frac{f(x + \Delta x, y + \Delta y) - f(x, y)}{\rho} \\ &= \frac{\partial f}{\partial x}\cos\varphi + \frac{\partial f}{\partial y}\sin\varphi\end{aligned} \tag{4-8}$$

推广可得三元函数方向导数的定义。

以上述二元函数为例,令

$$\nabla f(\varphi) = \begin{pmatrix} \frac{\partial f}{\partial x} \\ \frac{\partial f}{\partial y} \end{pmatrix} \tag{4-9}$$

由图 4-1 可知,令 l_0 为单位向量,则

$$l_0 = \begin{pmatrix} \cos\varphi \\ \cos\varphi \end{pmatrix} \tag{4-10}$$

令 $\nabla f(\varphi)$ 与 l_0 之间的夹角为 θ,则有

$$\frac{\partial f}{\partial l} = \nabla^{\mathrm{T}} f(\varphi) \cdot l_0 = \nabla^{\mathrm{T}} f(\varphi) \cdot \begin{pmatrix} \cos\varphi \\ \cos\varphi \end{pmatrix} = \| \nabla^{\mathrm{T}} f(\varphi) \| \cdot \cos\theta \tag{4-11}$$

可得出以下结论:①$\cos\theta > 0, 0 < \theta < 90°, \partial f/\partial l > 0$,沿 l 方向 f 上升;②$\cos\theta < 0, 90° < \theta < 180°, \partial f/\partial l < 0$,沿 l 方向 f 下降;③$\cos\theta = 1, \theta = 0, \partial f/\partial l$ 最大,即 l 方向为梯度方向,方向导数取得最大值(即变化率依此方向增长最快),又叫最速上升方向;④$\cos\theta = -1, \theta = 180°, \partial f/\partial l$ 最小,即 l 方向为负梯度方向,又叫最速下降方向。此结论对于 n 维($n \geq 3$)函数也成立。

(五)函数正定性

二次型是 $X = (x_1, x_2, \cdots, x_n)^T$ 的二次齐次函数,它在研究非线性最优化中具有重要作用。现考虑二次型 $Z^T H Z$。若对于任意 $Z \neq 0$(即 Z 的元素不全为零),二次型 $Z^T H Z$ 的值总是正的,即 $Z^T H Z > 0$,则称该二次型是正定的;若对于任意 $Z \neq 0$ 总有 $Z^T H Z \geq 0$,则称其为半

正定;若对于任意 $Z \neq 0$ 总有 $Z^THZ < 0$,则称其为负定;若对于任意 $Z \neq 0$ 总有 $Z^THZ \leq 0$,则称其为半负定。如果对某些 $Z \neq 0, Z^THZ > 0$,而对另一些 $Z \neq 0, Z^THZ < 0$,即既非正定,也非负定,则称其为不定的。由线性代数学知道,二次型 Z^THZ 为正定的充要条件,是它的矩阵 H 的左上角各阶主子式都大于零;而它为负定的充要条件,是它的矩阵 H 的左上角各阶主子式依次负正相间。

现以 h_{ij} 表示矩阵 H 的元素,上述条件为,当二次型正定时

$$h_{11} > 0 \; ; \; \begin{vmatrix} h_{11} & h_{12} \\ h_{21} & h_{22} \end{vmatrix} > 0 \; ; \cdots ; \; \begin{vmatrix} h_{11} & L & h_{1n} \\ & L & \\ h_{n1} & L & h_{nn} \end{vmatrix} > 0$$

当二次型负定时

$$h_{11} < 0 \; ; \; \begin{vmatrix} h_{11} & h_{12} \\ h_{21} & h_{22} \end{vmatrix} > 0$$

$$\begin{vmatrix} h_{11} & h_{12} & h_{13} \\ h_{21} & h_{22} & h_{23} \\ h_{31} & h_{32} & h_{33} \end{vmatrix} < 0 \; ; \cdots ; \; (-1)^n \begin{vmatrix} h_{11} & L & h_{1n} \\ & L & \\ h_{n1} & L & h_{nn} \end{vmatrix} > 0$$

二次型 Z^THZ 为正定、负定或不定时,其对称矩阵 H 分别称为正定的、负定的或不定的。定理 2 中的条件式(4-3),就等于说其海赛矩阵在 X^* 处正定。

(六)多元函数的泰勒展开式

(1) 一元函数 $f(x)$ 在 $x = x_0$ 处泰勒展开式为

$$f(x) = f(x_0) + f'(x_0)(x - x_0) + \frac{f''(x_0)}{2!}(x - x_0)^2 + \cdots + \frac{f^{(n)}(x_0)}{n!}(x - x_0)^n +$$

$$\frac{f^{(n+1)}(\xi)}{(n+1)!}(x - x_0)^{n+1} \quad (x_0 < \xi < x)$$

$$= f(x_0) + \cdots + \frac{f^{(n)}(x_0)}{n!}(x - x_0)^n + o(x - x_0)^n \tag{4-12}$$

(2) 多元函数 $f(x)$ 在 $x = x_0$ 处展开为

$$f(x) = f(x_0) + \nabla^T f(x_0)(x - x_0) + \frac{1}{2}(x - x_0)^T \nabla^2 f(x_0)(x - x_0) + o(x - x_0)^2$$

$$= f(x_0) + \nabla^T f(x_0)(x - x_0) + \frac{1}{2}(x - x_0)^T \nabla^2 f(\xi)(x - x_0)$$

$$\xi = x_0 + \theta(x - x_0) \quad (0 < \theta < 1) \tag{4-13}$$

(3) 令 $\varphi(t) = f(x_0 + tp), \varphi'(t) = \nabla^T f(x_0 + tp) \cdot p$。

$\varphi(t)$ 在 $[0,1]$ 上满足一元函数泰勒定理。

$\varphi(t)$ 在 $t = 0$ 处展开为

$$\varphi(t) = \varphi(0) + \varphi'(0)t + \frac{1}{2}\varphi''(0)t^2 \tag{4-14}$$

$\varphi(t)$ 在 $t = x_0$ 处展开为

$$\varphi(t) = f(x_0) + t\nabla^T f(x_0)p + \frac{t^2}{2}p^T \nabla^2 f(x_0)p + o(t^2) \tag{4-15}$$

二、凸集与凸函数

凸集、凸函数以及凸函数的极值性质,是非线性规划问题研究所不可缺少的内容,这里简要说明凸函数的相关性质。

(一)凸集和凸函数的定义

设 K 是 n 维欧氏空间的一点集,若任意两点 $X^{(1)} \in K$,$X^{(2)} \in K$ 的连线上的所有点 $\alpha X^{(1)} + (1-\alpha)X^{(2)} \in K$,$(0 \leq \alpha \leq 1)$;则称 K 为凸集。

设 $f(X)$ 为定义在 n 维欧氏空间 E^n 中某个凸集 R 上的函数,若对于任何实数 $\alpha(0 < \alpha < 1)$ 以及 R 中任意两点 $X^{(1)}$ 和 $X^{(2)}$,恒有

$$f[\alpha X^{(1)} + (1-\alpha)X^{(2)}] \leq \alpha f(X^{(1)}) + (1-\alpha)f(X^{(2)}) \tag{4-16}$$

则称 $f(X)$ 为定义在 R 上的**凸函数**。

若对任意 $\alpha(0 < \alpha < 1)$ 和 $X^{(1)} \neq X^{(2)} \in R$,恒有

$$f[\alpha X^{(1)} + (1-\alpha)X^{(2)}] < \alpha f(X^{(1)}) + (1-\alpha)f(X^{(2)}) \tag{4-17}$$

则称 $f(X)$ 为定义在 R 上的**严格凸函数**。

由凸函数图可以很直观地看出,凸函数上任意两点的连线都在这个图形的上方,如图4-2所示。

将式(4-16)和式(4-17)中的不等号反向,即可得到凹函数和严格凹函数的定义。显然,若函数 $f(X)$ 是凸函数(严格凸函数),则 $-f(X)$ 一定是凹函数(严格凹函数)。凹函数上任意两点的连线都在这个图形的下方,如图4-3所示。

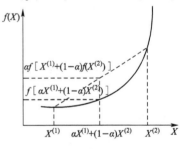

图4-2 凸函数

当图形上的任一点都不能满足图4-2或图4-3的条件时,函数为非凸、非凹函数,如图4-4所示。线性函数既可以看作凸函数,也可以看作凹函数。

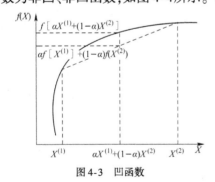

图4-3 凹函数

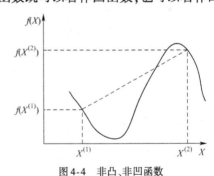

图4-4 非凸、非凹函数

(二)凸函数的性质

性质1 设 $f(X)$ 为定义在凸集 R 上的凸函数,则对任意实数 $\beta \geq 0$,函数 $\beta f(X)$ 也是定义在 R 上的凸函数。

性质2 设 $f_1(X)$ 和 $f_2(X)$ 为定义在凸集 R 上的两个凸函数,则两个函数 $f_1(X)$ 和 $f_2(X)$ 的和即 $f(X) = f_1(X) + f_2(X)$ 仍为定义在 R 上的凸函数。

性质2的证明

因为 $f_1(X)$ 和 $f_2(X)$ 都是定义在 R 上的凸函数,由凸函数的定义得出,R 上任意两点

$X^{(1)}$ 和 $X^{(2)}$ 及任意实数 $\alpha(0<\alpha<1)$ 恒有

$$f_1[\alpha X^{(1)} + (1-\alpha)X^{(2)}] \leq \alpha f_1(X^{(1)}) + (1-\alpha)f_1(X^{(2)}) \tag{4-18}$$

$$f_2[\alpha X^{(1)} + (1-\alpha)X^{(2)}] \leq \alpha f_2(X^{(1)}) + (1-\alpha)f_2(X^{(2)}) \tag{4-19}$$

将上式两端分别相加得

$$f[\alpha X^{(1)} + (1-\alpha)X^{(2)}] \leq \alpha f(X^{(1)}) + (1-\alpha)f(X^{(2)}) \tag{4-20}$$

故 $f(X)$ 也是 R 上的凸函数。

由性质 1 和性质 2 可以推出:有限个凸函数的非负线性组合为

$$f(X) = \beta_1 f_1(X) + \beta_2 f_2(X) + \cdots + \beta_n f_n(X) \tag{4-21}$$

其中 $\beta_i \geq 0, i = 1,2,\cdots,n$,仍为凸函数。

性质 3 设 $f(X)$ 为定义在凸集 R 上的凸函数,则对任一实数 β,集合 $P_\beta = \{X|X \in R, f(X) \leq \beta\}$ 是凸集(P_β 称为水平集)。

性质 3 的证明

任取 $X^{(1)} \in P_\beta$ 和 $X^{(2)} \in P_\beta$,则有

$$f(X^{(1)}) \leq \beta, f(X^{(2)}) \leq \beta \tag{4-22}$$

由于 R 为凸集,故对任意实数 $\alpha(0<\alpha<1)$

$$\alpha X^{(1)} + (1-\alpha)X^{(2)} \in R \tag{4-23}$$

又因 $f(X)$ 为凸函数,故

$$f[\alpha X^{(1)} + (1-\alpha)X^{(2)}] \leq \alpha f(X^{(1)}) + (1-\alpha)f(X^{(2)}) \leq \beta \tag{4-24}$$

这表明

$$\alpha X^{(1)} + (1-\alpha)X^{(2)} \in P_\beta \tag{4-25}$$

于是,P_β 为凸集。

性质 4 设 R 是内部非空的凸集,$f(X)$ 是定义在 R 上的凸函数,则 $f(X)$ 在 R 的内部连续。然而凸函数在定义边界有可能不连续,如例 4-1。

例 4-1 设 $f(x)$ 的定义域是区间 $[1,4]$。

$$f(x) = \begin{cases} x^2, 1 < x \leq 4 \\ 1, x = 1 \end{cases} \tag{4-26}$$

则可以看出,$f(x)$ 是定义在 $[1,4]$ 上的凸函数,显然在边界点 $x=1$ 处不连续。

(三)凸函数的判定

一般在判定函数是否为凸函数时,可以直接用定义去判定。对于可微凸函数,也可以利用一阶或二阶的判别定理。

定理 4(一阶条件) 设 R 为 n 维欧氏空间 E^n 上的开凸集,$f(X)$ 在 R 上具有一阶连续偏导数,则 $f(X)$ 为 R 上的凸函数的充要条件是,对于任意两个不同点 $X^{(1)} \in R$ 和 $X^{(2)} \in R$,恒有

$$f(X^{(2)}) \geq f(X^{(1)}) + \nabla f(X^{(1)})^T (X^{(2)} - X^{(1)}) \tag{4-27}$$

证明 (1)必要性

设 $f(X)$ 为 R 上的凸函数,则对任何 $\alpha(0<\alpha<1)$ 有

$$f[\alpha X^{(2)} + (1-\alpha)X^{(1)}] \leq \alpha f(X^{(2)}) + (1-\alpha)f(X^{(1)}) \tag{4-28}$$

整理上式得到

$$\frac{f[X^{(1)} + \alpha(X^{(2)} - X^{(1)})] - f(X^{(1)})}{\alpha} \leq f(X^{(2)}) - f(X^{(1)}) \tag{4-29}$$

令 $\alpha \to 0^+$，上式的左端极限为

$$\nabla f(X^{(1)})^T (X^{(2)} - X^{(1)}) \tag{4-30}$$

即

$$f(X^{(2)}) \geq f(X^{(1)}) + \nabla f(X^{(1)})^T (X^{(2)} - X^{(1)}) \tag{4-31}$$

(2) 充分性

任取 $X^{(1)} \in R$ 和 $X^{(2)} \in R$，令

$$X = \alpha X^{(1)} + (1 - \alpha) X^{(2)}, 0 < \alpha < 1 \tag{4-32}$$

则得出

$$f(X^{(1)}) \geq f(X) + \nabla f(X)^T (X^{(1)} - X) \tag{4-33}$$

$$f(X^{(2)}) \geq f(X) + \nabla f(X)^T (X^{(2)} - X) \tag{4-34}$$

用 α 乘式(4-33)，用 $1 - \alpha$ 乘式(4-34)，然后两端相加：

$$\begin{aligned}
\alpha f(X^{(1)}) + (1 - \alpha) f(X^{(2)}) &\geq f(X) + \nabla f(X)^T [\alpha X^{(1)} - \alpha X + (1 - \alpha)(X^{(2)} - X)] \\
&= f(X) \\
&= f[\alpha X^{(1)} + (1 - \alpha) X^{(2)}]
\end{aligned} \tag{4-35}$$

即 $f(X)$ 为 R 上的凸函数。

例 4-2 设 $f(x) = x^4$，x 属于 $(-\infty, +\infty)$，判断函数的凹凸性。

解 任取两个相异的点 x_1 和 x_2，则

$$\nabla f(x_1) = f'(x_1) = 4x^3 \tag{4-36}$$

因此

$$\begin{aligned}
& f(x_2) - [f(x_1) + \nabla f(x_1)^T (x_2 - x_1)] \\
&= x_2^4 - x_1^4 - 4x_1^3 (x_2 - x_1) \\
&= x_2^4 - 2x_1^2 x_2^2 + x_1^4 + 2x_1^2 x_2^2 - 4x_1^3 x_2 + 2x_1^4 \\
&= (x_2^2 - x_1^2)^2 + 2x_1^2 (x_2 - x_1)^2 > 0
\end{aligned} \tag{4-37}$$

由定理 4 得知，$f(x)$ 是凸函数。

定理 5(二阶条件) 设 R 为 n 维欧氏空间 E_n 上的开凸集，$f(X)$ 在 R 上具有二阶连续偏导数，则 $f(X)$ 为 R 上的凸函数的充要条件是：$f(X)$ 的海赛矩阵 $H(X)$ 在 R 上半正定。

证明 (1) 必要性

由于 R 是开集，故对 R 上的任意一点 X，以及给定一个任意非零向量 Y，总能找到充分小的正数 λ，使得 $X + \lambda Y \in R$。

泰勒展开式为

$$f(X + \lambda Y) = f(X) + \lambda \nabla f(X)^T Y + \frac{\lambda^2}{2} Y^T \nabla^2 f(X)^T Y + o(\lambda^2) \tag{4-38}$$

因为 $f(X)$ 是凸函数，根据一阶条件得出
$$f(X+\lambda Y) \geqslant f(X) + \lambda \nabla f(X)^T Y \tag{4-39}$$

由上面两个式子可以得到
$$\frac{\lambda^2}{2} Y^T \nabla^2 f(X)^T Y + o(\lambda^2) \geqslant 0 \tag{4-40}$$

即
$$\frac{1}{2} Y^T \nabla^2 f(X)^T Y + \frac{o(\lambda^2)}{\lambda^2} \geqslant 0 \tag{4-41}$$

令 $\lambda \to 0^+$，则 $\frac{o(\lambda^2)}{\lambda^2} \to 0$。

因此
$$Y^T \nabla f^2(X)^T Y \geqslant 0 \tag{4-42}$$

即 $\nabla f^2(X)^T$ 为半正定矩阵。

(2) 充分性

设对 R 上任意一点 X，$H(X) = \nabla^2 f(X)^T$ 是半正定矩阵，现取 R 上的任意两点 X 和 $\overline{X}$，通过泰勒展开得出
$$f(X) = f(\overline{X}) + \nabla f(X)^T(X-\overline{X}) + \frac{1}{2}(X-\overline{X})^T H[\overline{X}+\lambda(X-\overline{X})](X-\overline{X}) \tag{4-43}$$

其中 $\lambda \in (0,1)$。

因 R 是凸集，$\overline{X} + \lambda(X-\overline{X}) \in R$。再由 $H[\overline{X}+\lambda(X-\overline{X})]$ 为半正定，得
$$f(X) \geqslant f(\overline{X}) + \nabla f(X)^T(X-\overline{X}) \tag{4-44}$$

由定理4得知，$f(X)$ 为 R 上的凸函数。

例 4-3　判断 $f(x) = x_1^2 + 3x_2^2$ 是凹函数还是凸函数。

证明
$$\frac{\partial f(x)}{\partial x_1} = 2x_1 \quad \frac{\partial f(x)}{\partial x_2} = 6x_2 \tag{4-45}$$

$$\frac{\partial^2 f(x)}{\partial x_1^2} = 2 > 0 \quad \frac{\partial^2 f(x)}{\partial x_2^2} = 6 \tag{4-46}$$

$$\frac{\partial^2 f(x)}{\partial x_1 \partial x_2} = 0 \quad \frac{\partial^2 f(x)}{\partial x_2 \partial x_1} = 0 \tag{4-47}$$

$$|H| = \begin{vmatrix} 2 & 0 \\ 0 & 6 \end{vmatrix} = 12 > 0 \tag{4-48}$$

其海塞矩阵处于正定，故该函数是凸函数。

(四) 凸函数的极值

在极值部分已经指出，函数的局部极小值并不一定等于它的最小值，前者只不过反映了

函数的局部性质。然而,对于定义在凸集上的凸函数来说,它的极小值就等于其最小值。

定理 6 若 $f(X)$ 为定义在凸集 R 上的凸函数,则它的任一极小点就是它在 R 上的最小点(全局极小点),而且它的极小点形成一个凸集。

证明 设 X^* 是一个局部极小点,则对于充分小的邻域 $N_\delta(X^*)$ 中的一切 X,均有

$$f(X) \geq f(X^*) \tag{4-49}$$

令 Y 是 R 中的任一点,对于充分小的 λ,$0 < \lambda < 1$,就有

$$[(1-\lambda)X^* + \lambda Y] \in N_\delta(X^*) \tag{4-50}$$

从而

$$f[(1-\lambda)X^* + \lambda Y] \geq f(X^*) \tag{4-51}$$

由于 $f(X)$ 为凸函数,故

$$(1-\lambda)f(X^*) + \lambda f(Y) \geq f[(1-\lambda)X^* + \lambda Y] \tag{4-52}$$

上面两式相加,得 $(1-\lambda)f(X^*) + \lambda f(Y) \geq f(X^*)$

即

$$f(Y) \geq f(X^*) \tag{4-53}$$

这就是说,X^* 是全局极小点,由性质 3 得知,所有极小点的集合是个凸集。

定理 7 设 $f(X)$ 是定义在凸集 R 上的可微凸函数,若存在点 $X^* \in R$,使得对于所有的 $X \in R$ 有 $\nabla f(X^*)^T(X-X^*) \geq 0$,则 X^* 是 R 上的最小点(全局极小点)。

证明 由定理 4

$$f(X) \geq f(X^*) + \nabla f(X^*)^T(X - X^*) \tag{4-54}$$

因此,对所有 $X \in R$ 有 $f(X) \geq f(X^*)$,一种极为重要的情形是,当点 X^* 是 R 内的点时,$\nabla f(X^*)^T(X-X^*) \geq 0$ 对任意 $X-X^*$ 都成立,这就意味着该式可以改为

$$\nabla f(X^*)^T = \mathbf{0} \tag{4-55}$$

以上两个定理说明,定义在凸集上的凸函数的极小点,就是其全局极小点。全局极小点并不一定是唯一的,但若为严格凸函数,则其全局极小点就是唯一的了。

(五)凸规划

考虑非线性规划

$$\begin{cases} \min_{X \in R} f(x) \\ R = \{x \mid g_j(x) \geq 0, j = 1, 2, \cdots, l\} \end{cases}$$

假定其中 $f(x)$ 为凸函数,$g_j(x)(j=1,2,\cdots,l)$ 为凹函数(或者说 $-g_j(x)$ 为凸函数),这样的非线性规划称为凸规划。可以证明,上述凸规划的可行域为凸集,其局部最优解即为全局最优解,而且其最优解的集合形成一个凸集。当凸规划的目标函数 $f(x)$ 为严格凸函数时,其最优解必定唯一(假定最优解存在)。由此可见,凸规划是一类比较简单而又具有重要理论意义的非线性规划。

由于线性函数既可视为凸函数,又可视为凹函数,故线性规划也属于凸规划。

前面讨论的线性最优化问题或线性规划,其目标函数和约束条件都是自变量的一次函数,即线性函数。当极值目标函数或约束条件很难用线性函数表达时,目标函数或约束条件

数会出现非线性函数,这种规划问题称为非线性规划问题。一般来说,解非线性规划问题比较复杂,也没有一个通用的方法,各个方法都有它特定的使用范围,因此这是需要人们进一步研究的一个领域。

在一些实际问题中,像军事、工业、经济、社会等领域遇到的很多问题都是非线性规划问题。例如,交通系统规划中遇到的各种交通分配模型,道路工程设计中遇到的许多工程最优设计问题等。本节下面讨论非线性极值问题及其求解方法。

三、非线性极值问题

(一)非线性规划问题举例

例4-4 某商店经销A、B两种产品,售价分别为20元和380元。据统计,出售一件A产品的平均时间为0.6h,出售一件B产品的平均时间与其销售的数量成正比,表达式0.1+$0.2n$(n为出售的数量)。若该商品总的营业时间为1000h,试确定其营业额最大的营业计划。

解 通过分析例子,建立数学模型。设A产品出售x_1件,B产品出售x_2件,则营业额$f(x) = 20x_1 + 380x_2$,而约束条件为$0.6x_1 + (1 + 0.2x_2)x_2 \leqslant 1000$,同时还应该满足$x_1 \geqslant 0$,$x_2 \geqslant 0$。

由此建立模型如下

$$\begin{cases} \max f(x) = 20x_1 + 380x_2 \\ 0.6x_1 + (1 + 0.2x_2)x_2 \leqslant 1000 \\ x_1 \geqslant 0, x_2 \geqslant 0 \end{cases} \tag{4-56}$$

例4-4的目标函数是关于自变量的线性函数,而其中一个约束函数却是自变量的二次函数,因此这种类型的规划是非线性规划。

例4-5 如图4-5所示,求目标函数$f(x_1,x_2) = (x_1 - 1)^2 - (x_2 - 1)^2$在阴影部分范围内的最小值。

图4-5 可行域图

解 由图4-5可得出约束条件:$0 \leqslant x_1 \leqslant 2, 0 \leqslant x_2 \leqslant 2$。
建立模型如下

$$\begin{cases} \min f(x_1,x_2) = (x_1 - 1)^2 - (x_2 - 1)^2 \\ 0 \leqslant x_1 \leqslant 2 \\ 0 \leqslant x_2 \leqslant 2 \end{cases} \tag{4-57}$$

例4-5的目标函数是自变量的非线性函数,约束函数是自变量的线性函数,这类规划也是非线性规划。

(二)非线性规划问题的数学模型

非线性极值问题数学模型的一般形式如下

$$\begin{aligned} &\min f(x) \\ &\text{s.t.} \begin{cases} g_i(x) \geqslant 0 & (i = 1,2,\cdots,m) \\ h_j(x) = 0 & (j = 1,2,\cdots,p) \end{cases} \end{aligned} \tag{4-58}$$

其中 $x = (x_1, x_2, \cdots, x_n) \in E^n$，$E^n$ 是 n 维欧氏空间。$f(x)$ 是目标函数，$g_i(x)$、$h_j(x)$ 是约束函数，这些函数中至少有一个是非线性的。用 S 表示满足式(4-58)约束条件的 x 点的集合，即

$$S = \{x \in E^n | g_i(x) \geq 0, i = 1,2,\cdots,m; h_j(x) = 0, j = 1,2,\cdots,p\} \quad (4\text{-}59)$$

S 称为非线性规划式(4-58)的可行域，S 中的点 x 称为式(4-58)的可行点或可行解。若某个可行解使目标函数 $f(x)$ 为最小，就称其为最优解。

对于求 $f(x)$ 的极大值 $\max f(x)$ 的问题，等价于求 $-f(x)$ 的极小值问题，即

$$\max f(x) = -\min[-f(x)] \quad (4\text{-}60)$$

若某约束条件是"≤"不等式时，只需要用"-1"乘该约束的两端，即可将这个约束变为"≥"的形式。

当极值问题的目标函数有两个以上时，称为多目标极值问题。例如，有两个目标函数的非线性极值问题的数学表达式

$$\begin{aligned}&\min f_1(x)\\&\min f_2(x)\\&\text{s. t.} \begin{cases} g_i(x) \geq 0 & (i=1,2,\cdots,m)\\ h_j(x) = 0 & (j=1,2,\cdots,p) \end{cases}\end{aligned} \quad (4\text{-}61)$$

对于多目标极值问题，一般是化成单目标极值问题求解。一种常用的方法是根据专家咨询结果，确定各目标函数的关系，将多目标问题化为单目标问题。

假设上述问题的系数为 w_1 和 w_2，则上述两目标极值问题化为下述单目标极值问题

$$\begin{aligned}&\min w_1 f_1(x) + w_2 f_2(x)\\&\text{s. t.} \begin{cases} g_i(x) \geq 0 & (i=1,2,\cdots,m)\\ h_j(x) = 0 & (j=1,2,\cdots,p) \end{cases}\end{aligned} \quad (4\text{-}62)$$

此时，就可运用单目标极值问题的方法对其求解。

(三) 下降算法

求解非线性规划问题比较复杂，如果 $P = E^n$ 且 $f(x)$ 连续可微，则 x^* 为非线性极值问题式(4-58)的一个最优解或局部最优解的必要条件是 $\nabla f(x^*) = 0$。对于一些比较简单的函数，上面的方程组是可以求出准确解的，但是在一般情况下，都不能用解析方法求得准确解。对于不可微函数，常直接使用迭代法。无论是有约束极值问题还是无约束极值问题，迭代法有一个共同的特点，就是通过迭代得到一个目标函数值下降的收敛可行点列，然后由此点列得到非线性极值问题式(4-58)的近似最优解或近似局部最优解。

下降迭代算法的基本思想是：首先给出一个初始估计 $x^{(0)}$，然后通过某种迭代算法得出比 $x^{(0)}$ 更好的解 $x^{(1)}$，即 $f(x^{(1)}) < f(x^{(0)})$，最后得出一系列点 $x^{(1)}, x^{(2)}, \cdots, x^{(k)}, \cdots$，希望点列 $\{x^{(k)}\}$ 的极限就是非线性极值问题式(4-58)的一个最优解或局部最优解 x^*，即 $\lim_{k \to \infty} \| x^{(k)} - x^* \| = 0$。

由某算法所产生的解的序列 $\{x^{(k)}\}$ 使目标函数值 $f(x^{(k)})$ 逐步减小，这种算法称为下降算法。若从点 $x^{(k)}$ 出发，沿任何方向移动时，在 P 中都不存在可行点使目标函数值下降，则 $x^{(k)}$ 是非线性极值问题式(4-58)的一个局部最优解，迭代结束。若从 $x^{(k)}$ 出发至少存在一个

方向，在 P 中沿此方向可以使目标函数值有所下降，则可选定能使目标函数值下降的这个方向 $p^{(k)}$，然后沿此方向适当地移动一步，得到下一个迭代点 $x^{(k+1)}$，即在射线 $x^{(k+1)} = x^{(k)} + \lambda p^{(k)}$ 上选取一个新的可行点 $x^{(k+1)} = x^{(k)} + \lambda_k p^{(k)}$。其中 $p^{(k)}$ 是一个向量，称为搜索方向，而 λ_k 是一个实数，称为搜索步长或步长因子。

下降迭代算法的一般步骤如下。

步骤1：选择初始点 $x^{(0)}$，并令 $k=0$；

步骤2：设法选取一个方向 $p^{(k)}$，使目标函数 $f(x)$ 沿 $p^{(k)}$ 是下降的，至少不增，$p^{(k)}$ 作为搜索方向。

步骤3：在射线 $x = x^{(k)} + \lambda p^{(k)} (\lambda \geq 0)$ 上选取一适当的步长 λ_k，使 $f(x^{(k)} + \lambda p^{(k)}) \leq f(x^{(k)})$，如此确定出下一个点 $x^{(k+1)} = x^{(k)} + \lambda_k p^{(k)}$。

步骤4：检验所得点 $x^{(k+1)}$ 是否为原非线性规划的极小点，或为满足精度要求的近似极小点。若是，则迭代结束，否则转回步骤2继续进行迭代。

以上步骤中选取搜索方向 $p^{(k)}$ 是关键的一步，选择不同的搜索方向就会使算法变得不同。确定步长可选用多种方法，第一种方法是令步长等于一个常数，这样做简便，但不能确保目标值下降；第二种方法是只要能使目标值下降，可任意选取步长；第三种方法是使得沿搜索方向目标值下降最多，即沿射线 $x = x^{(k)} + \lambda p^{(k)}$ 求 $x^{(k)} + \lambda p^{(k)}$ 的极小值，在取得极小值时确定 λ 的值，这样确定的步长为最佳步长。

由于极值问题的最优解或局部最优解事先是不知道的，为了决定什么时候迭代结束，一般是根据相继两次迭代的结果来检验是否满足迭代精度。但是检验的方法因所采用的算法而不同，一般常用的有以下几种：

(1) 相继两次迭代的绝对误差。

$$\| x^{(k+1)} - x^{(k)} \| < \varepsilon \tag{4-63}$$

或

$$\| f(x^{(k+1)}) - f(x^{(k)}) \| < \varepsilon \tag{4-64}$$

(2) 相继两次迭代的相对误差。

$$\frac{\| x^{(k+1)} - x^{(k)} \|}{\| x^{(k)} \|} < \varepsilon \tag{4-65}$$

或

$$\frac{\| f(x^{(k+1)}) - f(x^{(k)}) \|}{\| f(x^{(k)}) \|} < \varepsilon \tag{4-66}$$

(3) 目标函数梯度的模。

如果目标函数存在梯度的话，可以根据目标函数在最近迭代点处的梯度模足够小作为结束迭代的准则。$\| \nabla f(x^{(k)}) \| < \varepsilon$，其中 $\varepsilon > 0$ 是事先给出的对近似解的计算精度。

第二节 一维搜索

由上文知道，当用上述迭代法求函数的极小点时，常常要用到一维搜索，即沿着某一已知方向求目标函数的极小点。一维搜索的方法有很多,下文主要介绍:牛顿法、抛物线法、斐波那契(Fibonacci)法、黄金分割法、二分法、成功—失败法。

一、牛顿法

牛顿法的基本思想是:用 $\varphi(x)$ 在已知点 x_0 处的二阶泰勒展开式

$$g(x) = \varphi(x_0) + \varphi'(x_0)(x - x_0) + (1/2)\varphi''(x_0)(x - x_0)^2 \tag{4-67}$$

来近似代替 $\varphi(x)$,即 $\varphi(x) \approx g(x)$,然后用二次函数 $g(x)$ 的极小点 x_1 作为 $\varphi(x)$ 的近似极小点,参见图4-6。

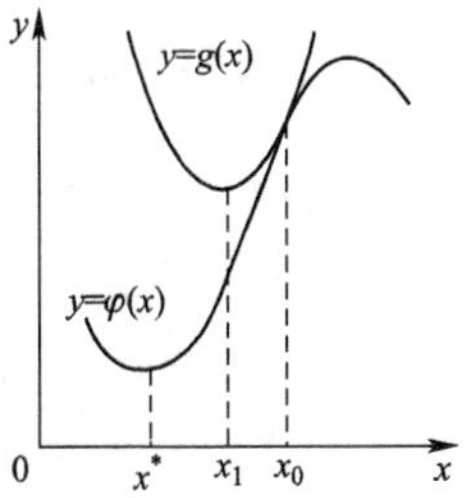

由于 $g'(x) = \varphi'(x_0) + \varphi''(x_0)(x - x_0)$,令 $g'(x) = 0$,得

$$x_1 = x_0 - \frac{\varphi'(x_0)}{\varphi''(x_0)} \tag{4-68}$$

类似地,若已知 x_k,则有

$$x_{k+1} = x_k - \frac{\varphi'(x_k)}{\varphi''(x_k)} \quad (k = 0, 1, 2, \cdots) \tag{4-69}$$

图4-6 $\varphi(x)$、$g(x)$ 图

按式(4-69)进行迭代计算,得一点列 $\{x_k\}$,这种求一元函数 $\varphi(x)$ 极小值问题的一维搜索方法称为牛顿法。当 $|\varphi'(x_k)| < \varepsilon$ 时(其中 $\varepsilon > 0$ 为预先给定的近似精度),则迭代结束,x_k 为 $\varphi(x)$ 的近似极小值点,即 $x^* \approx x_k$。

牛顿法的优缺点:牛顿法收敛速度快,但是它对函数要求二次可微,且要计算二阶导数。另外还要求初始点 x_0 选得好,否则可能得到的点列 $\{x_k\}$ 不收敛。牛顿法产生的点列即使收敛,有时其极限也不一定是所要求的函数的极小值点,而只能保证它是函数的驻点(一阶导数为0的点)。驻点可能是极小值点,也可能是极大值点,也可能不是极值点。

例4-6 用牛顿法求 $f(x) = x^4 - 4x^3 - 6x^2 - 16x + 4$ 的极小值点,初始点 $x_0 = 1$,$\varepsilon = 0.1$。

解 由

$$f'(x) = 4x^3 - 12x^2 - 12x - 16 \quad f''(x) = 12x^2 - 24x - 12$$

得出

$$f'(x_0) = f'(1) = -36 \quad f''(x_0) = f''(1) = -24$$

又因为

$$x_1 = x_0 - \frac{f'(x_0)}{f''(x_0)} \tag{4-70}$$

将数据代入式(4-70)得到 $x_1 = -0.5$。

因为

$$|f'(x_0)| = 36 > 0.1$$

所以继续迭代

$$f'(x_1) = f'(-0.5) = -13.5 \quad f''(x_1) = f''(-0.5) = 3$$

$$x_2 = x_1 - \frac{f'(x_1)}{f''(x_1)} = 4$$

$$|f'(x_1)| = 13.5 > 0.1$$

仍然不满足收敛条件,继续迭代

$$f'(x_2) = f'(4) = 0, f''(x_2) = f''(4) = 84, x_3 = x_2 - \frac{f'(x_2)}{f''(x_2)} = 4 \quad |f'(x_2)| = 0 < 0.1$$

满足收敛条件。

所以极小值点为

$$x^* = x_3 = 4$$

二、抛物线法

抛物线法也叫二次插值法,其理论依据为二次多项式可以在最优点附近较好地逼近函数的形状,做法是在函数的最优点附近取三个构造点,然后用这三个点构造一条抛物线,把这条抛物线的极值点作为函数的极值点的近似。

基本做法是利用$f(x)$在三个点x_0, x_1, x_2处的函数值来构造二次函数$g(x)$,使它满足

$$g(x_i) = f(x_i) \quad (i = 0,1,2) \tag{4-71}$$

假设$g(x) = a_0 + a_1 x + a_2 x^2$,则$g'(x) = a_1 + 2a_2 x$。令$g'(x) = 0$,得

$$\bar{x} = \frac{-a_1}{2a_2} \tag{4-72}$$

上式就是$f(x)$近似极小值点的计算公式(也是在迭代过程中迭代点的计算公式)。我们从此式看到,为了求出近似极小值点$\bar{x}$,只需算出a_1, a_2即可。将$g(x)$代入式(4-71),得到关于a_0, a_1, a_2的方程组,然后求解得

$$a_2 = \frac{b_2 - b_1}{x_2 - x_0} \quad a_1 = b_1 - a_2(x_1 + x_0) \tag{4-73}$$

其中

$$b_2 = \frac{f(x_2) - f(x_1)}{x_2 - x_1} \quad b_1 = \frac{f(x_1) - f(x_0)}{x_1 - x_0} \tag{4-74}$$

将a_1, a_2代入式(4-72)或利用下式

$$\bar{x} = \frac{1}{2}\left(x_1 + x_0 - \frac{b_1}{a_2}\right) \tag{4-75}$$

即可求得$f(x)$的近似极小值点$\bar{x}$。

抛物线法基本迭代步骤如下。

步骤1:设定计算精度$\varepsilon > 0$。取三个初始迭代点,满足$f(x_0) < f(x_i), i = 1,2$。显然,所要求的极小值点一定在区间$[x_1, x_2]$内。

步骤2:计算a_1, a_2和$\bar{x}$及函数值$f(\bar{x})$。

步骤3:若$|f(\bar{x}) - f(x_0)| < \varepsilon$,则迭代结束,取极小值点$x^* \approx \bar{x}$,否则,在点$x_0, x_1, x_2$和$\bar{x}$中,去掉函数值最大的点,然后将其余3点重新标名,使其满足$x_1 < x_0 < x_2$且$f(x_0) < f(x_i), i = 1,2$。转步骤2,继续进行迭代,直到获得近似极小值点为止。收敛准则还可以采用$|x_0 - \bar{x}| < \varepsilon$或$|f(\bar{x}) - g(\bar{x})| < \varepsilon$。

抛物线法的优缺点:它并不能保证算法一定收敛,即在迭代过程中可能出现上一次迭代点x_k与下一次迭代点x_{k+1}充分接近,但x_{k+1}并不是$f(x)$的近似极小值点。

例 4-7 用抛物线法求解 $f(x) = x^2 - 2x + 1$ 的极小值,初始点 $x_1 = 0, x_0 = 1, x_2 = 3$, $\varepsilon = 0.1$。

解 首先找到满足 $f(x_1) > f(x_0), f(x_2) > f(x_0)$ 的点 x_1, x_2, x_0,已知
$$x_1 = 0, x_0 = 1, x_2 = 3$$
此时
$$f(x_1) = 1, f(x_0) = 0, f(x_2) = 4$$
极小值的区间为 $[0,3]$。

经计算得
$$b_2 = 1, b_1 = -1, a_2 = 1, a_1 = -2$$
所以得出
$$\bar{x} = 1$$
因
$$|f(\bar{x}) - f(x_0)| = 0 < 0.1$$
迭代终止,极小值点为
$$x^* \approx \bar{x} = 1$$

三、斐波那契(Fibonacci)法

$y = f(t)$ 是区间 $[a,b]$ 上的**下单峰函数**(图 4-7),在此区间内它有唯一极小点 t^*。若在此区间内任取两点 a_1 和 b_1, $a_1 < b_1$,并计算函数值 $f(a_1)$ 和 $f(b_1)$,可能出现以下两种情况:

(1) $f(a_1) < f(b_1)$ [图 4-7a)],这时极小点 t^* 在区间 $[a,b_1]$ 内。

(2) $f(a_1) \geq f(b_1)$ [图 4-7b)],这时极小点 t^* 在区间 $[a_1,b]$ 内。

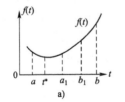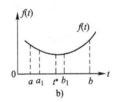

图 4-7 函数 $f(t)$

这说明,只要在区间 $[a,b]$ 内取两个不同点,算出它们的函数值并加以比较,就可以把**搜索区间** $[a,b]$ 缩小成 $[a,b_1]$ 或 $[a_1,b]$(缩小后的区间仍需包含极小点)。现在,如果要继续缩小搜索区间($[a,b_1]$ 或 $[a_1,b]$),就只需在上述区间内再取一点算出其函数值,并与 $f(a_1)$ 或 $f(b_1)$ 加以比较即可。只要缩小后的区间包含极小点 t^*,则区间缩小得越小,就越接近于函数的极小点,但计算函数值的次数也就越多。这就说明区间的**缩短率**和函数值的计算次数有关。现在要问,计算函数值 n 次,能把包含有极小点的区间缩小到什么程度呢?或者换一种说法,计算函数值 n 次能把原来多大的区间缩小成长度为一个单位的区间呢?

如果用 F_n 表示计算 n 个函数值能缩短为单位区间的最大原区间长度,显然
$$F_0 = F_1 = 1 \tag{4-76}$$

其原因是，只有当原区间长度本来就是一个单位长度时才不必计算函数值；此外，只计算一次函数值无法将区间缩短，只有原区间本来就是单位区间时才行。

现考虑计算函数值两次的情形，今后我们把计算函数值的点称作**试算点**或**试点**。

在区间 $[a,b]$ 内取两个不同点 a_1 和 b_1 [图 4-8a)]，计算其函数值以缩短区间，缩短后的区间为 $[a,b_1]$ 或 $[a_1,b]$。显然，这两个区间长度之和必大于 $[a,b]$ 的长度，也就是说，计算两次函数值一般无法把长度大于二个单位的区间缩成单位区间。但是，对于长度为两个单位的区间，可以如图 4-8b) 那样选取试点 a_1 和 b_1，图中 ε 为任意小的正数，缩短后的区间长度为 $1+\varepsilon$。由于 ε 可任意选取，故缩短后的区间长度接近于一个单位长度。由此可得 $F_2 = 2$。

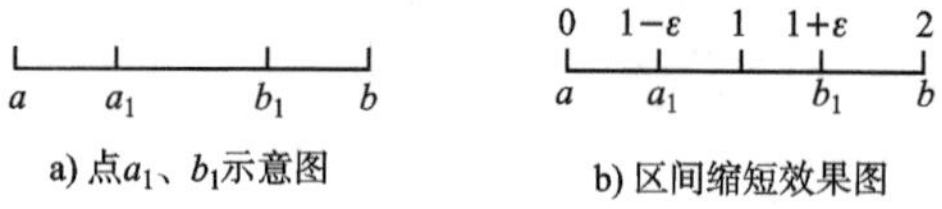

a) 点 a_1、b_1 示意图 b) 区间缩短效果图

图 4-8 点 a_1、b_1 示意图及区间缩短效果图

根据同样的分析(图 4-9)可得

$$F_3 = 3, F_4 = 5, F_5 = 8, \cdots \quad (4\text{-}77)$$

序列 $\{F_n\}$ 可写成一个**递推公式**：

$$F_n = F_{n-1} + F_{n-2} \quad n \geq 2 \quad (4\text{-}78)$$

利用式(4-78)，可依次算出各 F_n 的值，见表 4-1，表中 F_n 就是通常所说的**斐波那契数**。

斐波那契数表 表 4-1

n	0	1	2	3	4	5	6	7	8	9	10	11	12
F_n	1	1	2	3	5	8	13	21	34	55	89	144	233

由以上讨论可知，计算 n 次函数值所能获得的最大缩短率(缩短后的区间长度与原区间长度之比)为 $1/F_n$。例如 $F_{20} = 10946$，所以计算 20 个函数值即可把原长度为 L 的区间缩短为

$$\frac{L}{10946} = 0.00009L \quad (4\text{-}79)$$

的区间。现在，要想计算 n 个函数值，而把区间 $[a_0, b_0]$ 的长度缩短为原来长度的 δ 倍，即缩短后的区间长度为

$$b_{n-1} - a_{n-1} \leq (b_0 - a_0)\delta \quad (4\text{-}80)$$

则只要 n 足够大，能使下式成立即可

$$F_n \geq \frac{1}{\delta} \quad (4\text{-}81)$$

式中，δ 为一个正小数，称为区间缩短的相对精度。有时给出区间缩短的绝对精度 η，即要求

$$b_{n-1} - a_{n-1} \leq \eta \quad (4\text{-}82)$$

显然，上述相对精度和绝对精度之间有如下关系

$$\eta = (b_0 - a_0)\delta \quad (4\text{-}83)$$

用这个方法缩短区间的步骤如下。

步骤1：确定试点的个数 n。根据相对精度 δ，即可用式(4-81)算出 F_n，然后由表 4-1 确定最小的 n。

步骤2：选取前两个试点的位置。由式(4-78)可知第一次缩短时的两个试点位置（图4-10）分别是

$$\begin{cases} t_1 = a_0 + \dfrac{F_{n-2}}{F_n}(b_0 - a_0) \\ = b_0 + \dfrac{F_{n-1}}{F_n}(a_0 - b_0) \\ t_1' = a_0 + \dfrac{F_{n-1}}{F_n}(b_0 - a_0) \end{cases} \quad (4\text{-}84)$$

它们在区间内的位置是对称的。

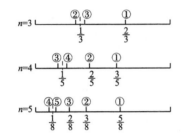 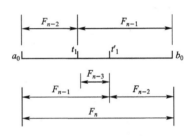

图4-9 斐波那契法区间缩短效果分析图　　图4-10 斐波那契法分析图

步骤3：计算函数值 $f(t_1)$ 和 $f(t_1')$，并比较它们的大小。
若 $f(t_1) < f(t_1')$，则取

$$a_1 = a_0 \quad b_1 = t_1' \quad t_2' = t_1 \quad (4\text{-}85)$$

并令

$$t_2 = b_1 + \dfrac{F_{n-2}}{F_{n-1}}(a_1 - b_1) \quad (4\text{-}86)$$

否则，取

$$a_1 = t_1 \quad b_1 = b_0 \quad t_2 = t_1' \quad (4\text{-}87)$$

并令

$$t_2' = a_1 + \dfrac{F_{n-2}}{F_{n-1}}(b_1 - a_1) \quad (4\text{-}88)$$

步骤4：计算 $f(t_2)$ 或 $f(t_2')$（其中的一个已经算出），如步骤3那样一步步迭代。计算点的一般公式为

$$\begin{cases} t_k = b_{k-1} + \dfrac{F_{n-k}}{F_{n-k+1}}(a_{k-1} - b_{k-1}) \\ t_k' = a_{k-1} + \dfrac{F_{n-k}}{F_{n-k+1}}(b_{k-1} - a_{k-1}) \end{cases} \quad (4\text{-}89)$$

其中 $k = 1,2,\cdots,n-1$。

步骤 5：当进行至 $k = n - 1$ 时，

$$t_{n-1} = t'_{n-1} = \frac{1}{2}(a_{n-2} + b_{n-2}) \tag{4-90}$$

这就无法借比较函数值 $f(t_{n-1})$ 和 $f(t'_{n-1})$ 的大小以确定最终区间，为此，取

$$\begin{cases} t_{n-1} = \frac{1}{2}(a_{n-2} + b_{n-2}) \\ t'_{n-1} = a_{n-2} + \left(\frac{1}{2} + \varepsilon\right)(b_{n-2} - a_{n-2}) \end{cases} \tag{4-91}$$

其中，ε 为任意小的数。在 t_{n-1} 和 t'_{n-1} 这两点中，以函数值较小者作为近似极小值点，相应的函数值为近似极小值，并得最终区间 $[a_{n-2}, t'_{n-1}]$ 或 $[t_{n-1}, b_{n-2}]$。

由上述分析可知，斐波那契法使用**对称搜索**的方法，逐步缩短所考察的区间，它能以尽量少的函数求值次数，达到预定的某一缩短率。

例 4-8 试用斐波那契法求函数 $f(t) = t^2 - t + 2$ 的近似极小点和极小值，要求缩短后的区间长度不大于区间 $[-1, 3]$ 的 0.08 倍。

解 容易验证，在此区间上函数 $f(t) = t^2 - t + 2$ 为严格凸函数。为了进行比较，给出其精确解是

$$t^* = 0.5, f(t^*) = 1.75$$

已知

$$\delta = 0.08, F_n \geq 1/\delta = 1/0.08 = 12.5$$

查表 4-1，得

$$n = 6, a_0 = -1, b_0 = 3$$

$$t_1 = b_0 + \frac{F_5}{F_6}(a_0 - b_0) = 3 + \frac{8}{13}(-1 - 3) = 0.538$$

$$t'_1 = a_0 + \frac{F_5}{F_6}(b_0 - a_0) = -1 + \frac{8}{13}[3 - (-1)] = 1.462$$

$$f(t_1) = 0.538^2 - 0.538 + 2 = 1.751$$

$$f(t'_1) = 1.462^2 - 1.462 + 2 = 2.675$$

由于 $f(t_1) > f(t'_1)$，故取

$$a_1 = -1, b_1 = 1.462, t'_2 = 0.538$$

$$t_2 = b_1 + \frac{F_4}{F_5}(a_1 - b_1) = 1.462 + \frac{5}{8}(-1 - 1.462) = -0.077$$

$$f(t_2) = (-0.077)^2 - (-0.077) + 2 = 2.083$$

由于 $f(t_2) > f(t'_2) = 1.751$，故取

$$a_2 = -0.077, b_2 = 1.462, t_3 = 0.538$$

$$t'_3 = a_2 + \frac{F_3}{F_4}(b_2 - a_2) = -0.077 + \frac{3}{5}(1.462 + 0.077) = 0.846$$

$$f(t'_3) = 0.846^2 - 0.846 + 2 = 1.870$$

由于 $f(t'_3) > f(t_3) = 1.751$,故取
$$a_3 = -0.077, b_3 = 0.846, t'_4 = 0.538$$
$$t_4 = b_3 + \frac{F_2}{F_3}(a_3 - b_3) = 0.846 + \frac{2}{3}(-0.077 - 0.846) = 0.231$$
$$f(t_4) = 0.231^2 - 0.231 + 2 = 1.822$$
由于 $f(t_4) > f(t'_4) = 1.751$,故取
$$a_4 = 0.231, b_4 = 0.846, t_5 = 0.538$$
现令 $\varepsilon = 0.01$,则
$$t'_5 = a_4 + \left(\frac{1}{2} + \varepsilon\right)(b_4 - a_4)$$
$$= 0.231 + (0.5 + 0.01) \times (0.846 - 0.231) = 0.545$$
$$f(t'_5) = 0.545^2 - 0.545 + 2 = 1.752 > f(t_5) = 1.751$$
故取
$$a_5 = 0.231, b_5 = 0.545$$
由于
$$f(t_5) = 1.751 < f(t'_5) = 1.752$$
所以 t_5 为极小点,近似极小值为 1.751。

缩短后的区间长度为 $0.545 - 0.231 = 0.314, 0.314/4 = 0.0785 < 0.08$,其整个计算过程如图 4-11 所示。

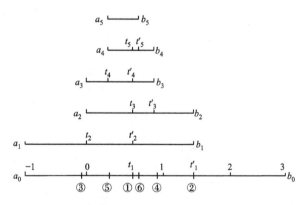

图 4-11 斐波那契法求解图

四、黄金分割法

黄金分割法,有的最优化教材中也称为 0.618 法,它是斐波那契法的一种简化方法。黄金分割法是不用导数的一维搜索方法中比较常用的一种方法。

定理 8 当 n 充分大时,斐波拉契法的搜索区间的缩短率趋近于 $\frac{\sqrt{5}-1}{2}$,即:
$$\lim_{n \to \infty} \frac{F_{n-1}}{F_n} = \frac{\sqrt{5}-1}{2} \approx 0.618$$

由上文的论述可知,当用斐波那契法以 n 个试点来缩短某一区间时,区间长度的第一次缩短率为 F_{n-1}/F_n,其后各次分别为

$$\frac{F_{n-2}}{F_{n-1}}, \frac{F_{n-3}}{F_{n-2}}, \cdots, \frac{F_1}{F_2} \tag{4-92}$$

现将以上数列分为奇数项 F_{2k-1}/F_{2k} 和偶数项 F_{2k}/F_{2k+1},可以证明,这两个数列收敛于同一个极限。

设当 $k \to \infty$ 时

$$\frac{F_{2k-1}}{F_{2k}} \to \lambda \qquad \frac{F_{2k}}{F_{2k+1}} \to \mu \tag{4-93}$$

由于

$$\frac{F_{2k-1}}{F_{2k}} = \frac{F_{2k-1}}{F_{2k-1} + F_{2k-2}} = \frac{1}{1 + \frac{F_{2k-2}}{F_{2k-1}}} \tag{4-94}$$

故当 $k \to \infty$ 时

$$\lim_{k \to \infty} \frac{F_{2k-1}}{F_{2k}} = \frac{1}{1 + \mu} = \lambda \tag{4-95}$$

同理可证

$$\mu = \frac{1}{1 + \lambda} \tag{4-96}$$

将式(4-95)代入式(4-96)得

$$\mu = \frac{1 + \mu}{2 + \mu} \tag{4-97}$$

即

$$\mu^2 + \mu - 1 = 0 \tag{4-98}$$

从而可得

$$\mu = \frac{\sqrt{5} - 1}{2} \tag{4-99}$$

若把式(4-96)代入式(4-95)则可得

$$\lambda^2 + \lambda - 1 = 0 \tag{4-100}$$

故有

$$\lambda = \mu = \frac{\sqrt{5} - 1}{2} = 0.6180339887418948 \tag{4-101}$$

现在我们考虑如下一维极小化问题 $\min\limits_{a \leqslant x \leqslant b} \varphi(x)$,其中要求在 $[a,b]$ 区间内,$\varphi(x)$ 是凸函数。

黄金分割法计算步骤如下。

步骤1:设定初始搜索区间 $[a,b]$ 及最后区间长度精度 $\varepsilon > 0$,令 $\alpha = 0.618$。

步骤2:计算 $t_1 = a + (1 - \alpha)(b - a)$,$\varphi_1 = \varphi(t_1)$,此时,$t_1$ 恰好在 $[a,b]$ 的0.382位置上。

步骤3:计算 $t_2 = a + \alpha(b - a)$,$\varphi_2 = \varphi(t_2)$。

步骤4：若 $|t_1 - t_2| < \varepsilon$，则停止，取极小值点 $x^* = \dfrac{a+b}{2}$；否则，若 $|t_1 - t_2| > \varepsilon$，转步骤5。

步骤5：判断 $\varphi_1 \leqslant \varphi_2$ 是否成立，若成立，则令 $b = t_2, t_2 = t_1, \varphi_2 = \varphi_1$，然后转步骤2；否则若 $\varphi_1 > \varphi_2$，则令 $a = t_1, t_1 = t_2, \varphi_1 = \varphi_2$，然后转步骤3。

黄金分割法的优缺点：它的收敛速度比较慢，但它不要求 $\varphi(x)$ 可微，且每次迭代，只需计算一个函数值，因此，计算量小，程序简单。

例4-9 用黄金分割法求解下列规划问题：$\min \varphi(x) = x^2 + 2x$，$x \in \left[-\dfrac{5}{4}, -\dfrac{1}{2}\right]$，$\varepsilon = 0.1$。

解 由已知条件可以得出

$$t_1 = a + (1-\alpha)(b-a) = -\frac{5}{4} + (1 - 0.618) \times \left(-\frac{1}{2} + \frac{5}{4}\right) = -0.964$$

$$\varphi(t_1) = -1$$

$$t_2 = a + \alpha(b-a) = -\frac{5}{4} + 0.618 \times \left(-\frac{1}{2} + \frac{5}{4}\right) = -0.787$$

$$\varphi(t_2) = -0.955$$

则

$$|t_1 - t_2| = 0.177 > 0.1, \varphi(t_1) < \varphi(t_2)$$

所以

$$b = t_2 = -0.787, t_2 = t_1 = -0.964, \varphi(t_2) = -1$$

此时的区间为 $x \in \left[-\dfrac{5}{4}, -0.787\right]$。

重复上面的步骤可得

$$t_1 = -1.073, \varphi_1 = \varphi(t_1) = -0.995, |t_1 - t_2| = 0.109 > 0.1$$

继续迭代,因为

$$\varphi(t_1) < \varphi(t_2)$$

所以迭代后

$$b = t_2 = -0.964, t_2 = t_1 = -1.073, \varphi(t_2) = -0.995$$

此时的区间为 $x \in \left[-\dfrac{5}{4}, -0.964\right]$。

再一次重复上面的步骤可得

$$t_1 = -1.141, |t_1 - t_2| = 0.068 < 0.1$$

迭代停止,极小值点

$$x^* = \frac{a+b}{2} = \frac{-\dfrac{5}{4} + (-0.964)}{2} = -1.107$$

极小值

$$\varphi(x^*) = -0.989 \quad (\varepsilon > 0)$$

五、二分法

假设极小值问题的函数 $\varphi(x)$ 连续可微。由高等微积分学可知,如果我们找到一个区间 $[a,b](a<b)$ 使 $\varphi'(a)<0$ 且 $\varphi'(b)>0$,则在 a,b 之间一定有一个 $\varphi(x)$ 的极小值点 x^* 使得 $\varphi'(x^*)=0$。由二分法求极小值点 x^* 步骤如下。

步骤1:设定初始搜索区间 $[a,b]$ 及最后区间长度精度 ε,且 $\varphi'(a)<0, \varphi'(b)>0$。

步骤2:取 $x_0=(a+b)/2$,若 $\varphi'(x_0)>0$,转步骤3;若 $\varphi'(x_0)<0$,转步骤4。

步骤3:$\varphi(x)$ 在区间 $[a,x_0]$ 中必有极小点,用区间 $[a,x_0]$ 代替区间 $[a,b]$,若 $|b-a|<\varepsilon$,转步骤5;否则转步骤2。

步骤4:$\varphi(x)$ 在区间 $[x_0,b]$ 中必有极小点,用区间 $[x_0,b]$ 代替区间 $[a,b]$,若 $|b-a|<\varepsilon$,转步骤5;否则转步骤2。

步骤5:取极小值点 $x^*=(a+b)/2$,迭代结束。

二分法的优缺点:二分法每步迭代的计算量比较小,程序也很简单,而且总能收敛于一个局部极小值点,但是收敛速度一般比较慢。

例4-10 用二分法求解下列规划问题:$\min \varphi(x) = x^2 - 2x, x \in \left[\dfrac{3}{4}, \dfrac{3}{2}\right], \varepsilon = 0.1$。

解 由已知条件可以得出

$$\varphi'(x) = 2x - 2$$

其中

$$\varphi'\left(\dfrac{3}{4}\right) = -\dfrac{1}{2} < 0, \quad \varphi'\left(\dfrac{3}{2}\right) = 1 > 0$$

$$|b-a| = \left|\dfrac{3}{2} - \dfrac{3}{4}\right| = 0.75 > 0.1$$

进行迭代

$$x_0 = \dfrac{a+b}{2} = \dfrac{\dfrac{3}{4}+\dfrac{3}{2}}{2} = \dfrac{9}{8}$$

$$\varphi'\left(\dfrac{9}{8}\right) = \dfrac{1}{4} > 0$$

由此可得新的 x 区间为 $\left[\dfrac{3}{4}, \dfrac{9}{8}\right]$。

此时

$$|b-a| = \left|\dfrac{9}{8} - \dfrac{3}{4}\right| = 0.375 > 0.1$$

重复以上步骤得

$$x_0 = \dfrac{\dfrac{3}{4}+\dfrac{9}{8}}{2} = \dfrac{15}{16}, \quad \varphi'\left(\dfrac{15}{16}\right) = -\dfrac{1}{8} < 0$$

所以新的区间为 $\left[\dfrac{15}{16}, \dfrac{9}{8}\right]$。

此时

$$|b-a| = \left|\frac{9}{8} - \frac{15}{16}\right| = 0.188 > 0.1$$

继续重复上面步骤

$$x_0 = \frac{\frac{15}{16} + \frac{9}{8}}{2} = \frac{33}{32}, \quad \varphi'\left(\frac{33}{32}\right) = \frac{1}{16} > 0$$

所以新的区间为 $\left[\frac{15}{16}, \frac{33}{32}\right]$。

此时

$$|b-a| = \left|\frac{33}{32} - \frac{15}{16}\right| = 0.094 < 0.1$$

停止迭代,极小值点为

$$x^* = \frac{a+b}{2} = \frac{\frac{15}{16} + \frac{33}{32}}{2} = 0.984$$

极小值

$$\varphi(x^*) = -1$$

六、"成功—失败"法

"成功—失败"法亦称进退法,一般求解的是无约束极小化问题: $\min\limits_{x \in R} \varphi(x)$,这里 R 表示整个实数域 $(-\infty, +\infty)$。如果遇到约束极小化问题 $\min\limits_{a \leq x \leq b} f(x)$,则令

$$\varphi(x) = \begin{cases} f(x) & x \in [a,b] \\ +\infty & x \notin [a,b] \end{cases} \tag{4-102}$$

就等价转化为函数 $\varphi(x)$ 的无约束极小化问题。

"成功—失败"法的迭代基本步骤如下。

步骤1:任意取定一初始点 $x_0 \in R$,设定迭代搜索的步长 $h > 0$(不能选得太小)及计算精度 $\varepsilon > 0$。

步骤2:计算 $x_1 = x_0 + h$ 及 $f(x_1)$。

步骤3:若 $f(x_1) < f(x_0)$,则称此步向前搜索成功,下一次就加大步长继续向前搜索,即用 x_1 代替 x_0,用步长 $2h$ 代替步长 h,继续向前搜索。

若 $f(x_1) \geq f(x_0)$,则称此步搜索失败,下一次就要缩小步长,然后向后搜索。首先看是否 $|h| < \varepsilon$,若是,则极小值点 $x^* = x_0$,迭代结束;否则,用 x_1 代替 x_0,用 $-h/4$ 代替步长 h,返回步骤2,继续进行迭代搜索。

第三节 无约束极值问题

求解无约束极值问题的算法一般都是下降算法。本节介绍求解多维无约束非线性规划问题。

$$\min f(X), X \in E^n \tag{4-103}$$

比较常用有效的算法包括:梯度法(最速下降法)、牛顿法和阻尼牛顿法、共轭梯度法、变尺度法等。

一、梯度法(最速下降法)

梯度法,也叫最速下降法,是人们用来求多变量函数的极值问题的最早的一种方法。后来提出的不少方法基本上都是这种算法的改进算法。

梯度法的基本思想:设函数$f(x)$是连续可微,由于函数$f(x)$沿负梯度方向$-\nabla f(x)$下降最快,所以取它作为每次迭代的搜索方向,即$p^{(k)} = -\nabla f(x^{(k)})$。任给一个初始点$x^{(0)}$,计算$p^{(0)} = -\nabla f(x^{(0)})$,从$x^{(0)}$出发沿方向$p^{(0)}$在射线$x^{(0)} + \lambda p^{(0)}$($\lambda \geq 0$)上求得$f(x)$的第一个近似极小点$x^{(1)}$,$x^{(1)} = x^{(0)} + \lambda_0 p^{(0)}$,再以$x^{(1)}$为起点,重复上述过程求得$f(x)$的第二个近似极小点$x^{(2)} = x^{(1)} + \lambda_1 p^{(1)}$,…,直到得到满意的结果为止。

梯度法的基本迭代步骤如下。

步骤1:给定初始点$x^{(0)}$,迭代精度$\varepsilon > 0$,令$k = 0$。

步骤2:计算梯度$\nabla f(x^{(k)})$。若$\|\nabla f(x^{(k)})\| < \varepsilon$,则迭代结束,近似极小值点取为$x^{(k)}$;否则转步骤3。

步骤3:用一维搜索法或微分法求最佳步长,若$f(x)$具有二阶连续偏导数,在$x^{(k)}$作$f[x^{(k)} - \lambda \nabla f(x^{(k)})]$的泰勒展开:

$$f[x^{(k)} - \lambda \nabla f(x^{(k)})] \approx f(x^{(k)}) - \nabla f(x^{(k)})^T \lambda \nabla f(x^{(k)}) + \frac{1}{2} \lambda \nabla f(x^{(k)})^T H(x^{(k)}) \lambda \nabla f(x^{(k)}) \tag{4-104}$$

对λ求导并令其为零,得出近似最佳步长:

$$\lambda_k = \frac{\nabla f(x^{(k)})^T \nabla f(x^{(k)})}{\nabla f(x^{(k)})^T H(x^{(k)}) \nabla f(x^{(k)})} \tag{4-105}$$

步骤4:令$x^{(k+1)} = x^{(k)} - \lambda_k \nabla f(x^{(k)})$,$k = k + 1$,转步骤2。

定理9(正交性) 最速下降法的任何两个相邻搜索方向正交(垂直)。

证明 由上述推论可知

$$\min_{\lambda \geq 0} f(x^{(k)} + \lambda p^{(k)}) = f(x^{(k)} + \lambda_k p^{(k)})$$

令$\varphi(\lambda) = f(x^{(k)} + \lambda p^{(k)})$,$\varphi(\lambda_k) = f(x^{(k)} + \lambda_k p^{(k)})$,则有

$$\varphi'(\lambda) = \nabla f(x^{(k)} + \lambda p^{(k)})^T p^{(k)}, \varphi'(\lambda_k) = \nabla f(x^{(k)} + \lambda_k p^{(k)})^T p^{(k)}$$

所以

$$\varphi'(\lambda_k) = \nabla f(x^{(k+1)})^T p^{(k)} = 0 \text{ 得证}。$$

梯度法(最速下降法)的优缺点:该方法简单,每迭代一次的工作量较小,而且即使从一个不好的初始点 $x^{(0)}$ 出发,也能保证算法的收敛性。缺点是当用最速下降法迭代趋近极小点时,其搜索路径呈直角锯齿状,在迭代开始时下降比较快,但是当迭代点列接近极小点时收敛速度会很慢。

例 4-11 用梯度法求 $f(x) = (x_1 - 2)^2 + (x_2 - 1)^2$ 的极小值点,已知初始点 $x^{(0)} = (0,0)^T$,$\varepsilon = 0.1$。

解 由题得

$$\nabla f(x) = [2(x_1 - 2), 2(x_2 - 1)]^T$$

将 $x^{(0)} = (0,0)^T$ 代入得

$$\nabla f(x^{(0)}) = (-4, -2)^T \quad \|\nabla f(x^{(0)})\| = \sqrt{(-4)^2 + (-2)^2} = \sqrt{20} > \varepsilon$$

因此要进行迭代

$$H(x) = \begin{pmatrix} 2 & 0 \\ 0 & 2 \end{pmatrix}$$

$$\lambda_0 = \frac{\nabla f(x^{(0)})^T \nabla f(x^{(0)})}{\nabla f(x^{(0)})^T H(x^{(0)}) \nabla f(x^{(0)})}$$

$$= \frac{1}{2}$$

$$x^{(1)} = x^{(0)} - \lambda_0 \nabla f(x^{(0)})$$

$$= \begin{pmatrix} 0 \\ 0 \end{pmatrix} - \frac{1}{2} \begin{pmatrix} -4 \\ -2 \end{pmatrix} = \begin{pmatrix} 2 \\ 1 \end{pmatrix}$$

$$\nabla f(x^{(1)}) = [2(2-2), 2(1-1)] = (0,0)$$

$$\|\nabla f(x^{(1)})\| < \varepsilon$$

迭代停止,即

$$x^{(1)} = \begin{pmatrix} 2 \\ 1 \end{pmatrix}$$

为极小值点。

二、牛顿法

在第二节中我们讲过求解一维极值问题的牛顿法,它容易推广到多维的情况,这个方法也是求解无约束极值问题的最早算法之一。

牛顿法的基本想法是:与一维极值问题类似,在局部,用一个二次函数 $\varphi(x)$ 近似地代替目标函数 $f(x)$,然后用 $\varphi(x)$ 的极小值点作为 $f(x)$ 的近似极小值点。设 $x^{(k)}$ 为 $f(x)$ 的一个近似极小值点,将函数 $f(x)$ 在 $x^{(k)}$ 点进行泰勒展开,并略去高于二次的项,则得

$$f(x) \approx \varphi(x) = f(x^{(k)}) + \nabla f(x^{(k)})^T(x - x^{(k)}) + \frac{1}{2}(x - x^{(k)})^T \nabla^2 f(x^{(k)})(x - x^{(k)}) \tag{4-106}$$

容易求得

$$\nabla \varphi(x) = \nabla f(x^{(k)}) + \nabla^2 f(x^{(k)})(x - x^{(k)}) \tag{4-107}$$

令 $\nabla \varphi(x) = 0$，得 $\varphi(x)$ 的极小值点为

$$\hat{x} = x^{(k)} - [\nabla^2 f(x^{(k)})]^{-1} \nabla f(x^{(k)}) \tag{4-108}$$

取 $\hat{x}$ 作为 $f(x)$ 的近似极小值点，这样得到牛顿法的迭代公式

$$x^{(k+1)} = x^{(k)} - [\nabla^2 f(x^{(k)})]^{-1} \nabla f(x^{(k)}) \tag{4-109}$$

当 $x^{(k+1)} - x^{(k)} < \varepsilon$ 时，迭代终止。

从上述可以看出：当目标函数是二次函数时，如它的极小值点存在，则用牛顿法只需迭代一次就可得到它的极小值点。

例 4-12 用牛顿迭代法求二次函数 $f(x_1,x_2) = x_1^2 - 2x_1 x_2 + \frac{3}{2}x_2^2 + x_1 - 2x_2$ 的极小值点，初始点 $x^{(0)} = (1,1)^T$，$\varepsilon = 0.1$。

解

$$\nabla f(x) = (2x_1 - 2x_2 + 1, -2x_1 + 3x_2 - 2)^T$$

由初始点得出

$$\nabla f(x^{(0)}) = (1, -1)^T, H(x^{(0)}) = \nabla^2 f(x^{(0)}) = \begin{pmatrix} 2 & -2 \\ -2 & 3 \end{pmatrix}$$

由牛顿迭代公式可以得出

$$x^{(1)} = x^{(0)} - H^{-1}(x^{(0)}) \times \nabla f(x^{(0)})$$

$$= \begin{pmatrix} 1 \\ 1 \end{pmatrix} - \begin{pmatrix} \frac{3}{2} & 1 \\ 1 & 1 \end{pmatrix} \begin{pmatrix} 1 \\ -1 \end{pmatrix} = \begin{pmatrix} \frac{1}{2} \\ 1 \end{pmatrix}$$

则

$$x^{(1)} - x^{(0)} = \begin{pmatrix} -\frac{1}{2} \\ 0 \end{pmatrix}$$

继续迭代

$$x^{(2)} = x^{(1)} - H^{-1}(x^{(1)}) \times \nabla f(x^{(1)})$$

$$= \begin{pmatrix} \frac{1}{2} \\ 1 \end{pmatrix} - \begin{pmatrix} \frac{3}{2} & 1 \\ 1 & 1 \end{pmatrix} \begin{pmatrix} 0 \\ 0 \end{pmatrix} = \begin{pmatrix} \frac{1}{2} \\ 1 \end{pmatrix}$$

则
$$x^{(2)} - x^{(1)} = \begin{pmatrix} 0 \\ 0 \end{pmatrix}$$

迭代终止,即
$$x^{(2)} = \begin{pmatrix} \frac{1}{2} \\ 1 \end{pmatrix}$$

为 $f(x_1, x_2)$ 的极小值点。

牛顿法的优缺点:牛顿法的计算步骤与最速下降法类似,只是采用的迭代公式不同,但牛顿法要比最速下降法的收敛速度快。牛顿法的缺点在于它要求 $f(x)$ 二阶连续可微,而且在迭代中,要计算海赛矩阵的逆矩阵 $[\nabla^2 f(x)]^{-1}$,这在一般情况下是困难的。另外,初始点 $x^{(0)}$ 不能离极小值点 x^* 太远,否则迭代可能不收敛。为了克服这个缺点,人们对牛顿法作了修正,提出了"阻尼"牛顿法,又称为修正牛顿法。

三、阻尼牛顿法

在牛顿法中,步长 λ_k 总是取为1,而在阻尼牛顿法中,是通过每步迭代时沿方向
$$p^{(k)} = -[\nabla^2 f(x^{(k)})]^{-1} \nabla f(x^{(k)}) \tag{4-110}$$

进行一维极小化搜索来决定 λ_k 的,即取 λ_k 使 $f(x^{(k)} + \lambda_k p^{(k)}) = \min_{\lambda \geq 0} f(x^{(k)} + \lambda p^{(k)})$,而用迭代公式 $x^{(k+1)} = x^{(k)} - \lambda_k [\nabla^2 f(x^{(k)})]^{-1} \nabla f(x^{(k)})$ 来代替牛顿法中的迭代公式。

阻尼牛顿法的计算步骤如下。

步骤1:给定初始点 $x^{(0)}$,迭代精度 $\varepsilon > 0$,令 $k = 0$。

步骤2:计算梯度 $\nabla f(x^{(k)})$。若 $\| \nabla f(x^{(k)}) \| < \varepsilon$,则迭代结束,近似极小值点 x^* 取为 $x^{(k)}$;否则转步骤3。

步骤3:计算 $[\nabla^2 f(x^{(k)})]^{-1}$ 及 $p^{(k)} = -[\nabla^2 f(x^{(k)})]^{-1} \nabla f(x^{(k)})$,然后对函数
$$\varphi(\lambda) = f(x^{(k)} + \lambda p^{(k)}) \tag{4-111}$$

进行一维极小值点搜索,来决定出步长 λ_k。

步骤4:令 $x^{(k+1)} = x^{(k)} + \lambda_k p^{(k)}$,$k = k + 1$,转步骤2。

例 4-13 用阻尼牛顿迭代法求函数 $f(x_1, x_2) = x_1^2 + 2x_2^2 - 4x_1 - 2x_1 x_2$ 的极小值点,$x^{(0)} = \begin{pmatrix} 1 \\ 1 \end{pmatrix}$,$\varepsilon = 0.1$。

解 由 $x^{(0)} = \begin{pmatrix} 1 \\ 1 \end{pmatrix}$,得
$$f(x^{(0)}) = -3$$
$$\nabla f(x^{(0)}) = \begin{pmatrix} 2x_1 - 4 - 2x_2 \\ 4x_2 - 2x_1 \end{pmatrix} = \begin{pmatrix} -4 \\ 2 \end{pmatrix}$$

故

$$\left[\nabla^2 f(x^{(0)})\right]^{-1} = \begin{pmatrix} 1 & \frac{1}{2} \\ \frac{1}{2} & \frac{1}{2} \end{pmatrix}$$

于是

$$p^{(0)} = -\left[\nabla^2 f(x^{(0)})\right]^{-1} \nabla f(x^{(0)}) = \begin{pmatrix} 3 \\ 1 \end{pmatrix}$$

$$\begin{aligned}\varphi(\lambda) &= f(x^{(0)} + \lambda p^{(0)}) = f(1+3\lambda, 1+\lambda) \\ &= (1+3\lambda)^2 + 2(1+\lambda)^2 - 4(1+3\lambda) - 2(1+3\lambda)(1+\lambda) \\ &= 5\lambda^2 - 10\lambda - 3\end{aligned}$$

$$\varphi'(\lambda) = 10\lambda - 10$$

令 $\varphi'(\lambda) = 0$，得 $\lambda_0 = 1$。

所以

$$x^{(1)} = x^{(0)} + \lambda_0 p^{(0)} = \begin{pmatrix} 4 \\ 2 \end{pmatrix}$$

$$\nabla f(x^{(1)}) = \begin{pmatrix} 0 \\ 0 \end{pmatrix}, \parallel \nabla f(x^{(1)}) \parallel = 0 < 0.1$$

迭代终止，$f(x)$ 的极小值点为

$$x^* = (4, 2)^T$$

阻尼牛顿法的优缺点：保持了牛顿法快速收敛的优点，又不要求初点选得很好，因而在实际应用中取得了较好的效果，但是其迭代过程中也没有避免要求海赛矩阵 $\nabla^2 f(x^{(k)})$ 的逆阵 $\left[\nabla^2 f(x^{(k)})\right]^{-1}$。

四、共轭梯度法

共轭梯度法比最速下降法的收敛速度要快得多，同时又避免了像牛顿法所要求的海赛矩阵的计算和求逆。共轭梯度法是由 Hesteness 和 Stiefel 于 1952 年为求解线性方程组而提出来的，后来用于求解无约束极值问题。共轭梯度法对一般目标函数的无约束优化问题的求解具有较高的效率，因此，它在无约束优化算法中占有重要的地位，是目前最常用的方法之一。由于它的计算公式简单，存储量少，可以用来求解比较复杂的问题。对于交通系统规划中遇到的极值问题，该方法是效果较好的算法。

（一）共轭方向

设 X 和 Y 是 n 维欧氏空间 E^n 中的两个向量，若有

$$X^T Y = 0 \tag{4-112}$$

就称 X 和 Y 正交。再设 A 为 $n \times n$ **对称正定阵**，如果 X 和 AY 正交，即有

$$X^T A Y = 0 \tag{4-113}$$

则称 X 和 Y 关于 A 共轭，或 X 和 Y 为 A **共轭**（A 正交）。

一般地，设 A 为 $n \times n$ 对称正定阵，若非零向量组 $P^{(1)}, P^{(2)}, \cdots, P^{(n)} \in E^n$ 满足条件

$$(P^{(i)})^T A P^{(j)} = 0 \quad (i \neq j; i,j = 1,2,\cdots,n) \tag{4-114}$$

则称该向量组为 A 共轭。如果 $A = I$（单位阵），则上述条件即为通常的正交条件。因此，A 共轭概念实际上是通常正交概念的推广。

定理 10 设 A 为 $n \times n$ 对称正定阵，$P^{(1)}, P^{(2)}, \cdots, P^{(n)}$ 为 A 共轭的非零向量，则这一组向量线性独立。

证明 设向量 $P^{(1)}, P^{(2)}, \cdots, P^{(n)}$ 之间存在如下线性关系

$$\alpha_1 P^{(1)} + \alpha_2 P^{(2)} + \cdots + \alpha_n P^{(n)} = 0 \tag{4-115}$$

对 $i = 1,2,\cdots,n$，用 $(P^{(i)})^T A$ 左乘上式得

$$\alpha_i (P^{(i)})^T A P^{(i)} = 0 \tag{4-116}$$

但 $P^{(i)} \neq 0$，A 为正定，即

$$(P^{(i)})^T A P^{(i)} > 0 \tag{4-117}$$

故必有

$$\alpha_i = 0 \quad (i = 1,2,\cdots,n) \tag{4-118}$$

从而 $P^{(1)}, P^{(2)}, \cdots, P^{(n)}$ 线性独立。

无约束极值问题的一个特殊情形是

$$\min f(X) = \frac{1}{2} X^T A X + B^T X + c \tag{4-119}$$

其中，A 为 $n \times n$ 对称正定阵；$X, B \in E^n$；c 为常数。问题式(4-120)称为**正定二次函数极小值问题**，它在整个最优化问题中占有极其重要的地位。

定理 11 设向量 $P^{(i)}, i = 1,2,\cdots,n-1$，为 A 共轭，则从任一点 $X^{(0)}$ 出发，相继以 $P^{(1)}, P^{(2)}, \cdots, P^{(n-1)}$ 为搜索方向的下述算法

$$\begin{cases} \min_\lambda f(X^{(k)} + \lambda P^{(k)}) = f(X^{(k)} + \lambda_k P^{(k)}) \\ X^{(k+1)} = X^{(k)} + \lambda_k P^{(k)} \end{cases} \tag{4-120}$$

经 n 次一维搜索收敛于极小点 X^*。

证明 由式(4-118)

$$\nabla f(X) = AX + B \tag{4-121}$$

设相继各次搜索得到的近似解分别为 $X^{(1)}, X^{(2)}, \cdots, X^{(n)}$，则

$$\nabla f(X^{(k)}) = AX^{(k)} + B \tag{4-122}$$

$$\begin{aligned} \nabla f(X^{(k+1)}) &= AX^{(k+1)} + B \\ &= A(X^{(k)} + \lambda_k P^{(k)}) + B \\ &= \nabla f(X^{(k)}) + \lambda_k A P^{(k)} \end{aligned} \tag{4-123}$$

假定 $\nabla f(X^{(k)}) \neq 0, k = 0,1,2,\cdots,n-1$，则有

$$\nabla f(X^{(n)}) = \nabla f(X^{(n-1)}) + \lambda_{n-1} A P^{(n-1)} = \cdots$$
$$= \nabla f(X^{(k+1)}) + \lambda_{k+1} A P^{(k+1)} + \lambda_{k+2} A P^{(k+2)} + \cdots + \lambda_{n-1} A P^{(n-1)} \qquad (4\text{-}124)$$

由于在进行一维搜索时,为确定最佳步长 λ_k,令

$$\frac{\mathrm{d}f(X^{(k+1)})}{\mathrm{d}\lambda} = \frac{\mathrm{d}f(X^{(k)} + \lambda P^{(k)})}{\mathrm{d}\lambda} = \nabla f(X^{(k+1)})^T P^{(k)} = 0 \qquad (4\text{-}125)$$

故对 $k = 0,1,2,\cdots,n-1$,有

$$(P^{(k)})^T \nabla f(X^{(n)}) = (P^{(k)})^T \nabla f(X^{(k+1)}) + \lambda_{k+1}(P^{(k)})^T A P^{(k+1)} + \cdots +$$
$$\lambda_{n-1}(P^{(k)})^T A P^{(n-1)} = 0 \qquad (4\text{-}126)$$

这就是,$\nabla f(X^{(n)})$ 和 n 个线性独立的向量 $P^{(1)},P^{(2)},\cdots,P^{(n-1)}$(它们为 A 共轭)正交,从而必有

$$\nabla f(X^{(n)}) = 0 \qquad (4\text{-}127)$$

即 $X^{(n)}$ 为 $f(X)$ 的极小点 X^*。

下面就二维正定二次函数的情况加以说明,以便读者对上述定理有个直观的认识。

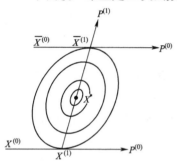

图 4-12 等值线

二维正定二次函数的等值线,在极小点附近可用一组共心椭圆来表示(图 4-12)。众所周知,过椭圆族中心 X^* 引任意直线,必与诸椭圆相交,各交点处的切线互相平行。如果在两个互相平行的方向上进行最优一维搜索,则可得 $f(X)$ 在此方向上的极小点 $X^{(1)}$ 和 $\overline{X}^{(1)}$ 的直线必通过椭圆族的中心,此两点必为椭圆族中心 X^*。

现从任一点 $X^{(0)}$ 出发,沿射线 $P^{(0)}$ 作一维搜索,则可得问题式(4-119)的目标函数 $f(X)$ 在射线 $X^{(0)} + \lambda P^{(0)}$ 上的极小点

$$X^{(1)} = X^{(0)} + \lambda_0 P^{(0)} \qquad (4\text{-}128)$$

其中 λ_0 满足

$$\nabla f(X^{(1)})^T P^{(0)} = 0 \qquad (4\text{-}129)$$

同样,从另一点 $\overline{X}^{(0)}$ 出发也沿 $P^{(0)}$ 方向作一维搜索,可得式(4-119)中 $f(X)$ 在射线 $\overline{X}^{(0)} + \lambda P^{(0)}$ 上的极小点

$$\overline{X}^{(1)} = \overline{X}^{(0)} + \lambda_0 P^{(0)} \qquad (4\text{-}130)$$

其中 λ_0 满足

$$\nabla f(\overline{X}^{(1)})^T P^{(0)} = 0 \qquad (4\text{-}131)$$

从而

$$[\nabla f(\overline{X}^{(1)}) - \nabla f(X^{(1)})]^T P^{(0)} = 0 \qquad (4\text{-}132)$$

但由式(4-119)
$$\nabla f(X) = AX + B \tag{4-133}$$

若令
$$P^{(1)} = \overline{X}^{(1)} - X^{(1)} \tag{4-134}$$

则有
$$(P^{(1)})^T A P^{(0)} = 0 \tag{4-135}$$

即 $P^{(1)}$ 和 $P^{(0)}$ 为 A 共轭。

上述分析说明，对于二维正定二次函数来说，从任一点 $X^{(0)}$ 出发，沿相互共轭的方向 $P^{(0)}$ 和 $P^{(1)}$ 进行两次一维搜索，即可收敛到函数的极小点。

(二)正定二次函数的共轭梯度法

对于问题式(4-118)来说，由于 A 为对称正定阵，故存在唯一极小点 X^*，它满足方程
$$\nabla f(X) = AX + B = 0 \tag{4-136}$$

且具有形式
$$X^* = -A^{-1}B \tag{4-137}$$

如果已知某共轭向量组 $P^{(0)}, P^{(1)}, \cdots, P^{(n-1)}$，由定理2可知，问题式(4-119)的极小点 X^* 可通过下列算法得到

$$\begin{cases} X^{(k+1)} = X^{(k)} + \lambda_k P^{(k)} \quad (k = 0, 1, 2, \cdots, n-1) \\ \lambda_k : \min_\lambda f(X^{(k)} + \lambda P^{(k)}) \\ X^{(n)} = X^* \end{cases} \tag{4-138}$$

算法式(4-138)称为**共轭方向法**。它要求：搜索方向 $P^{(0)}, P^{(1)}, \cdots, P^{(n-1)}$ 必须共轭；确定各近似极小值点时必须按最优一维搜索进行。

共轭梯度法是共轭方向法的一种，它的搜索方向是利用一维搜索所得极小点处函数的梯度生成的，我们现在就来构造正定二次函数的**共轭梯度法**。

由于
$$\nabla f(X) = AX + B \tag{4-139}$$

故有
$$\nabla f(X^{(k+1)}) - \nabla f(X^{(k)}) = A(X^{(k+1)} - X^{(k)}) \tag{4-140}$$

但
$$X^{(k+1)} = X^{(k)} + \lambda_k P^{(k)} \tag{4-141}$$

故
$$\nabla f(X^{(k+1)}) - \nabla f(X^{(k)}) = \lambda_k A P^{(k)} \quad (k = 0, 1, 2, \cdots, n-1) \tag{4-142}$$

任取初始近似点 $X^{(0)}$，并取初始搜索方向为此点的负梯度方向，即
$$P^{(0)} = -\nabla f(X^{(0)}) \tag{4-143}$$

沿射线 $X^{(0)} + \lambda P^{(0)}$ 进行一维搜索，得

$$\begin{cases} X^{(1)} = X^{(0)} + \lambda_0 P^{(0)} \\ \lambda_0 : \min_{\lambda} f(X^{(0)} + \lambda P^{(0)}) \end{cases} \tag{4-144}$$

算出 $\nabla f(X^{(1)})$，由式(4-124)知

$$\nabla f(X^{(1)})^T P^{(0)} = -\nabla f(X^{(1)})^T \nabla f(X^{(0)}) = 0 \tag{4-145}$$

从而可知 $\nabla f(X^{(1)})$ 和 $\nabla f(X^{(0)})$ 正交[这里假设 $\nabla f(X^{(1)})$ 和 $\nabla f(X^{(0)})$ 均不等于零]。$\nabla f(X^{(1)})$ 和 $\nabla f(X^{(0)})$ 构成正交系，我们可以在由它们生成的二维子空间中寻求 $P^{(1)}$，为此，可令

$$P^{(1)} = -\nabla f(X^{(1)}) + \alpha_0 \nabla f(X^{(0)}) \tag{4-146}$$

其中 α_0 为**待定系数**。欲使 $P^{(0)}$ 和 $P^{(1)}$ 为 A 共轭，由式(4-141)，必须满足

$$[-\nabla f(X^{(1)}) + \alpha_0 \nabla f(X^{(0)})]^T [\nabla f(X^{(1)}) - \nabla f(X^{(0)})] = 0 \tag{4-147}$$

故

$$-\alpha_0 = \frac{\nabla f(X^{(1)})^T \nabla f(X^{(1)})}{\nabla f(X^{(0)})^T \nabla f(X^{(0)})} \tag{4-148}$$

令

$$\beta_0 = -\alpha_0 = \frac{\nabla f(X^{(1)})^T \nabla f(X^{(1)})}{\nabla f(X^{(0)})^T \nabla f(X^{(0)})} \tag{4-149}$$

由此可得

$$P^{(1)} = -\nabla f(X^{(1)}) + \beta_0 P^{(0)} \tag{4-150}$$

以 $P^{(1)}$ 为搜索方向进行最优一维搜索，可得

$$\begin{cases} X^{(2)} = X^{(1)} + \lambda_1 P^{(1)} \\ \lambda_1 : \min_{\lambda} f(X^{(1)} + \lambda P^{(1)}) \end{cases} \tag{4-151}$$

算出 $\nabla f(X^{(2)})$，假定 $\nabla f(X^{(2)}) \neq 0$，因为 $P^{(1)}$ 和 $P^{(0)}$ 为 A 共轭，故

$$\nabla f(X^{(0)})^T [\nabla f(X^{(2)}) - \nabla f(X^{(1)})] = 0 \tag{4-152}$$

但

$$\nabla f(X^{(0)})^T \nabla f(X^{(1)}) = 0 \tag{4-153}$$

故

$$\nabla f(X^{(0)})^T \nabla f(X^{(2)}) = 0 \tag{4-154}$$

由于

$$\nabla f(X^{(2)})^T P^{(1)} = \nabla f(X^{(2)})^T [-\nabla f(X^{(1)}) + \alpha_0 \nabla f(X^{(0)})] = 0 \tag{4-155}$$

所以
$$\nabla f(X^{(2)})^T \nabla f(X^{(1)}) = 0 \qquad (4\text{-}156)$$

即 $\nabla f(X^{(2)})$、$\nabla f(X^{(1)})$ 和 $\nabla f(X^{(0)})$ 构成一正交系。现在由它们生成的三维子空间中，寻求与 $P^{(1)}$ 和 $P^{(0)}$ 为 A 共轭的搜索方向 $P^{(2)}$。令

$$P^{(2)} = -\nabla f(X^{(2)}) + \alpha_1 \nabla f(X^{(1)}) + \alpha_0 \nabla f(X^{(0)}) \qquad (4\text{-}157)$$

其中 α_0 和 α_1 均为待定系数。由于 $P^{(2)}$ 应与 $P^{(0)}$ 和 $P^{(1)}$ 为 A 共轭，故须满足

$$[-\nabla f(X^{(2)}) + \alpha_1 \nabla f(X^{(1)}) + \alpha_0 \nabla f(X^{(0)})]^T [\nabla f(X^{(1)}) - \nabla f(X^{(0)})] = 0 \qquad (4\text{-}158)$$

$$[-\nabla f(X^{(2)}) + \alpha_1 \nabla f(X^{(1)}) + \alpha_0 \nabla f(X^{(0)})]^T [\nabla f(X^{(2)}) - \nabla f(X^{(1)})] = 0 \qquad (4\text{-}159)$$

从而

$$\alpha_1 \nabla f(X^{(1)})^T \nabla f(X^{(1)}) - \alpha_0 \nabla f(X^{(0)})^T \nabla f(X^{(0)}) = 0 \qquad (4\text{-}160)$$

$$-\nabla f(X^{(2)})^T \nabla f(X^{(2)}) - \alpha_1 \nabla f(X^{(1)})^T \nabla f(X^{(1)}) = 0 \qquad (4\text{-}161)$$

解之得

$$-\alpha_1 = \frac{\nabla f(X^{(2)})^T \nabla f(X^{(2)})}{\nabla f(X^{(1)})^T \nabla f(X^{(1)})} \qquad (4\text{-}162)$$

$$\alpha_0 = \alpha_1 \frac{\nabla f(X^{(1)})^T \nabla f(X^{(1)})}{\nabla f(X^{(0)})^T \nabla f(X^{(0)})} \qquad (4\text{-}163)$$

令 $\beta_1 = -\alpha_1$，则 $\alpha_0 = -\beta_1 \beta_0$，于是

$$\begin{aligned}
P^{(2)} &= -\nabla f(X^{(2)}) - \beta_1 \nabla f(X^{(1)}) - \beta_0 \beta_1 \nabla f(X^{(0)}) \\
&= -\nabla f(X^{(2)}) + \beta_1 [-\nabla f(X^{(1)}) - \beta_0 \nabla f(X^{(0)})] \\
&= -\nabla f(X^{(2)}) + \beta_1 [-\nabla f(X^{(1)}) + \beta_0 P^{(0)}] \\
&= -\nabla f(X^{(2)}) + \beta_1 P^{(1)}
\end{aligned} \qquad (4\text{-}164)$$

继续上述步骤，可得一般公式如下

$$\begin{cases} P^{(k+1)} = -\nabla f(X^{(k+1)}) + \beta_k P^{(k)} \\ \beta_k = \dfrac{\nabla f(X^{(k+1)})^T \nabla f(X^{(k+1)})}{\nabla f(X^{(k)})^T \nabla f(X^{(k)})} \end{cases} \qquad (4\text{-}165)$$

对于正定二次函数来说

$$\nabla f(X) = AX + B \qquad (4\text{-}166)$$

由式(4-142)

$$\nabla f(X^{(k+1)}) = \nabla f(X^{(k)}) + \lambda_k A P^{(k)} \tag{4-167}$$

由于进行的是最优一维搜索,故有

$$\nabla f(X^{(k+1)})^T P^{(k)} = 0 \tag{4-168}$$

从而

$$\lambda_k = -\frac{\nabla f(X^{(k)})^T P^{(k)}}{(P^{(k)})^T A P^{(k)}} \tag{4-169}$$

如此,即可得共轭梯度法的一组计算公式如下

$$X^{(k+1)} = X^{(k)} + \lambda_k P^{(k)} \quad (k = 0,1,2,\cdots,n-1) \tag{4-170}$$

$$\lambda_k = -\frac{\nabla f(X^{(k)})^T P^{(k)}}{(P^{(k)})^T A P^{(k)}} \quad (k = 0,1,2,\cdots,n-1) \tag{4-171}$$

$$P^{(k+1)} = -\nabla f(X^{(k+1)}) + \beta_k P^{(k)} \quad (k = 0,1,2,\cdots,n-1) \tag{4-172}$$

$$\beta_k = \frac{\nabla f(X^{(k+1)})^T \nabla f(X^{(k+1)})}{\nabla f(X^{(k)})^T \nabla f(X^{(k)})} \quad (k = 0,1,2,\cdots,n-1) \tag{4-173}$$

其中 $X^{(0)}$ 为初始近似值

$$P^{(0)} = -\nabla f(X^{(0)}) \tag{4-174}$$

由于 $P^{(k)} = -\nabla f(X^{(k)}) + \beta_{k-1} P^{(k-1)}$ 以及 $\nabla f(X^{(k)})^T P^{(k-1)} = 0$,故式(4-172)也可以写成

$$\lambda_k = \frac{\nabla f(X^{(k)})^T \nabla f(X^{(k)})}{(P^{(k)})^T A P^{(k)}} \tag{4-175}$$

式(4-173)最先由弗莱彻(Fletcher)和瑞夫斯(Reeves)提出,故此法亦称为 FR 共轭梯度法。上述公式还有其他等价形式。例如,借助于式(4-144),可将它变为

$$\beta_k = \frac{\nabla f(X^{(k+1)})^T A P^{(k)}}{(P^{(k)})^T A P^{(k)}} \tag{4-176}$$

现将共轭梯度法的计算步骤总结如下。

步骤1:选择初始近似 $X^{(0)}$,给出允许误差 $\varepsilon > 0$。

步骤2:计算

$$P^{(0)} = -\nabla f(X^{(0)}) \tag{4-177}$$

并用式(4-170)和式(4-171)算出 $X^{(1)}$。计算步长也可使用以前介绍过的一维搜索法。

步骤3:一般地,假定已经得出 $X^{(k)}$ 和 $P^{(k)}$,则可计算其第 $k+1$ 次近似 $X^{(k+1)}$

$$\begin{cases} X^{(k+1)} = X^{(k)} + \lambda_k P^{(k)} \\ \lambda_k : \min_{\lambda} f(X^{(k)} + \lambda P^{(k)}) \end{cases} \tag{4-178}$$

步骤4:若 $\|\nabla f(X^{(k+1)})\| \leq \varepsilon$,停止计算,$X^{(k+1)}$ 即为要求的近似解。否则,若 $k < n-1$,

则用式(4-173)和式(4-174)计算 β_k 和 $P^{(k+1)}$，并转向第 3 步。

应当指出，对于二次函数的情形，从理论上说，进行 n 次迭代即可达到极小点。但是，在实际计算中，由于数据的舍入以及计算误差的积累，往往无法实现这一点。此外，由于 n 维问题的共轭方向最多只有 n 个，在 n 步以后继续如上步骤是没有意义的。因此，在实际应用时，如迭代到 n 步还不收敛，就将 $X^{(n)}$ 作为新的初始近似，重新开始迭代。根据实际经验，采用这种再开始的办法，一般都可以得到较好的效果。

例 4-14 用共轭梯度法求二次函数 $f(x_1,x_2) = x_1^2 + 2x_2^2 - 4x_1 - 2x_1x_2$ 的极小值点，初始点 $x^{(0)} = (1,1)^T$，迭代到 $\|\nabla f(x^{(k)})\| < 0.1$。

解

$$\nabla f(x) = \begin{pmatrix} 2x_1 - 4 - 2x_2 \\ 4x_2 - 2x_1 \end{pmatrix}$$

由 $x^{(0)} = (1,1)^T$ 得

$$\nabla f(x^{(0)}) = \begin{pmatrix} -4 \\ 2 \end{pmatrix}$$

则

$$H = \nabla^2 f(x) = \begin{pmatrix} 2 & -2 \\ -2 & 4 \end{pmatrix}$$

$$p^{(0)} = -\nabla f(x^{(0)}) = \begin{pmatrix} 4 \\ -2 \end{pmatrix}$$

$$\lambda_0 = -\frac{\nabla f(x^{(0)})^T p^{(0)}}{(p^{(0)})^T H p^{(0)}} = 0.25$$

$$x^{(1)} = x^{(0)} + \lambda_0 p^{(0)} = \begin{pmatrix} 2 \\ 0.5 \end{pmatrix}, \quad \|\nabla f(x^{(1)})\| = \sqrt{5} > 0.1$$

继续迭代

$$p^{(1)} = -\nabla f(x^{(1)}) + \frac{\|\nabla f(x^{(1)})\|^2}{\|\nabla f(x^{(0)})\|^2} p^{(0)} = \begin{pmatrix} 2 \\ 1.5 \end{pmatrix}$$

同理可得

$$\lambda_1 = 1, \quad x^{(2)} = \begin{pmatrix} 4 \\ 2 \end{pmatrix}, \quad \nabla f(x^{(2)}) = \begin{pmatrix} 0 \\ 0 \end{pmatrix}$$

$$\|\nabla f(x^{(2)})\| = 0 < 0.1$$

迭代终止，即 $x^{(2)} = (4,2)^T$ 是原函数的极小值点。

例 4-15 用共轭梯度法求 $f(x_1,x_2) = x_1^3 + x_2^3 - 3x_1x_2$ 的极小值点，初始点 $x^{(0)} = (2,2)^T$，迭代到 $\|\nabla f(x^{(k)})\| < 0.1$。

解

$$\nabla f(x) = \begin{pmatrix} 3x_1^2 - 3x_2 \\ 3x_2^2 - 3x_1 \end{pmatrix}$$

由初始点 $x^{(0)} = (2,2)^T$ 得

$$\nabla f(x^{(0)}) = \begin{pmatrix} 6 \\ 6 \end{pmatrix}$$

$$p^{(0)} = -\nabla f(x^{(0)}) = \begin{pmatrix} -6 \\ -6 \end{pmatrix}$$

$$x^{(1)} = x^{(0)} + \lambda_0 p^{(0)} = \begin{pmatrix} 2-6\lambda \\ 2-6\lambda \end{pmatrix}$$

则代入原式后得

$$f(x^{(1)}) = 4(1-3\lambda)^2(1-12\lambda)$$

$$\frac{\partial f(x^{(1)})}{\partial \lambda} = -72(1-3\lambda)(1-6\lambda) = 0 \quad \left(\lambda = \frac{1}{3} \text{ 或 } \lambda = \frac{1}{6}\right)$$

当 $\lambda = \frac{1}{3}$ 时，$x^{(1)} = \begin{pmatrix} 0 \\ 0 \end{pmatrix}$，$f(x^{(1)}) = 0$，$\|\nabla f(x^{(1)})\| = 0 < 0.1$。

当 $\lambda = \frac{1}{6}$ 时，$x^{(1)} = \begin{pmatrix} 1 \\ 1 \end{pmatrix}$，$f(x^{(1)}) = -1$，$\|\nabla f(x^{(1)})\| = 0 < 0.1$。

因此取 $\lambda = \frac{1}{6}$ 时原函数取得最小值，即 $x^{(1)} = \begin{pmatrix} 1 \\ 1 \end{pmatrix}$ 为所求的极小值点。

五、变尺度法

变尺度法的基本思想是：在确定每次迭代的搜索方向时，用不包含二阶导数的矩阵 H_k 取代牛顿法中的海赛逆矩阵 $[\nabla^2 f(x^{(k)})]^{-1}$，得到搜索方向 $p^{(k)} = -H_k \nabla f(x^{(k)})$，然后沿此方向作一维搜索。由于构造近似矩阵 H_k 的方法不同，因而有不同的变尺度法。本书主要介绍的变尺度法是由 Davidon 于 1959 年首先提出，1963 年由 Fletcher 和 Powell 作了修正的 DFP 变尺度算法或简称 DFP 法。

DFP 变尺度算法求解非线性无约束极值问题的计算步骤如下。

步骤1：给定初始点 $x^{(0)}$，允许误差 $\varepsilon > 0$ 和初始矩阵 $H_0 = I$（I 为单位阵）。

步骤2：计算点 $x^{(0)}$ 处的梯度 $g_0 = \nabla f(x^{(0)})$，令 $k = 0$。

步骤3：计算 $p^{(k)} = -H_k g_k$，并沿 $p^{(k)}$ 方向进行一维搜索，求出步长 λ_k，使它满足 $f(x^{(k)} + \lambda_k p^{(k)}) = \min_{\lambda \geq 0}[f(x^{(k)}) + \lambda p^{(k)}]$。然后令 $x^{(k+1)} = x^{(k)} + \lambda_k p^{(k)}$，计算 $g_{k+1} = \nabla f(x^{(k+1)})$。

步骤4：如果 $\|g_{k+1}\| < \varepsilon$，则取极小值点 $x^* = x^{(k+1)}$，计算结束，否则计算 $\begin{cases} \Delta x_k = x^{(k+1)} - x^{(k)} \\ \Delta g_k = g_{k+1} - g_k \end{cases}$。

再由公式 $H_{k+1} = H_k + \dfrac{\Delta x_k \Delta x_k^T}{\Delta x_k^T \Delta g_k} - \dfrac{H_k \Delta g_k (H_k \Delta g_k)^T}{\Delta g_k^T H_k \Delta g_k}$ 计算 H_{k+1}。

步骤5：若 $k \neq n-1$，则令 $k = k+1$，转步骤3；若 $k = n-1$，则令 $x^{(0)} = x^{(k+1)}$，$k = 0$，转步骤3。

例 4-16 用变尺度法求函数 $f(x_1,x_2) = x_1^2 + 2x_2^2 - 4x_1 - 2x_1x_2$ 的极小值点,初始点 $x^{(0)} = (1,1)^T$,迭代到 $\|\nabla f(x^{(k)})\| < 0.1$。

解

$$\nabla f(x) = \begin{pmatrix} 2x_1 - 4 - 2x_2 \\ 4x_2 - 2x_1 \end{pmatrix}$$

由初始点 $x^{(0)} = (1,1)^T$ 得

$$g_0 = \nabla f(x^{(0)}) = \begin{pmatrix} -4 \\ 2 \end{pmatrix}$$

$$p^{(0)} = -H_0 g_0 = (4, -2)^T$$

$$x^{(1)} = x^{(0)} + \lambda p^{(0)} = (1+4\lambda, 1-2\lambda)^T$$

所以

$$f(x^{(1)}) = 40\lambda^2 - 20\lambda - 3$$

令

$$\frac{df}{d\lambda} = 80\lambda - 20 = 0$$

得

$$\lambda_0 = 0.25$$

则

$$x^{(1)} = (2, 0.5)^T$$
$$g_1 = \nabla f(x^{(1)}) = (-1, -2)^T$$
$$\|\nabla f(x^{(1)})\| = \sqrt{5} > 0.1$$

继续迭代,因为

$$\Delta x_0 = x^{(1)} - x^{(0)} = (1, -0.5)^T$$
$$\Delta g_0 = (3, -4)^T$$

所以代入公式得

$$H_1 = H_0 + \frac{\Delta x_0 (\Delta x_0)^T}{(\Delta x_0)^T \Delta g_0} - \frac{(H_0 \Delta g_0)(H_0 \Delta g_0)^T}{\Delta g_0^T H_0 \Delta g_0}$$

$$= \begin{pmatrix} \frac{21}{25} & \frac{19}{50} \\ \frac{19}{50} & \frac{41}{100} \end{pmatrix}$$

$$p_1 = -H_1 g_1 = \left(\frac{8}{5}, \frac{6}{5}\right)^T$$

$$x^{(2)} = x^{(1)} + \lambda p^{(1)} = \left(2 + \frac{8\lambda}{5}, 0.5 + \frac{6\lambda}{5}\right)^T$$

所以

$$f(x^{(2)}) = \frac{8\lambda^2}{5} - 4\lambda - 5.5$$

令

$$\frac{df}{d\lambda} = \frac{16\lambda}{5} - 4 = 0$$

得

$$\lambda_1 = 1.25, x^{(2)} = (4,2)^T$$

这时

$$\nabla f(x^{(2)}) = (0,0)^T$$

因此，$x^{(2)}$ 即为函数的极小值点。

变尺度法的优缺点：它避免了计算二阶导数海赛矩阵及其求逆过程，同时比梯度法的收敛速度快，特别是对高维极值问题具有显著的优越性；但是它需要的存储量较大。

第四节　有约束极值问题

实际问题中的变量大多受到一定的限制，从数学规划的角度，这种限制体现为相应的约束条件。带有约束条件的极值问题统称为约束极值问题，也叫规划问题。在道路工程与交通系统规划中经常遇到的许多问题的数学模型描述大都是非线性最优化问题，而且规划模型中的变量和约束条件一般比较多，因此高效省时地求解道路交通工程上的该类数学规划问题意义重大。

一般非线性给定约束极小化问题表达如下：

$$\min f(x)$$
$$\text{s.t.} \begin{cases} h_j(x) = 0 & (j=1,2,\cdots,m) \\ g_i(x) \geqslant 0 & (i=1,2,\cdots,n) \end{cases} \tag{4-179}$$

或

$$\min f(x)$$
$$\text{s.t.} \quad g_i(x) \geqslant 0 \quad (i=1,2,\cdots,n) \tag{4-180}$$

设该问题的可行域为

$X = \{x \in R^n | g_i(x) \geqslant 0, i=1,2,\cdots,n; h_j(x) = 0, j=1,2,\cdots,m\}, X \neq R^n$。对 $\forall x^* \in X$，令 $J = \{1,2,\cdots,m\}, x = \{1,2,\cdots,n\}$，则对 $\forall x^* \in X$，有 $g_i(X^*) \geqslant 0, h_j(X^*) = 0$，其中 $i \in I, j \in J$。

对于有约束极小值问题，在注意目标函数值每次迭代应有所下降外，还应注意在实际问题中解的可行性（主要针对最终结果的解），求解约束极值问题比前一节的求解无约束极值问题困难一些。为了有效寻求最优解，我们可以：

(1) 转化成无约束极值问题求解，如惩罚函数法、乘子法等。

(2) 转化成线性规划问题，变成简单问题来处理，如二次规划法等。

(3) 直接求解的方法，如可行方向法等。

本小节将学习求解非线性约束极值问题的一些主流且有效的算法,重点学习两类方法:惩罚函数法、可行方向法,对其余方法如二次规划与极大熵方法只做简单介绍。首先来了解一下解的最优性条件。

一、解的最优性条件

假定 $f(X)$、$h_j(X)(j=1,2,\cdots,m)$、$g_i(X)(i=1,2,\cdots,n)$ 均有一阶连续偏导数,设 X^* 是非线性规划的一个可行解,即满足所有约束。考虑 X^* 满足 $g_i(X) \geq 0$ 的两种情形:X^* 处于 $g_i(X) > 0$ 的区域内,即不在约束条件的边界上,我们认为这一约束对 X^* 无效,称该约束条件为该可行解的不起作用约束;X^* 处于 $g_i(X) = 0$ 的可行域边界,即对 X^* 起到了限制作用,称为该可行解的起作用约束。

假定 X^* 为非线性规划的极小点,那么不等式约束有可能为 X^* 的不起作用约束,也可能为起作用约束。若为前者,该问题可看作一个无约束问题,则必满足 $\nabla f(X^*) = 0$;若为后者,即为本节要解决的约束非线性规划问题。

因为许多求解的方法都与最优性条件有密切的关系,因此这里先介绍非线性规划解的最优性条件。

首先,基于一般非线性给定约束极小化问题(式4-179),将紧约束指标集用 $I(x^{(0)})$ 进行符号化表示:

$$I(x^{(0)}) = \{i \mid g_i(x^{(0)}) = 0, 1 \leq i \leq n\} \qquad (4\text{-}181)$$

其中 $x^{(0)}$ 为式(4-179)的可行点,即 $x^{(0)} \in X$。

定理 12(最优性的一阶必要条件) 设 x^* 是式(4-179)的一个可行解,$f(x)$,$g_i(x)$ $(i \in I(x^*))$ 在 x^* 点可微,$g_i(x)(i \notin I(x^*))$ 在 x^* 点连续,$\nabla g_i(x^*)$,$i \in I(x^*)$,$\nabla h_j(x^*)$,$j = 1,2,\cdots,m$ 线性无关,若 x^* 是式(4-179)的局部最优解,则存在实数 u_i,v_j(其中 $i \in I(x^*)$,$j = 1,2,\cdots,m$)使得

$$\nabla f(x^*) - \sum_{i \in I} u_i \nabla g_i(x^*) - \sum_{j=1}^{m} v_j \nabla h_j(x^*) = 0$$
$$u_i \geq 0, \ i \in I(x^*)$$

如果 $i \notin I(x^*)$ 时,$g_i(x)$ 在点 x^* 可微,则上述条件可改写成

$$\nabla f(x^*) - \sum_{i=1}^{n} u_i \nabla g_i(x^*) - \sum_{j=1}^{m} v_j \nabla h_j(x^*) = 0 \qquad (4\text{-}182)$$

$$u_i \geq 0, \ i = 1,2,\cdots,n \qquad (4\text{-}183)$$

$$u_i g_i(x^*) = 0, \ i = 1,2,\cdots,n \qquad (4\text{-}184)$$

上述条件式(4-182)~式(4-184)称为 Kuhn-Tucker 最优性必要条件,满足条件式(4-182)~式(4-184)的点称为 Kuhn-Tucker 点,简称为 K-T 点。条件式(4-184)称为互补松弛条件。为此引入 Largrange 函数

$$L(x,u,v) = f(x) + \sum_{i=1}^{n} u_i g_i(x) + \sum_{j=1}^{m} v_j h_j(x) \qquad (4\text{-}185)$$

其中 $u = (u_1, u_2, \cdots, u_n)^T$,$v = (v_1, v_2, \cdots, v_m)^T$ 称为 Largrange 乘子向量。

由定理12可知:若 x^* 是问题式(4-179)的最优解,则存在 $u^*(\geq 0)$,v^* 使 $(x^*, u^*,$

v^*)是 $L(x,u,v)$ 的稳定点。

定理 13（最优性的充分条件） 设 $x^* \in X$，在 x^* 处式(4-182)~式(4-184)的 K-T 条件成立，即存在数 $u_i \geq 0 (i \in I(x^*))$ 和 $v_i (i = 1,2,\cdots,m)$，使得

$$\nabla f(x^*) - \sum_{i \in I} u_i \nabla g_i(x^*) - \sum_{i=1}^{m} v_i \nabla h_i(x^*) = 0 \tag{4-186}$$

令 $K = \{i | v_i < 0\}$，$J = \{i | v_i > 0\}$，设 $f(x)$ 在 x^* 点是凸函数，$g_i(x)(i \in I)$ 在 x^* 点也是凸函数，$h_i(x)(i \in K)$ 在 x^* 点也是凸函数，$h_i(x)(i \in J)$ 在 x^* 点是凹函数，则 x^* 是问题式(4-179)的全局最优解。

例 4-17 试写出非线性规划问题的 K-T 条件并进行求解：

$$\begin{cases} \max f(x) = -(x-9)^2 \\ 7 \leq x \leq 11 \end{cases}$$

解 先将非线性规划问题改写成以下形式：

$$\min f(x) = (x-9)^2$$
$$\text{s. t.} \begin{cases} g_1(x) = x - 7 \geq 0 \\ g_2(x) = -x + 11 \geq 0 \end{cases}$$

写出目标函数、约束函数的梯度：

$$\nabla f(x) = 2(x-9), \nabla g_1(x) = 1, \nabla g_2(x) = -1$$

对约束条件 $g_1(x)$ 和 $g_2(x)$，分别引入广义拉格朗日乘子 γ_1^*, γ_2^*，设 K-T 点为 X^*，则该问题的 K-T 条件如下：

$$\begin{cases} 2(x^*-9) - \gamma_1^* + \gamma_2^* = 0 \\ \gamma_1^*(x^*-7) = 0 \\ \gamma_2^*(11-x^*) = 0 \\ \gamma_1^*, \gamma_2^* \geq 0 \end{cases}$$

求解上述方程组，分情况考虑：

(1) $\gamma_1^* \neq 0, \gamma_2^* \neq 0$，无解。

(2) $\gamma_1^* = \gamma_2^* = 0$，解得，$X^* = 9$ 是 K-T 点，其目标函数值为：$f(x^*) = 0$。

(3) $\gamma_1^* \neq 0, \gamma_2^* = 0$，解得，$X^* = 7$ 是 K-T 点，其目标函数值为：$f(x^*) = 4$。

(4) $\gamma_1^* = 0, \gamma_2^* \neq 0$，解得，$X^* = 11$ 是 K-T 点，其目标函数值为：$f(x^*) = 4$。

由于该线性规划问题为非凸规划，在此情况下 K-T 条件只能确定为最优点的必要条件，非充分条件，故不能推断 $X^* = 9$ 一定是其全局极小值点，有待进一步判断。

二、惩罚函数法

惩罚函数法的基本思想是，利用问题中的约束函数做出适当的带有参数的惩罚函数，然后在原来的目标函数上加上惩罚函数构造出带参数的增广目标函数，把有约束非线性规划问题的求解转换为一系列无约束非线性规划问题进行求解。此方法也称为序列无约束极小化技术，简称为 SUMT，常用的制约函数有两类：一是惩罚函数，一是障碍函数；对应这两类函

数常用的方法分别为外点法和内点法。

(一)外点法

惩罚函数法是序列无约束极小化技术之一,又称为 SUMT 外点法。我们之前提到直接求解约束非线性规划会有些难度,那么若能够设法适当地加大非可行点处对应的目标函数值,就可使非可行点不能成为相应无约束极小化问题的最优解,从而便于找出最优解。

设式(4-179)的 $f(X)$、$h_j(X)(j=1,2,\cdots,m)$、$g_i(X)(i=1,2,\cdots,n)$ 均有一阶连续偏导数,为求其最优解,先构造一个函数 $\varphi(t)$:

$$\varphi(t) = \begin{cases} 0, t \geq 0 \\ t^2, t < 0 \end{cases} \tag{4-187}$$

特殊地,取 t 处 $\varphi'(t) = 0$,且 $\varphi(t)$ 与 $\varphi'(t)$ 对任意 t 均连续。

令 $t = g_i(X)$,取一个足够大的常数 $M(M>0)$,引出式(4-180)的惩罚函数:

$$F(X,M) = f(X) + M\sum_{i=1}^{n}\varphi[g_i(X)] \tag{4-188}$$

或理解为

$$F(X,M) = f(X) + M\sum_{i=1}^{n}\left\{\min[0,g_i(X)]\right\}^2 \tag{4-189}$$

定义在 R^n 上的函数 $P(X) = M\sum_{i=1}^{n}\varphi[g_i(X)] = M\sum_{i=1}^{n}\{\min[0,g_i(X)]\}^2$,称为惩罚项,这里 M 为惩罚因子,所求的点 (X,M) 对应的目标函数值即为原问题的极小解或近似极小解。事实上,对于所有 $X \in R$,应当有 $f(X) \leq F(X,M)$。从 $\varphi(t)$ 的构造容易验证,这样的惩罚项 $\sum_{i=1}^{n}\varphi[g_i(X)] = \sum_{i=1}^{n}\{\min[0,g_i(X)]\}^2$ 首先满足连续非负函数的条件;且当 $X \in S$ 时,不论 M 取何值,惩罚项都为零,S 为可行集。当不满足约束条件,即 $X \notin S$ 时,必定存在一个 $i \in \{1,2,\cdots,n\}$,使得 $g_i(X) < 0$,则惩罚项 $\sum_{i=1}^{n}\varphi[g_i(X)] > 0$。

同时惩罚因子是一个足够大的常数,因此 $\sum_{i=1}^{n}\varphi[g_i(X)] > 0$ 的值越大,$F(X,M) = f(X) + M\sum_{i=1}^{n}\varphi[g_i(X)]$ 的值也越大,目标函数的值也越发偏离目标的极小值,从而对不满足约束条件的点造成一种惩罚。且 M 越大,惩罚得越厉害;反之,若满足约束条件,则不受惩罚。

综上所述,外点法迭代步骤如下。

步骤1:选取 $M_1 > 0$,精度 $\varepsilon > 0$,令 $k = 1$。

步骤2:取 $x^{(0)}$ 为初始点,求解无约束极小化问题 $\min F(X,M) = f(X) + M_k\sum_{i=1}^{n}\{\min[0,g_i(X)]\}^2$,并设其最优解为 $X^{(k)} = x(M_k)$。

步骤3:若出现某个 $i(1 \leq i \leq n)$ 不满足约束,有 $-g_i(x^{(k)}) \geq \varepsilon$,则重新取惩罚因子 $M_{k+1} > M_k$(可按倍数取值),令 $k = k + 1$,并带入步骤2。否则,停止迭代,可得近似极小值 $X_{\min} \approx X^{(k)}$。

在迭代过程中,其任一个极限点都是约束极值问题的一个最优解。综上可以看出,外点法的优点之一,就是函数 $F(X,M)$ 是在整个 E^n 空间内寻找最优点,且初始点可随意选择,降低了计算难度。

例 4-18 用外点法求解下列非线性约束规划问题,并求出当惩罚因子等于 3 和 30 时的近似解。

$$\min f(X) = x_1^2 + x_2^2$$
$$\text{s.t. } x_2 = 1$$

解 构造惩罚函数 $P(X,M) = x_1^2 + x_2^2 + M\{\min[0,(x_2-1)]\}^2$,则

$$\frac{\partial P}{\partial x_1} = 2x_1, \frac{\partial P}{\partial x_2} = 2x_2 + 2M\{\min[0,(x_2-1)]\}$$

对于不满足约束条件的点 $X = (x_1, x_2)^T$,有 $x_2 \neq 1$。

令

$$\frac{\partial P}{\partial x_1} = \frac{\partial P}{\partial x_2} = 0$$

即

$$2x_1 = 2x_2 + 2M\{\min[0,(x_2-1)]\} = 0$$

得 $\min P(X,M)$ 的解为

$$X(M) = \left(0, \frac{M}{1+M}\right)^T$$

则当 $M = 3$ 时

$$X(3) = \left(0, \frac{3}{4}\right)^T$$

当 $M = 30$ 时

$$X(30) = \left(0, \frac{30}{31}\right)^T$$

由此可以看出,$X(M)$ 从可行域 R 的外围逐步逼近其边界,当 $M \to \infty$ 时,$X(M)$ 趋于原问题的极小解 $X_{\min} = (0,1)^T$,其中 $R = \{X|g_i(x) \geq 0, i=1,2,\cdots,n\}$。

例 4-19 用外点法求解下列非线性约束规划问题

$$\min f(x) = 3x_1 + x_2$$
$$\text{s.t.} \begin{cases} x_1 \geq 0 \\ -x_1^2 + x_2 \geq 0 \end{cases}$$

解 构造惩罚函数

$$P(X,M) = 3x_1 + x_2 + M\{\min[0,(-x_1^2+x_2)]\}^2 + M[\min(0,x_1)]^2$$

则

$$\frac{\partial P}{\partial x_1} = 3 + 2M\{\min[0,(-x_1^2+x_2)(-2x_1)]\} + 2M[\min(0,x_1)]$$

$$\frac{\partial P}{\partial x_2} = 1 + 2M\{\min[0,(-x_1^2+x_2)]\}$$

对于不满足约束条件的点 $X = (x_1, x_2)^T$，有 $-x_1^2 + x_2 < 0, x_1 < 0$。

令

$$\frac{\partial P}{\partial x_1} = \frac{\partial P}{\partial x_2} = 0$$

也即

$$\begin{cases} 3 + 2M(-x_1^2 + x_2)(-2x_1) + 2Mx_1 = 0 \\ 1 + 2M(-x_1^2 + x_2) = 0 \end{cases}$$

求之，得

$$X(M) = \left[-\frac{3}{2(M+1)}, \frac{9}{4(1+M)^2} - \frac{1}{2M} \right]^T$$

故最优解

$$X^* = \lim_{M \to \infty} X(M) = (0, 0)^T$$

当 $M = 1$ 时

$$X = \left(-\frac{3}{4}, \frac{1}{16} \right)^T$$

当 $M = 4$ 时

$$X = \left(-\frac{3}{10}, -\frac{7}{200} \right)^T$$

也可知，$X(M)$ 从可行域 R 的外围逐步逼近其边界，当 $M \to \infty$ 时，$X(M)$ 趋于原问题的极小解 $X_{\min} = (0, 0)^T$，其中 $R = \{X | g_i(x) \geq 0, i = 1, 2, \cdots, n\}$。

（二）内点法

如果碰到在可行域内的约束条件比较简单，而从可行域外的约束条件入手比较复杂的非线性约束规划问题，则可以考虑从可行域的内部寻求极小值点。

内点法又称为碰壁函数法，跟外点法一样，是一种将约束极值问题转化成一系列无约束极值问题来求解的方法，且无约束问题的极小值点是原约束问题的极小值点。

内点法有别于外点法：首先其初始点要求严格地在可行域范围内（可行域边界与可行域外的补集，这种可行点叫作内点或严格内点）；且内点法的每一步迭代都必须在可行域内进行，可以在可行域边界上设定一个障碍函数，使得迭代点靠近边界时，离所求目标函数的极小值产生较大偏差，从而保持迭代点留在可行域内部。

由于内点法要求约束极值问题的可行域 S 连通且内部 int S 非空，所以可行域中没有等式约束，因而非线性极值问题为前述的式(4-180)。由于可行点是严格内点的关系，极小点一定不在闭集 S 的边界上，因而实际上是具有无约束性质的极值问题：

$$\min_{X \in \text{int} S} F(X, r) \tag{4-190}$$

其中

$$F(X, r) = f(X) + r \sum_{i=1}^{n} \frac{1}{g_i(X)} \tag{4-191}$$

或

$$F(X,r) = f(X) - r\sum_{i=1}^{n}\ln[g_i(X)] \tag{4-192}$$

其中上式右端第二项称为障碍项 $B(X)$，为非负连续函数；这里障碍因子 r 是一个充分小的正数。易见，若不满足约束条件，即至少有一个 X 使 $g_i(X) = 0$，$F(X,r)$ 将会变为正无穷大，体现了 $B(X)$ 的障碍作用。

综上所述，内点法迭代步骤如下。

步骤1：选取 $r_1 > 0$，精度 $\varepsilon > 0$，令 $k = 1$。

步骤2：取 $x^{(0)}$ 为初始内点，$x^{(0)} \in \text{int } S$，并构造障碍函数，障碍项可以选择倒数函数或者选择对数函数。

步骤3：以 $x^{(k-1)}$ 为初始点，对障碍函数进行无约束极小化，并设其最优解为 $x^{(k)} = x(r_k) \in \text{int } S$。

步骤4：若 $x^{(k)}$ 不满足 $r_k\sum_{i=1}^{n}\dfrac{1}{g_i(X^{(k)})} \leq \varepsilon$ 或者 $\left|r_k\sum_{i=1}^{n}\ln[g_i(X^{(k)})]\right| \leq \varepsilon$，取 $r_{k+1} < r_k$（可按倍数取值），令 $k = k + 1$，并代入步骤2继续迭代。否则结束迭代过程，$x^{(k)}$ 为原目标函数的近似极小值：$x_{\min} \approx x^{(k)}$。

例 4-20 用内点法求解下列非线性约束规划问题

$$\min f(x) = x$$
$$\text{s.t.} \begin{cases} g_1(x) = -6x + 1 \geq 0 \\ g_2(x) = x \geq 0 \end{cases}$$

解 障碍项采用倒数函数，构造障碍函数

$$B(X,r) = x + \frac{r}{x} + \frac{r}{1-6x}$$

令

$$\frac{\partial[B(X,r)]}{\partial x} = 1 - \frac{r}{x^2} + \frac{6r}{(1-6x)^2} = 0 \quad \left(x \neq 0 \text{ 且 } x \neq \frac{1}{6}\right)$$

解之

$$r = \frac{x^2(1-6x)^2}{30x^2 - 12x + 1}$$

故若 $r \to 0$ 时，$x \to 0$ 或 $x \to 1/6$。又 $f(0) = 0 < f(1/6) = 1/6$，易见，最优解为 $X^* = 0$，$f(X^*) = 0$。

例 4-21 用内点法求解下列非线性约束规划问题

$$\min f(x) = (x+1)^2$$
$$\text{s.t.} \quad x \geq 0$$

解 障碍项采用对数函数，构造障碍函数

$$B(X,r) = (x+1)^2 - r\ln x$$

令

$$\frac{\partial B(X,r)}{\partial x} = 2(x+1) - \frac{r}{x} = 0$$

则

$$x = \frac{-1 \pm \sqrt{1+2r}}{2}$$

又因 $x \geq 0$,故

$$x(r) = \frac{-1 + \sqrt{1+2r}}{2}$$

故最优解

$$X^* = \lim_{r \to 0} x(r) = 0, f(X^*) = 1$$

三、乘子法

乘子法的出现是为了克服 SUMT 外点法的 Hessian 矩阵的烦琐冗长的迭代,早期由 Powell 和 Hestenes 于 1969 年针对等式约束的极值问题提出;之后被 Rockafellar 推广到不等式约束极值问题,后续很多学者也对其进行了完善。本节主要介绍增广 Lagrange 函数。增广 Lagrange 函数是对外点法的改进,将惩罚函数与 Lagrange 函数结合起来,形成更合适的新目标函数,借助于 Lagrange 乘子,逐步达到原约束问题的最优解。

若 $\begin{cases} \min f(x) \ x \in R^n \\ \text{s.t. } h_j(x) = 0 \quad (j=1,2,\cdots,m) \end{cases}$,设 X^* 为该问题的最优解,由 K-T 条件可知,一定存在 λ^*,称点对 (x^*, λ^*) 为 Lagrange 函数的驻点,即

$$\nabla L(x^*, \lambda^*) = \begin{pmatrix} \nabla L_x \\ \nabla L_\lambda \end{pmatrix} = 0 \qquad (4\text{-}193)$$

那么如何构造和求解 λ^*,使增广目标函数的极小点无限逼近 X^*。下面分两种情况来讨论。

(1) 只有等式约束时

$$\begin{cases} \min f(X) \\ \text{s.t. } h_j(X) = 0 \quad (j=1,2,\cdots,m) \end{cases} \qquad (4\text{-}194)$$

其中 $X \in R^n$,$f(X)$,$h_j(X) = 0 (j=1,2,\cdots,m)$ 是二次连续可微函数。设 $\lambda \in R^l$ 为 Lagrange 乘子向量,对应的基本 Lagrange 函数为:

$$L(X, \lambda) = f(x) - \sum_{j=1}^m \lambda^T h_j(x) \qquad (4\text{-}195)$$

设 X^* 为 $L(x, \lambda)$ 的极小值点,λ^* 是 X^* 对应的乘子向量。结合外点法,构造增广 Lagrange 函数:

$$M(x, \lambda, \sigma) = L(x, \lambda) + \frac{\sigma}{2} \sum_{j=1}^m h_j^2(X) \qquad (4\text{-}196)$$

σ 是与惩罚函数一致的一个充分大的数。由于 λ^* 未知,在求 X^* 的同时,给定 σ 和 λ^* 的初步估计,采用迭代修正法求 λ^*,这是乘子法的基本思想。

用乘子法求解非线性等式约束极值问题计算步骤如下。

步骤 1:给出初始点 $x^{(0)}$,$\lambda^{(1)}$(一般可取 $\lambda^{(1)} = 0$),$\sigma^{(1)}$,计算允许误差 $\varepsilon > 0$,取 $\theta \in (0, 1)$,放大系数 $\partial > 1$,令 $k = 1$。

步骤 2：以 $x^{(k-1)}$ 为初始点求解无约束问题：

$\min M(x,\lambda^{(k)},\sigma^{(k)}) = f(x) - \lambda^{(k)} h_j(x) + \frac{\sigma^{(k)}}{2} h_j(x)^2$，得解 $x^{(k)}$。

步骤 3：检验 $\|h(x^{(k)})\| < \varepsilon$，计算结束，取 $x^* = x^{(k)}$ 为近似最优解；若 $\|h(x^{(k)})\| / \|h(x^{(k-1)})\| \le \theta$，转步骤 4，否则令 $\sigma^{(k+1)} = \partial \sigma^{(k)}$，再转步骤 4。

步骤 4：计算 $\lambda^{(k+1)} = \lambda^{(k)} - \sigma^{(k)} h_j(x^{(k)})$，令 $k = k+1$，返回步骤 2。

例 4-22 用乘子法求解下列非线性约束规划问题。

$$\min f(x) = x_1^2 + x_2^2$$
$$\text{s.t.} \, x_1 + x_2 = 2$$

解 构造增广 Lagrange 函数

$$M(x,\lambda,\sigma) = x_1^2 + x_2^2 - \lambda(x_1 + x_2 - 2) + \frac{\sigma}{2}(x_1 + x_2 - 2)^2$$

令

$$\frac{\partial M}{\partial x_1} = 2x_1 - \lambda + \sigma(x_1 + x_2 - 2) = 0$$

$$\frac{\partial M}{\partial x_2} = 2x_2 - \lambda + \sigma(x_1 + x_2 - 2) = 0$$

得

$$x_1 = x_2 = \frac{2\sigma + \lambda}{2\sigma + 2}$$

所以乘子迭代公式可以写为：

$$\lambda^{(k+1)} = \lambda^{(k)} - \sigma(x_1 + x_2 - 2)$$

$$\lambda^{(k+1)} = \frac{1}{\sigma + 1}\lambda^{(k)} + \frac{2\sigma}{\sigma + 1}$$

取 $\sigma = 10$，则

$$\lambda^{(k+1)} = \frac{1}{11}\lambda^{(k)} + \frac{20}{11}$$

设 $\lambda^{(k)} \to \lambda^*$，对上式取极限有：

$$\lambda^* = \frac{1}{11}\lambda^* + \frac{20}{11}$$

得

$$\lambda^* = 2, \, x^* = (1,1)^T$$

(2) 具有不等式约束时

$$\begin{cases} \min f(X) \\ \text{s.t.} \, g_i(X) \ge 0 \quad (i = 1,2,\cdots,n) \end{cases} \tag{4-197}$$

其中 $X \in R^n$，$f(X)$、$g_i(X)(i = 1,2,\cdots,n)$ 是二次连续可微函数。

此时的极值问题含有不等式约束，因此，在将其化为无约束极值问题时所构造的增广 Lagrange 函数，必须体现不等式约束条件，故有增广 Lagrange 函数

$$M(x,\lambda,\sigma) = f(x) + \frac{1}{2\sigma} \sum_{i=1}^{n} \left\{ \{\min[0, -\lambda_i + \sigma g_i(x)]\}^2 - \lambda_i^2 \right\} \tag{4-198}$$

迭代时,对于两个乘子的修正迭代与等式情形类似,也是先取定充分大的正数 σ,以及修正后第 k 次迭代中的 Lagrange 乘子 $\lambda^{(k)}$,第 $k+1$ 次迭代中的 Lagrange 乘子 $\lambda^{(k+1)}$。其迭代公式如下

$$\lambda^{(k+1)} = \min[0, \lambda^{(k)} + \sigma g_i(x^{(k)})] \quad (i = 1, 2, \cdots, n) \tag{4-199}$$

而迭代计算的结束采用如下准则:

$$\sum_{i=1}^{n} \left\{ \min[g_i(x^{(k)}), -\frac{\lambda^{(k)}}{\sigma}] \right\}^2 < \varepsilon \tag{4-200}$$

一般约束非线性极值问题的乘子法计算步骤与等式约束类似,这里不再赘述。

在乘子法中,由于惩罚因子不必趋向于无穷大,就能够求得非线性约束极值问题的最优解,因而不会出现惩罚函数法中的病态现象。研究表明,乘子法一般要比惩罚函数法收敛速度更快。

对于一般约束问题,只要综合等式约束与不等式约束的情况写出增广目标函数求解即可,也称作 PHR 算法。

例 4-23 用乘子法求解下列非线性约束规划问题

$$\min f(x) = x_1^2 + x_2^2$$
$$\text{s.t.} \quad x_1 + x_2 \geq 2$$

解 构造增广 Lagrange 函数:

$$M(x, \lambda, \sigma) = x_1^2 + x_2^2 + \frac{1}{2\sigma}\{\min[0, -\lambda + \sigma(x_1 + x_2 - 2)]^2 - \lambda^2\}$$

$$= \begin{cases} x_1^2 + x_2^2 - \dfrac{\lambda^2}{2\sigma} & \left(x_1 + x_2 - 2 \geq \dfrac{\lambda}{\sigma}\right) \\ x_1^2 + x_2^2 + \dfrac{1}{2\sigma}\{[-\lambda + \sigma(x_1 + x_2 - 2)]^2 - \lambda^2\} & \left(x_1 + x_2 - 2 < \dfrac{\lambda}{\sigma}\right) \end{cases}$$

(1) $x_1 + x_2 - 2 \geq \dfrac{\lambda}{\sigma}$ 时

$$\frac{\partial M}{\partial x_1} = 2x_1 = 0$$

$$\frac{\partial M}{\partial x_2} = 2x_2 = 0$$

得到

$$x^* = (0, 0)^T$$

此时 $x_1 + x_2 - 2 = -2 < 0$,而 $\dfrac{\lambda}{\sigma} > 0$,不满足 $x_1 + x_2 - 2 \geq \dfrac{\lambda}{\sigma}$,从而 $x^* = (0, 0)^T$ 不是原问题的极小值点。

(2) $x_1 + x_2 - 2 < \dfrac{\lambda}{\sigma}$ 时

$$\frac{\partial M}{\partial x_1} = 2x_1 - \lambda + \sigma(x_1 + x_2 - 2) = 0$$

$$\frac{\partial M}{\partial x_2} = 2x_2 - \lambda + \sigma(x_1 + x_2 - 2) = 0$$

得到

$$x^* = \left(\frac{2\sigma + \lambda}{2\sigma + 2}, \frac{2\sigma + \lambda}{2\sigma + 2}\right)^T$$

当 σ 充分大时,满足 $x_1 + x_2 - 2 > \frac{\lambda}{\sigma}$;令 $\lambda = \lambda^{(k)}$,代入迭代公式,则有:

$$\lambda^{(k+1)} = \min[0, \lambda^{(k)} + \sigma(x_1 + x_2 - 2)] = \min\left(0, \frac{2\lambda\sigma - 2\sigma + \lambda}{\sigma + 1}\right)$$

若给定 $\lambda_1 > 0$,且 $\sigma > 0$,则: $\lambda^{(k+1)} = \frac{\lambda^{(k)}}{\sigma + 1} + \frac{2\sigma}{\sigma + 1} > 0$,其余计算过程同例 4-22。

四、可行方向法

本节所要介绍的可行方向法的理论基础是:在可行解迭代过程中所采用的搜索方向为可行方向,且始终在可行域内完成迭代,并要求目标函数值单调下降,其本质是下降算法。基于可行下降方向不同的选取方法,相应地有不同的可行方向法。我们常说的可行方向法是指由 Zoutendijk 在 1960 年提出的算法及其改进,下面作详细介绍。

假定非线性的一个可行点为 $X^{(0)}$,考虑该点的某一方向 D,如果存在某个正实数 λ_0,使得对任意 $\lambda \in [0, \lambda_0]$,总有 $X^{(0)} + \lambda D \in R$,这个方向 D 就称为可行点 $X^{(0)}$ 的某个可行方向;如果存在某个正实数 λ'_0,使得对任意 $\lambda \in [0, \lambda'_0]$,总有 $f(X^{(0)} + \lambda D) < f(X^{(0)})$,这个方向 D 就称为可行点 $X^{(0)}$ 的某个下降方向;如果方向 D 既是 $X^{(0)}$ 的可行方向,又是 $X^{(0)}$ 的下降方向,那么就称它是 $X^{(0)}$ 的可行下降方向。将目标函数 $f(X)$ 在某可行点 $X^{(0)}$ 处进行一阶泰勒展开,对于该点的左右起作用约束,满足 $\nabla f(X^{(0)})^T D < 0$ 的方向 D 必为 $X^{(0)}$ 的下降方向。若 $X^{(0)}$ 不是极小值点,应当继续沿 $X^{(0)}$ 的可行下降方向去寻求。特殊地,当 $X^{(0)}$ 已为极小值点时,该点没有可行下降方向。反之,若某点存在可行下降方向,则不能称其为极小点。

设 $X^{(k)}$ 点的起作用约束集非空,可用如下不等式组确定该点的可行下降方向,其中 $D = (d_1, d_2, \cdots, d_n)$

$$\begin{cases} \nabla f(X^{(k)})^T D < 0 \\ \nabla g_i(X^{(k)})^T D > 0, i \in I \end{cases} \tag{4-201}$$

或引进一个负实数 η

$$\begin{cases} \nabla f(X^{(k)})^T D \leq \eta \\ -\nabla g_i(X^{(k)})^T D \leq \eta, i \in I \\ \eta < 0 \end{cases} \tag{4-202}$$

转换为下降方向的分量,则有

$$\begin{cases} \min \eta \\ \nabla f(X^{(k)})^T D \leq \eta \\ -\nabla g_i(X^{(k)})^T D \leq \eta, i \in I(X^{(k)}) \\ -1 \leq d_k \leq 1, k = 1,2,\cdots,n \end{cases} \quad (4\text{-}203)$$

最后的 d_k 的限值是为了保证这个线性规划问题有有限最优解。若 $\eta_k = 0$，说明 $X^{(k)}$ 不再有可行下降方向，$X^{(k)}$ 为某个 K-T 点；若 $\eta_k < 0$，则可以得到 $D = (d_1, d_2, \cdots, d_n)$，即所求的搜索方向。

综上所述，可行方向法迭代步骤如下。

步骤 1：选取允许误差 $\varepsilon_1, \varepsilon_2 > 0$，选取初始点 $X^{(0)} \in R$，并令 $k = 0$。

步骤 2：选取起作用约束指标集：

$$I(X^{(k)}) = \{i \mid g_i(X^{(k)}) = 0, 1 \leq i \leq n\} \quad (4\text{-}204)$$

(1) 若 $I(X^{(k)})$ 为空集，$\|\nabla f(X^{(k)})\|^2 \leq \varepsilon_1$，停止迭代，得到 $X^{(k)}$。

(2) 若 $I(X^{(k)})$ 为空集，$\|\nabla f(X^{(k)})\|^2 > \varepsilon_1$，取搜索方向 $D_k = -\nabla f(X^{(k)})$，然后转向步骤 5。

(3) 若 $I(X^{(k)})$ 非空，转下一步。

步骤 3：求解线性规划最优解，设其最优解为 (D_k, η_k)。

步骤 4：检验 η_k 是否满足精度：$D_k = \nabla f(X^{(k)}) \mid \eta_k \mid \leq \varepsilon_2$。若满足，则得到 $X^{(k)}$，停止迭代；若不满足，则取搜索方向 $D_k = -\nabla f(X^{(k)})$，转下一步。

步骤 5：求解一维极值问题。

$$\lambda_k : \min_{0 \leq \lambda \leq \bar{\lambda}} f(X^{(k)} + \lambda D^{(k)}), \quad \bar{\lambda} = \max\{\lambda \mid g_i(X^{(k)} + \lambda D^{(k)}) \geq 0, i = 1, 2, \cdots, n\} \quad (4\text{-}205)$$

步骤 6：$X^{(k+1)} = X^{(k)} + \lambda_k D^{(k)}$，$k = k+1$；转回步骤 2。

例 4-24 对于非线性规划

$$\min f(X) = (x_1 - 2)^2 + (x_2 - 3)^2$$

$$\text{s. t.} \begin{cases} g_1(X) = x_1^2 + (x_2 - 2)^2 - 4 \geq 0 \\ g_2(X) = -x_2 + 2 \geq 0 \end{cases}$$

分析在 $X^{(1)} = (0,0)^T$ 处的可行下降方向。

解 令

$$\nabla g_1(X)^T = \left(\frac{\partial g_1}{\partial x_1}, \frac{\partial g_2}{\partial x_2}\right)^T = [2x_1, 2(x_2 - 2)]^T$$

$$\nabla g_2(X)^T = \left(\frac{\partial g_2}{\partial x_1}, \frac{\partial g_2}{\partial x_2}\right)^T = (0, -1)^T$$

$$\nabla f(X)^T = [(2x_1 - 4), 2(x_2 - 3)]^T$$

对所有起作用约束,只要 $\nabla g_i(X^{(0)})^T D > 0$,就有

$$\nabla f(X^{(0)})^T D < 0$$

令

$$D = (x,y)^T$$

对于

$$X^{(1)} = (0,0)^T, g_1(X^{(1)}) = 0, g_2(X^{(1)}) = 2 \neq 0$$

所以

$$\nabla g_1(X^{(1)})^T D = (0,-4)D > 0$$
$$\nabla f(X^{(1)})^T D = (-4,-6)D < 0$$

$$\begin{cases} -4y > 0 \\ -4x - 6y < 0 \end{cases}, 得 \begin{cases} y < 0 \\ x > -\dfrac{3}{2}y \end{cases}$$

存在可行下降方向,如图 4-13 所示。

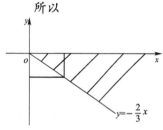

图 4-13 可行下降方向图

五、二次规划

二次规划(简称 QP 问题)是指约束是线性而目标函数是二次函数的如下极值问题

$$\begin{cases} \min f(X) = \sum_{j=1}^{n} c_j x_j + \dfrac{1}{2}\sum_{j=1}^{n}\sum_{k=1}^{n} c_{jk} x_j x_k \\ c_{jk} = c_{kj} \quad (k = 1,2,\cdots,n) \\ \sum_{j=1}^{n} a_{ij} x_j + b_i \geq 0 \quad (i = 1,2,\cdots,n) \\ x_j \geq 0 \quad (j = 1,2,\cdots,n) \end{cases} \qquad (4\text{-}206)$$

或

$$\min f(X) = \dfrac{1}{2} x^T G x + c^T x \qquad (4\text{-}207)$$

$$\text{s.t.} \begin{cases} a_i^T x = b_i \quad (i = 1,2,\cdots,m) \\ a_i^T x \leq b_i \quad (i = m+1,\cdots,n) \end{cases} \qquad (4\text{-}208)$$

式中: G——n 阶对称矩阵;

$c, a_1, a_2, \cdots, a_n$——n 维常数列向量,且假设 $a_1, a_2, \cdots, a_n$ 线性无关;

b_i——已知常数。

明显地,式(4-207)中的 $\min f(X)$ 右端的第二项是一个二次函数。若其为正定或半正定二次型,则该目标函数为凸函数;若二次规划的可行域也为凸集,那么上述二次规划属于凸规划,前面已经提到,凸规划的局部极值为全局极值。容易看出,二次规划是非线性极值问题的特例:目标函数是二次函数,约束均为线性函数。下面举例说明二次规划问题的求解。

下面就是一个二次规划问题的例子。

例 4-25 求解下列二次规划问题：

$$\min f(X) = 2x_1^2 + 4x_2^2 - 4x_1x_2 - 6x_1 - 3x_2$$

$$\text{s.t.} \begin{cases} x_1 + x_2 \leqslant 3 \\ 4x_1 + x_2 \leqslant 9 \\ x_1 \geqslant 0 \\ x_2 \geqslant 0 \end{cases}$$

解 上述规划可以改写为

$$\min f(X) = \frac{1}{2}(4x_1^2 - 8x_1x_2 + 8x_2^2) - 6x_1 - 3x_2$$

$$\text{s.t.} \begin{cases} 3 - x_1 - x_2 \geqslant 0 \\ 9 - 4x_1 - x_2 \geqslant 0 \\ x_1 \geqslant 0 \\ x_2 \geqslant 0 \end{cases}$$

经求解可知目标函数为严格凸函数，且

$$c = (c_1 \quad c_2) = (-6 \quad -3)$$

$$\begin{pmatrix} c_{11} & c_{12} \\ c_{21} & c_{22} \end{pmatrix} = \begin{pmatrix} 4 & -4 \\ -4 & 8 \end{pmatrix}$$

$$b = \begin{pmatrix} 3 \\ 9 \end{pmatrix}$$

$$\begin{pmatrix} a_{11} & a_{12} \\ a_{21} & a_{22} \end{pmatrix} = \begin{pmatrix} -1 & -1 \\ -4 & -1 \end{pmatrix}$$

$$\lambda = \begin{pmatrix} \lambda_1 \\ \lambda_2 \end{pmatrix}$$

又

$$c_1 = -6 < 0, c_2 = -3 < 0$$

故

$$\begin{bmatrix} 4 & -4 & -1 & -1 \\ -4 & 8 & -4 & -1 \\ -1 & -1 & 0 & 0 \\ -4 & -1 & 0 & 0 \end{bmatrix} \begin{bmatrix} x_1 \\ x_2 \\ \lambda_1 \\ \lambda_2 \end{bmatrix} = \begin{bmatrix} 6 \\ 3 \\ 3 \\ 9 \end{bmatrix}$$

求上述方程组，得到其唯一解

$$x_1 = -2, x_2 = -1, \lambda_1 = \frac{7}{3}, \lambda_2 = -\frac{37}{3}$$

带入目标函数，得到

$$f(X^*) = 19$$

第五节 非线性规划的应用实例

在公路桥梁设计、交通控制、交通运输工程、城市交通网络规划等领域内都有非线性极值问题,所以非线性规划在道路交通工程中的应用极其普遍。下面仅举一个交通配流方面的应用例子,让读者有所了解。

例 4-26 交通配流问题。

在进行城市交通网络规划时,路网规划和优化的基础是交通需求量(O-D 流量)在现有道路间上的合理分配。静态城市交通网络配流模型有网络平衡配流模型和非平衡配流模型。平衡配流遵循用户平衡和系统最优原则,即 Wardrop 第一、第二原理。网络平衡配流模型很多,模型的数学描述有最优控制变量不等式组和最优化数学规划等,这些几乎都是非线性约束极值问题。非平衡模型比较简便实用。这些内容可以参见交通网络分析方面的相关文献。这里要介绍的交通流分配模型也属于非平衡配流模型。

随着经济的发展,城市居民生活水平的提高,对城市各区域的交通提出了各种各样的要求、限制,例如对城市重点文物保护区、风景区及居民聚住区等区域提出了控制噪声污染、废气污染等,相应地这些城市区域的交通容量就会得到限制,为此可以具体地对这些区域的某些路段的交通流量给出适合于各种要求的相应的流量目标。在交通流分配时不能根据经典的平衡原理对这些区域的路段进行配流,而是有流量目标约束,超过流量指标会使污染超标,而低于流量指标则不能充分利用这些区域的交通能力。一般来讲,希望得到的各路段的交通流量尽可能接近流量目标。下面给出在这种意义下的交通流分配模型,称为目标配流模型。

设 A 是一般交通网络的路段集合,O 是起点集,D 是终点集,$\{(i,j)|i \in O, j \in D\}$ 表示所有的 O-D 对子集。P_{ij} 表示 O-D 对 (i,j) 之间的所有可能的路径集,则 $P = \bigcup_{(i,j)} P_{ij}$ 为网络中所有的可能路径集。$x_a(a \in A)$ 记为路段 a 上的流量,行向量 $x = (\cdots, x_a, \cdots) = (x_a : a \in A)$。$x_a^0(a \in A)$ 为路段 a 上规划的目标流量。假设路段上的行驶费用主要是行驶阻抗,且为整个网络路段流量分布 x 的光滑函数,$t_a(x_a)$ 为路段 a 上的阻抗函数,一般是非线性的。$f_p(p \in P)$ 为路径 P 上的流量,向量 $f = (f_p \cdot t_p(x_a) : p \in P)$ 为路径 P 上的阻抗,则有

$$x_a = \sum_{p \in P} f_p \delta_{ap}, \forall a \in A \tag{4-209}$$

$$t_p(x_a) = \sum_{a \in A} t_a(x_a) \delta_{ap}, \forall p \in P \tag{4-210}$$

这里当 a 在 p 上时 $\delta_{ap} = 1$,否则 $\delta_{ap} = 0$。

任意 O-D 对 (i,j) 之间的 O-D 交通需求量已知且记为 d_{ij},则

$$d_{ij} = \sum_{p \in P_{ij}} f_p, \forall i \in O, \forall j \in D \tag{4-211}$$

首先给出一般的用户平衡分配模型。当所有的 O-D 量恰当地分配到整个交通网络后,平衡分配问题就是寻求满足用户平衡条件的路段流量 x,通过求解下面的数学规划问题即可求出路段—流量模式

$$\min \sum_{a \in A} \int_0^{x_a} t_a(x) \, \mathrm{d}x$$

$$\text{s.t.} \begin{cases} x_a = \sum_{p \in P} f_p \delta_{ap}, \forall a \in A \\ t_p(x_a) = \sum_{a \in A} t_a(x_a) \delta_{ap}, \forall p \in P \\ d_{ij} = \sum_{p \in p_{ij}} f_p, \forall i \in O, \forall j \in D \\ x_a \geq 0, \forall a \in A \end{cases} \quad (4\text{-}212)$$

而目标配流问题除了考虑了系统最优外,还考虑了路段流量的目标约束。这样的路段-流量模式可描述为如下双目标最优化问题:

$$\min \sum_{a \in A} \int_0^{x_a} t_a(x) \mathrm{d}x$$

$$\min \sum_{a \in A} |x_a - x_a^0|$$

$$\text{s.t.} \begin{cases} x_a = \sum_{p \in P} f_p \delta_{ap}, \forall a \in A \\ t_p(x_a) = \sum_{a \in A} t_a(x_a) \delta_{ap}, \forall p \in P \\ d_{ij} = \sum_{p \in p_{ij}} f_p, \forall i \in O, \forall j \in D \\ x_a \geq 0, \forall a \in A \end{cases} \quad (4\text{-}213)$$

上述两个配流模型显然都是非线性约束极值问题,前面一个是单目标非线性规划,它是在交通网络配流众多模型中最常见也是最基本的模型,其求解方法可以用前几节介绍的方法。而后一个是双目标非线性规划,一个目标是用来控制整个网络系统的流量指标最优,另一个目标控制整个交通网络的行驶总时间最小,这样网络配流模型仍遵循 Wardrop 第二原理,即系统最优。这个模型是根据实际而提出的新的配流模型,它要通过转化成单目标非线性规划来求解。下面介绍一种转化的方法。

引入正、负偏差量 $\delta_a^+, \delta_a^- (\forall a \in A)$

$$\delta_a^+ = \begin{cases} x_a - x_a^0, & x_a > x_a^0 \\ 0, & x_a \leq x_a^0 \end{cases}$$

$$\delta_a^- = \begin{cases} 0, & x_a > x_a^0 \\ x_a - x_a^0, & x_a \leq x_a^0 \end{cases}$$

$$x_a - \delta_a^+ + \delta_a^- = x_a^0,$$

显然

$$\delta_a^+ \cdot \delta_a^- = 0, \forall a \in A$$

则式(4-213)等价于如下规划

$$\min \sum_{a \in A} \int_0^{x_a} t_a(x) \mathrm{d}x \quad (4\text{-}214)$$

$$\min \sum_{a \in A} (\delta_a^+ + \delta_a^-)$$

$$\text{s.t.} \begin{cases} x_a = \sum_{p \in P} f_p \delta_{ap}, \forall a \in A \\ t_p(x_a) = \sum_{a \in A} t_a(x_a) \delta_{ap}, \forall p \in P \\ d_{ij} = \sum_{p \in p_{ij}} f_p, \forall i \in O, \forall j \in D \\ x_a \geq 0, \delta_a^+ \geq 0, \delta_a^- \geq 0, \forall a \in A \end{cases}$$

求解式(4-214)的有效解现有许多方法,线性加权是一种比较好的简单方法。根据实际交通情况对两个目标进行专家咨询得两个目标的非负权系数 w_1,w_2,则有如下非线性凸最优化问题

$$\min w_1 \sum_{a \in A} \int_0^{x_a} t_a(x) \mathrm{d}x + w_2 \sum_{a \in A} (\delta_a^+ + \delta_a^-) \qquad (4\text{-}215)$$
$$\text{s.t.} (f, \delta_a^+, \delta_a^-) \in D$$

根据有关最优化理论,当 w_1,$w_2 > 0$ 时,(4-215)的最优解为(4-214)的满意解或最优解。此时式(4-215)可等价简化为:

$$\min \sum_{a \in A} \int_0^{x_a} t_a(x) \mathrm{d}x + w \sum_{a \in A} (\delta_a^+ + \delta_a^-) \qquad (4\text{-}216)$$
$$\text{s.t.} (f, \delta_a^+, \delta_a^-) \in D$$

这里 $w(>0)$ 实际意义是配流 $x = (x_a : a \in A)$ 与 $x^0 = (x_a^0 : a \in A)$ 之间的差额流单位惩罚折合阻抗。对于此非线性约束极值问题,可以使用非线性条件极值问题的一般方法求解。

图 4-14 是一个仅有一个 O-D 点对(1,5)的小型交通网络,对此网络进行目标配流。

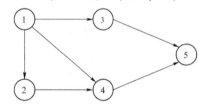

图 4-14 小型交通网络图

假设各路段的交通费用函数为

$t_{12}(x) = 10x_{12} + 10$ $t_{13}(x) = 10x_{13}$ $t_{14}(x) = x_{14} + 10$

$t_{24}(x) = x_{24} + 20$ $t_{35}(x) = 2x_{35} + 10$ $t_{45}(x) = 15x_{45}$

O-D 点对(1,5)的交通需求量 $d_{15} = 8$,从 O(点1)到 D(点5)有 3 条路径

$$p_1 = (1,3,5), p_2 = (1,4,5), p_3 = (1,2,4,5)$$

用 Zoutendijk 可行方向法求解此网络相应于非线性规划模型式(4-212)的解,得用户平衡流为:

$$f_1 = 4.571151, f_2 = 3.428849, f_3 = 0$$

此时各路段的流量分别是

$$x_{12} = x_{24} = 0, x_{13} = x_{35} = 4.571151, x_{14} = x_{45} = 3.428849$$

各条路径的费用为

$$t_{p1} = t_{p2} = 64.86, t_{p3} = 81.43$$

假如此网络各路段设定一目标流 x_i^0(表4-2),然后对此网络实行目标配流,令 $w = 20$,用 Zoutendijk 可行方向法求解相应此网络的约束极值问题式(4-216),得到其中一个目标配流解,见表 4-2。

例 4-26 配流解   表 4-2

路段 a	目标流 x_a^0	配流解 x_a^*	正偏差 σ_a^+	负偏差 σ_a^-	路段费用 t_a
(1,2)	4	3.844052	0.000000	0.155948	48.44052
(1,3)	3	3.008952	0.008952	0.000000	30.08952
(1,4)	1	1.146996	0.146996	0.000000	11.146996

续上表

路段 a	目标流 x_a^0	配流解 x_a^*	正偏差 σ_a^+	负偏差 σ_a^-	路段费用 t_a
(2,4)	5	3.844052	0.000000	1.155948	23.844052
(4,5)	5	4.991048	0.000000	0.008952	74.86572
(3,5)	3	3.008952	0.008952	0.000000	16.017904

从表4-2可知，p_1上得到的配流 $f_{p1}^* = 3.008952$，p_2上得到的配流 $f_{p2}^* = 1.146996$，p_3上得到的配流 $f_{p3}^* = 3.844052$；相应的路径费用分别为 $t_{p1}(f^*) = 46.107424$，$t_{p2}(f^*) = 86.012716$，$t_{p3}(f^*) = 146.1050292$。

本章习题

1. 试判断下述非线性规划是否为凸规划：

(1) $\begin{cases} \min f(X) = x_1^2 + x_2^2 + 8 \\ x_1^2 - x_2 \geq 0 \\ -x_1 - x_2^2 + 2 = 0 \\ x_1, x_2 \geq 0 \end{cases}$

(2) $\begin{cases} \min f(X) = 2x_1^2 + x_2^2 + x_3^2 - x_1 x_2 \\ x_1^2 + x_2^2 \leq 4 \\ 5x_1^2 + x_3 = 10 \\ x_1, x_2, x_3 \geq 0 \end{cases}$

2. 判断函数 $f(x) = x_1^2 + 2x_1 x_2 + 2x_2^2 - 10x_1 + 5x_2$ 是否为凸函数。

3. 求最小生成树。

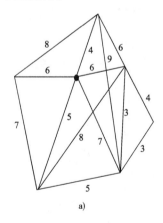 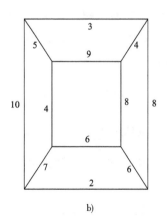

a)   b)

习题图 3-1

4. 将下列线性规划问题化为标准形式。

(1) $\max z = 3x_1 - 4x_2 + 2x_3 - 5x_4$

s.t. $\begin{cases} 4x_1 - x_2 + 2x_3 - x_4 \geq 2 \\ x_1 + x_2 + 3x_3 + 4x_4 \leq 0 \\ x_1 \leq 0, x_2 \geq 0, 3x_3 \geq 0, x_4 \text{ 无要求} \end{cases}$

(2) $\min f = 2x_1 - x_2$

s.t. $\begin{cases} x_1 + x_2 \geq 10 \\ 3x_1 - x_2 \geq 6 \\ x_1 \geq 0 \end{cases}$

5. 用图解法求解线性规划问题。

(1) $\min z = 3x_1 + 2x_2$ (2) $\min f = 2x_1 - x_2$

$$\text{s.t.} \begin{cases} x_1 + 2x_2 \geq 4 \\ x_1 + 6x_2 \geq 6 \\ x_1 \geq 0, x_2 \geq 0 \end{cases} \qquad \text{s.t.} \begin{cases} x_1 + x_2 \geq 10 \\ 3x_1 - x_2 \geq 6 \\ x_1 \geq 0 \end{cases}$$

6. 用单纯形法求解线性规划问题。

(1) $\max z = 2x_1 + 3x_2$

$$\text{s.t.} \begin{cases} x_1 + 2x_2 \leq 6 \\ 2x_1 - x_2 \leq 4 \\ x_1, x_2 \geq 0 \end{cases}$$

(2) $\max f = 2x_1 - x_2 + x_3$

$$\text{s.t.} \begin{cases} 3x_1 + x_2 + x_3 \leq 60 \\ x_1 - x_2 + 2x_3 \leq 10 \\ x_1 + x_2 - x_3 \leq 20 \\ x_1, x_2, x_3 \geq 0 \end{cases}$$

7. 用大 M 法求解线性规划问题。

(1) $\max f = -3x_1 + x_2 + x_3$

$$\text{s.t.} \begin{cases} x_1 - 2x_2 + x_3 \leq 11 \\ -4x_1 + 2x_2 + 2x_3 \geq 3 \\ 2x_2 - x_3 = -1 \\ x_1, x_2, x_3 \geq 0 \end{cases}$$

(2) $\min f = 2x_1 - x_2$

$$\text{s.t.} \begin{cases} x_1 + x_2 \geq 10 \\ 3x_1 - x_2 \geq 6 \\ x_1 \geq 0 \end{cases}$$

8. 写出牛顿法求解非线性规划问题的一般迭代步骤。

9. 设 $\varphi(x) = 3x^4 - 16x^3 - 30x^2 - 24x + 8$，用二分法求 $\varphi(x)$ 的极小值点，其中初始点 $x_0 = 0$，$\varepsilon = 0.1$。

10. 用黄金分割法求解 $f(x) = -3x^2 + 21.6x + 1$ 在区间 $[0, 25]$ 上的极大点，要求缩短后的区间长度不大于原区间长度的 8%。

11. 用共轭梯度法求二次函数 $f(x_1, x_2) = \frac{3}{2}x_1^2 + \frac{1}{2}x_2^2 - x_1 x_2 - 2x_1$ 的极小值点，初始点 $x_0 = (-2, 4)^T$，迭代到 $\|\nabla f(x_k)\| < 0.1$。

12. 用变尺度法求解 $\min f(x) = 4(x_1 - 5)^2 + (x_2 - 6)^2$。

13. 写出 K-T 条件，并求解非线性规划 $\begin{cases} \max f(x) = (x - 3)^2 \\ 1 \leq x \leq 5 \end{cases}$。

14. 考虑非线性规划 $\min f(x) = -x_1$，s.t. $\begin{cases} x_2 \geq (x_1 - 1)^3 \\ x_1^2 + x_2^2 \leq 1 \end{cases}$，并证明：$X^* = (1, 0)^T$ 为 K-T 点，$X^* = (0, -1)^T$ 不为 K-T 点。

15. 用 SUMT 外点法求解：$\min f(x) = (x_1 + 7)^2 + (x_2 - 2)^2$，s.t. $x_1 + x_2 - 4 = 0$。

16. 用内点法求解：$\min f(x) = \frac{1}{3}(x_1 + 1)^3 + x_2$，s.t. $\begin{cases} x_1 - 1 \geq 0 \\ x_2 \geq 0 \end{cases}$。

17. 求解二次规划：$\max f(x) = 8x_1 + 10x_2 - x_1^2 - x_2^2$，s.t. $\begin{cases} 3x_1 + 2x_2 \leq 6 \\ x_1, x_2 \geq 0 \end{cases}$。

第五章　交通网络配流问题

第一节　图与网络理论基础

图与网络问题已经遍及我们日常生活的各个方面,如交通(铁路、公路、航空、水运)图、电信通信网络图、自来水管道网络图、石油输送管道图等。这类图都有一个共同的特征,即表示城市、车站、村庄等之间存在着特定的联系,这种联系有时是双向的,有时却是有指向性的。无论图的复杂程度如何,其都具备两个特点:对象与对象之间存在联系,连线上的数字表示其之间的联系可以定量描述。

图论中所研究的图和一般所说的几何图形或函数图形的图是完全不同的。后者是在平面或立体坐标系中某些点的集合,这些点的坐标必须满足方程的约束。我们所研究的图是把对象用一个点来表示,称为顶点;把事物和事物之间的联系用一条连线,称之为边;由一些点和边组成的集合称为图,如图5-1所示。图论中的图不要求完全按照比例尺来画,因此线段的长短并不表示实际长度,如图5-1b)和图5-1a)所示,虽然形状上不相同,但是边和节点的衔接关系却是一样的,因此这两个图的结构是完全相同的。我们从图的研究来了解事物内在的联系,研究其一般规律。对于某些系统来说,网络分析技术是解决其优化问题的主要手段。

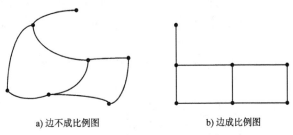

a) 边不成比例图　　　　b) 边成比例图

图 5-1　边不成比例图与边成比例图

一、图与网络的基本概念

(一)图

1. 无向图与有向图

图是由作为研究对象的 n 个顶点(Vertex)的集合 V 和表达这些顶点之间关系的 m 条

线（Line）的集合 L 组成的。在实际问题中,事物之间的联系可以是不带有方向的,一条线若是连接点 v_1 和 v_2,则记为 (v_1,v_2) 或者 (v_2,v_1),这种不带方向的线称为边（Edge）。当然事物之间的联系有时也是带有方向的,例如交通网络中的单行线、生产工艺流程网络图、管道输送网络图,一条线若是从 v_1 指向 v_2,则记为 (v_1,v_2),这种带有方向的线称为弧（Arc）。

由顶点集合 V 与边集合 E 组成的图称为无向图,记为 $G=(V,E)$,如图 5-2 所示。

由顶点集合 V 与弧集合 A 组成的图称为有向图,记为 $D=(V,A)$,如图 5-3 所示。

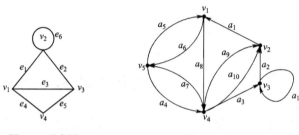

图 5-2　无向图　　　　图 5-3　有向图

2. 关联与相邻

一个点如果是某条线的端点,则称这个点与这条线相关联。在图 5-2 中,顶点 v_1 和边 e_1、e_4 关联;在图 5-3 中,顶点 v_1 和 a_1、a_5、a_6、a_8 相关联。

3. 环与多重边

连接同一顶点的线称为环,图 5-2 中的 e_6 和图 5-3 中的 a_{11} 都是环。

图中若两点之间多余一条边时,则称这些边为多重边,如图 5-3 中连接 v_1 和 v_5 的 a_5、a_6。

4. 简单图

若一个图中既没有环也没有多重边,这样的图称之为简单图,否则称为多重图。以后在讨论图时,如没有特别说明,一般均指简单图。

5. 次

与一个点连接的边的条数称为次,次为奇数的点称为奇点,次为偶数的点称为偶点:①如图 5-2 所示,v_1 的次为 3,即 v_1 是奇点;②如图 5-3 所示,v_1 的次为 4,即 v_1 是偶点。

6. 支撑子图

设图 $G_1=(V_1,E_1)$,$G_2=(V_2,E_2)$,如果满足 $V_1=V_2$,$E_2 \subseteq E_1$,则称 G_2 是 G_1 的一个支撑子图。

定理 1　图中所有点次之和为边数的 2 倍。

定理 2　任意一个图中,奇点的个数必为偶数。

(二)链、路、圈和回路

1. 链、圈

在无向图 $G=(V,E)$ 中,若 v_{i1} 到 v_{ik} 之间存在一个点边交替序列 $\{v_{i1},e_{i1},\cdots,v_{i(k-1)},e_{i(k-1)},v_{ik}\}$,则称这个点边序列为从 v_{i1} 到 v_{ik} 的一条链,简记为 $\{v_{i1},v_{i2},\cdots,v_{ik}\}$,如图 5-2 中的 $\{v_1,v_2,v_3,v_1,v_4\}$。

一条链中如果没有重复边,则称为简单链,如图 5-2 中的 $\{v_1,v_2,v_3,v_4,v_1,v_3\}$;如果既无重复边,又无重复点,则称为初等链,如图 5-2 中的 $\{v_1,v_2,v_3,v_4\}$。始点和终点重合的链称之为圈,如图 5-2 中的 $\{v_1,v_2,v_3,v_4,v_1\}$。

2. 路、回路

在有向图中与链和圈对应的概念是路和回路。在一个有向图中,若从顶点 v_{i1} 沿着弧的正向前进,经一系列点弧交替而达到另一个顶点 v_{ik},则称此点弧交替的序列 $\{v_{i1},a_{i1},v_{i2},a_{i2},\cdots,v_{i(k-1)},a_{i(k-1)},v_{ik}\}$ 为从点 v_{i1} 到 v_{ik} 的一条路,简记为 $\{v_{i1},v_{i2},\cdots,v_{ik}\}$,如图 5-3 中的 $\{v_1,v_4,v_3,v_2,v_4,v_5\}$,始点和终点重合的路称之为回路,如果一条路或一条回路上没有重复的点,则分别称它们为初等路和初等回路。如图 5-3 所示的 $\{v_1,v_5,v_4,v_3,v_2\}$。

(三)连通图、基础图和赋权图

1. 连通图

在一个图中,如果任何两个顶点之间,至少有一条链,则称该图为连通图;否则,就称为不连通图。例如图 5-4 是连通图,图 5-5 是不连通图。

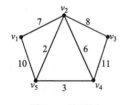
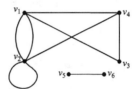

图 5-4　连通图　　　　图 5-5　不连通图

2. 基础图

将有向图的弧改成边而得的无向图称为原有向图的基础图。在有向图中,如果一个点弧序列在其基础图中是一条链,则称这个点弧序列为有向图的一条链。

3. 赋权图

如果对于图 $G=(V,E)$,对 G 中的每一条边 (v_i,v_j) 相应地有一个数 W_{ij},称这个数为边 (v_i,v_j) 上的权。G 连同边上的权称为赋权图。这里所说的"权",是指与边有关的数量指标,根据实际问题的需要,可以赋予不同的含义,如距离、时间、费用等。图 5-4 为赋权图。

(四)图和网络的矩阵表示形式

图和网络用图形表达虽很直观,但用矩阵表达可使计算方便,特别是在计算机上。图的最基本的矩阵是邻接矩阵,用来表示图中各顶点之间的连通状态。

邻接矩阵 A_G 表示无向图 G 时,它的元素 a_{ij} 的定义如下。

$$a_{ij}=\begin{cases}1, \text{顶点 } v_i \text{ 与 } v_j \text{ 相邻}\\0, \text{顶点 } v_i \text{ 与 } v_j \text{ 不相邻}\end{cases} \quad (5\text{-}1)$$

邻接矩阵 A_D 表示有向图 D 时,它的元素 a_{ij} 的定义如下。

$$a_{ij}=\begin{cases}1, \text{存在自顶点 } v_i \text{ 射向 } v_j \text{ 的弧}\\0, \text{不存在自顶点 } v_i \text{ 射向 } v_j \text{ 的弧}\end{cases} \quad (5\text{-}2)$$

据此,图 5-6 和图 5-7 的邻接矩阵 A_G、A_D 分别为

$$A_G = \begin{pmatrix} 0 & 1 & 1 & 0 \\ 1 & 0 & 1 & 1 \\ 1 & 1 & 0 & 1 \\ 0 & 1 & 1 & 0 \end{pmatrix} \quad A_D = \begin{pmatrix} 0 & 1 & 1 & 0 \\ 0 & 0 & 1 & 1 \\ 0 & 0 & 0 & 1 \\ 0 & 0 & 0 & 0 \end{pmatrix} \quad (5-3)$$

图 5-6　邻接矩阵 A_G 表示无向图

图 5-7　邻接矩阵 A_D 表示有向图

由此可以看出邻接矩阵具有以下特征:有 n 个顶点的图的邻接矩阵是个 n 阶矩阵;无向图的邻接矩阵是关于主对角线对称的矩阵。

二、树

在实际工程中,我们经常需要研究在若干个顶点之间设置通道,如道路、管道(排水管道、暖气管道、煤气管道、石油管道等)、电缆或电线等铺设的最优化问题。即在已知铺设点之间距离、费用或时间的情况下,如何使铺设点之间相互连通,却能使总的"长度"达到最短。这类问题在网络分析中称为最小生成树问题。

(一)基本概念

1. 树的定义

一个连通图不含有任何圈时,则称该图为树,如图 5-8b)为图 5-8a)的树。树的表示方法为 T。

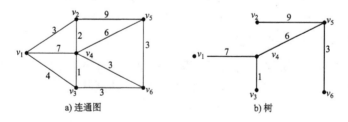

图 5-8　连通图与树

2. 树的性质

(1)在树中,任意两点之间必有一条且仅有一条链。
(2)在树中去掉任意一条边,则树成为不连通图。
(3)在树中任何两个顶点间添上一条边,恰好得到一个圈。
显然树是连通的且边数最少的图。

(二)最小生成树

设有一连通图 $G = (V, E)$,对于每一条边 $e = (v_i, v_j)$,有一个权 $W_{ij} > 0$,最小树问题就是求图 G 的所有树中权的总和最小的树 T^*,使得

$$W(T^*) \leq W(T), \text{其中} W(T) = \sum_{(v_i, v_j) \in T} W_{ij} \tag{5-4}$$

即如果一棵生成树的所有树枝上的权数总和是所有树的总权数中最小值,那么这棵树就称为最小生成树,简称为最小树。

(三)最小树生成方法

1. 破圈法

任取一个圈,从圈中去掉一条权数最大的边,在余下的图中,重复这个步骤,直到该无向图没有圈为止,即可求出最小树。

2. 避圈法

从无向图中选一条权数最小的边,以后每步从未选的边中,选一条最小的边,与已选的边不构成圈,直到形成树,形成的树即为最小树。

例 5-1 为保证村村通电,供电公司要给某山区的 6 个村庄铺设供电线网,已知各村庄之间的距离,如赋权图 5-8a)所示,求出使电线长度最短的铺设方案。

解 为了保证 6 个村庄都能通电,那么所求的图必为连通图,且为了使电线总长度最短,图中不应有圈,故原问题为一个求最小生成树问题。

(1)破圈法

任取圈 $\{v_1, v_2, v_4, v_1\}$,去掉权数最大的边 $\{v_1, v_4\}$,取圈 $\{v_1, v_2, v_4, v_3, v_1\}$,再去掉权数最大的边 $\{v_1, v_3\}$,取圈 $\{v_2, v_5, v_4, v_2\}$,然后去掉边 $\{v_2, v_5\}$,再依次去掉圈 $\{v_4, v_5, v_6, v_4\}$ 和圈 $\{v_3, v_4, v_6, v_3\}$ 的边 $\{v_4, v_5\}$ 和边 $\{v_3, v_6\}$,最终得到最小生成树,如图 5-9a)所示,该最佳铺设方案的线路总长为最小生成树的权数之和,为 12 个单位。

(2)避圈法

先取权数最小的边 $\{v_3, v_4\}$,在余下的边中, $\{v_4, v_2\}$ 最小权数为 2,且与 $\{v_3, v_4\}$ 连接后不构成圈,故取 $\{v_4, v_2\}$。然后取 $\{v_1, v_2\}$、$\{v_3, v_6\}$ 和 $\{v_5, v_6\}$,此时不可再取边,否则会构成圈。最小生成树如图 5-9b)所示。与图 5-9a)的最小生成树不一致,但是权数之和是相同的,都是 12 个单位,可见最小树不是唯一的,但它们的最小权是唯一的。

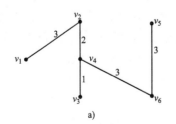
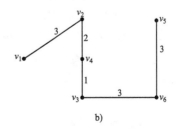

图 5-9 最小生成树

第二节 交通网络最短路问题

所谓最短路径问题,是指求给定网络上任意两个顶点之间的最短距离。假定图5-10是一个城市之间的有向交通图,弧旁的数字表示距离,这里的"距离"是广义的,是权数的代称,它也可以代表时间、费用等指标。最短路径问题就是求使得某一城市至指定城市或者任意城市之间"距离"最短的路线。最短路径问题最早应用于电路的分析,以后逐步应用到其他领域。实际生活中,有些问题初看似乎不存在网络,如设备更新问题,但只要经过适当分析加工就可以转化成最短路径问题。因此,最短路问题的分析对于用最优化方法求解交通运输问题、工程设计问题及生产组织管理问题都具有指导意义。

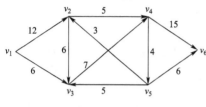

图5-10 城市有向交通图

最短路问题分为两类:
(1)从始点到终点的最短路问题。
(2)任意两点之间的最短路问题。

一、从始点到终点的最短路问题

最短路问题可以用线性规划来求解,也可以当作动态规划问题来处理(当所有的权$W_{ij} \geqslant 0$时),目前公认较好的算法是狄克斯特拉(EW. Dijkstra)在1959年首先提出并以他的名字命名的算法。

(一)求解思路

假设从点v_s到点v_t的最短路径是链$\{v_s, v_j, \cdots, v_k, v_t\}$,则链$\{v_s, v_j, \cdots, v_k\}$一定是从点$v_s$到点$v_k$的最短路径。若从点$v_s$沿另一条链$\{v_s, v'_j, \cdots, v_k\}$到点$v_k$,该链的总权数小于链$\{v_s, v_j, \cdots, v_k\}$的总权数,其中$v_k$到$v_t$的最短边是一定的,则可以得出链$\{v_s, v'_j, \cdots, v_k, v_t\}$的总权数比链$\{v_s, v_j, \cdots, v_k, v_t\}$的总权数小,这样就与原来的假设相矛盾。

基于上述思想,需逐步比较各段链(或路)的长短,以求出网络中起点到每一点的最短路径,直至找到起点到终点的最短路。

(二)狄克斯特拉算法(标号法)

标号法是通过对图上每一个点进行标号及改变标号来确定最短路径的。每个点的标号分两种类型:一种叫作临时标号,用T表示;另一种叫作固定标号,用P表示;T标号和P标号都有相对应的数值,该数值表示在这一步迭代中推算的始点到该点的最短路径。若v_j点获得了T标号,表示该点的数值有可能在之后的迭代过程中发生变化,因为从始点到达该点的路径可能不唯一;若v_j点获得了P标号,则说明该点的数值即为始点至该点的最短路长,该点数值将不再改变。

标号过程如下:

第一步:给始点v_1标上P标号,且$P(v_1 = 0)$,其余各点标上T标号,且$T(v_j = \infty)$,把各点的标号情况填入标号表内,并在P标号数值下标注"*"。标注"*"的数值对应的点表示已获得P类标号的点,未标注"*"的数值表示临时标号。

第二步:设 v_i 是前一轮(第 $k-1$ 轮标号)刚刚获得 P 标号的点,则对所有与 v_i 有边(或弧,指从 v_i 射出)直接相连而又属于 T 标号的各顶点 v_j 的标号修改为 $T(v_j) = \min[T(v_j), T(v_i) + \omega_{ij}]$,其中方括号中的 $T(v_j)$ 表示 v_j 原来的 T 类标号,w_{ij} 表示弧 (v_i, v_j) 上的权数。各顶点重新标号的情况填入标号表内。

第三步:在 T 类标号中选标号值最小值的顶点,将其改为 P 标号。即在标号表中将未标"*"的数值中选择最小值,并在其数值下标上"*"。

重复第二步、第三步,直至终点 V_t 获得 P 标号,则从始点 V_i 至终点 V_t 的最短距离已经求得。

下面用一个例子来说明 Dijkstra 算法。

例 5-2 图 5-11 所示为某地区的石油输送管道网络。现在需要将石油产地 v_1 处的石油运往城市 v_7。网络边上的数据为综合运输费用,问如何选择路径,才能使网络中的综合运费最小。

解 下面用 Dijkstra 算法来求解这一问题。

(1)给点 v_1 标上 $P(v_1 = 0)$,其他点标上 T 标号,并在图上圈注出来,$T(v_j = \infty)(j = 2,3,4,5,6,7)$。

(2)考察刚刚获得 P 标号的点 v_1,将与顶点 v_1 有边直接相连而又属于 T 标号的各顶点 v_2, v_3, v_4 的标号修改为:

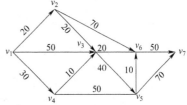

图 5-11 石油输送管道网络

$$T(v_2) = \min[T(v_2), P(v_1) + \omega_{12}] = \min[\infty, 0 + 20] = 20$$
$$T(v_3) = \min[T(v_3), P(v_1) + \omega_{13}] = \min[\infty, 0 + 50] = 50$$
$$T(v_4) = \min[T(v_4), P(v_1) + \omega_{14}] = \min[\infty, 0 + 30] = 30$$

(3)在所有的 T 标号中,$T(v_2)$ 为 20 最小值,将点 v_2 改为 P 标号。这说明由 v_1 到 v_2 的最短路长为 20。同样在图上圈注出来。

(4)v_2 的标号 $P(v_2 = 20)$ 为刚刚获得的 P 标号,与顶点 v_2 有边直接相连而又属于 T 标号的各顶点 v_3, v_6 的标号修改为:

$$T(v_3) = \min[T(v_3), P(v_2) + w_{23}] = \min[50, 20 + 20] = 40$$
$$T(v_6) = \min[T(v_6), P(v_2) + w_{26}] = \min[\infty, 20 + 70] = 90$$

当前所有的 T 标号中,v_4 的 T 标号最小,则给 v_4 标上 P 标号,将 $T(v_4) = 30$ 改写为 $P(v_4) = 30$。

以此类推,得到 v_3, v_6, v_5, v_7 的固定标号 $P(v_3) = 40, P(v_5) = 80, P(v_6) = 60, P(v_7) = 110$。这时由于终点 v_7 已经得到固定标号,则算法终止。将剩下的 P 标号值圈注在图上。可见,从石油产地 v_1 到城市 v_7 的最小综合费用为 110 个单位。图上圈注的 P 标号值表示从起点 v_1 到各城市的最短路权,而产地 v_1 到城市 v_7 的最短路线,可采用"反向追踪法"确定。即若某个弧段 $A(v_i, v_j)$ 的 v_j 点固定标号值与 v_i 点固定标号值的差值恰好等于该弧段的权数 w_{ij},则把该弧段加粗,如此逐点推算到始点 v_1,即得最短路径 $\{v_1, v_2, v_3, v_6, v_7\}$ 或 $\{v_1, v_4, v_3, v_6, v_7\}$。见图 5-12 中的粗线。表 5-1 为标号表。

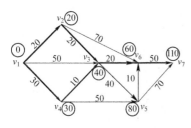

图 5-12 输送管道网络最短路

标 号 表　　　　　　　　　　　　　　　　表 5-1

步骤 K	标号 (v_j)						
	v_1	v_2	v_3	v_4	v_5	v_6	v_7
1	0*	+∞	+∞	+∞	+∞	+∞	+∞
2	0*	20*	50	30	+∞	+∞	+∞
3	0*	20*	40	30*	+∞	90	+∞
4	0*	20*	40*	30*	80	90	+∞
5	0*	20*	40*	30*	80	60*	+∞
6	0*	20*	40*	30*	80	60*	110*
7	0*	20*	40*	30*	80*	60*	110*

二、任意两点之间的最短路问题

前面介绍的标号法可以求出从始点到网络任意一点的最短距离,而线性规划模型一次也只能求从始点到终点的最短距离。因此如果用 Dijkstra 算法求解任意两点间的最短距离,需要依次改变起点来求得,而线性规划的方法则需要依次改变起点和终点分别计算。一种求最短路问题的弗洛伊德(Floyd)算法可以直接求得任意两点之间的最短距离。该算法是一种矩阵迭代方法,对一般网络的最短路计算比较有效。

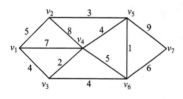

图 5-13　物流输送网络图

下面以图 5-13 为例来说明这种方法。图 5-13 所示为一个物流输送网络,边上的数字表示距离。采用弗洛伊德算法,需要构造有关 7 个点的距离矩阵 $D = (d_{ij})_{m \times n}$,其中:

$$d_{ij} = \begin{cases} \text{给定的权} & \text{当节点 } i,j \text{ 之间有连线} \\ 0 & \text{当 } i = j \\ \infty & \text{当节点 } i,j \text{ 之间没有连线} \end{cases} \quad (5\text{-}5)$$

弗洛伊德算法的步骤如下:

(1) 写出 i 点一步直接到达 j 点的距离矩阵 $D^{(1)} = (d_{ij}^1)$,$D^{(1)}$ 也是一步到达的最短路距离矩阵。

在本例中一步到达的距离矩阵为

$$D^{(1)} = [d_{ij}^1] = \begin{bmatrix} 0 & 5 & 4 & 7 & \infty & \infty & \infty \\ 5 & 0 & \infty & 8 & 3 & \infty & \infty \\ 4 & \infty & 0 & 2 & \infty & 4 & \infty \\ 7 & 8 & 2 & 0 & 4 & 5 & \infty \\ \infty & 3 & \infty & 4 & 0 & 1 & 9 \\ \infty & \infty & 4 & 5 & 1 & 0 & 6 \\ \infty & \infty & \infty & \infty & 9 & 6 & 0 \end{bmatrix} \quad (5\text{-}6)$$

(2)计算两步最短距离矩阵。设 i 点经过中间点 k 后达到 j 点,则 i 点到达 j 点的最短距离为:$d_{ij}^2 = \min[d_{ik}^1 + d_{kj}^1]$,即对所有的 $k(k = 1,2,3,\cdots,n)$ 计算 $d_{ik}^1 + d_{kj}^1$ 值后比较得到最小的值,最短路距离矩阵记为 $D^{(2)} = (d_{ij}^2)$。

本例中的两步最短路距离矩阵为

$$D^{(2)} = [d_{ij}^2] = \begin{bmatrix} 0 & 5 & 4 & 6 & 8 & 8 & \infty \\ 5 & 0 & 9 & 7 & 3 & 4 & 12 \\ 4 & 9 & 0 & 2 & 5 & 4 & 10 \\ 6 & 7 & 2 & 0 & 4 & 5 & 11 \\ 8 & 3 & 5 & 4 & 0 & 1 & 7 \\ 8 & 4 & 4 & 5 & 1 & 0 & 6 \\ \infty & 12 & 10 & 11 & 7 & 6 & 0 \end{bmatrix} \quad (5\text{-}7)$$

其中 d_{43}^2 的计算过程如下

$$\begin{aligned} d_{43}^2 &= \min[d_{41}^1 + d_{13}^1, d_{42}^1 + d_{23}^1, d_{43}^1 + d_{33}^1, d_{44}^1 + d_{43}^1, d_{45}^1 + d_{53}^1, d_{46}^1 + d_{63}^1, d_{47}^1 + d_{73}^1] \\ &= \min[7+4, 8+\infty, 2+0, 0+2, 4+5, 5+4, \infty+\infty] \\ &= \min[11, \infty, 2, 2, 9, 9, \infty] = 2 \end{aligned} \quad (5\text{-}8)$$

(3)计算 l 步最短路距离矩阵,$d_{ij}^l = \min[d_{ik}^{l-1} + d_{kj}^{l-1}]$,简记为最短路距离矩阵为 $D^{(l)}$。当 $D^{(l)}$ 与 $D^{(l-1)}$ 相等时,则 $D^{(l)}$ 即为任意两点间的最短距离矩阵。

本例中的三步最短距离矩阵为

$$D^{(3)} = [d_{ij}^3] = \begin{bmatrix} 0 & 5 & 4 & 6 & 8 & 8 & 14 \\ 5 & 0 & 8 & 7 & 3 & 4 & 10 \\ 4 & 8 & 0 & 2 & 5 & 4 & 10 \\ 6 & 7 & 2 & 0 & 4 & 5 & 11 \\ 8 & 3 & 5 & 4 & 0 & 1 & 7 \\ 8 & 4 & 4 & 5 & 1 & 0 & 6 \\ 14 & 10 & 10 & 11 & 7 & 6 & 0 \end{bmatrix} \quad (5\text{-}9)$$

其中 d_{43}^3 的计算过程如下

$$\begin{aligned} d_{43}^3 &= \min[d_{41}^2 + d_{13}^2, d_{42}^2 + d_{23}^2, d_{43}^2 + d_{33}^2, d_{44}^2 + d_{43}^2, d_{45}^2 + d_{53}^2, d_{46}^2 + d_{63}^2, d_{47}^2 + d_{73}^2] \\ &= \min[6+4, 7+9, 2+0, 0+2, 4+5, 5+5, 11+10] \\ &= \min[10, 16, 2, 2, 9, 9, 21] = 2 \end{aligned} \quad (5\text{-}10)$$

经过迭代,得出 $D^{(4)} = D^{(3)}$,可见 $D^{(4)}$ 即为图 5-13 中各顶点间的最短连接线矩阵。

以上方法算得的最短距离矩阵 $D^{(m)}$,是任意两点之间的最短路权,而与它相应的最短路线,还需用"反向追踪"法来确定。

说明: 当权数小于 0,即 $W_{ij} < 0$ 时,则标号法失效。但是在道路与交通等问题中遇到的"权"均为非负,而且一般都为正值,如距离、费用和运行时间等,所以这里不再介绍负权图的最短路求解方法。

第三节 交通网络最大流问题

一、最大流问题

研究网络能通过的流量也是生产和管理中经常遇到的现实问题。例如,交通网络中道路的最大通行能力;生产流水线上产品的最大加工能力;供水网中通过的水流量;信息网络中的信息传输能力等,此类网络的各组成弧段都具有确定的通过能力,如图5-14所示,每个弧段上的数字即连接路网各节点的单行路段通行能力(辆/小时)。事实上,整个网络能通过的流量与各条路段上的通行能力即容量的配置情况相关,许多路段的流量常常达不到容量值,而"瓶颈"弧段却决定了整个网络所能允许的最大通过能力。如何确定该网络中所能通过的最大流量,以判断路网的利用程度,就需要采用最大流的求解方法。

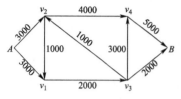

图 5-14 路网各节点单行路通行能力

(一) 基本概念

1) 网络和流

在一个发点为 v_s,收点为 v_t 的有向图 $D = (V,A)$ 中,对应每一个弧 $(v_i,v_j) \in A$ 有一个 $c_{ij} \geq 0$,它表示该弧的最大通过能力(即弧的容量),我们把这样的图叫作一个网络,记为 $D = (V,A,C)$。图 5-14 中,A 为发点 v_s,B 为收点 v_t,图中弧旁的数据为容量 c_{ij},如 $c_{21} = 1000$,$c_{13} = 2000$。

定义在弧集 A 上的函数 $f = \{f(v_i,v_j)\}$,称为网络上的流,并称 $f(v_i,v_j)$ 为该弧上的流量。在运输网络的实际问题中,我们对流量有两个明显的要求:一是弧上的流量不能超过弧上的容量;二是中间点的流量为零(即中间点只起转运作用,而没有储存作用)。因此我们得出可行流的条件。

满足下列条件的 f 称为可行流。

(1) 容量限制条件

$$0 \leq f_{ij} \leq c_{ij}, \text{其中}(v_i,v_j) \in A \quad (5-11)$$

(2) 平衡条件

$$\sum f_{ij} - \sum f_{ji} = \begin{cases} v(f) & (i = s) \\ 0 & (i \neq s,t) \\ -v(f) & (i = t) \end{cases} \quad (5-12)$$

其中 $v(f)$ 称为这个可行流的流量。

最大流问题就是求一个流 $\{f_{ij}\}$ 使其流量 $v(f)$ 达到最大,且满足上述条件式(5-11)、式(5-12)。这实际是一个特殊的线性规划问题,我们将会发现,利用图论来解决这个问题比用线性规划的一般方法要方便、直观得多。

2) 增广链

给定一个可行流 $f = \{f_{ij}\}$,其中使 $f_{ij} = c_{ij}$ 的弧称为饱和弧;$f_{ij} < c_{ij}$ 的弧称为不饱和弧;

$f_{ij} = 0$ 的弧称为零流弧；$f_{ij} > 0$ 的弧称为非零流弧。

若 μ 是网络中连接 v_s 和 v_t 的一条链，我们定义链的方向是从 v_s 到 v_t，若弧的方向与链的方向一致，则称前向弧，其全体记为 μ^+；若弧的方向与链的方向相反，则称后向弧，其全体记为 μ^-。

下面我们给出增广链的概念。

设 f 是一个可行流，μ 是从 v_s 到 v_t 的一条链，若满足：

(1) 在弧 $(v_i, v_j) \in \mu^+$ 上，$0 \leq f_{ij} < c_{ij}$（即 μ^+ 中的每一条弧都是非饱和弧）；

(2) 在弧 $(v_i, v_j) \in \mu^-$ 上，$0 < f_{ij} \leq c_{ij}$（即 μ^- 中的每一条弧都是非零流弧）。

则称 u 为关于可行流 f 的一条增广链。

3）截集与截量

给定网络 $D = (V, A, C)$，若点集 V 被剖分为两个非空集合 V_1 和 $\overline{V_1}$，使 $v_s \in V_1, v_t \in \overline{V_1}$，则把弧集 $(V_1, \overline{V_1})$ 称为分离 v_s, v_t 的截集。

显然，若把某一截集的弧从网络中丢去，则从 v_s 到 v_t 便不存在路。所以，直观上说，截集是从 v_s 到 v_t 的必经之路。

给定一截集 $(V_1, \overline{V_1})$，把截集中所有弧的容量之和称为这个截集的容量，简称截量，记为 $c(V_1, \overline{V_1})$。

4）基本定理

定理 3 可行流 f 是最大流，当且仅当不存在关于 f 的增广链。

定理 4 最大流量最小截量定理。任一网络中从 v_s 到 v_t 的最大流量等于分离 v_s、v_t 的最小截集的流量。

（二）求最大流的 Ford-Fulkerson 标号法

从一个可行流 f 出发（若网络中预先没有给定 f，则可以设 f 是零流），标号算法包括标号过程和调整过程。

1）标号过程

每个标号点的标号包含两部分：第一个标号表明它是从哪个点得到的，第二个标号表示到此点为止，可以调整的流量。

(1) 给初始点 v_s 标号 $(0, +\infty)$。

(2) 检查已获标号的点 v_i，判断 v_j。

若在弧 (v_i, v_j) 上，$f_{ij} < c_{ij}$，则给 v_j 标号 $[v_i, L(v_j)]$，$L(v_j) = \min\{L(v_i), c_{ij} - f_{ij}\}$。这时顶点 v_j 成为标号而未检查的顶点；

若在弧 (v_j, v_i) 上，$f_{ji} > 0$，则给 v_j 标号 $[-v_i, L(v_j)]$，$L(v_j) = \min\{L(v_i), f_{ji}\}$，重复上述步骤(2)，一旦 v_t 被标上号，得到一条从 v_s 到 v_t 的增广链 μ，转入调整过程。

若所有标号都已检查过，致使标号过程无法继续时，则算法结束。这时的可行流即最大流。

2）调整过程

从 v_t 开始按第一个标号，利用反向追踪的方法，找出增广链 μ。令调整量 $\theta = L(v_i)$，即 v_i 的第二个标号。

令

$$f_{ij} = \begin{cases} f_{ij} + \theta & (v_i, v_j) \in \mu^+ \\ f_{ij} - \theta & (v_i, v_j) \in \mu^- \\ f_{ij} & \text{其他} \end{cases} \quad (5-13)$$

则得到一个新的可行流 $f' = \{f'_{ij}\}$，去掉所有标号，对新的可行流 f' 重新进入标号过程。

例 5-3 用标号法求解图 5-14 所示的交通网络的最大流。

解 为了计算方便，将图 5-14 中的各路段的通行能力、可行流都除以 1000，假定从一个初始流量 $v(f) = 4$ 的可行流网络开始标号，如图 5-15 所示。

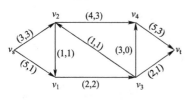

图 5-15 标号图

(1) 标号过程

① 给发点 v_s 标号 $(0, +\infty)$。

② 检查顶点 v_s。

在前向弧 (v_s, v_2) 上，$f_{s2} = c_{s2} = 3$，不满足标号条件。

在前向弧 (v_s, v_1) 上，$f_{s1} = 1 < c_{s1} = 5$，满足标号条件，则顶点 v_1 的标号为 $(+v_s, \Delta_1)$。

$\Delta_1 = \min\{\Delta_s, c_{s1} - f_{s1}\} = \min\{+\infty, 5-1\} = 4$，即 v_1 的标号为 $(+v_s, 4)$。

③ 检查顶点 v_1。

在前向弧 (v_1, v_3) 上，$f_{13} = c_{13} = 2$，不满足标号条件。

在后向弧 (v_2, v_1) 上，$f_{21} = 1 > 0$，满足标号条件，顶点 v_2 的标号为 $(-v_1, \Delta_2)$。

$\Delta_2 = \min\{\Delta_1, f_{21}\} = \min\{4, 1\} = 1$，即 v_2 的标号为 $(-v_1, 1)$。

④ 检查顶点 v_2。

在前向弧 (v_2, v_4) 上，$f_{24} = 3 < c_{24} = 4$，满足标号条件，顶点 v_4 的标号为 $(+v_2, \Delta_4)$。

$\Delta_4 = \min\{\Delta_2, c_{24} - f_{24}\} = \min\{1, 4-3\} = 1$，即 v_4 的标号为 $(+v_2, 1)$。

在后向弧 (v_3, v_2) 上，$f_{32} = 1 > 0$，满足标号条件，顶点 v_3 的标号为 $(-v_2, \Delta_3)$。$\Delta_3 = \min\{\Delta_2, f_{32}\} = \min\{1, 1\} = 1$，即 v_3 的标号为 $(-v_2, 1)$。

⑤ 在 v_3, v_4 两点中任选一点进行检查。

如选 v_4 点，在前向弧 (v_4, v_t) 上，$f_{4t} = 3 < c_{4t} = 5$，满足标号条件，顶点 v_t 的标号为 $(+v_4, \Delta_t)$。

$\Delta_t = \min\{\Delta_4, c_{4t} - f_{4t}\} = \min\{1, 5-3\} = 1$，即 v_t 的标号为 $(+v_4, 1)$。

因 v_t 得到标号，说明找到了一条增广链，如图 5-16 粗线所示，故转入调整过程。

(2) 调整过程

将 v_t 作为第一个标号找到一条增广链，如 5-16 加粗线所示。

该增广链 μ 中，$\mu^+ = \{(v_s, v_1), (v_2, v_4), (v_4, v_t)\}$，$\mu^- = \{(v_2, v_1)\}$。

按 v_t 第二个标号值 $\Delta_t = 1$，在 μ 上调整 f。

在 μ^+ 上：$f_{s1} + \theta = 1 + 1 = 2$；$f_{24} + \theta = 3 + 1 = 4$；$f_{4t} + \theta = 3 + 1 = 4$。

在 μ^- 上：$f_{21} - \theta = 1 - 1 = 0$。

其余的 f_{ij} 不变，于是得到一个新的可行流，如图 5-17 所示。对这个可行流重新进行标号，寻找增广链。

开始给 v_s 标上 $(0 + \infty)$，检查 v_s 点，其中前向弧 (v_s, v_2) 为饱和弧，不可以获得标号，而

前向弧 (v_s,v_1) 为不饱和弧,满足标号要求,给点 v_1 标上 $(+v_s,3)$,此时 v_s 成为已标号且已检查的点,而 v_1 为已标号未检查的点。检查与 v_1 相关联的弧,发现所有的前向弧均为饱和弧,而所有的后向弧均为零流弧,其余点无法获得标号,标号过程无法继续,故图中已不存在增广链,当前流为网络的最大流。

$$v(f) = f_{s1} + f_{s2} = f_{3t} + f_{4t} = 3 + 2 = 4 + 1 = 5$$

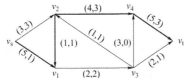 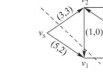

图 5-16 标号过程与调整过程　　　　　图 5-17 截集

最大流的流量等于当前发点的发量,也等于当前收点的收量,即

在最后一次标号过程中,随着标号的中止,也得到了网络最小割集,即标号已检查的点集 $S = \{v_s, v_1\}$,未标号的点集 $\overline{S} = \{v_2, v_3, v_4, v_t\}$,最小截集 $(V_1, D_1) = \{(v_s, v_2)(v_2, v_1), (v_1, v_3)\}$,如图 5-17 虚线所示,此最小截集的截容量为 $f_{s2} + f_{13} = 3 + 2 = 5$。即由 A 至 B 的道路网络的最大通行能力为 5000 辆/日。

可见,用标号法寻找最大流,可以同时求得发点到收点的最大流以及最小截集。而截集是影响网络流量的"瓶颈",这里的弧的容量决定了整个网络的最大通行能力。对网络通行能力的改善,需要从改造这个"瓶颈"部位入手。

二、最小费用最大流问题

(一) 最小费用最大流问题

在网络 $D = (V, A, C)$,每一段弧 $(v_i, v_j) \in A$ 上,除了已给定容量 c_{ij} 外,还给定了一个单位流量的费用 $b_{ij} \geq 0$,所谓最小费用最大流问题就是要寻求一个最大流 f,使总的输送费用 $b(f) = \sum_{(v_i, v_j) \in A} b_{ij} f_{ij}$,取极小值。

(二) 求解方法的基本思想与方法

由上一节内容可知,若 f 是网络 $D = (V, A, C)$ 的一个非最大可行流,则其网络中必然存在增广链 μ。沿着 μ 调整 f,可得新的可行流 f'。$\{f'_{ij}\}$ 与 $\{f_{ij}\}$ 只在增广链 μ 上相差 θ,其他弧上相同,所以,流 f' 与 f 的费用之差仅在增广链上得到体现,其他弧段上的费用抵消。

$$b(f') - b(f) = \sum_{\mu^+} b_{ij}\theta - \sum_{\mu^-} b_{ij}\theta = \left(\sum_{\mu^+} b_{ij} - \sum_{\mu^-} b_{ij}\right)\theta \quad (5-14)$$

以 $\theta = 1$ 调整 f 得到 f',即 $V(f') = V(f) + 1$,可以看出 $b(f') - b(f) = \sum_{\mu^+} b_{ij} - \sum_{\mu^-} b_{ij}$。因此,把 $\sum_{\mu^+} b_{ij} - \sum_{\mu^-} b_{ij}$ 称为这条增广链 μ 的费用。

可以证明,若 f 是流量为 $V(f)$ 的所有可行流中费用最小者,而 μ 是关于 f 的所有增广链中费用最小的增广链,那么沿着 μ 去调整 f 所得到的可行流 f',就是流量为 $V(f')$ 的所有可行流中的最小费用流。这样,当 f' 为最大流时,其也是所求的最小费用最大流。由于 $b_{ij} > 0$,

所以 $f=0$ 必是流量为 0 的最小费用可行流。所以我们总可以把零流作为最小费用流的初始解。

若以零流作为最小费用流,那么就要寻找出关于 f 的最小费用增广链。为此我们构建一个赋权有向图 $W(f)$,它的顶点是原网络 D 的顶点,而把 D 中的每一条弧 (v_i,v_j) 变成两个相反方向的弧 (v_i,v_j) 和 (v_j,v_i)。定义 $W(f)$ 中弧的权 W_{ij} 为

$$W_{ij} = \begin{cases} b_{ij} & (f_{ij} < c_{ij}) \\ +\infty & (f_{ij} = c_{ij}) \end{cases} \tag{5-15}$$

$$W_{ji} = \begin{cases} -b_{ij} & (f_{ij} > 0) \\ +\infty & (f_{ij} = 0) \end{cases} \tag{5-16}$$

在网络 D 中求关于 f 的最小费用增广链等价于在 $W(f)$ 中求从 v_s 到 v_t 的最短路。

最小费用最大流算法过程如下:

开始:取 $f_0^{(0)}$ 为初始可行流。

在第 $k-1$ 步:最小费用流为 $f^{(k-1)}$,构造赋权有向图 $W(f^{(k-1)})$,并在 $W(f^{(k-1)})$ 中,寻求从 v_s 到 v_t 的最短路:

(1) 若不存在最短路,则 $f^{(k-1)}$ 就是最小费用最大流。

(2) 若存在最短路,则在原网络 D 中得相应的增广链 μ。

若在增广链 μ 上对 $f^{(k-1)}$ 进行调整,调整量为

$$\theta = \min\left[\min_{\mu^+}(c_{ij} - f_{ij}^{(k-1)}), \min_{\mu^-}(f_{ij}^{(k-1)})\right] \tag{5-17}$$

令

$$f_{ij}^{(k)} = \begin{cases} f_{ij}^{(k-1)} + \theta & (v_i,v_j) \in \mu^+ \\ f_{ij}^{(k-1)} - \theta & (v_i,v_j) \in \mu^- \\ f_{ij}^{(k-1)} & (v_i,v_j) \notin \mu \end{cases} \tag{5-18}$$

得到新的可行流 $f^{(k)}$,再对 $f^{(k)}$ 重复上述步骤,直到 $L(f)$ 网络中不存在从 v_s 到 v_t 的最短路为止,这时的可行流 f 就是最小费用最大流。

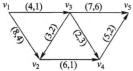

图 5-18 公路交通网络图

例 5-4 某地区公路交通网络图如图 5-18 所示,弧上的数字为 (C_{ij},b_{ij}),b_{ij} 为单位行驶费用(元/辆),C_{ij} 为路段通行能力(千辆/h),求该网络的最小费用最大流。

解 (1) 取初始可行流为零流 $f^{(0)} = 0$,并以此构造相应的增广费用网络 $L^{(0)}$(图 5-19)。

(2) 在 $L^{(0)}$ 上,求出 v_1 到 v_5 的最短路。其最短路线为 $v_1 \to v_3 \to v_2 \to v_4 \to v_5$,如图 5-19 中的粗线所示。

(3) 在原网络中找出与最短路线 $v_1 \to v_3 \to v_2 \to v_4 \to v_5$ 相应的最小费用增广链 μ,沿着 μ 对 $f^{(0)}$ 进行调整,调整量

$$\theta = \min[\min_{\mu^+}(c_{ij} - f_{ij}^{(k-1)}), \min_{\mu^-}(f_{ij}^{(k-1)})] = \min[(4-0),(3-0),(6-0),(5-0)] = 3$$

调整后得到新的最小费用可行流 $f^{(1)}$。

(4) 重复前面的过程。构造增广费用网络 $L^{(1)}$,并找出最短路:$v_1 \to v_3 \to v_4 \to v_5$。

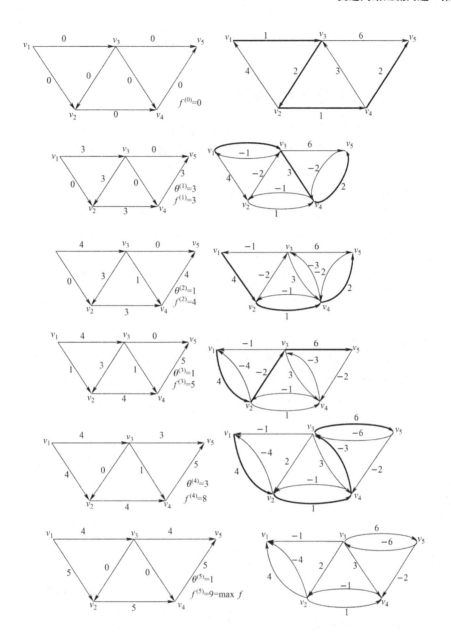

图 5-19　最小费用最大流求解过程

(5) 在 D 中找出最短路线 $v_1 \rightarrow v_3 \rightarrow v_4 \rightarrow v_5$ 相应的增广链 μ，沿着 μ 对 $f^{(1)}$ 进行调整，调整量 $\theta = \min[(4-3),(2-0),(5-3)] = 1$，得到新的最小费用可行流 $f^{(2)}$。

重复上面的方法，依次求出 $L^{(2)}$，$f^{(3)}$，$L^{(3)}$，$f^{(4)}$，$L^{(4)}$，$f^{(5)}$。

当进行到 $L^{(5)}$ 时，在 $L^{(5)}$ 中已经不存在从 v_s 到 v_t 的通路，这时算法结束。$f^{(5)}$ 就是所有要求的最小费用最大流，即图 5-19 的公路交通网络的最大流量为 9000 辆/h，相应的最小费用为：$4000 \times 1 + 5000 \times 4 + 5000 \times 1 + 4000 \times 6 + 5000 \times 2 = 63000$（元/h）。

第四节 交通网络配流问题的应用实例

一、最小生成树在农村交通建设领域的应用

随着社会主义新农村建设的推进,发展农村客运成为构建和谐社会、统筹城乡协调发展和城乡一体化的重要环节。要做到农村客运"村村通",就需要重视连线和布局优化的原则。在农村客运规划中,对于已知地理坐标的村庄,如暂不考虑经济、人口等因素,仅以农村客运营运的覆盖率和通达率为基准,将这些村庄以直线连接,并保证总路径最短,则该方案将会是一个值得推荐的方案。该问题可以由最小生成树的方法进行求解。

假设某地区高速公路一侧分布着 12 个行政县、乡、村,高速公路设计时考虑到城乡一体化,在高速公路上设置 1 个地区中心城市和若干个镇的出入口,这些出入口通过连接线或匝道与农村公路相连。如图 5-20 所示,现在考虑如何以最少的建设投资,合理安排确定农村客运线路,使得农村客运线与高速公路相联通,达到城乡间密切交流,促进农村经济的发展。

采用破圈法或避圈法,可以求得该路网的最小生成树,如图 5-21 所示,该路网是连接所有节点且建设资金投入最少的方案。但是由于树的性质,树不可以有圈,那么实际运营中必然存在某些原路返回的运营线路,而无法实现快速向高速公路聚集。因此,在对路网进行修正时,应考虑最小生成树中临近的两点的连接,允许产生回路,保证线路直达。

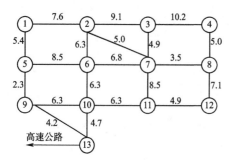
图 5-20 高速公路与农村公路连接图

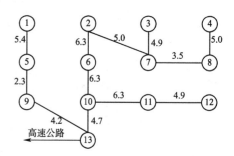
图 5-21 最小生成树

二、出行交通的"全有全无"分配问题

例 5-5 图 5-22 所示交通网络中,其 4 个交通小区 a、b、c、d 之间的出行交通量,由 1、3、7、9 四个交通节点进行分配,其 OD 表见表 5-2。该交通网络中,各条道路均为双向道路,无方向性。路段上的数字为根据现状网络实测路段车速和路段长度确定的行驶时间。试按照最短行程时间原则,将这些出行交通量分配到图 5-22 所示的交通网络上的道路上。

解 "全有全无"交通分配是一种静态的交通分配方法,即假设驾驶员选择路径时,仅考虑的唯一因素是该路线是否为起点至终点的最短道路,并假设车辆的平均行驶车速不受交通负荷的影响。每一 OD 点对的 OD 交通量被全部分配在连接在 OD 点对的最短路线上,其

他道路上分配不到交通量。"全有全无"交通分配法的优点是计算简便,对于该交通网络,可凭直观找出最短路线,如表5-3所示。若遇到复杂的交通网络,应按照本章第二节中介绍的方法算出各交通小区的最小路权和最短路径。

出行交通量调查表(千辆/日)　　　　　　　　　　　　表5-2

起点＼终点	1	3	7	9
1	0	10	10	25
3	10	0	25	5
7	10	25	0	12.5
9	25	5	12.5	0

交通小区最短路径表　　　　　　　　　　　　表5-3

起讫点	最短路径	起讫点	最短路径
a-b	1-2-3	c-a	7-4-1
a-c	1-4-7	c-b	7-4-5-6-3
a-d	1-4-5-6-9	c-d	7-8-9
b-a	3-2-1	d-a	9-6-5-4-1
b-c	3-6-5-4-7	d-b	9-6-3
b-d	3-6-9	d-c	9-8-7

将OD交通量分配到该OD点对相对应的最短路线上,并进行累加,得到图5-23所示的分配结果。

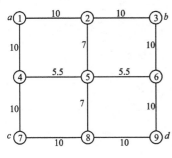

图5-22　交通小区OD图

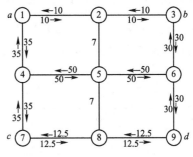

图5-23　OD分配结果

三、工程设备更新问题

例5-6　某道路施工企业要使用一款筑路机,每年年初都需要对该设备的更新与否做出决策。无论是否购置新设备,设备在使用期间都需要支付维修费,且随着设备使用年数的增大维修费支出也增大。设备在5年内各年年初的价格及设备使用不同年数的维修费分别如表5-4和表5-5所示。那么在5年内如何制订设备更新计划,使新设备购置费和维修费的总和最小?

5 年内各年年初价格　　　　　　　　　　　　　　　表 5-4

第 i 年	1	2	3	4	5
价格(万元)	11	11	12	12	13

设 备 维 修 费　　　　　　　　　　　　　　　　　　表 5-5

使用寿命	第 0~1 年	第 1~2 年	第 2~3 年	第 3~4 年	第 4~5 年
维修费用(万元)	5	6	8	11	18

解 把求总费用最小问题转化为求最短路径问题。用点 $i(i=1,2,3,4,5)$ 表示第 i 年买进一台新设备。增设一点 6 表示第五年末。从 i 点到 $i+1,i+2,\cdots,6$ 各画一条弧,弧 (i,j) 表示在第 i 年买进的设备一直使用到第 j 年年初(或第 $j-1$ 年年末),求点 1 到点 6 的最短路径。

(1)弧的权数为购买和维修费用之和。即弧 (i,j) 的权数为第 i 年的购置费和从第 i 年使用到第 $j-1$ 年末的维修费之和。如弧 $2\rightarrow4$ 的权数为:$d_{24}=11+5+6=22$。

(2)画出设备更新问题的网络图,如图 5-24 所示。原问题变为求点 1 至点 6 的最短路问题。

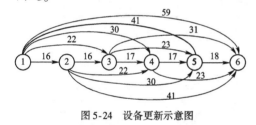

图 5-24　设备更新示意图

对于简单的网络可以采用枚举法求最短路,若遇到复杂网络可以采用标号法获得最短路。本例最佳更新路线有两条,$1\rightarrow3\rightarrow6$ 和 $1\rightarrow4\rightarrow6$,即:道路施工企业在第 1、3 年初购买设备,或者第 1、4 年初购买设备。5 年最小总费用为 53 万元。

四、综合交通运输中交通运输方式的确定问题

例 5-7 将货物从 A 城市送至 E 城市,必须途经 B、C、D 三个城市,而且每两个城市之间有三种运输方式可供选择:铁路、公路、航空。现在假设运量为 10 个单位,其他基本数据详见表 5-6 和表 5-7。

各城市间单位运费表　　　　　　　　　　　　　　表 5-6

运输方式	$A\rightarrow B$	$B\rightarrow C$	$C\rightarrow D$	$D\rightarrow E$
铁路	40	50	40	70
公路	30	40	60	60
航空	50	20	60	40

不同运输方式之间的换装费用表　　　　　　　　　表 5-7

运输方式	铁路	公路	航空
铁路	0	3	2
公路	3	0	2
航空	3	2	0

解 根据题意,构造运输网络图 5-25。

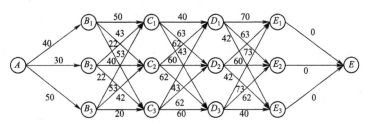

图 5-25 运输网络

图中圈内的字母和数字代表的意义分别为:英文字母 A、B、C、D 和 E 分别代表 5 个城市,而数字 1、2 和 3 则分别代表铁路、公路和航空三种不同的交通方式。

其中,每条边上的路权意义如下:如 $B_2 \rightarrow C_3$ 的费用为 22,其中包括 B 城市到 C 城市采用航空运输方式的 20 个单位费用,以及由公路到航空的 2 个单位的换装费用。

可求出 $A \rightarrow E$ 的最短路为:$A \rightarrow B_2 \rightarrow C_3 \rightarrow D_1 \rightarrow E_3 \rightarrow E$,即从城市 A 到城市 B 选择公路,从城市 B 到城市 C 选择航空,从城市 C 到城市 D 选择铁路,从城市 D 到城市 E 选择航空。由此计算得到最小总费用为 $30 + 22 + 43 + 42 = 137$。

例 5-8 输油管道的最大运输能力计算。

某油田通过输油管道向港口输送原油,中间有 4 个泵站,管道的输送能力与各泵站的输送能力如图 5-26 所示,确定这个系统的最大运输能力。图中弧旁的数字是管道的输送能力。图中"○"内的数字是泵站的输送能力。

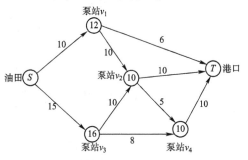

图 5-26 输油管道

解 这是一个顶点有容量约束的网络,必须先把它化成只有弧具有容量约束的网络。方法如下:把每一个有容量约束的顶点 v_i 变成两个顶点 v_i' 和 v_i''。把以 v_i 为终点的弧 (u, v_i) 变成 (u, v_i'),把以 v_i 为始点的弧 (v_i, w) 变成 (v_i'', w)。它们的容量保持不变。同时添加一新弧 (v_i', v_i''),它的容量等于顶点 v_i 的容量。这样就得到一个新的网络,只有弧具有容量,而顶点不再有容量。新得到的网络如图 5-27 所示,把原网络和新网络分别记作 D 和 D_1。显然,D 上的可行流与 D_1 上的可行流一一对应。D 上的最大流与 D_1 上的最大流一一对应。求得 D_1 上的最大流 f^*,由 f^* 很容易得到 D 上的最大流。系统的最大运输能力是 24。

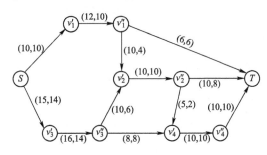

图 5-27 分配图

本章习题

1. 阐明狄克斯特拉算法的基本思想和基本步骤,为什么用这种算法能在图中找出一点至任一点的最短路。

2. 什么是增广链,为什么只有不存在关于可行流 f^* 的增广链时,f^* 即为最大流。什么是割集、割容量以及最大流最小割量定理,为什么用 Ford-Fulkerson 标号法求得最大流的结果,同时得到一个最小割集。

3. 简述最小费用最大流的概念以及求解最小费用最大流的基本思想和方法。

4. 求习题图 5-1 的最小部分树。

5. 求习题图 5-2 中从 v_1 到 v_6 的最短路。

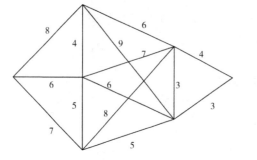

习题图 5-1　　　　　　习题图 5-2　从 v_1 到 v_6 网络图

6. 求习题图 5-3 中网络最大流,图中弧旁的数字是弧的容量。

7. 习题图 5-4 所示的网络中,有向弧旁边的数字为 (c_{ij}, b_{ij}),其中 c_{ij} 表示允许通过的最大流量,b_{ij} 表示单位流量的费用,求从 v_s 到 v_t 的流值为 6 的最小费用流。

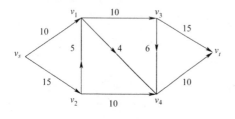 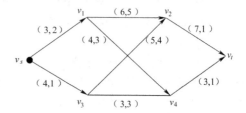

习题图 5-3　　　　　　　　　习题图 5-4

第六章 交通系统排队问题

第一节 系统排队问题理论基础

排队论(queuing theory)是研究排队系统(又称随机服务系统)的数学理论和方法,是为研究和解决具有拥挤现象的问题而发展起来的一门应用数学的分支。排队首先应用于电话行业,目前已被广泛运用于交通、运输等公用事业系统及其他领域。在日常生活中,人们会遇到各种各样的排队问题。例如,去食堂就餐需排队,病人去医院就诊常需排队。在交通运输工程中,排队现象也是相当普遍的,如车辆通过交叉路口或在通过道路的"瓶颈"地段时需要排队,汽车在加油站加油需要排队,飞机着陆、货轮进港等也常需排队,以及旅客在候车室排队等待上车、上下班搭乘公共汽车等都是有形或无形的排队现象。

一、排队过程的一般表示

图6-1是排队过程的一般模型,顾客由顾客源出发,到达服务机构(服务台、服务员)前排队等候接受服务,服务完成后就离开服务系统。排队结构是指排队队列的数目和排列方式。排队规则或服务规则是说明顾客在排队系统中按怎样的规则、次序接受服务的。这里所说的服务系统是指图6-1中虚线所包括的部分。

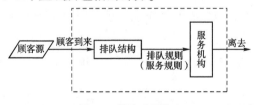

图6-1 排队过程模型

服务系统也称排队系统。

二、排队论系统的基本组成

一般的排队系统由输入过程、排队规则(服务规则)和服务台三个部分组成。

1. 输入过程

这是指要求服务的顾客按怎样的规律到达排队系统的过程,有时也称之为顾客流。

(1)顾客到达的形式。这是描述顾客是怎样来到系统的,是逐个到达,还是成批到达。

例如驶入港口的货轮,有一艘艘到达的,也有一个船队到达的,这里我们将只研究单个到达的情况。

(2)顾客的总体(即顾客源)的组成是有限的还是无限的。例如,工厂内停机待修的机器显然是有限的,而在道路交叉口,到达车辆的总体可以看成是无限的。

(3)顾客流的概率分布,也称之为顾客相继到达的时间间隔分布,这是首先要确定的指标。这里顾客到达的时间间隔可以是确定的,也可以是随机的。一般机器的运行等是确定型的,而像到商店购物等,顾客的到达就是随机的,对于随机的情形,要知道单位时间内的顾客到达数或相继到达的间隔时间的概率分布。

(4)顾客的到达可以是相互独立的,即以前的到达情况对以后的顾客到来没有影响,否则就是有关联的。例如,工厂里的机器在短时间内出现停机的概率就受已经待修或被修理的机器数目的影响。本节主要讨论的是相互独立的情况。

(5)输入过程可以是平稳的,或称对时间是齐次的,是指描述相继到达的间隔时间分布和所含参数(如期望值、方差等)都是与时间无关的,否则称为非平稳的。非平稳情形的数学处理是困难的,所以我们只讨论平稳的情况。

2. 排队规则(服务规则)

(1)等待制。

指顾客到达系统后,如果所有服务台都不空,则顾客加入排队行列等待服务,一直等到服务完毕后才可以离开。

等待制下,服务台为顾客提供服务时一般有以下规则:

①先到先服务(FCFS),即按顾客到达的先后次序给予服务,这是最普通的情况。

②后到先服务(LCFS),如在情报系统中,最后到达的情报往往是最有价值的,应优先采用;又如堆在仓库中的钢板,使用时先用堆在上面的(后堆上去的)。

③优先服务(PS),分轻重缓急给予服务。如重病号应先于轻病号进行医疗服务等。

④随机服务(RS),当一个顾客被服务完之后,服务员从排队的顾客中任取一个,给予服务。

(2)损失制。

指当顾客到达系统时,如果所有服务台都已被占用,则顾客不愿等待而离开系统。

(3)混合制。

这是等待制与损失制相结合的一种服务规则,一般是指允许排队,但又不允许队列无限长下去。大体有以下三种:

①队长有限。当等待服务的顾客人数超过规定数量时,后来的顾客就自动离去,另求服务,即系统的等待空间是有限的。

②等待时间有限。即顾客在系统中等待时间不超过某一给定的长度 T,当等待时间超过时间 T 时,顾客将自动离去,并不再回来。

③逗留时间(等待时间与服务时间之和)有限。

3. 服务台

服务台可以从以下三个方面来描述:

(1)服务台数量及构成形式。

从数量上说,服务台有单台与多台之分。从构成形式上看,有单队单服务台式、单队多服务台并联式、多队多服务台并联式、单队多服务台串联式等。

(2)服务方式。

指在某一时刻接受服务的顾客数,有单个服务和成批服务两种。

(3)服务时间的分布。

在多数情况下,对某一个顾客的服务时间是一随机变量,服务时间的分布有定长分布、负指数分布、爱尔朗分布等。

三、排队系统的主要数量指标、记号和符号

1. 主要数量指标

(1)队长与队列长(排队长)。

队长是指系统中的顾客数(排队等待的顾客数与正在接受服务的顾客数之和);队列长是指系统中正在排队等待服务的顾客数。队长和队列长一般都是随机变量。

(2)等待时间和逗留时间。

从顾客到达时刻起到他开始接受服务为止的这段时间称为等待时间。从顾客到达时刻起到他接受服务结束为止的这段时间称为逗留时间。两种时间都是随机变量。

(3)忙期和闲期。

忙期是指从顾客到达空闲服务机构起,到服务机构再次空闲为止的这段时间。这是个随机变量。与忙期相对的是闲期。

在即时制或排队有限制的情况下,还有由于顾客被拒绝而使企业受到损失的损失率以及以后经常遇到的服务强度等,这些也都是很重要的指标。

2. 记号

$N(t)$:时刻 t 系统中的顾客数,即队长;

$N_q(t)$:时刻 t 系统中排队的顾客数,即队列长;

$T(t)$:时刻 t 到达系统的顾客在系统中的逗留时间;

$T_q(t)$:时刻 t 到达系统的顾客在系统中的等待时间。

在平稳状态下:

L_s:平均队长,即稳态系统任一时刻顾客数的期望值;

L_q:平均等待队长,即稳态系统任一时刻等待服务的顾客数的期望值;

W_s:平均逗留时间,即在任一时刻进入稳态系统的顾客逗留时间的期望值;

W_q:平均等待时间,即在任一时刻进入稳态系统的顾客等待时间的期望值;

λ:顾客到达的平均速率,即单位时间内平均到达的顾客数;

$1/\lambda$:平均到达时间间隔;

μ:平均服务速率,即单位时间内服务完毕离开的顾客数;

$1/\mu$:平均服务时间;

c:系统中服务台的个数;

ρ:服务强度,即每个服务台单位时间内的平均服务时间,一般有 $\rho = \lambda/\mu$ 或 $\rho = \lambda/c\mu$;

N:稳态系统任一时刻的状态(即系统中所有顾客数);

U：任一顾客在稳态系统中的逗留时间；

Q：任一顾客在稳态系统中的等待时间；

$P_n = P\{N = n\}$：稳态系统任一时刻状态为 n 的概率；特别当 $n = 0$，则 $P_n = P_0$，即稳态系统所有服务台全部空闲的概率；

λ_e：有效平均到达率，即单位时间内，顾客到达后能够进入系统的平均顾客数。

3．排队系统的符号

一个排队系统的特征可以用 6 个参数表示，形式为：$X/Y/Z/A/B/C$，各个符号的含义如下：

X：顾客相继到达的时间间隔的概率分布，可取 M,D,E_k,G 等；其中 M 表示顾客相继到达的时间间隔服从负指数分布；D 表示其服从定长分布；E_k 表示其服从 k 阶爱尔朗分布；G 表示其服从一般相互独立的随机分布。

Y：服务时间的概率分布，可取 M,D,E_k,G 等；

Z：服务台个数，取正整数；

A：排队系统的最大容量，可取正整数或 ∞；

B：顾客源的最大容量，可取正整数或 ∞；

C：排队规则，可取 FCFS、LCFS 等。

例如，$M/M/1/\infty/\infty/FCFS$ 表示顾客到达的时间间隔服从负指数分布，服务时间服从负指数分布，一个服务台，排队系统和顾客源的容量都是无限的，实行先到先服务的一个服务系统。

四、排队系统的常用分布

（一）负指数分布

若随机变量 T 服从负指数分布，则其分布函数为

$$F_T(t) = \begin{cases} 1 - e^{-\lambda t} & (t \geq 0, \lambda \geq 0) \\ 0 & (t < 0) \end{cases} \tag{6-1}$$

密度函数为

$$f_T(t) = \begin{cases} \lambda e^{-\lambda t} & (t \geq 0) \\ 0 & (t < 0) \end{cases} \tag{6-2}$$

T 的期望值为

$$E(T) = \int_0^\infty t f_T(t) \mathrm{d}t = \int_0^\infty t \lambda e^{-\lambda t} \mathrm{d}t = \frac{1}{\lambda} \quad (\lambda > 0) \tag{6-3}$$

T 的方差为

$$Var(T) = \frac{1}{\lambda^2} \quad (\lambda > 0) \tag{6-4}$$

负指数分布具有如下性质：

(1) 密度函数 $f_T(t)$ 对时间 t 严格递减。

(2) 无记忆性（或称马尔科夫性），即 $P\{T > t + s \mid T > s\} = P\{T > t\}$。

(3) 当顾客到达是泊松流时，顾客相继到达的时间间隔 T 就服从负指数分布。

(二)泊松(Poisson)分布

Poisson 过程(又称为 Poisson 流)是排队论中经常用到的一种用来描述顾客到达规律的特殊随机过程。实际上,它是一个纯生过程,与概率论中的 Poisson 分布与负指数分布有着密切的关系。

1. 概率中的 Poisson 分布

若随机变量 x 的密度函数为

$$P[X = n] = \frac{\lambda^n e^{-\lambda}}{n!} \quad (\lambda > 0; n = 0,1,2,\cdots) \tag{6-5}$$

则称 X 服从参数为 λ 的泊松分布,记为 $X \sim P(\lambda)$。其均值和方差分别为

$$E(X) = \lambda, Var(X) = \lambda \tag{6-6}$$

2. 排队论中的 Poisson 分布

对于随机过程 $\{N(t), t \geq 0\}$,若满足:

(1) 独立增量性。

即对任意一组 $t_n > t_{n-1} > t_{n-2} > \cdots > t_1 \geq 0$,增量 $N(t_2) - N(t_1), N(t_3) - N(t_2), \cdots, N(t_n) - N(t_{n-1})$ 相对独立或者说不相交的时间区间内到达的顾客数互相独立。

(2) 增量平稳性。

即在长度为 t 的时间区间内恰好到达 k 个顾客的概率仅与区间长度 t 有关,而与区间起始点无关。

(3) 普遍性。

即当 t 充分小时,有 $P\{N(t) \geq 2\} = o(t)$,则称 $\{N(t), t \geq 0\}$ 为泊松过程,$N(t)$ 服从泊松分布。

3. 排队系统与泊松过程

若 $N(t)$ 为时间区间 $[0,t](t > 0)$ 内到达系统的顾客数,则 $N(t)$ 是一个随机变量,且 $\{N(t) \mid t \in (0,T)\}$ 为一个随机过程。若该随机过程满足:

(1) 在不相重叠的区间内,顾客的到达数是相互独立的。

(2) 在时间区间 $[t, t + \Delta t]$ 内,顾客的到达数只与区间长度 Δt 有关,而与区间起始点 t 无关。

(3) 对于充分小的 Δt,在时间区间 $[t, t + \Delta t]$ 内,两个或两个以上的顾客到达的概率很小,以至于可以忽略。

则认为顾客到达系统的过程是泊松过程,且

$$P\{N(t) = k\} = \frac{(\lambda t)^k}{k!} e^{-\lambda t} \quad (k = 0,1,2\cdots; t > 0) \tag{6-7}$$

$$E[N(t)] = \lambda t, Var[N(t)] = \lambda t \tag{6-8}$$

如果一个随机变量,概率分布与时间 t 有关,则称这个随机变量为一个随机过程。排队系统中顾客到达的个数就是一个随机过程。

定理 1 在排队系统中,如果到达的顾客数服从以 λt 为参数的泊松分布,则顾客相继到达的时间间隔服从以 λ 为参数的负指数分布。

定理 2 设 $X_1, X_2, \cdots, X_k$ 是 k 个相互独立的、具有相同参数 μ 的负指数分布随机变量,

随机变量 $X = X_1 + X_2 + \cdots + X_k$ 服从 k 阶爱尔朗分布。X 的密度函数为

$$f(t) = \frac{k\mu (k\mu t)^{k-1}}{(k-1)!}e^{-k\mu t} \quad (t > 0) \tag{6-9}$$

记为 $X \sim E_k(\mu)$ 或简记为 $X \sim E_k$。
随机变量的均值和方差分别为

$$E(X) = \frac{1}{\mu}, Var(X) = \frac{1}{k\mu^2} \tag{6-10}$$

(三) 爱尔朗分布

如果到达间隔时间不服从负指数分布,那么一般用爱尔朗分布来建立模型。如果随机变量 T 的概率密度函数为

$$f(t) = \frac{R(Rt)^{k-1}e^{-Rt}}{(k-1)!} \quad (t \geq 0) \tag{6-11}$$

则称 T 服从到达率参数为 R, 形状参数为 k 的爱尔朗分布。T 的期望和方差分别为

$$E(T) = \frac{k}{R}, D(T) = \frac{k}{R^2} \tag{6-12}$$

第二节 单服务台模型

在本节中将讨论顾客到达过程是泊松分布,服务过程服从负指数分布的单服务台排队系统,分为以下三种情形讨论:

(1) 基本模型,符号表示为 $M/M/1/\infty/\infty$。
(2) 有限队列模型,符号表示为 $M/M/1/n/\infty$。
(3) 有限顾客源模型,符号表示为 $M/M/1/\infty/m$。

一、基本模型

单服务台排队系统 $M/M/1/\infty/\infty$ 是满足下列条件的排队系统:
(1) 输入过程:顾客源是无限的,顾客单个到来,相互独立,一定时间的到来服从泊松分布,到达过程是平稳的。
(2) 排队规则:单队,且对队长没有限制,先到先服务。
(3) 服务台:单服务台,各顾客的服务时间是相互独立的,服从相同的负指数分布。
此外,还假定到达时间间隔和服务时间是相互独立的。
设单位时间到达系统的顾客数为 λ, 单位时间被服务完的顾客数为 μ。λ/μ 称为服务强度。

(一) 系统状态 $P_n(t)$ 的计算

根据状态转移图 6-2,可以得到以下平衡方程:

$$\begin{cases} \mu P_1 - \lambda P_0 = 0 \\ \lambda P_{n-1} + \mu P_{n+1} = (\lambda + \mu)P_n \end{cases} \quad (n = 1, 2, \cdots) \tag{6-13}$$

由式(6-13)可以递推求解 $P_1, P_2, \cdots, P_n$ 得到

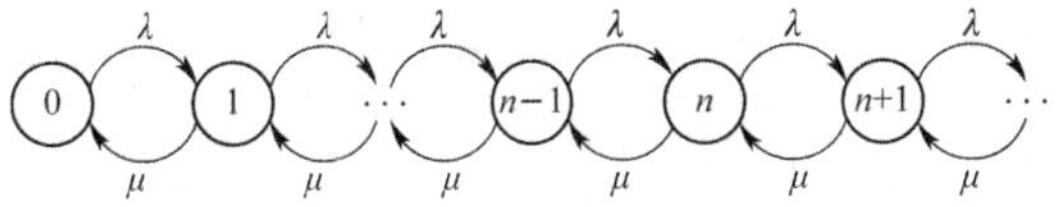

图 6-2 $M/M/1/\infty/\infty$ 系统的状态转移图

$$P_1 = \frac{\lambda}{\mu}P_0 \tag{6-14}$$

$$P_2 = -\frac{\lambda}{\mu}P_0 + \left(1 + \frac{\lambda}{\mu}\right)P_1 = \left[\frac{\lambda}{\mu}\right]^2 P_0 \tag{6-15}$$

$$P_n = \left[\frac{\lambda}{\mu}\right]^n P_0 \quad (n = 1, 2, \cdots) \tag{6-16}$$

设 $\rho = \lambda/\mu < 1$

$$P_1 = \rho P_0, P_2 = \rho^2 P_0, \cdots, P_n = \rho^n P_0 \tag{6-17}$$

由归一条件可知 $\sum_{n=0}^{\infty} P_n = 1$,有

$$\begin{cases} P_0 = 1 - \rho \\ P_n = (1-\rho)\rho^n \quad (n \geq 1) \end{cases} \tag{6-18}$$

ρ 表示平均到达率与平均服务率之比,称为服务强度。

(二)系统的运行指标

(1)系统中的平均顾客数(系统中顾客数的期望值)。

$$\begin{aligned} L_s &= \sum_{k=0}^{\infty} kP_k = \sum_{k=0}^{\infty} k\rho^k(1-\rho) = (1-\rho)\sum_{k=0}^{\infty} k\rho^k \\ &= (1-\rho)\frac{\rho}{(1-\rho)^2} = \frac{\rho}{1-\rho} \quad (0 < \rho < 1) \end{aligned} \tag{6-19}$$

或

$$L_s = \frac{\lambda}{\mu - \lambda} \tag{6-20}$$

即队长为系统中顾客数的期望值(系统中各种状态的加权平均值)。

(2)队列中的平均顾客数。

$$\begin{aligned} L_q &= \sum_{k=1}^{\infty} (k-1)P_k = \sum_{k=1}^{\infty} (k-1)\rho^k(1-\rho) = (1-\rho)\sum_{k=1}^{\infty} (k-1)\rho^k \\ &= (1-\rho)\frac{\rho^2}{(1-\rho)^2} = \frac{\rho^2}{(1-\rho)} \end{aligned} \tag{6-21}$$

或

$$L_q = \rho L_s \tag{6-22}$$

(3)顾客在系统中的平均逗留时间。

可以证明,在 $M/M/1$ 情形下,顾客在系统中的逗留时间服从参数为 $\mu - \lambda$ 的负指数分布,从而有

$$W_s = E(\omega) = \frac{1}{\mu - \lambda} \tag{6-23}$$

(4)顾客在队列中的平均逗留时间。

$$W_q = W_s - \frac{1}{\mu} = \frac{1}{\mu - \lambda} - \frac{1}{\mu} = \frac{\lambda}{\mu(\mu - \lambda)} = \frac{\rho}{\mu - \lambda} = \rho W_s \tag{6-24}$$

上述指标间的关系,称为 Little 公式

$$L_s = \lambda W_s \tag{6-25}$$

$$L_q = \lambda W_q \tag{6-26}$$

$$W_s = W_q + \frac{1}{\mu} \tag{6-27}$$

$$L_s = L_q + \rho = L_q + \frac{\lambda}{\mu} \tag{6-28}$$

二、有限队列模型

如果系统的最大容量为 N,对于单服务台的情形,排队等待的顾客最多为 $N-1$,在某时刻一顾客到达时,如系统中已有 N 个顾客,那么这个顾客就被拒绝进入系统(图6-3)。

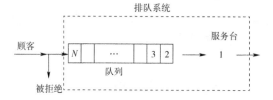

图 6-3 排队系统

当 $N=1$ 时为即时制的情形;当 $N \to \infty$,为容量无限制的情形。

若只考虑稳态的情形,可作各状态间该利率强度的转换关系见图6-4。

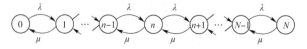

图 6-4 $M/M/1/N/\infty$ 系统状态转移图

根据图6-4,列出状态概率的稳态方程:

$$\begin{cases} \mu P_1 = \lambda P_0 \\ \mu P_{n+1} + \lambda P_{n-1} = (\lambda + \mu) P_n, \quad n \leq N-1 \\ \mu P_N = \lambda P_{N-1} \end{cases} \tag{6-29}$$

解这差分方程与解式(6-13)是很类似的,所不同的是,

$$P_0 + P_1 + \cdots + P_N = 1$$

仍令 $\rho = \lambda/\mu$,因而得

$$\begin{cases} P_0 = \dfrac{1-\rho}{1-\rho^{N+1}} & \rho \neq 1 \\ P_n = \dfrac{1-\rho}{1-\rho^{N+1}} \rho^n & n \leq N \end{cases} \tag{6-30}$$

这里略去 $\rho=1$ 情形的讨论。

在对容量没有限制的情形,我们曾设 $\rho<1$,这不仅是实际问题的需要,也是无穷级数收敛所必需的。在容量为有限数 N 的情形下,这个条件就没有必要了。(为什么?)不过当 $\rho>1$ 时,表示损失率的 P_N(或表示被拒绝排队的顾客平均数 λP_N)将是很大的。

根据式(6-30),我们可以导出系统的各种指标(计算过程略):

(1) 队长(期望值)

$$L_s = \sum_{n=0}^{N} nP_n = \frac{\rho}{1-\rho} - \frac{(N+1)\rho^{N+1}}{1-\rho^{N+1}} \quad \rho \neq 1$$

(2) 队列长(期望值)

$$L_q = \sum_{n=1}^{N} (n-1)P_n = L_s - (1-P_0)$$

当研究顾客在系统平均逗留时间 W_s 和在队列中平均等待时间 W_q 时,虽然式(6-25)~式(6-28)仍可利用,但要注意平均到达率 λ 是在系统中有空时的平均到达率,当系统已满($n=N$)时,则到达率为 0,因此需要求出有效到达率 $\lambda_e = \lambda(1-P_N)$。可以验证:

$$1 - P_0 = \lambda_e/\mu$$

(3) 顾客逗留时间(期望值)

$$W_s = \frac{L_s}{\mu(1-P_0)} = \frac{L_q}{\lambda(1-P_N)} + \frac{1}{\mu}$$

(4) 顾客等待时间(期望值)

$$W_q = W_s - \frac{1}{\mu}$$

现在把 $M/M/1/N/\infty$ 型的指标归纳如下(当 $\rho \neq 1$ 时):

$$\begin{cases} L_s = \dfrac{\rho}{1-\rho} - \dfrac{(N+1)\rho^{N+1}}{1-\rho^{N+1}} & \text{①} \\ L_q = L_s - (1-P_0) & \text{②} \\ W_s = \dfrac{L_s}{\mu(1-P_0)} & \text{③} \\ W_q = W_s - \dfrac{1}{\mu} & \text{④} \end{cases} \quad (6\text{-}31)$$

三、有限顾客源模型

由于顾客源的数量有限,因此队列的长度也是有限的,并且队列的长度必定小于顾客源总数,所以该模型也可以写成 $M/M/1/m/m$,意义是相同的。

顾客源为无限的情形的平均到达率是按全体顾客来考虑的;顾客资源有限的情形必须按每个顾客来考虑。为简单起见,设每个顾客的到达率都是相同的,为 λ,此时在系统外的平均顾客数为 $m - L_s$,则有限源系统顾客的平均到达速率为:

$$\lambda_e = \lambda(m - L_s) \quad (6\text{-}32)$$

在稳定的情况下,考虑状态间的转移率。由状态 0 转移到状态 1,其转移率为 λP_0,有 m 个,则转移率为 $m\lambda P_0$,至于状态 1 转移到状态 0,其状态转移率为 μP_1,所以在状态 0 时有

平衡方程 $m\lambda P_0 = \mu P_1$。其关系可用状态转移图表示，如图 6-5 所示。

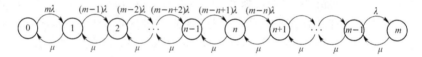

图 6-5　$M/M/1/m/m$ 系统状态转移图

由图 6-4 得到稳态概率平衡方程组

$$\begin{cases} \mu P_1 = m\lambda P_0 \\ \mu P_{n+1} + (m-n+1)\lambda P_{n-1} = [(m-n)\lambda + \mu]P_n \quad (1 \leq n \leq m-1) \\ \mu P_m = \lambda P_{m-1} \end{cases} \quad (6\text{-}33)$$

用递推方法解该方程组，并注意到

$$\sum_{i=0}^{m} P_i = 1 \quad (6\text{-}34)$$

得系统状态概率

$$\begin{cases} P_0 = \dfrac{1}{\sum\limits_{i=0}^{m} \dfrac{m!}{(m-i)!}\rho^i} \\ P_n = \dfrac{m!}{(m-n)!}\rho^n P_0 \quad (1 \leq n \leq m) \\ \rho = \dfrac{1}{\mu} \end{cases} \quad (6\text{-}35)$$

在求得系统状态概率后，即可求得系统的运行指标。

$$L_s = m - \frac{\mu}{\lambda}(1 - P_0) \quad (6\text{-}36)$$

$$L_q = m - (1+\rho)(1 - P_0) = L_s - (1 - P_0) \quad (6\text{-}37)$$

$$W_s = \frac{m}{\mu(1-P_0)} - \frac{1}{\lambda} \quad (6\text{-}38)$$

$$W_q = W_s - \frac{1}{\mu} \quad (6\text{-}39)$$

例 6-1　某医院手术室根据病人来诊和完成手术时间的记录，任意抽查了 100 个工作小时，每小时来就诊的病人数 n 的出现次数如表 6-1 所示；又任意抽查了 100 个完成手术的病历，所用时间 v（单位：h）出现的次数如表 6-2 所示。

到达的病人数　　　　　　　　　　　　　　　　　　表 6-1

到达的病人数 n	0	1	2	3	4	5	≥6	合计
出现次数 f_n	10	28	29	16	10	6	1	100

完成手术所用时间 表6-2

完成手术时间 $v(h)$	0.0~0.2	0.2~0.4	0.4~0.6	0.6~0.8	0.8~1.0	1.0~1.2	1.2以上	合计
出现次数 f_n	38	25	17	9	6	5	0	100

试求:(1)手术室空闲的概率。
(2)排队等待病人数。
(3)病人在病房中的逗留时间。
(4)病人排队等待时间。

解 这是一个 $M/M/1/\infty/\infty$ 排队系统,手术室是服务台,病人是顾客。
由题意可知:

$$\text{每小时病人平均到达率} = \frac{\sum n f_n}{100} = 2.1\ (\text{人}/h)$$

$$\text{每次手术平均时间} = \frac{\sum v f_n}{100} = 0.37\ (h/\text{人})$$

$$\text{每小时完成手术人数(平均服务率)} = \frac{1}{0.4} = 2.5\ (\text{人}/h)$$

取 $\lambda = 2.1, \mu = 2.5$,可以通过统计检验的方法,认为病人到达数服从参数为2.1的泊松分布,手术时间服从参数为2.5的负指数分布。

(1)手术室的空闲概率
手术室的空闲概率即为系统中没有病人到达的概率:

$$\rho = \frac{\lambda}{\mu} = \frac{2.1}{2.5} = 0.84$$

说明服务机构(手术室)有84%的时间是繁忙的,则

$$P_0 = 1 - 0.84 = 0.16$$

(2)排队等待病人数
在病房中病人数(期望值):

$$L_s = \frac{\lambda}{\mu - \lambda} = \frac{2.1}{2.5 - 2.1} = 5.25(\text{人})$$

排队等待病人数(期望值):

$$L_q = \rho \cdot L_s = 0.84 \times 5.25 = 4.41(\text{人})$$

(3)病人在病房中逗留时间(期望值)

$$W_s = \frac{1}{\mu - \lambda} = \frac{1}{2.5 - 2.1} = 2.5(h)$$

(4)病人排队等待时间(期望值)

$$W_q = \frac{\rho}{\mu - \lambda} = \frac{0.84}{2.5 - 2.1} = 2.1(h)$$

例 6-2 某单人理发馆为等待的顾客准备了 6 把椅子,当 6 把椅子都坐满时,再来的顾客将不进店而离开。顾客的平均到达率为 3 人/h,每人理发平均需要 15min。则系统的容量为 $m = 7$。

试求:(1)某顾客一到达就能理发的概率。
(2)需要等待的顾客数的期望值。
(3)有效到达率。
(4)顾客在理发馆内逗留的期望时间。

解 该系统为 $M/M/1/m/\infty$ 系统,并且 $m = 7$。

$$\lambda = 3(人/h)$$

$$\mu = \frac{60}{15} = 4(人/h)$$

$$\rho = \frac{\lambda}{\mu} = 0.75$$

(1)某顾客一到达就能理发的概率

$$P_0 = \frac{1-\rho}{1-\rho^{m+1}} = \frac{1-0.75}{1-0.75^8} = 0.2778$$

(2)需要等待的顾客数的期望值

$$L_s = \frac{\rho}{1-\rho} - \frac{(m+1)\rho^{m+1}}{1-\rho^{m+1}} = \frac{0.75}{1-0.75} - \frac{8 \times (0.75)^8}{1-0.75^8} = 2.11$$

$$L_q = L_s - (1-P_0) = 2.11 - (1-0.2778) = 1.39$$

(3)有效到达率

$$\lambda_e = \mu(1-P_0) = 4 \times (1-0.2778) = 2.89(人/h)$$

(4)顾客在理发馆内逗留的期望时间

$$W_s = \frac{L_s}{\lambda_e} = \frac{2.11}{2.89} = 0.73(h)$$

第三节 多服务台模型

一、基本模型

前面讨论的是单个服务台(即单通道)的情况。对于到达强度较低而服务效率较高的服务系统来说,一般是能满足顾客要求的,但对于到达强度较高而单个服务台的效率低,难以满足顾客要求的服务系统来说(如 $\rho > 1$,$\lambda > \mu$ 的情况),就需要通过增加服务台的办法来减少顾客的排队等候时间。因此,有必要讨论多个服务台(多通道)的随机服务系统。

所谓 $M/M/S$ 排队系统是指这样的一种服务系统:
(1)顾客的到达是服从参数 λ 的泊松分布。
(2)顾客的服务时间是服从参数为 μ 的负指数分布。

(3) 有 S 个服务台,顾客按到达的先后次序接受服务。

当顾客到达时,若有空闲的服务台就立即接受服务,若所有的服务台都无空闲,则顾客排成一个队列等待服务。服务机构如图 6-6 所示。

$M/M/S/\infty/\infty$ 排队系统是指顾客源及系统容量均为无限的 $M/M/S$ 系统,通常称之为标准的 $M/M/S$ 系统。

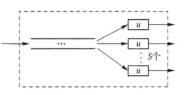

图 6-6　多服务台系统

由于系统中 S 个服务台的服务率均为 μ,于是整个服务机构的最大服务率为 $S\mu$。与 $M/M/S/\infty/\infty$ 系统类似。只有当 $\dfrac{\lambda}{S\mu} < 1$ 时,才能使服务系统达到稳态而不出现排成无限队列的情况。

令

$$\rho = \frac{\lambda}{S\mu} \tag{6-40}$$

称它为这个系统的服务强度。

当系统中只有 1 个顾客时,则有 $S-1$ 个服务台空闲,仅一个服务台在服务,这时的服务率为 μ;当系统中有 2 个顾客时,就有 2 个服务台工作,其服务率为 2μ;…;当系统中有 S 个顾客时,则服务率达到最大值 $S\mu$;当系统中的顾客数超过 S 时,由于 S 个服务台都无空闲,其余顾客必须排队,这时的服务率仍为 $S\mu$。

即

$$\begin{cases} \lambda_n = \lambda \quad (n = 0,1,2,\cdots) \\ \mu_n = \begin{cases} n\mu & (n = 1,2,\cdots,S-1) \\ S\mu & (n = S, S+1, S+2, \cdots) \end{cases} \end{cases} \tag{6-41}$$

$M/M/S/\infty/\infty$ 系统的状态转移图如图 6-7 所示。

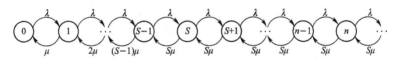

图 6-7　$M/M/S/\infty/\infty$ 系统的状态转移图

由图 6-7 可得:

当 $n < S$ 时

$$\begin{aligned} P_n &= \frac{\lambda_{n-1}\lambda_{n-2}\cdots\lambda_0}{\mu_n \mu_{n-1} \cdots \mu_1} P_0 = \frac{\lambda^n}{n\mu \times (n-1)\mu \times \cdots \times \mu} P_0 \\ &= \frac{\lambda^n}{n!\mu^n} P_0 = \frac{1}{n!}\left(\frac{\lambda}{\mu}\right)^n P_0 \end{aligned} \tag{6-42}$$

当 $n \geqslant S$ 时

$$P_n = \frac{\lambda^n}{S\mu \times S\mu \times \cdots \times S\mu \times (S-1)\mu \times \cdots \times \mu}P_0 = \frac{\lambda^n}{S^{n-S}S!\mu^n}P_0 \qquad (6\text{-}43)$$

$$= \frac{1}{S^{n-S}S!}\left(\frac{\lambda}{\mu}\right)^n P_0$$

又 $\sum_{n=0}^{\infty} P_n = 1$,所以

$$\sum_{n=0}^{S-1} P_n + \sum_{n=S}^{\infty} P_n = 1 \qquad (6\text{-}44)$$

然而

$$\sum_{n=S}^{\infty} P_n = \sum_{n=S}^{\infty} \frac{1}{S^{n-S}S!}\left(\frac{\lambda}{\mu}\right)^n P_0 = \frac{P_0}{S!}\sum_{n=S}^{\infty} \frac{1}{S^{n-S}}\left(\frac{\lambda}{\mu}\right)^n$$

$$= \frac{P_0}{S!}\left(\frac{\lambda}{\mu}\right)^S \sum_{n=S}^{\infty} \frac{1}{S^{n-S}}\left(\frac{\lambda}{\mu}\right)^{n-S} = \frac{P_0}{S!}\left(\frac{\lambda}{\mu}\right)^S \sum_{n=S}^{\infty} \left(\frac{\lambda}{S\mu}\right)^{n-S} \qquad (6\text{-}45)$$

$$= \frac{P_0}{S!}\left(\frac{\lambda}{\mu}\right)^S \sum_{n=0}^{\infty} \rho^n = \frac{P_0}{S!}\left(\frac{\lambda}{\mu}\right)^S \times \frac{1}{1-\rho}$$

所以

$$\sum_{n=0}^{S-1} P_n + \sum_{n=S}^{\infty} P_n = P_0 \sum_{n=0}^{S-1} \frac{1}{n!}\left(\frac{\lambda}{\mu}\right)^n + \frac{P_0}{S!}\left(\frac{\lambda}{\mu}\right)^S \times \frac{1}{1-\rho} = 1 \qquad (6\text{-}46)$$

即

$$P_0 = \left[\sum_{n=0}^{S-1} \frac{1}{n!}\left(\frac{\lambda}{\mu}\right)^n + \frac{1}{S!(1-\rho)}\left(\frac{\lambda}{\mu}\right)^S\right]^{-1} \qquad (6\text{-}47)$$

下面根据上述的状态概率公式来导出系统的各项运行指标。

(1) 系统中等候的平均顾客数 L_q。

$$L_q = \sum_{n=S}^{\infty} (n-S)P_n = \sum_{n=S}^{\infty} \frac{n-S}{S^{n-S}S!}\left(\frac{\lambda}{\mu}\right)^n P_0$$

$$= \frac{P_0}{S!}\sum_{n=S}^{\infty} (n-S)\left(\frac{\lambda}{S\mu}\right)^{n-S}\left(\frac{\lambda}{\mu}\right)^S = \frac{P_0}{S!}\left(\frac{\lambda}{\mu}\right)^S \sum_{n=0}^{\infty} n\left(\frac{\lambda}{S\mu}\right)^n$$

$$= \frac{P_0}{S!}\left(\frac{\lambda}{\mu}\right)^S\left(\frac{\lambda}{S\mu}\right)\sum_{n=0}^{\infty} n\left(\frac{\lambda}{S\mu}\right)^{n-1} = \frac{P_0}{S!}\left(\frac{\lambda}{\mu}\right)^S \rho \sum_{n=0}^{\infty} n\rho^{n-1} \qquad (6\text{-}48)$$

$$= \frac{P_0}{S!}\left(\frac{\lambda}{\mu}\right)^S \rho \sum_{n=0}^{\infty} \frac{\mathrm{d}\rho^n}{\mathrm{d}\rho} = \frac{\rho P_0}{S!}\left(\frac{\lambda}{\mu}\right)^S \frac{\mathrm{d}}{\mathrm{d}\rho}\left(\frac{1}{1-\rho}\right)$$

$$= \frac{\rho P_0 S^S \rho^S}{S!} \times \frac{1}{(1-\rho)^2} = \frac{(S\rho)^S \rho P_0}{S!(1-\rho)^2}$$

(2) 顾客在系统中的平均排队时间 W_q。

由 Little 公式得

$$W_q = \frac{L_q}{\lambda} = \frac{(S\rho)^S \rho P_0}{S!(1-\rho)^2 \lambda} \tag{6-49}$$

(3) 顾客在系统中的平均逗留时间 W_s。

$$W_s = W_q + \frac{1}{\mu} = \frac{1}{\mu} + \frac{(S\rho)^S \rho P_0}{S!(1-\rho)^2 \lambda} \tag{6-50}$$

(4) 系统中的平均顾客数 L_s。

由 Little 公式得

$$L_s = W_s \lambda = \frac{\lambda}{\mu} + \frac{(S\rho)^S \rho P_0}{S!(1-\rho)^2} \tag{6-51}$$

二、多服务台混合制模型

所谓 $M/M/S/m/\infty$ 排队系统,是指系统容量受限、顾客源无限、先到先服务的系统。该系统共有 $m-S$ 个位置可供顾客排队。当顾客到达时,若系统饱和,即服务台都无空闲。排队位置已排满,则后到的顾客立即离去,另求服务。因此,该系统中只可能有 $m+1$ 个状态,其状态转移图如图 6-8 所示。

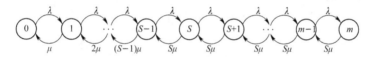

图 6-8 $M/M/S/m/\infty$ 系统的状态转移图

与 $M/M/S/m/\infty$ 系统的推导类似,可得 $M/M/S/m/\infty$ 系统的状态指标及运行指标如下:

$$\begin{cases} P_0 = \left[\sum_{K=0}^{S} \frac{(S\rho)^K}{K!} + \frac{S^S}{S!} \times \frac{\rho(\rho^S - \rho^m)}{1-\rho}\right]^{-1} \\ P_n = \begin{cases} \frac{(S\rho)^n}{n!} P_0 & (0 \leq n \leq S) \\ \frac{S^S}{S!} \rho^n P_0 & (S \leq n \leq m) \end{cases} \end{cases} \tag{6-52}$$

其中, $\rho = \lambda/S\mu$,并且 $\rho \neq 1$,

$$\begin{cases} L_q = \frac{(S\rho)^S \rho P_0}{S!(1-\rho)^2}[1 - \rho^{m-S} - (m-S)\rho^{m-S}(1-\rho)] \\ L_s = L_q + S\rho(1-P_m) \\ W_q = \frac{L_q}{\lambda(1-P_m)} \\ W_s = W_q + \frac{1}{\mu} \end{cases} \tag{6-53}$$

特别当 $m = S$ 时，称这种情况为多通道损失制排队系统。即当 S 个服务台均不空时，顾客来到服务系统不予服务，顾客立即离去，另求服务，这种情况也是常见的。例如，在闹市区的停车场，就不允许汽车排队等待空位。这时，

$$\begin{cases} P_0 = \left[\sum_{K=0}^{S} \dfrac{(S\rho)^K}{K!}\right]^{-1} \\ P_n = \dfrac{(S\rho)^n}{n!} P_0 \quad (0 \leqslant n \leqslant S) \end{cases} \tag{6-54}$$

$$\begin{cases} L_q = 0, L_s = S\rho(1 - P_s) \\ W_q = 0, W_s = \dfrac{1}{\mu} \end{cases} \tag{6-55}$$

例 6-3 汽车自动加油站上设有两台加油机，汽车按最简单流到达，平均每分钟到达 2 辆，汽车加油时间服从负指数分布，平均加油时间为 2min。又知加油站上最多只能停放 3 辆等候加油的汽车。汽车到来时，若已饱和，则必须开到别的加油站去，试对该系统进行分析。

解 该加油站服务系统符合 $M/M/S/m/\infty$ 排队模型。
并且：

$$S = 2, m = 2 + 3 = 5, \lambda = 2(辆/min)$$
$$\mu = 0.5(辆/min), \rho = 2/(2 \times 0.5) = 2$$

(1) 系统空闲的概率

$$P_0 = \left[1 + 2 \times 2 + \dfrac{1}{2} \times (2 \times 2)^2 + \dfrac{2^2}{2} \times \dfrac{2(2^2 - 2^5)}{1 - 2}\right]^{-1} = 0.008$$

(2) 顾客损失率
即汽车因系统饱和而被拒绝的概率：

$$P_m = \dfrac{2^2}{2} \times 2^5 \times 0.008 = 0.512$$

(3) 排队的平均汽车数

$$L_q = \dfrac{0.008 \times 2 \times (2 \times 2)^2}{2!(1 - 2)^2}[1 - 2^{5-2} - (5 - 2) \times 2^{5-2} \times (1 - 2)] = 2.176(辆)$$

(4) 整个加油站的平均车辆数

$$L_s = 2.176 + 2 \times 2 \times (1 - 0.512) = 4.128(辆)$$

(5) 汽车平均排队时间

$$W_q = \dfrac{L_q}{\lambda(1 - P_m)} = \dfrac{2.176}{2 \times (1 - 0.512)} = 2.23(\text{min})$$

(6) 汽车在整个加油过程中花费的时间

$$W_s = W_q + \frac{1}{\mu} = 2.23 + \frac{1}{0.5} = 4.23(\min)$$

例 6-4 某售票处有三个窗口,顾客的到达服从泊松过程,平均到达率为 0.9 人/min,服务(售票)时间服从负指数分布,每个人的服务时间为 2.5min。现设顾客到达后排成一队,依次向空闲的窗口购票。试求该售票处的运行指标。

解 该售票处的服务系统为 $M/M/S/\infty/\infty$ 排队系统,并且

$$S = 3, \lambda = 0.9(人/\min)$$

$$\mu = \frac{1}{2.5} = 0.4(人/\min)$$

$$\rho = \frac{\lambda}{S\mu} = \frac{0.9}{3 \times 0.4} = 0.75$$

(1) 无顾客买票的概率(即所有窗口均空闲的概率)

$$P_0 = \left[\sum_{n=0}^{S-1} \frac{1}{n!}\left(\frac{\lambda}{\mu}\right)^n + \frac{1}{S!(1-\rho)}\left(\frac{\lambda}{\mu}\right)^S\right]^{-1}$$

$$= \left[1 + \frac{(2.25)^1}{1!} + \frac{(2.25)^2}{2!} + \frac{(2.25)^3}{3!(1-0.75)}\right]^{-1}$$

$$= 0.0748$$

(2) 售票窗口前不出现顾客排队现象的概率

当在售票窗口前的顾客不超过 3 个时,就不会出现排队现象。

$$P_n = \frac{1}{n!}\left(\frac{\lambda}{\mu}\right)^n P_0$$

$$= \frac{1}{n} \times \frac{\lambda}{\mu} \times \frac{1}{(n-1)!}\left(\frac{\lambda}{\mu}\right)^{n-1} P_0 = \frac{\lambda}{n\mu}P_{n-1} = \frac{2.25}{n}P_{n-1} \quad (n \leq 3)$$

$$P_1 = \frac{2.25}{1}P_0 = 2.25 \times 0.0748 = 0.1683$$

$$P_2 = \frac{2.25}{2}P_1 = 1.125 \times 0.1683 = 0.1893$$

$$P_3 = \frac{2.25}{3}P_2 = \frac{2.25}{3} \times 0.1893 = 0.1420$$

所以,不出现排队现象的概率为:

$$P(n \leq 3) = \sum_{n=0}^{3} P_i = 0.5744$$

即在 57.44% 的情况下不会出现排队的现象。

(3) 平均队长和平均等待队长

$$L_q = \frac{(S\rho)^S \rho P_0}{S!(1-\rho)^2} = \frac{(2.25)^3 \times 3/4}{3!(1/4)^2} \times 0.0748 = 1.70$$

$$L_s = L_q + \frac{\lambda}{S\mu} = 2.45$$

(4) 平均等待时间和平均逗留时间

$$W_q = \frac{L_q}{\lambda} = \frac{1.7}{0.9} = 1.89(\min)$$

$$W_s = W_q + \frac{1}{\mu} = 1.89 + \frac{1}{0.4} = 4.39(\min)$$

三、其他排队模型简介

我们在前面分析的排队系统中,都假设顾客到达流为最简单流,服务时间符合负指数分布。在实际情况中,顾客到达分布和服务时间分布是多种多样的,有随机型的,也有确定型的。顾客到达形式、服务时间分布形式、服务台数、顾客源有限无限、排队容量有限无限等进行不同组合,就有不同的排队模型,因而排队模型是不胜枚举的,有的排队系统的运行指标可用数学解析式表达,有的不存在解析式,只能用图来表达,有的模型根本无法求解。所以,要对所有模型都求解是困难的,也没有必要。这节中,我们把常见的一些排队模型的状态指标和运行指标整理成表达式(表6-3),以便查阅。

第四节　排队系统的优化

排队系统的最优化问题分为两类:系统设计的最优化和系统控制的最优化。

(1) 系统设计的最优化——静态问题,目的在于使设备达到最大效益,或者说,在一定的质量指标下要求机构最为经济。

(2) 系统控制的最优化——动态问题,是指对于一个给定的系统,如何运营可使某个目标函数达到最优。

这里我们只讨论前者。系统设计最优化的目标在于使系统设施达到最大的使用效益。或者说,在一定的质量指标下要求服务机构最为经济。

排队系统包括顾客和服务机构两个方面,因而存在两方面的利益。对于顾客来说,总是要求提高服务水平(如增设服务台数、提高服务效率)以减少排队费用。提高服务水平(数量,质量)会降低顾客的等待费用(损失),但却常常增加了服务机构的成本(图6-9)。若要完全满足顾客的要求,则会导致服务机构过大,使用效率降低,造成浪费。从服务机构来说,总是希望服务机构能达到最高的使用效率,每个顾客都不出现空闲的状态,这必然会导致顾客等候费用的增加,影响顾客的利益。排队系统最优化的目标之一是使两者费用之和为最小,并确定达到这个目标的最优服务水平。另一个常用目标是使纯收入或利润(服务收入与服务成本之差)为最大。

常见排队模型的状态指标和运行指标

表 6-3

编号	排队模型	服务强度 ρ	系统空闲状态概率 P_0	系统状态概率 P_n	平均排队顾客数 L_q	系统中的平均顾客数 L_s	平均排队时间 W_q	系统中的平均逗留时间 W_s
1	$M/M/1/\infty$	$\dfrac{\lambda}{\mu}$	$1-\rho$	$(1-\rho)\rho^n$	$\dfrac{\rho\lambda}{\mu-\lambda}$	$\dfrac{\lambda}{\mu-\lambda}$	$\dfrac{\rho}{\mu-\lambda}$	$\dfrac{1}{\mu-\lambda}$
2	$M/M/1/N/\infty$	$\dfrac{\lambda}{\mu}$	$\dfrac{1-\rho}{1-\rho^{N+1}}$	$\dfrac{1-\rho}{1-\rho^{N+1}}\rho^n$	$L_s-(1-P_0)$	$\dfrac{\rho}{1-\rho}-\dfrac{(N+1)\rho^{N+1}}{1-\rho^{N+1}}$	$W_s-\dfrac{1}{\mu}$	$\dfrac{L_q}{\mu(1-P_0)}+\dfrac{1}{\mu}$
3	$M/M/1/\infty/k$	$\dfrac{\lambda}{\mu}$	$\left[\displaystyle\sum_{k=0}^{K}\dfrac{K!}{(K-k)!}\left(\dfrac{\lambda}{\mu}\right)^k\right]^{-1}$	$\dfrac{K!}{(K-n)!}\left(\dfrac{\lambda}{\mu}\right)^n P_0$	$L_s-(1-P_0)$	$K-\dfrac{\mu}{\lambda}(1-P_0)$	$W_s-\dfrac{1}{\mu}$	$\dfrac{K}{\mu(1-P_0)}-\dfrac{1}{\lambda}$
4	$M/M/S/\infty$	$\dfrac{\lambda}{S\mu}$	$\left[\displaystyle\sum_{n=0}^{S-1}\dfrac{1}{n!}\left(\dfrac{\lambda}{\mu}\right)^n+\dfrac{1}{S!(1-\rho)}\left(\dfrac{\lambda}{\mu}\right)^S\right]^{-1}$	$\dfrac{1}{n!}\left(\dfrac{\lambda}{\mu}\right)^n P_0\ (n<s)$ $\dfrac{1}{S^{n-S}S!}\left(\dfrac{\lambda}{\mu}\right)^n P_0\ (n\geq s)$	$\dfrac{(S\rho)^S \rho P_0}{S!(1-\rho)^2}$	$\dfrac{\lambda}{\mu}+\dfrac{(S\rho)^S \rho P_0}{S!(1-\rho)^2}$	$\dfrac{(S\rho)^S \rho P_0}{S!(1-\rho)^2 \lambda}$	$W_q+\dfrac{1}{\mu}$
5	$M/M/S/m/\infty$	$\dfrac{\lambda}{S\mu}$	$\left[\displaystyle\sum_{K=0}^{S}\dfrac{(S\rho)^K}{K!}+\dfrac{S^S \rho(\rho^S-\rho^m)}{S!(1-\rho)}\right]^{-1}$	$\dfrac{(S\rho)^n}{n!}P_0\ (0\leq n\leq S)$ $\dfrac{(S\rho)^n}{S^{n-S}S!}P_0\ (S\leq n\leq K)$	$\dfrac{(S\rho)^S \rho P_0}{S!(1-\rho)^2}[1-\rho^{m-S}-(m-S)\rho^{m-S}(1-\rho)]$	$L_q+S\rho(1-P_m)$	$\dfrac{L_q}{\lambda(1-P_m)}$	$W_q+\dfrac{1}{\mu}$
6	$M/M/S/\infty$	$\dfrac{\lambda}{S\mu}$	$\dfrac{1}{k!}\left[\displaystyle\sum_{i=0}^{S}\dfrac{1}{i!(k-i)!}\left(\dfrac{S\rho}{k}\right)^i+\displaystyle\sum_{i=S+1}^{k}\dfrac{1}{(k-i)!}\left(\dfrac{\rho}{k}\right)^i\right]^{-1}$	$\dfrac{k!}{(k-n)!n!}\left(\dfrac{\lambda}{\mu}\right)^n P_0\ (n\leq S)$ $\dfrac{k!}{(k-n)!S!S^{n-S}}\left(\dfrac{\lambda}{\mu}\right)^n P_0\ (S\leq n\leq K)$	$\displaystyle\sum_{n=S+1}^{k}(n-S)P_n$	$\displaystyle\sum_{n=1}^{k}nP_n$	$\dfrac{L_q}{\lambda(k-L_s)}$	$\dfrac{L_s}{\lambda(k-L_s)}$
7	$M/G/1/\infty$	$\dfrac{\lambda}{\mu}$	$1-\rho$	—	$\dfrac{\rho^2+\lambda^2 Var[T]}{2(1-\rho)}$	$L_q+\rho$	$\dfrac{L_q}{\lambda}$	$\dfrac{L_s}{\lambda}$
8	$M/D/1/\infty$	$\dfrac{\lambda}{\mu}$	$1-\rho$	—	$\dfrac{\rho^2}{2(1-\rho)}$	$L_q+\rho$	$\dfrac{L_q}{\lambda}$	$\dfrac{L_s}{\lambda}$
9	$M/E_k/1/\infty$	$\dfrac{\lambda}{\mu}$	$1-\rho$	—	$\dfrac{(k+1)\rho^2}{2k(1-\rho)}$	$L_q+\rho$	$\dfrac{L_q}{\lambda}$	$\dfrac{L_s}{\lambda}$

排队系统中,服务费用(即成本)是可以确切计算或估算的。至于顾客的等候费用,有一些是可以确切计算的,而有些只能根据统计的经验资料来估计。如排队容量有限的加油站,由于系统饱和而拒绝汽车加油造成的营业损失,只能靠经验估计。

服务水平也可以由不同形式来表示,如平均服务率 μ(代表服务机构的服务能力和经验等);服务设备,如服务台的个数 c,以及由队列所占空间大小所决定的队列最大限制数 N 等;还可以用服务强度 ρ 来表示。

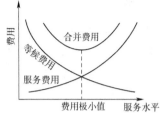

图6-9 费用与服务水平关系图

一、$M/M/1$ 系统中的最优服务

本节中讨论 $M/M/1$ 排队系统的最优服务率 μ^* 的确定方法。

(一) $M/M/1/\infty/\infty$ 系统

取单位时间内顾客的等候费用与服务成本之和最小为目标函数,求其极小值即

$$\min S = C_w L_s + C_s \mu \tag{6-56}$$

式中:C_w——每个顾客在系统中等候单位时间所造成的损失费用;

C_s——每个顾客的单位时间服务成本。

将 $L_s = \lambda/(\mu - \lambda)$ 代入式(6-56)得

$$\min S = C_w \frac{\lambda}{\mu - \lambda} + C_s \mu \tag{6-57}$$

这是一个普通的求极值问题,令 $\dfrac{dS}{d\mu} = 0$,则

$$C_s - \frac{C_w \lambda}{(\mu - \lambda)^2} = 0 \tag{6-58}$$

解得最优服务率为

$$\mu^* = \lambda + \sqrt{\frac{C_w}{C_s}\lambda} \tag{6-59}$$

(二) $M/M/1/m/\infty$ 系统

在系统容量有限的情况下,当系统中已有 m 个顾客时,则后来的顾客被拒绝。被拒绝的概率为 P_m,那么能接受服务的概率为 $1 - P_m$,而单位时间内实际上能进入服务机构的顾客平均数为 $\lambda(1 - P_m)$,在系统稳定的情况下,它等于单位时间内实际完成服务的顾客平均数,即

$$\lambda(1 - P_m) = \mu(1 - P_0) \tag{6-60}$$

设每服务一位顾客能收入 G 元,那么单位时间的平均收入为 $\lambda(1 - P_m)G$ 元,纯利润为

$$Z = \lambda(1 - P_m)G - C_s \mu \tag{6-61}$$

将式(6-30)代入得

$$Z = \lambda \left(1 - \frac{1-\rho}{1-\rho^{m+1}}\rho^m\right)G - C_s\mu$$

$$= \frac{\lambda(1-\rho^m)}{1-\rho^{m+1}}G - C_s\mu \tag{6-62}$$

$$= \lambda\mu G\frac{\mu^m - \lambda^m}{\mu^{m+1} - \lambda^{m+1}} - C_s\mu$$

现在的目标是使式(6-62)达到最大值。令 $\frac{dZ}{d\mu} = 0$,得

$$\rho^{m+1}\frac{m - (m+1)\rho + \rho^{m+1}}{(1-\rho^{m+1})^2} = \frac{C_s}{G} \tag{6-63}$$

其中

$$\rho = \frac{\lambda}{\mu} \tag{6-64}$$

最优服务率 μ^* 由式(6-59)给出,其余都是给定的,只有 μ 未知,但该式的解析式求解比较困难,一般需要用迭代法或图解法来求解最优服务率 μ^*。

二、$M/M/S$ 系统中的最优服务台

这里只讨论标准的 $M/M/S$ 系统,已知在平稳状态下,单位时间总费用(服务费用与等候费用之和)的期望值为:

$$Z = C'_s \times S + C_w L \tag{6-65}$$

式中:S——服务台数;

C'_s——每个服务台单位时间的费用;

C_w——每个顾客在系统中停留单位时间造成的损失费用;

L——系统中的平均顾客数 L_s,或排队的顾客数 L_q(它们仅与 S 有关)。

在式(6-65)中,唯一可以改变的是服务台数 S,所以 Z 只是 S 的函数 $Z(S)$,现在的目标是:求最优解 S^*,使 $Z(S^*)$ 为最小。

因为 S 只能取整数,$Z(S)$ 不是连续函数,所以不能用微分法,故采用边际分析法来求解 S^*。

根据 $Z(S^*)$ 最小值的特点有

$$\begin{cases} Z(S^*) \leq Z(S^* + 1) \\ Z(S^*) \leq Z(S^* - 1) \end{cases} \tag{6-66}$$

将式(6-65)代入得

$$\begin{cases} C'_s S^* + C_w L(S^*) \leq C'_s(S^* + 1) + C_w L(S^* + 1) \\ C'_s S^* + C_w L(S^*) \leq C'_s(S^* - 1) + C_w L(S^* - 1) \end{cases} \tag{6-67}$$

式(6-67)简化得

$$L(S^*) - L(S^* + 1) \leq \frac{C'_s}{C_w} \leq L(S^* - 1) - L(S^*) \tag{6-68}$$

令

$$L(+1) = L(S^*) - L(S^*+1)$$
$$L(-1) = L(S^*-1) - L(S^*)$$
(6-69)

则有

$$L(+1) \leqslant \frac{C'_s}{C_w} \leqslant L(-1)$$
(6-70)

对于每一个 S 值,都可得到一个不等式区间 $[L(+1), L(-1)]$,因 $\frac{C'_s}{C_w}$ 是一个已知数,只要依次求出 $S = 1, 2, 3, \cdots$ 时的不等式区间,根据 $\frac{C'_s}{C_w}$ 所在的区间就可以定出 S^*。

例 6-5 某检验中心为各工厂服务,要求进行检验的工厂(顾客)的到来为泊松流,平均到达率为 48 次/天;每次来检验由于停工等原因损失 6 元,(检验)服务时间服从负指数分布,平均服务率为 25 次/天;每设置一个检验员的成本为 4 元/天,其他条件均适合 $M/M/S/\infty/\infty$ 排队系统。问应设几个检验员可使总费用的平均值最少?

解 由题意得

$$C'_s = 4$$
$$C_w = 6$$
$$\frac{C'_s}{C_w} = 0.67$$
$$\lambda = 48$$
$$u = 25$$
$$\frac{\lambda}{\mu} = 1.92$$
$$\rho = \frac{\lambda}{S\mu} = \frac{1.92}{S}$$

设检验员数为 S,则

$$P_0 = \left[\sum_{n=0}^{S-1} \frac{(1.92)^n}{n!} + \frac{1}{S!\left(1 - \frac{1.92}{S}\right)} \times 1.92^S \right]^{-1}$$

$$L_q = \frac{\left(\frac{1.92}{S}\right)^{S+1} \times S^{S-1}}{(S-1)!\left(1 - \frac{1.92}{S}\right)^2} P_0$$

$$L_s = L_q + \rho = \frac{\left(\frac{1.92}{S}\right)^{S+1} \times S^{S-1}}{(S-1)!\left(1 - \frac{1.92}{S}\right)^2} P_0 + 1.92$$

令 $S = 1、2、3、4、5$,依次带入上式,得表 6-4。

计 算 表　　　　表6-4

检验员数 S	平均顾客数 $L(S)$	$[L(+1), L(-1)]$	$Z(S)$
1	∞	—	∞
2	24.49	$[21.845, \infty]$	154.94
3	2.645	$[0.582, 21.845]$	27.87
4	2.063	$[0.111, 0.582]$	28.38
5	1.952	—	31.71

因为 $\dfrac{C_s'}{C_w} = 0.67$，落在区间 $[0.582, 21.845]$ 内，故 $S^* = 3$。即设置3个检验员时可使总费用 Z 最小，最小值为27.87。

第五节　交通系统排队问题的应用实例

一、车站售票处问题

例6-6　某火车站的售票处设有一个窗口，若购票者是以最简单流到达，平均每分钟到达1人，假定售票时间服从负指数分布，平均每分钟可服务2人，试计算该系统的运行指标。

解　这是一个标准的 $M/M/1$ 系统，由题意可知

$$\lambda = 1 (人/min)$$
$$\mu = 2 (人/min)$$
$$\rho = \frac{\lambda}{\mu} = \frac{1}{2}$$

平均队长

$$L_s = \frac{\rho}{1-\rho} = 1 \ (人)$$

平均等待队长

$$L_q = \frac{\rho^2}{1-\rho} = \frac{1}{2} \ (人)$$

平均等待时间

$$W_q = \frac{\lambda}{\mu(\mu-\lambda)} = \frac{1}{2} \ (\min)$$

平均逗留时间

$$W_s = \frac{1}{\mu-\lambda} = 1 \ (\min)$$

顾客不需要等待的概率为 $P_0 = \dfrac{1}{2}$，等待的顾客人数超过5的概率为

$$P(N \geq 6) = \sum_{n=6}^{\infty} \rho^n P_0 = \sum_{n=6}^{\infty} \left(\frac{1}{2}\right)^n \left(1 - \frac{1}{2}\right) = \left(\frac{1}{2}\right)^7 \sum_{n=0}^{\infty} \left(\frac{1}{2}\right)^n = \left(\frac{1}{2}\right)^6$$

二、工地运输最优服务率问题

例6-7 在某工地卸货台装卸设备的设计方案中,有三个方案可供选择,分别记作甲、乙、丙。目的是选取使总费用最小的方案,有关费用(损失)如表6-5所示。

费用　　　　　　　　　　　　　　　　　　　　　　　　　表6-5

方　案	每天固定费用(元)	每天可变操作费(元)	每小时平均装卸袋数(袋)
甲	100	100	1000
乙	130	150	2000
丙	250	200	6000

设货车按最简单流到达,平均每天(按10h计算)到达15车,每车平均装货500袋,卸货时间服从负指数分布,每辆车停留1h的损失为10元。

解 平均到达率 $\lambda = 1.5$ 车/h,服务率 μ 依赖于方案

$$\mu_\text{甲} = \frac{1000 \text{ 袋/h}}{500 \text{ 袋/车}} = 2(\text{车/h})$$

$$\mu_\text{乙} = \frac{2000 \text{ 袋/h}}{500 \text{ 袋/车}} = 4(\text{车/h})$$

$$\mu_\text{丙} = \frac{6000 \text{ 袋/h}}{500 \text{ 袋/车}} = 12(\text{车/h})$$

可知1辆车在系统内平均停留时间为

$$W_\text{甲} = \frac{1}{2-1.5} = 2 \text{ (h/车)}$$

$$W_\text{乙} = \frac{1}{4-1.5} = 0.4 \text{ (h/车)}$$

$$W_\text{丙} = \frac{1}{12-1.5} = 0.095 \text{ (h/车)}$$

每天货车在系统停留的平均损失费为 $W \times 10 \times 15$,每天的实际可变费用(如燃料费等)为[可变操作费(元/天)]×设备忙的概率 = $c\rho$ (元/天)。

而 $\rho_\text{甲} = 0.75$, $\rho_\text{乙} = 0.375$, $\rho_\text{丙} = 0.125$,所以每个方案的综合费用如表6-6所示。

综合费用　　　　　　　　　　　　　　　　　　　　　　　　表6-6

方　案	固定费用(元/天)	可变费用(元/天)	逗留费用(元/天)	总费用(元/天)
甲	100	75	300	435
乙	130	56.25	60	246.25
丙	250	25	14.25	289.25

三、加油站出入道数量设置问题

例6-8 某一加油站,只有一个服务员加油,有3个出入道可供3辆汽车等待加油,设汽车以最简单流来到,平均每小时20辆,服务员的服务时间服从负指数分布,平均每小时30辆。试求 L_s、L_q、W_s、W_q。

解 由题意可知

$\lambda = 20\text{ 辆/h}, \mu = 30\text{ 辆/h}, n = 4, \rho = \dfrac{2}{3}$

$$L_s = \frac{\rho[1-(n+1)\rho^n + n\rho^{n+1}]}{(1-\rho^{n+1})(1-\rho)} = \frac{\dfrac{2}{3}\left[1 - 5\left(\dfrac{2}{3}\right)^4 + 4\left(\dfrac{2}{3}\right)^5\right]}{\dfrac{1}{3}\left[1 - \left(\dfrac{2}{3}\right)^5\right]} = 1.242$$

$$L_q = L_s - \rho = 0.575$$

$$P_0 = \frac{1 - \dfrac{2}{3}}{1 - \left(\dfrac{2}{3}\right)^5} = 0.384$$

$$W_s = \frac{L_s}{\mu(1-P_0)} = \frac{1.242}{30 \times 0.616} = 0.067\ (\text{h})$$

$$W_q = W_s - \frac{1}{\mu} = 0.034\ (\text{h})$$

四、隧道收费站数量设置问题

例 6-9 车辆按单车道排列驶向一公路隧道,平均每分钟 3 辆。车辆需要在一个收费处交费,交费时间平均每辆车 15s。试求当多设一个收费处时:
(1) 系统中无车的概率;
(2) 系统中的平均车辆数;
(3) 每辆车在系统中的平均时间。

解 (1) 对单通道的系统,$\lambda = 3\text{ 辆/min}, \mu = \dfrac{60}{15} = 4\text{ 辆/min}$,所以 $\rho = \dfrac{3}{4} = 0.75$,所以系统稳定

$$P_0 = 1 - 0.75 = 0.25$$

对多通道的系统,ρ 变为 $\dfrac{\lambda}{c\mu}$,其中 c 为通道数。如多设一个收费口,$c = 1 + 1 = 2$,则

$$\rho = \frac{0.75}{2} = 0.375$$

将 $\rho = 0.375$ 代入下式求得新的概率

$$P_0 = \left[\sum_{r=0}^{c-1}\frac{1}{r!}\left(\frac{\lambda}{\mu}\right)^r + \frac{1}{c!}\frac{1}{(1-\rho)}\left(\frac{\lambda}{\mu}\right)^c\right]^{-1}$$

式中 r 表明要求和的项数。对这里要求解的问题,先让 $r = 0$,求出累加符号里的值,并将其加到 $r = 2 - 1 = 1$ 时的值上。如果需要计算设 8 个收费口时的概率,r 将依次取值 $0, 1, 2, \cdots, 7$。

对 $r = 0$

$$\frac{1}{r!}(\rho c)^r = \frac{1}{0!}(0.375 \times 2)^0 = 1$$

对 $r = 1$

$$\frac{1}{r!}(\rho c)^r = \frac{1}{1!}(0.375 \times 2)^1 = 0.75$$

所以其总和 $= 1 + 0.75 = 1.75$，得出概率值为

$$P_0 = \left[1.75 + \frac{1}{2!(1-0.375)} \times 0.75^2\right]^{-1} = 0.45$$

对三个收费口

$$\rho = \frac{0.75}{3} = 0.25$$

累加符号中当 $r = 2$ 时

$$\frac{1}{r!}(\rho c)^r = \frac{1}{2!}(0.25 \times 3)^2 = 0.28$$

$$1 + 0.75 + 0.28 = 2.03$$

所以新的概率是

$$\left[2.03 + \frac{1}{3!(1-0.25)} \times 0.75^3\right]^{-1} = 0.47$$

(2) 当只有一个收费处时，系统中的平均车辆数为

$$\frac{0.75}{1-0.75} = 3$$

对多通道系统利用(1)中计算得到的概率 P_0，概率值 P_0 依赖于通道数。然后用下面公式求出它的值

$$\frac{\rho (\rho c)^c}{c!(1-\rho)^2} P_0 + \rho c$$

得出要求的平均数，对两个通道 $P_0 = 0.45$，代入上式得出

$$\frac{0.375 (2 \times 0.375)^2}{2!(1-0.375)^2} \times 0.45 + 2 \times 0.375 = 0.87 \text{（辆）}$$

对三个通道 $P_0 = 0.47$，由此得出

$$\frac{0.25 (3 \times 0.25)^3}{3!(1-0.25)^2} \times 0.47 + 3 \times 0.25 = 0.76 \text{（辆）}$$

(3) 不考虑车辆进入系统时的减速和离开时加速造成的影响，只计算车辆在系统中的平均时间。对单通道来说，这个时间为

$$\frac{1}{4-3} = 1 \text{（min/辆）}$$

对多通道来说，其停留时间的公式为

$$\frac{(\rho c)^c}{c!(1-\rho)^2 c\mu} P_0 + \frac{1}{\mu}$$

设两个收费口时为

$$\frac{(2 \times 0.375)^2}{2!(1-0.375)^2 \times 2 \times 4} \times 0.45 + \frac{1}{4} = 0.29(\text{min})$$

设三个收费口时为

$$\frac{(3 \times 0.25)^3}{3!(1-0.25)^2 \times 3 \times 4} \times 0.47 + \frac{1}{4} = 0.25(\text{min})$$

五、车辆维修问题

例 6-10 某轮胎维修中心每天营业 10h 来修理漏气的轮胎,平均修理一个轮胎需要 20min,顾客到达平均每天有 20 人。计算:

(1) 正在为一个驾驶员服务的概率;

(2) 在一周 6 天的工作日内没有漏气轮胎需要维修的小时数。

解 (1)所求的概率 P 就是定义的服务强度 ρ, λ 为每 10h 20 人,即每小时 2 人。μ 为每小时服务的顾客数

$$\mu = \frac{60}{20} = 3$$

$$P = \frac{2}{3} = 66.7\%$$

(2) 系统中有驾驶员的概率为 P,它表明有轮胎在修理或等待修理。当系统中无顾客时,表明没有正在修理的轮胎,其概率为

$$1 - P = 1 - \frac{2}{3} = \frac{1}{3}$$

而在一周内所占时间为

$$\frac{6 \times 10}{3} = 20(\text{h})$$

例 6-11 某企业拥有 5 台送货的车辆,除主要用于送货外,尚需少量时间用于维护、修理。已知每次只能维修一辆车,每运行 100h 需维修一次,每次需 20min,分别计算有 0、1、2 和 3 辆车未使用所占的时间比例。

解 由题意可知

$$\lambda = \frac{1}{100} \times 5 = \frac{1}{20} \quad \mu = \frac{60}{20} = 3 \quad \rho = \frac{\lambda}{\mu} = \frac{1}{60}$$

$$P_0 = 1 / \left[1 + 5 \times \frac{1}{60} + 5 \times 4 \left(\frac{1}{60}\right)^2 + 5 \times 4 \times 3 \left(\frac{1}{60}\right)^3 + \right.$$

$$\left. 5 \times 4 \times 3 \times 2 \left(\frac{1}{60}\right)^4 + 5 \times 4 \times 3 \times 2 \times 1 \times \left(\frac{1}{60}\right)^5 \right]$$

$$= 0.9181$$

有 r 台机器(这个例子中为车辆),未送货的概率按下式计算

$$P_r = \frac{n!}{(n-r)!} \rho^r P_0$$

由此

$$P_1 = \frac{5!}{(5-1)!} \times \left(\frac{1}{150}\right)^1 \times 0.9181 = 0.0765$$

$$P_2 = 0.0051$$

$$P_3 = 0.0003$$

因此有 91.81% 的时间所有车辆都在运行,7.65% 的时间有 4 辆运行,只有 3 台以下车辆运行占的时间比例太小,实际上可不考虑。

本章习题

1. 某火车站的售票处设有一个窗口,若购票者是以最简单流到达,平均每分钟到达 1 人,假定售票时间服从负指数分布,平均每分钟可服务 2 人,试研究售票窗口前排队情况。

2. 在某工地卸货台装卸设备的设计方案中,有三个方案可供选择,分别记作甲、乙、丙。目的是选取使总费用最小的方案,有关费用(损失)如习题表 6-1 所示。

费用损失表　　　　　　　　　　　　　习题表 6-1

方 案	每天固定费用(元)	每天可变操作费(元)	每小时平均装卸袋数(袋)
甲	100	100	1000
乙	130	150	2000
丙	250	200	6000

设货车按最简单流到达,平均每天(按 10h 计算)到达 15 辆车,每车平均装货 500 袋,卸货时间服从负指数分布,每辆车停留 1h 的损失为 10 元。

3. 要购置计算机,有两种方案:甲方案是购进 1 台大型计算机,乙方案是购置 n 台小型计算机。每台小型计算机是大型计算机处理能力的 $1/n$,设要求上机的题目是参数为 λ 的最简单流,大型计算机与小型计算机计算题目的时间服从负指数分布,大型计算机的参数是 μ。试从平均逗留时间、等待时间分析,应该选择哪一个方案。

4. 设船到码头,在港口停留单位时间损失 c_1 元,进港船只是最简单流,参数为 λ,装卸时间服从参数为 μ 的负指数分布,服务费用为 $c_2\mu$,c_2 是一个正常数。求使整个系统总费用损失最小的服务率 μ^*。

5. 某露天铁矿山,按设计配备 12 辆货车参加运输作业(每辆载质量 160000kg,售价 72 万元),备用车 8 辆,要求保证同时有 12 辆车参加运输的概率不低于 0.995。设每辆车平均连续运输时间为 3 个月,服从负指数分布。有两个修理队负责修理工作,修理时间服从负指数分布,平均修复时间为 5 天。问这个设计是否合理?

6. 一个超级市场的收款员平均每小时能服务 30 人,试求:

(1)设顾客平均每小时到达 25 人,计算有一名或更多名顾客排队的平均队长;

(2)为使平均队长减少 1 人,服务时间要有什么改进?

7. 病人以平均每小时 8 人的速率来到只有一名医生的诊所,候诊室有 9 把座椅供病人

等候,对每名病人诊断时间平均为6min。计算:

(1) 开诊时间内候诊室满员所占时间比例;

(2) 求下述情况的概率:①有一个病人;②有2个病人在候诊室排队。

8. 某自动加油站设有两根加油管,汽车到达加油站的平均到达率为4辆/min,每次加油的平均时间为2min。加油站最多只能停3辆汽车,停满3辆后不允许后来车辆进入。试求系统运行指标。

第七章 交通系统预测与优化问题

第一节 交通系统预测

一、预测技术概述

(一)预测的概念和原理

预测即对某种现象的过去和现状进行系统分析,找出其中固有的规律,从而推知这种现象的未来状态。预测的方法和手段,统称为预测技术。

系统工程离不开预测。没有预测,就无法进行系统分析,更谈不上进行正确的决策,因此,系统预测是系统工程学的重要内容。正确的系统预测,能为系统的规划设计和系统决策提供科学的依据。

对于道路、交通工程相关研究人员来说,要进行道路网和交通工程设施的规划设计,就应该对未来交通的结构、交通需求者的出行方式、交通的需求量以及和交通设施有关的新设备、新技术进行科学预测,才能使规划设计工作真正具有先进性、合理性和可行性。

预测是根据历史规律判断未来,预测科学也是研究规律的一种手段。科学预测的认识基础,可表述为以下几条原理:

(1)可知性原理

人类不但可以认识预测对象的过去和现在,而且还认为事物都有一个延续发展的原则,可以通过其历史和现状以及这种延续性推测其未来。关键是要掌握事物发展的客观规律,注意事物发展的全过程的统一,即过去、现在和将来的有机的统一。

(2)可能性原理

预测对象的发展有各种各样的可能,而不是只存在单一的可能性。对预测对象所做的预测,实际上是对它的发展的各种可能性进行预测。

(3)相似性原理

将预测对象与类似的已知事物的发展状况相类比,从而推测预测对象的未来。

(4)关联性原理

事物之间都有其相互依存的关系,同一事物在不同的发展阶段也有一定的因果关系,称为事物的关联性。在预测过程中,常常通过对这些关系的研究,对预测对象做出某种判断。

(5) 反馈性原理

预测某种事物未来的结果，是为了现在对其做出相应的决策，即预测未来的目的在于指导当前，预先调整关系，以利于未来的行动。

(6) 系统性原理

预测过程中要强调预测对象内在与外在的系统性，要突出系统的功能和完整性。缺乏系统观点的预测，将导致顾此失彼的决策。

(二) 预测的要素和程序

1. 预测的基本要素

1) 时间

不同的预测方法适用于不同的预测期限。一般来说，定性预测较多地用于长期预测，而定量预测较适宜于中、长期预测。

2) 数据

不同的预测方法，适用于不同的数据类型。有的数据按一定周期变化，有的是随机波动的。因此，在选择预测方法时，应注意提供的数据形式。

3) 模型

大多数预测方法都要求运用某种模型。构成每种模型的前提是不同的，在不同的问题中应用这些模型，其功效也是不同的。

4) 费用

预测是一个研究过程，预测费用的多少，影响对不同预测方法的选择。

5) 精度

定量预测的精度或准确度，对于决策者来说是至关重要的。一般情况下，预测的准确度在 ±10% 范围内就能满足要求，但在个别情况下，预测的准确性会要求更高一些。

6) 实用性

预测是为决策服务的，只有理解容易、使用方便、结果可信的预测方法，才能被广泛采用。

在确定选用哪一种预测方法时，应以预测对象和预测技术本身的特点作为出发点，并要权衡预测所需费用及预测结果的应用价值。在面临具体预测对象时，还要考虑如下几个方面的问题：

(1) 预测的对象是处于历史的延续，还是处于基本情况发生变化的转折点。

(2) 预测的精度与所需费用直接相关，在达到要求精度的情况下，应尽可能选择简单方便、费用较省的预测方法。

(3) 要考虑所需资料的多少和收集资料所花费的时间和费用。通常是从所需要资料不多的方法入手；同时，必须考虑预测允许的时间，在选择预测方法时，注意事件的紧急性和收集资料需要的时间。

2. 预测的一般程序

做好预测需要遵循一定的步骤。一般而言，可按如下程序进行：

(1) 确定所要研究的系统范围，明确预测的目的，根据需要和可能，说明通过预测可能解决的问题。

(2)鉴别、选择与确定预测元素,即从大量情况中,挑选出与预测目的有关的主要元素。

(3)确定逻辑关系,选定预测方法。就是说,要清楚元素之间的内在关系和逻辑关系,并选择与要求相适应的预测方法。

(4)建立模型。要以较低的费用建立效益较高的模型,以达到较好地反映客观实际的目的。但是模型越细,要求的信息越多,计算工作量就越大,因此对模型的要求应适度。

(5)检验模型。通常用后验方法。用历史数据检验模型的合理性和客观性,把预测结果和实际情况相比较,找出模型的不足点。

(6)假定因素和条件。通过模型对某些假设进行运算,检验模型对有关参数的敏感性,以确定某些信息变化对预测结果的影响程度。值得注意的是,模型是对客观实际现象的简化和抽象,在建模时,还会存在一些由于难以考察或技术上的困难而被省略、被简化的复杂环节,所以需要反复分析。

(三)预测技术和模型

1. 预测对象的几种变动

预测对象的变动可分为三种:趋势变动、周期变动以及不规则变动。

1)趋势变动

趋势变动是指随着自变量的变化,因变量持续上升或持续下降的变动。它可以是线性的,也可以是非线性的。相对而言,它是一种比较缓慢而长期的变动。如我国在较长一段时期内交通基础设施的发展就是一种持续增长的变化。

2)周期变动

周期变动以季节变动最为典型,它以一年为周期,随着自然季节的更替,在特定的季节或月份出现高峰与低谷。周期变动也可以以月、周、天或日为周期。例如:日交通流量的变化就属于一种周期变动。

3)不规则变动

不规则变动又分为突变与随机变动。前者难以预测,甚至是不可抗拒的,后者看起来无章可循,实际上具有某种统计规律。如排队系统中顾客到达,通常就属于这种变动。

预测对象的实际变动,一般是以上一种基本变动与其他变动的叠加。特别是随机变动可以说包含在任何一种预测对象的实际变动之中。

2. 预测技术的分类

1)性质

从预测的性质看,预测可分为定性预测和定量预测两大类。前者主要是分析事物发展的大致趋势;后者必须是用大量数据,建立数学模型进行分析计算,求出数量化的结论。系统工程重视定量预测,同时强调定量预测与定性预测的结合。

2)有效期限

按照预测的有效期限长短,预测可以分为长期、中期、短期和近期预测等几种。其具体划分应视预测对象的性质而定,一般没有统一的标准。例如对于市场预测5~10年就算是长期预测了,但对于技术预测15~50年才算是长期预测。在经济预测中,长期预测是指5年以上的预测,中期是1~5年,短期为1年,而把1年以内的预测统称为近期预测。

3)模型

根据预测模型形式的不同,预测可大致分为:

(1)统计型,如回归模型、增长模型、平滑模型等。

(2)连续型,模型中变量为连续变量,如微分方程模型、GM(1,1)模型等。

(3)递推型,如残差辨识模型、指数平滑模型等。

(4)时间序列模型,以时间 t 为自变量,预测对象为因变量的一类模型,其中上述统计型列举的模型,如自变量是时间 t,即属此类。

(5)因果模型,反映自变量与因变量之间的因果关系模型,如回归模型即属此类。

模型的称谓还有许多种,在此不再一一列举。

3. 预测模型的特点

1)模型的外推性

按照已有数据所得的关系和模型,具有时间外延的可能性,也就是说,从时间发展来看,具有某种规律,这种规律性即为外推性。外推性一般分为:

(1)概率外推。根据以往发生的情况,获得某种统计规律,用以预测未来,称为概率外推。

例如已知 t_1、t_2、t_3 时间的统计数据分别为 Z_1、Z_2、Z_3。则 t_4 时间 Z_4 的预测值 $\hat{Z}_4$ 可表示为:

$$\hat{Z}_4 = E(Z_4 \mid Z_1, Z_2, Z_3) \tag{7-1}$$

用概率论的术语来说,就是在给定 Z_1、Z_2、Z_3 的条件下,以 Z_4 的期望值作为它的预测值。

(2)后验差外推。例如,设 x_1、x_2、x_3、x_4、x_5 为已知数据,$\hat{x}_2$、$\hat{x}_3$、$\hat{x}_4$ 为预测数据,并且由 x_1 推知 $\hat{x}_2$,由 x_1、x_2 推知 $\hat{x}_3$。由 x_1、x_2 和 x_3 推知 $\hat{x}_4$。则根据 $\Delta x_2 = \hat{x}_2 - x_2$、$\Delta x_3 = \hat{x}_3 - x_3$ 和 $\Delta x_4 = \hat{x}_4 - x_4$ 来推测最终预测值 $\hat{x}_5$,称为后验差外推。

(3)时间函数的延续性外推。如果预测量与时间 t 之间的函数关系,可以不受时间限制地延续到未来任一时刻,则称这种外推为时间连续性外推。如生物繁殖模型:

$$P(t) = \frac{375}{1 + 74e^{-2.209t}} \tag{7-2}$$

式中:t——时间;

$P(t)$——生物的繁殖量。

2)预测模型的后验拟合性

预测精度判断的最常用方法是后验拟合法。可用的预测方法和预测模型要能反映预测对象的周期性变动,包括具有某种统计规律的随机变动。换句话说,在一定的预测精度要求下,预测模型要有足够的后验拟合度。即:

$$|\hat{x}_i - x_i| \leqslant \alpha \tag{7-3}$$

式中:x_i——i 时期的实际值;

$\hat{x}_i$——模型预测值;

α——预先确定的预测精度。

二、经验预测方法

经验法直观、简单、操作方便,是应用历史较久的一类预测方法。这种方法运用预测者或专家的专业知识及经验,直观地针对预测对象过去和现在发生的情况进行综合分析,从中找出规律,对发展远景做出预测。

(一)德尔菲法

定性预测的基本方法是专家调查法。德尔菲(Delphi)法是其中的一种。它是依靠若干专家"背靠背"地发表意见,各抒己见,同时,对专家们的意见进行统计处理和信息反馈,经过几轮循环,使得分散的意见逐次集中,最终达到较高的准确性。这种方法是美国著名的兰德公司于1964年发明的。

1964年,兰德公司的数学家发明这种方法后,曾组织了76名美国专家和6名欧洲专家,预测未来50年内的科学突破、人口增长、新武器系统、航天技术、自动化技术、战争可能性六个方面(称为预测目标)的49个问题(称为预测事件)。经过四轮专家征询和评估后,有31个事件获得了满意的结果。

1. 德尔菲法的基本程序

1)确定目标

目标选择应是本系统或本专业中对发展规划有重大影响而意见分歧较大的课题。预测期限以中、远期为宜。

2)选择专家

该方法的主要工作之一是通过专家们对未来事件的发生与否做出概率估计,因此,专家选择是预测成败的关键。对专家的主要要求有:

(1)总体的权威程度较高。

(2)代表面广泛,通常应包括技术专家、管理专家、情报专家和高层决策人士。

(3)专家人数要适当,一般以20~50人为宜,大型预测可选100人左右。

3)设计评估意见征询表

表格的设计原则是:

(1)表格简明扼要,每一栏目要紧扣预测目标。

(2)填表方式简单,进行评估时,尽量让专家以数字或字母符号表示其评估结果。

4)专家征询的轮次与轮间信息反馈

德尔菲法一般包括3~4轮征询:

第1轮:事件征询。发给专家的征询表格只提出预测目标,而由专家提出应预测的事件。

第2轮:事件评估。专家对第二轮表格中的各个事件做出评估。评估的主要内容有:

(1)产量评估或新技术突破的年份预测。

(2)事件的正确性、迫切性和可能性评估。

(3)方案择优。

(4)投资比例的最佳分配。

第3轮:轮间信息反馈与再征询。将前一轮的评估结果进行统计处理,得出专家总体的评估结果的分布,求出其均值与方差,将这些信息反馈给各位专家,并对他们进行再征询。

第4轮:轮间信息反馈和再征询,类似于第三轮。这样就得到一致程度较高的结果,从而写出预测结果报告,至此,预测工作即告结束。

2. 评估结果的处理

德尔菲法的一项重要工作是每轮征询之后的结果分析和处理。在处理之前,要将定性评估结果进行量化。现将第二轮中的评估内容意见的处理方法做一简单介绍。

(1) 产量和年份预测数据的处理。一般用四分位图表示处理结果。现以13位专家对军用微处理机在部队装备的年份评估为例。先将评估值按顺序排列,如表7-1所示,在处理时,将该时间轴分为四等份,其中 B 为中分位点,A 为下四分位点,C 为上四分位点。上下四分位点间的区间表示了专家意见的分散程度,如图7-1所示。

表7-1 评估值

87	88	89	90	91	93	94	94	94	95	96	97	99
			A			B			C			

如果在下一轮征询中将这些信息反馈给各位专家,那么专家们(在下分位以下或上分位以上预测年份的)会有较大的放弃或各自评估意见、自动向中位数靠拢的可能性,使得评估意见相对集中。

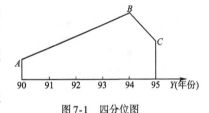

图7-1 四分位图

(2) 事件的正确性、迫切性和可能性。评估结果的处理分为分值评估和等级评估两种。

前者可采用五级分制或百分制;后者可采用等级序号作为量化值。

在分值评估中,计算均值和方差:

$$\bar{x} = \frac{1}{n}\sum_{i=1}^{n} x_i, \quad \sigma^2 = \frac{1}{n-1}\sum_{i=1}^{n}(x_i - \bar{x})^2 \qquad (7-4)$$

式中:n——专家总人数;

x_i——第 i 位专家的评分值。

在等级评估中,计算均值和样本方差:

$$\bar{x} = \frac{\sum_{i=1}^{n} x_i n_i}{\sum_{i=1}^{n} n_i} \qquad (7-5)$$

$$\sigma^2 = \frac{\sum_{i=1}^{n}(x_i - \bar{x})^2 n_i}{\sum_{i=1}^{n} n_i - 1} \qquad (7-6)$$

式中:n——评估等级数目;

x_i——等级序号($i = 1, 2, \cdots, n$);

n_i——评第 i 等级的专家人数。

在下一轮征询中,专家们可依此结果修改自己的意见,从而使 $\bar{x}$ 逐次接近最后的评估结果,同时,使 σ^2 越来越小。

(3) 方案择优的结果处理。用优先程度的顺序号作为量化值进行数据处理,或者用优先程度的分值进行数据处理。

在分值评估时,还可计算另一个指标:满分频率。记满分频率为 k_j,则:

$$k_j = \frac{m_j}{m} \tag{7-7}$$

式中:m_j——对第 j 方案给满分的专家人数;

m——专家总人数。

k_j 越大,表示第 j 方案的重要性越高。

为表示对第 j 方案的专家意见一致程度,可以采用变异系数 v_j 来评价:

$$v_j = \frac{\sqrt{\sigma_j^2}}{\bar{x}_j} = \sqrt{\frac{1}{n-1}} \frac{\sqrt{\sum_{j=1}^{n}(x_{ij}-\bar{x}_i)^2}}{\frac{1}{n}\sum_{i=1}^{n}x_{ij}} \tag{7-8}$$

式中:x_{ij}——第 i 位专家对第 j 方案的评价值;

$\bar{x}_j$——第 j 方案的均值;

σ_j^2——方差。

变异系数 v_j 越小越好。

(4)投资比例最佳分配的结果处理。也采用上述均值与方差的计算进行比较。

(5)为了表示专家本人的权威程度和专业情况有所区别,应分别赋予他们以不同的加权值,称为专家权威系数。例如,在方案择优的评估中,计算第 k 方案的百分比加权公式为:

$$K_{Jk} = \frac{\sum_{i=1}^{n_k} C_{Ji}}{\sum_{i=1}^{n} C_{Ji}} \tag{7-9}$$

式中:K_{Jk}——在 J 事件选中第 k 方案的百分比;

n——评估 J 事件的专家总人数;

n_k——选中 J 事件中第 k 方案的专家人数;

C_{Ji}——第 i 位专家了解 J 事件的权威系数。

3. 注意事项

(1)专家之间的横向保密性是德尔菲法的一大特点与关键。

(2)选择专家要注意选择边缘学科、社会学和经济学等方面的专家,专家们应有足够的时间认真填写意见征询表。

(3)预测工作的组织者在制定意见征询表的同时,要对专家们做关于该方法的宣传工作。重点介绍它的特点、实质、轮间反馈的作用,以及均值、方差等统计量的意义,还有对横向保密的要求。

(4)专家评估的最后结果是建立在统计分布的基础上的,它具有一定的不稳定性。不同的专家总体,其直观评估意见和一致性不可能完全一样。这是德尔菲法的主要不足之处。

(二)相互影响法

专家调查法不能指出未来各个事件之间的相互关系,而相互影响法可以弥补这个缺陷。这种分析方法要求确定一系列事件 $(J_1,J_2,\cdots,J_n)$ 及其发生的概率 $(P_1,P_2,\cdots,P_n)$ 的关系,分析 $P_1,P_2,\cdots,P_n$ 的变化,即它们之间的相互影响。

例如,评定某国今后15年能源政策的各种方案时,假定分析的三个事件及其概率如下:

J_1——使用煤炭代替石油,其概率为 0.8;

J_2——降低国内石油价格,其概率为 0.4;

J_3——控制空气、水源质量,其概率为 0.3。

再以相互关系矩阵 $R=\{r_{ij}\}(i,j=1,2,3)$,求这三个事件之间的相互关系。

$$R = \begin{bmatrix} - & \uparrow & \uparrow \\ \downarrow & - & \uparrow \\ \downarrow & \downarrow & - \end{bmatrix} \quad (7\text{-}10)$$

矩阵表中,r_{ij} 表示第 i 事件对第 j 事件的影响。

r_{ij} 定义为 $\begin{cases} \uparrow & 正的影响 \\ - & 无影响 \\ \downarrow & 负的影响 \end{cases}$

所谓正影响,说明事件的发生增进了其他事件发生的概率。例如 $r_{13}=\uparrow$,说明煤炭替代石油燃料的方案,使控制空气、水源质量的工作变得尤为重要了。

又如 $r_{21}=\downarrow$,说明降低石油价格会使煤炭代替石油的可能性下降。

最后还应分析出正负影响的程度,以修正事件发生的概率。

三、时间序列预测方法

时间序列是指某一统计指标数值按时间先后顺序排列而形成的数列。例如,国内生产总值(GDP)按年度顺序排列起来的数列、某种商品销售量按季度或月度排列起来的数列等都是时间序列。时间序列一般用 t 表示,t 为时间。

(一)趋势外推法

趋势外推法(Trend Extrapolation)是根据过去和现在的发展趋势推断未来的一类方法的总称,用于科技、经济和社会发展的预测,是情报研究体系的重要部分。趋势外推法的基本假设是未来是过去和现在连续发展的结果。当预测对象依时间变化呈现某种上升或下降趋势,没有明显的季节波动,且能找到一个合适的函数曲线反映这种变化趋势时,就可以用趋势外推法进行预测。

趋势外推法的基本理论是:决定事物过去发展的因素,在很大程度上也决定该事物未来的发展,其变化不会太大;事物发展过程一般都是渐进式的变化,而不是跳跃式的变化。掌握事物的发展规律,依据这种规律推导,就可以预测出它的未来趋势和状态。

趋势外推法首先由赖恩(Rhyne)用于科技预测。他认为,应用趋势外推法进行预测,主要包括以下六个步骤:选择预测趋势曲线的函数类型;收集数据;拟合曲线;趋势外推;预测结果分析和说明;研究预测结果在制订决策和规划中的应用。

趋势外推法的实质是利用某种函数分析描述预测对象某参数的发展趋势。常用的函数曲线形式有:直线、多项式函数曲线、指数曲线、生长曲线等。这里介绍生长曲线模型。

生长曲线模型起初是用于长期的技术发展预测的。预测学家发现技术的发展过程如生物生长过程一样,经历发生、发展、成熟三个阶段,而每个阶段的发展速度是不同的,开始较慢,中间较快,后期越来越慢,具有这种变化特征的曲线叫生长曲线。因整个曲线呈 S 形,故也称 S 曲线。

令 dy_t/dt 为 y_t 的增长速度,则 y_t 的时均增长率可用如下微分方程描述:

$$(dy_t/dt)/y_t = k(L - y_t) \tag{7-11}$$

当 y_t 很小时,可视 $L - y_t \approx L$,则增长速度 $dy_t/dt \approx kLy_t$,k、L 均为正常数,增长速度随 y_t 的增大而增大。但 y_t 逐渐增大时,$L - y_t$ 逐渐变小,故 y_t 的增长速度又逐渐变小。当 $y_t \to L$ 时,$dy_t/dt \to 0$,即 L 为 y_t 的饱和值。

符合式(7-11)所示特征的函数形式有多种,常用的函数模型有皮尔(R. Pearl)模型、龚珀兹(B. Gompertz)模型。

1)皮尔模型

$$y_t = \frac{L}{1 + a \times e^{-bt}} \tag{7-12}$$

式中:a、b——均为常数;
t——时间变量;
L——预测变量 y_t 的极限值,$y_t \leq L(L > 0)$。

式(7-12)是式(7-11)的变形。式(7-11)中,当 $t = 0$ 时,$y_t = y_0$,解微分方程式(7-11),并令 $a = (L - y_0)/y_0$,$b = Lk$,即可得到式(7-12)的函数形式。

如图 7-2 所示,皮尔曲线具有以下特点:

(1)当 $t \to -\infty$ 时,$y_t \to 0$。

(2)当 $t \to \infty$ 时,$y_t \to L$。

(3)曲线拐点在 $t = \dfrac{\ln a}{b}$ 处,这时 $y_t = 0.5L$。

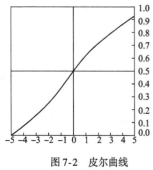

图 7-2 皮尔曲线

(4)曲线相对于拐点对称,上半部分是下半部分的反映(图中,$L = a = b = 1.0$)。曲线对称意味着参数 a 在时间轴(横轴)上决定曲线的位置,参数 b 决定曲线的斜率。

例 7-1 某地区每万人的汽车拥有量符合皮尔曲线规律,对历史数据的拟合得到如下方程

$$y_t = \frac{796}{1 + 558.92 \times e^{-0.0841(t-1930)}} \text{ (辆/万人)} \tag{7-13}$$

该地区 2020 年将达到 120 万人,试预测该地区 2020 年的汽车拥有量。

解 将 $t = 2020$ 代入式(7-13)得到

$$y_t = \frac{796}{1 + 558.92 \times e^{-0.0841(2020-1930)}} = 617.76 \text{(辆/万人)}$$

因此,2020年该地区的汽车拥有量将达到 120 × 617.76 = 74131（辆）。

2）龚泊兹曲线

$$y_t = L \times e^{-be^{-kt}}$$

龚泊兹曲线是双层指数,又称双指数曲线。如图7-3所示,龚泊兹曲线具有以下特点：

(1) 当 $t \to -\infty$ 时, $y_t \to 0$；

(2) 当 $t \to \infty$ 时, $y_t \to L$；

(3) 曲线拐点在 $t = \dfrac{\ln b}{k}$ 处,这时 $y_t = L/e$；

(4) 曲线相对于拐点不对称。

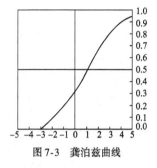

图7-3　龚泊兹曲线

（二）移动平均法

移动平均法是用一组最近的实际数据值来预测未来一期或几期内公司产品的需求量、公司产能等的一种常用方法。移动平均法适用于即期预测。当产品需求既不快速增长也不快速下降,且不存在季节性因素影响时,移动平均法能有效地消除预测中的随机波动,是非常有用的。移动平均法根据预测时使用的各元素的权重不同,可以分为：简单移动平均和加权移动平均。

移动平均法是将原来时间序列的时间跨度扩大,采用逐项推移的方法来计算时间序列平均数,形成一个新的时间序列,以消除短期的、偶然因素引起的变动(即不规则变动),从而使事物的发展趋势更加明显地表现出来。这里介绍一次N元移动平均法。

一次N元移动平均法的数学模型为

$$S_{t+1} = \frac{X_t + X_{t-1} + \cdots + X_{t-N+1}}{N} \tag{7-14}$$

式中：S_{t+1}——$t+1$时间上的预测值；

X_t——t时间上的实际观测值；

N——取平均的数据的个数(即观测点数)。

从式(7-14)中可以看出,移动平均法对序列中最近N项观测值的每一项给予相等的权重(重要性),而对 $(t-N)$ 时期以前的观测值则完全不给权数。

t时间的移动平均数还可以用下式表示

$$S_{t+1} = \frac{X_t}{N} - \frac{X_{t-N}}{N} + S_t \tag{7-15}$$

由式(7-15)可以看出,根据移动平均数计算的每个新的预测值,就是对以前的移动平均预测值的调整。随着N的增大,预测值间的调整越小,平滑的效果越明显。

移动平均法对模型变化的反应取决于观测点数N。一方面,随着N的减小,预测系统对模型变化的反应速度加快,但是抗干扰能力下降,估计值的预测精度降低。预测精度和预测系统对预测模型变化的反应速度是相互矛盾的,两者不能兼得。对于N值一般应根据具体情况,采用折中办法确定。根据预测对象的实际发展趋势,N值大体有以下四种选择方法：

(1) 水平式。趋势保持不变,移动平均值是无偏差的,S 值与 N 值无关。

(2) 脉冲式。趋势仅在一段时间内突然增加或减少,随后又保持不变,N 值取得越大,S 的误差就越小,因此 N 值应取大些。

(3) 阶梯式。趋势仅在开始一段时间保持不变,然后增加或减少到一个水平后又保持不变,N 值越小,S 值的预测误差就越小,因此 N 值应取小些。

(4) 斜坡式。趋势周期的递增或递减,S 总是比实际趋向落后,因此 N 值应取得越小越好。

移动平均法的缺点主要表现在:

(1) 为了计算移动平均数,需要储存最近 N 项观测值,需占用较大存储空间。

(2) 观测值少时,得到的预测值往往不真实。

(3) 平均时间间隔难以确定。

移动平均法适用于接近平稳的时间序列预测。所谓平稳时间序列,就是变量值关于时间参数 t 是均匀的,或其均值函数是一常数,与时间无关。移动平均法的优点是计算简单,一般用于短期预测。

例 7-2 某运输公司 1991—2002 年货运量的统计资料如表 7-2 所示,试用移动平均法预测该公司 2003 年的货运量。

历史货运量数据　　　　表 7-2

周期(年)	1991	1992	1993	1994	1995	1996
货运量(万 t)	120.87	125.58	131.66	130.42	130.38	135.54
周期(年)	1997	1998	1999	2000	2001	2002
货运量(万 t)	144.25	147.82	148.57	148.61	149.76	154.56

解 根据式(7-14),分别取 $N=3$ 和 $N=4$ 计算。计算结果见表 7-3。

移动平均法预测货运量　　　　表 7-3

实际值 X_t (万 t)	预测值 S_t(万 t)		相对误差值 (%)	
	$N=3$	$N=4$	$N=3$	$N=4$
120.87	—	—	—	—
125.58	—	—	—	—
131.66	—	—	—	—
130.42	126.04	—	3.36	—
130.38	129.22	127.13	0.89	2.49
135.54	130.82	129.51	3.48	4.45
144.25	132.11	132.00	8.41	8.49
147.82	136.72	135.15	7.51	8.57
148.57	142.54	139.50	4.06	6.11

续上表

实际值 X_t (万t)	预测值 S_t(万t)		相对误差值(%)	
	$N = 3$	$N = 4$	$N = 3$	$N = 4$
148.61	146.88	144.05	1.16	3.07
149.76	148.33	147.31	0.95	1.63
154.56	148.98	148.69	3.61	3.8
	150.98	150.38		

当 $N = 3$ 时

$$\sigma^2 = \frac{1}{8}\sum_{t=4}^{12}(S_t - \bar{S})^2 = 79.35$$

当 $N = 4$ 时

$$\sigma^2 = \frac{1}{7}\sum_{t=5}^{12}(S_t - \bar{S})^2 = 67.72$$

通过计算这两个预测公式的方差 σ^2，选取方差较小的，即 $N = 4$ 最优。下一年的货运量预测值为 150.98 万 t。

(三)加权移动平均法

移动平均法认为各个时期的历史数据对将要发生的数据的影响是相同的，而实际上，这种影响往往是不同的。为了改进移动平均法存在的缺点，提出了加权移动平均法。加权移动平均法对各个时期的历史数据赋以不同的权值，来反映不同时期数据对预测对象的影响。一般来说，距预测期较近的数据，对预测值的影响也较大，因此，其权值也较大；距预测期较远的数据，对预测值的影响也较小，因此，其权值也较小。

加权移动平均法的数学模型为

$$S_t = \frac{\sum_{i=t-1}^{t-n} W_i X_i}{\sum_{i=1}^{n} W_i} \tag{7-16}$$

式中：W_i——X_i 相对应的权值。

例 7-3 用加权移动平均法求解例 7-2。取 $n = 3, W_t = 3, W_{t-1} = 2, W_{t-2} = 1$。

解 计算结果如表 7-4 所示。

加权移动平均法预测货运量　　　　　表 7-4

实际值 X_t (万t)	预测值 S_t (万t) $n = 3$ $S_{t+1} = \frac{1}{6}(3X_t + 2X_{t-1} + X_{t-2})$	相对误差值 (%)
120.87	—	—
125.58	—	—
131.66	—	—
130.42	127.835	1.98

续上表

实际值 X_t（万 t）	预测值 S_t（万 t） $n = 3 \quad S_{t+1} = \frac{1}{6}(3X_t + 2X_{t-1} + X_{t-2})$	相对误差值（%）
130.38	130.027	0.27
135.54	130.607	3.64
144.25	132.967	7.82
147.82	139.035	5.94
148.57	144.583	2.68
148.61	147.600	0.68
149.76	148.465	0.86
154.56	149.178	3.48
	151.968	

从表 7-4 的计算可知,当 $n = 3$,权重系数分别为 3、2、1 时,预测今年的货运量为 151.968 万 t。

加权移动平均法与移动平均法一样,只能预测最近一期的数据。

(四)指数平滑法

指数平滑法与移动平均法和加权移动平均法的基本原理相同,都是利用对历史数据进行平滑来消除随机因素的影响。指数平滑法更加灵活,这种方法只需要本期的实际值和本期的预测值便可预测下一期的数据,因此,不需要保存大量的历史数据。

一次指数平滑法的数学模型为

$$S_{t+1} = \alpha X_t + (1 - \alpha)S_t = S_t + \alpha(X_t - S_t) \tag{7-17}$$

式中:α——系数($0 < \alpha < 1$);

$X_t - S_t$——前期预测值的误差。

α 的大小对预测值的影响与移动平均法中计算平均数的观测值个数 N 对预测效果的影响相同。当 α 值趋近于 1 时,新预测值将包含一个相当大的调整,即用前次预测中所产生的误差进行调整。相反,当 α 值趋近于 0 时,新预测值就没有用前次预测的误差做多大的调整。

式(7-17)可以写成

$$S_{t+1} = \frac{1}{N}X_t + \left(1 - \frac{1}{N}\right)S_t \tag{7-18}$$

从形式上看,式(7-17)只是将式(7-18)中的 $1/N$ 换成了 α,但它解决了移动平均法中的一些问题。它在计算新的预测值时,不需要储存所有的历史数据,只需要 α 值及最近的观测值和预测值。式(7-17)还可以扩展为

$$\begin{aligned} S_{t+1} &= \alpha X_t + (1 - \alpha)[\alpha X_{t-1} + (1 - \alpha)S_{t-1}] \\ &= \alpha X_t + \alpha(1 - \alpha)X_{t-1} + \alpha(1 - \alpha)^2 X_{t-2} + \alpha(1 - \alpha)^3 X_{t-3} + \cdots \end{aligned} \tag{7-19}$$

由式(7-19)可以看出,指数平滑法还克服了移动平均法的另一个局限性,即对距离较远

的观测值减少了它的权数。这样的权数在实际中更合理些。

当时间序列的数据呈水平式时,简单的平滑法能得到有效的结果,而且费用低廉。但这种方法也存在缺点,主要表现在:

(1)当预测变量的数据模式有较大变化时,指数平滑法的预测效果不能令人满意。在处理长期趋势或非水平模式时没有效果。

(2)没有一个好办法来确定适当的权数 α 值。

例7-4 某公交公司某线路过去10年客运量的统计资料如表7-5所示,试用指数平滑法预测该公司今年的客运量。

解 分别取 $\alpha = 0.2$ 和 $\alpha = 0.6$ 进行预测。

计算结果见表7-5。

指数平滑法预测客运量　　　　　　表7-5

实际值(万人)	预测值 S_t（万 t）		绝对误差值 $|X_t - S_t|$（万 t）	
	$\alpha = 0.2$	$\alpha = 0.6$	$\alpha = 0.2$	$\alpha = 0.6$
33	33.00	33.00	0	0
38	33.00	33.00	5.00	5.00
32	34.00	36.00	2.00	4.00
34	33.60	33.60	0.40	0.40
36	33.68	33.84	2.32	2.16
33	34.14	35.14	1.14	2.14
35	33.92	33.85	1.08	1.15
39	34.13	34.54	4.87	4.46
40	35.11	37.22	4.89	2.78
38	36.08	38.89	1.92	0.89
—	36.47	38.35	—	—
平均绝对误差			2.36	2.30

由于 $\alpha = 0.6$ 时的平均绝对误差小于 $\alpha = 0.2$ 时的绝对误差,因此取 $\alpha = 0.6$ 时的预测结果较好。

(五)使用要点

1. 模型中参数的选择

时间序列预测模型中涉及三个参数:N、W_i 和 α,在具体使用时,要经过几个不同参数值的试算后才能确定,以便尽可能地使预测值接近实际值。通常将预测值与实际值进行比较,或者计算预测值与实际值的绝对误差,以选择接近实际值的预测模型。如:

(1)对移动平均预测法,可选 $N = 3$、5 或 6。

(2)对加权移动平均预测法,可选 $W_i = 3、2、1$ 或 5、3、1。

(3)对指数平滑预测法,可选 $\alpha = 0.2、0.4、0.6$ 或 0.8。

具体哪个参数对应的预测值更接近实际值,就选择哪个参数对应的预测模型。

对于时间序列预测法，N 值的选择很重要。如果时间序列有周期性的变化，且为分月资料时，应取 12 项移动平均；对分季度资料，应取 4 项移动平均。这样，才能消除季节变化因素的影响，显示出长期趋势。

对于指数平滑法，若时间序列比较稳定，则 α 的取值比较小；若时间序列波动较大，则 α 的取值也就越大，从而使预测值能敏感地跟踪实际值的变化。

2. 预测模型初值的确定

应用指数模型预测时，有一个确定初值的问题：

当 $t=1$ 时

$$S_2 = \alpha X_1 + (1-\alpha)S_1 \tag{7-20}$$

只有确定了 S_1，才能求出 S_2。

而

$$S_1 = \alpha X_0 + (1-\alpha)S_0 \tag{7-21}$$

若无 S_0，则无法求出 S_1。故一般令 $X_0 = S_0 = S_1$。

四、回归分析预测方法

在城市道路的规划、设计和交通管理等的调查工作中，通常通过对交通调查资料的处理，来分析交通流各参数的变化规律。例如，分析车速与交通量、车头间距以及在混合交通情况下与非机动车数量之间的相互关系等。但是一般情况下，这种关系不便用解析式表示，而是通过用统计学的方法寻找它们之间的统计关系，按最小二乘法法则，得到回归分析模型。因此，回归分析法在交通分析中占有比较重要的地位。

回归分析法就是从被预测变量和与它有关的解释变量之间的因果关系出发，通过建立回归分析模型，预测变量未来发展的一种定量方法。通常，处在一个系统中的各种变量，可以有两类关系，一类称为函数关系，一类称为相关关系。当事物之间具有确定关系时，变量间就表现为某种函数关系。而有些事物，虽然它们之间有着密切联系，但并不能准确地用某一函数式确定其间的关系，称这类事物间具有相关关系。具有相关关系的变量，虽然不能用准确的函数式表达其联系，但却可以通过大量的试验数据（或调查数据）的统计分析，找出各相关因素的内在规律，从而近似地确定出变量间的函数关系。这是回归分析的基本思想与方法。

回归分析方法若按回归模型中自变量多少来划分，有一元回归与多元回归；若从回归模型的函数表达式来分，有线性回归、非线性回归、对数回归和指数回归；若从回归模型的性质和用途来分，有因素回归（模型的自变量无时间因素）和预测回归（模型的自变量中隐含或显含时间变量，或两者兼有）；若从回归模型的机理来分，有一般回归和逐步回归等。

(一) 线性回归

线性回归模型是回归分析模型中最简单的一种，但颇具代表性，我们首先对它进行说明。

1. 最小二乘原理

设 y 是 n 个变量 $X_1, X_2, \cdots, X_n$ 的函数。含有 $n+1$ 个参数 $a_0, a_1, \cdots, a_n$，即

$$y = f(a_0, a_1, \cdots, a_n; X_1, X_2, \cdots, X_n) \tag{7-22}$$

现有 N 组($N > n$)资料数据,可排成如下数据矩阵

$$\begin{bmatrix} y_1 & y_2 & \cdots & y_N \\ x_{11} & x_{12} & \cdots & x_{1N} \\ x_{21} & x_{22} & \cdots & x_{2N} \\ \vdots & \vdots & \ddots & \vdots \\ x_{n1} & x_{n2} & \cdots & x_{nN} \end{bmatrix} \tag{7-23}$$

简写为 $x_{ij}, i = 1, 2, \cdots, n; j = 1, 2, \cdots, N$。

将资料数据相应代入式(7-22),得到计算值 $\hat{y}_j$(这里称为预测值)。一般地,计算值 $\hat{y}_j$ 与资料数据 y_j 并不相等,而是存在一个偏差 ε_j。

$$\varepsilon_j = \hat{y}_j - y_j \tag{7-24}$$

若设 Q 表示全部偏差平方的和,即

$$Q = \sum_{j=1}^{N} \varepsilon_j^2 \tag{7-25}$$

$$= \sum_{j=1}^{N} [f(a_0, a_1, \cdots, a_n; x_{1j}, x_{2j}, \cdots, x_{nj}) - y_j]^2$$

则 Q 是参数 $(a_0, a_1, \cdots, a_n)$ 的函数。

将使全部偏差平方的和为最小的参数 $(a_0, a_1, \cdots, a_n)$ 代入式(7-22),此时,所得曲线对资料数据矩阵的拟合程度为最佳,称为最小二乘原理。令 $\frac{\partial Q}{\partial a_i} = 0 (i = 0, 1, 2, \cdots n)$,解出参数 $a_0, a_1, \cdots, a_n$ 的方法称为最小二乘法。

2. 一元线性回归模型

1) 回归直线方程

设已知 N 对数据 $(x_j, y_j), j = 1, 2, \cdots, N$。选取平面坐标系 $O-xy$,将数据用平面上的点表示,所得到的图称为数据的散点图。进而,如果各点之间直线趋势比较明显,我们就可以用一条直线

$$\hat{y} = a + bx \tag{7-26}$$

来拟合已知的数据。式中的 a、b 值是用最小二乘法计算的。计算过程如下

$$\varepsilon_j = \hat{y}_j - y_j = a + bx_j - y_j \tag{7-27}$$

$$Q = \sum_{j=1}^{N} (a + bx_j - y_j)^2 \quad \left(\sum_{j=1}^{N} \text{以下简记为 "} \sum \text{"} \right) \tag{7-28}$$

令

$$\frac{\partial Q}{\partial a} = 2 \sum (a + bx_j - y_j) = 0 \tag{7-29}$$

$$\frac{\partial Q}{\partial b} = 2 \sum x_j(a + bx_j - y_j) = 0 \tag{7-30}$$

即

$$\sum y_j = Na + b \sum x_j \tag{7-31}$$

$$\sum x_j y_j = a \sum x_j + b \sum x_j^2 \tag{7-32}$$

解之,得

$$\begin{cases} b = \dfrac{\sum x_j y_j - N\bar{x}\bar{y}}{\sum x_j^2 - N\bar{x}^2} \\ a = \bar{y} - b\bar{x} \end{cases} \tag{7-33}$$

其中

$$\bar{x} = \frac{\sum x_j}{N}, \bar{y} = \frac{\sum y_j}{N} \tag{7-34}$$

如果记

$$l_{xx} = \sum (x_j - \bar{x})^2 = \sum x_j^2 - \frac{1}{N}\left(\sum x_j\right)^2 \tag{7-35}$$

$$l_{xy} = l_{yx} = \sum (x_j - \bar{x})(y_j - \bar{y}) \tag{7-36}$$
$$= \sum x_j y_j - \frac{1}{N}\left(\sum x_j\right)\left(\sum y_j\right)$$

$$l_{yy} = \sum (y_j - \bar{y})^2 = \sum y_j^2 - \frac{1}{N}\left(\sum y_j\right)^2 \tag{7-37}$$

则式(7-33)可以简写为

$$b = \frac{l_{xy}}{l_{xx}} \tag{7-38}$$

且称 l_{xx} 为自偏差平方和,l_{xy} 为 x 与 y 的协偏差积之和,l_{yy} 为总偏差平方和,即上述的 Q。回归直线方程为

$$\hat{y} - \bar{y} = \frac{l_{xy}}{l_{xx}}(x - \bar{x}) \tag{7-39}$$

例7-5 表7-6为某城市街道某路段上的交通调查资料整理后的数据。其中 x 代表机动车车头间距,y 为综合平均车速。试依此调查资料建立综合平均车速与车头间距之间的线性回归方程。

资 料 数 据　　　　　　　　　　表 7-6

编 号	x(m)	y(km/h)	x^2	y^2	xy
1	30.60	33.40	936.36	1115.56	1022.04
2	34.31	37.85	1177.18	1432.62	1298.63
3	38.00	42.17	1444.00	1778.31	1602.46
4	42.72	47.83	1825.00	2287.71	2043.30
5	44.90	51.50	2016.01	2652.25	2312.35
Σ	190.53	212.75	7398.54	9266.45	8278.78

解 由表中的数据计算可得

$$\bar{x} = \frac{\sum x}{N} = \frac{190.53}{5} = 38.11$$

$$\bar{y} = \frac{\sum y}{N} = \frac{212.75}{5} = 42.55$$

$$l_{xx} = \sum x^2 - \frac{1}{N}\left(\sum x\right)^2$$

$$= 7398.54 - \frac{1}{5} \times 190.53^2 = 138.20$$

$$l_{xy} = \sum xy - \frac{1}{N}\left(\sum x\right)\left(\sum y\right)$$

$$= 8278.78 - \frac{1}{5} \times 190.53 \times 212.75 = 171.73$$

$$b = \frac{l_{xy}}{l_{xx}} = \frac{171.73}{138.20} = 1.24$$

$$a = \bar{y} - b\bar{x}$$

$$= 42.55 - 1.24 \times 38.11 = -4.71$$

回归直线方程为

$$y = -4.71 + 1.24x$$

2) 求回归直线的简化计算

当观测资料的数据数字比较大(或相当小)时,可以将原来的观测值 x 或 y 加(减)一个常数或乘(除)一个常数,同时利用均值和方差的性质计算 l_{xy}, l_{xx} 和 l_{yy}, 以简化计算 $\bar{x}, \bar{y}$, 这样做十分方便。

令

$$x' = d_1(x - c_1), y' = d_2(y - c_2) \tag{7-40}$$

式中:c_1、c_2、d_1、d_2——常数,则

$$x = \frac{x'}{d_1} + c_1, y = \frac{y'}{d_2} + c_2 \tag{7-41}$$

$$\bar{x} = \frac{\bar{x'}}{d_1} + c_1, \bar{y} = \frac{\bar{y'}}{d_2} + c_2 \tag{7-42}$$

$$l_{xx} = \frac{1}{d_1^2} l_{x'x'}, l_{xy} = \frac{1}{d_1 d_2} l_{x'y'}, l_{yy} = \frac{1}{d_2^2} l_{y'y'} \tag{7-43}$$

3) 相关系数及显著性检验

一般来说,对任意一组观测数据 (x_i, y_i) 都可以由上述方法得出一个回归方程,但是这个方程并不是在任何情况下都有实际意义的。因此,必须给出一个数量性指标来描述两变量之间线性相关的密切程度,这个指标称为相关系数,通常以字母 r 来表示。

$$r = \frac{l_{xy}}{\sqrt{l_{xx} l_{yy}}} \tag{7-44}$$

由总误差公式,有

$$\begin{aligned}
Q &= \sum (y_j - a - bx_j)^2 \\
&= \sum \left[(y_i - \bar{y}) - \frac{l_{xy}}{l_{xx}}(x_j - \bar{x}) \right]^2 \\
&= \sum \left[(y_j - \bar{y})^2 - 2\frac{l_{xy}}{l_{xx}}(y_j - \bar{y})(x_j - \bar{x}) + \frac{l_{xy}^2}{l_{xx}^2}(x_j - \bar{x})^2 \right] \\
&= l_{yy} - 2\frac{l_{xy}^2}{l_{xx}} + \frac{l_{xy}^2}{l_{xx}} \\
&= l_{yy} - \frac{l_{xy}^2}{l_{xx}} \\
&= l_{yy}\left(1 - \frac{l_{xy}^2}{l_{xx}l_{yy}}\right) \\
&= (1 - r^2)l_{yy}
\end{aligned} \qquad (7\text{-}45)$$

其中，$r = \dfrac{l_{xy}}{\sqrt{l_{xx}l_{yy}}}$，由于 $Q \geq 0$，所以

$$(1 - r^2)l_{yy} \geq 0 \qquad (7\text{-}46)$$

而

$$l_{yy} = \sum (y_j - \bar{y})^2 \geq 0 \qquad (7\text{-}47)$$

所以

$$1 - r^2 \geq 0 \qquad (7\text{-}48)$$

可得到 $r^2 \leq 1$，有 $|r| \leq 1$。

由式(7-45)可知：

(1) $|r|$ 越接近 1，Q 就越接近 0，此时，x 与 y 的关系就越密切；而当 $|r| = 1$ 时，变量 x 与 y 称为"完全线性相关"。

(2) 若 $r = 0$，则 $l_{xy} = 0$，$b = 0$，此时，回归直线平行于 x 轴，说明 x 与 y 为"全无线性关系"。

(3) 由于 r 的符号只取决于 l_{xy}，且与 b 的符号完全一致，故：

若 $r > 0$，则 $b > 0$，此时称 x 与 y 为正相关；

若 $r < 0$，则 $b < 0$，此时称 x 与 y 为负相关。

接着要对 r 进行显著性检验。设 x 与 y 为两个正态母体，给出显著性水平 α，现在要检验假设 $H_0 : r = 0$ 是否成立。通过检验，只有拒绝假设 H_0，即认为 $r \neq 0$，才能认为变量 x 与 y 确是线性相关，所得到的回归直线才是合理的。通常可根据给定的显著性水平和样本容量 N 查表求得相关系数 r 的临界值 r_α（可参考一般的概率统计书和手册），必须满足 $|r| \geq r_\alpha$，才能拒绝假设 H_0。

4) 回归直线的误差范围估计

回归直线是观测数据的最佳拟合，但是在一般情况下，观测点并不完全落在直线上，而是散布在回归直线的两旁，所以回归直线上的点与对应的观测点有一定的误差。这个误差称为回归直线的误差，一般用剩余标准差 $\hat{\sigma}$ 表示

$$\hat{\sigma} = \sqrt{\frac{\sum(y_j - \hat{y}_j)^2}{N-2}} \tag{7-49}$$

根据中心极限定理，y 值波动的范围规律可以认为是正态分布的。即对于任一 $x = x_0$，相应于 y_0 的回归值为 $\hat{y}_0$（$\hat{y}_0$ 落在回归直线上），则 y_0 落在 $\hat{y}_0 \pm \hat{\sigma}$ 范围内的概率为 68.3%；落在 $\hat{y}_0 \pm 2\hat{\sigma}$ 范围内的概率为 95.4%；而落在 $\hat{y}_0 \pm 3\hat{\sigma}$ 范围内的概率为 99.7%。

3. 二元线性回归模型

在实际问题中，我们常常要求某个随机变量对两个或多个变量的回归，常用的有二元线性回归。

1）二元线性回归模型

二元线性回归模型为

$$\hat{y} = a_0 + a_1 x_1 + a_2 x_2 \tag{7-50}$$

资料数据库为

$$\begin{bmatrix} y_1 & y_2 & \cdots & y_N \\ x_{11} & x_{12} & \cdots & x_{1N} \\ x_{21} & x_{22} & \cdots & x_{2N} \end{bmatrix} \tag{7-51}$$

数据点属于三维空间，如果呈线性分布，其回归模型式 (7-50) 是空间中的一个平面。该回归平面的参数 a_0、a_1、a_2 仍然可用最小二乘法求得。计算方法如下

$$\begin{aligned} Q &= \sum(y_j - \hat{y}_j)^2 \\ &= \sum(y_j - a_0 - a_1 x_{1j} - a_2 x_{2j})^2 \end{aligned} \tag{7-52}$$

由 $\frac{\partial Q}{\partial a_k} = 0, k = 0、1、2$，得

$$\frac{\partial Q}{\partial a_0} = 2\sum(y_j - a_0 - a_1 x_{1j} - a_2 x_{2j})(-1) = 0 \tag{7-53}$$

$$\frac{\partial Q}{\partial a_1} = 2\sum(y_j - a_0 - a_1 x_{1j} - a_2 x_{2j})(-x_{1j}) = 0 \tag{7-54}$$

$$\frac{\partial Q}{\partial a_2} = 2\sum(y_j - a_0 - a_1 x_{1j} - a_2 x_{2j})(-x_{2j}) = 0 \tag{7-55}$$

如果令

$$l_{11} = \sum(x_{1j} - \bar{x}_1)^2 \qquad l_{22} = \sum(x_{2j} - \bar{x}_2)^2 \tag{7-56}$$

$$l_{12} = l_{21} = \sum(x_{1j} - \bar{x}_1)(x_{2j} - \bar{x}_2) \tag{7-57}$$

$$l_{1y} = \sum(x_{1j} - \bar{x}_1)(y_j - \bar{y}) \tag{7-58}$$

$$l_{2y} = \sum(x_{2j} - \bar{x}_2)(y_j - \bar{y}) \tag{7-59}$$

则

$$a_0 = \bar{y} - a_1 \bar{x}_1 - a_2 \bar{x}_2 \tag{7-60}$$

而参数 a_1, a_2 的方程为

$$\begin{cases} l_{11}a_1 + l_{12}a_2 = l_{1y} \\ l_{21}a_1 + l_{22}a_2 = l_{2y} \end{cases} \tag{7-61}$$

式(7-61)称为二元线性回归的正规方程,解之得

$$\begin{cases} a_1 = \dfrac{l_{1y}l_{22} - l_{2y}l_{12}}{l_{11}l_{22} - l_{12}^2} \\ a_2 = \dfrac{l_{2y}l_{11} - l_{1y}l_{12}}{l_{11}l_{22} - l_{12}^2} \end{cases} \tag{7-62}$$

2)复相关系数

复相关系数是反映某种因变量变动受许多自变量变动共同影响的相关程度的相对指标,用 R 表示。

$$R = \sqrt{\dfrac{U}{S}} \tag{7-63}$$

$$U = S - Q = \sum (y_j - \bar{y})^2 - \sum (y_j - \hat{y}_j)^2 \tag{7-64}$$
$$= \sum a_i l_{iy}$$

式中:U——回归平方和;
  S——总偏差平方和,$S = l_{yy}$;
  Q——偏差平方和。

和一元线性回归一样,R 越接近1,散点越接近回归平面,y 与 x_1、x_2 的线性关系越密切;若 R 越接近0,y 与 x_1、x_2 的线性关系越差。对于二元线性回归,因变量可能与某一自变量正相关,而与另一自变量负相关,故 R 无正负之分。

3)偏相关系数

在介绍偏相关系数之前,先定义偏相关分析。在其他自变量不变的情况下,某一自变量与因变量之间的依存关系称为偏相关关系。研究这种相关关系的过程则称为偏相关分析。通过偏相关分析,可以比较各个自变量对因变量影响的大小,用以判断影响因变量大小的主要因素和次要因素。

所谓偏相关系数,就是测定在其他自变量保持不变的条件下,单独某个自变量对因变量的影响程度。

例如 $r_{y1,2}$ 表示当 x_2 保持不变的条件下,x_1 对因变量 y 的偏相关系数

$$r_{y1,2} = \dfrac{r_{1y} - r_{12}r_{2y}}{\sqrt{(1 - r_{12}^2)(1 - r_{2y}^2)}} \tag{7-65}$$

$$r_{12} = \dfrac{l_{12}}{\sqrt{l_{11}l_{22}}},\ r_{1y} = \dfrac{l_{1y}}{\sqrt{l_{11}l_{yy}}},\ r_{2y} = \dfrac{l_{2y}}{\sqrt{l_{22}l_{yy}}} \tag{7-66}$$

式中:r_{12}、r_{1y}、r_{2y}——均为单相关系数。

4)回归方程的显著性检验

二元线性回归中的总离差平方和等于回归平方和 U 加上残差平方和 Q。因此,对于每一个平方和都有各自的自由度 f,即 $f_S = f_U + f_Q$。其中,$f_S = N - 1$,N 为观测的总次数(或组数);$f_U = K$,K 为自变量的个数,由此,$f_Q = N - K - 1$。

要检验回归方程的显著性,必须检验 U 和 Q 这两个方面的影响哪一个是主要的,检验结果取决于 U 和 Q 的比值。在数据的数理统计中,可以构造统计量 F 进行显著性检验,即

$$F = \frac{\dfrac{U}{K}}{\dfrac{Q}{N-K-1}} \tag{7-67}$$

式(7-67)为服从自由度为 $(K, N-K-1)$ 的 F 分布, K 是 U 的自由度, $(N-K-1)$ 是 Q 的自由度。

对于给定的显著性水平 α,由 F 分布查自由度为 $(K, N-K-1)$ 的 F_α 值。当实际计算值 $F > F_\alpha$ 时,认为回归方程显著;反之,回归方程没有使用价值。

例 7-6 已知某广场某日上午 $8:50 \sim 9:50$ 的交通调查资料,其中机动车平均车速 $y(\text{km/h})$ 及相应的机动车数量 x_1(辆)和非机动车数量 x_2(辆)列于表 7-7,求其回归方程并做回归分析(已知显著性水平 $\alpha = 0.05$)。

交通调查表　　　　　　　　　　　表 7-7

编号	x_1	x_2	y	x'_1	x'_2	y'
1	80	3445	17.3	-10	145	1.3
2	77	3250	16.6	-13	-50	0.6
3	101	3116	15.4	11	-184	-0.6
4	115	3685	12.6	25	385	-3.4
5	77	2899	18.27	-13	-401	2.27
6	79	3372	17.44	-11	72	1.44
7	91	3498	16.06	1	198	0.06
8	66	3336	17.6	-24	36	1.6
9	99	3151	16.6	9	-149	0.6
10	123	3324	15.02	33	24	-0.98
$\sum$				8	76	2.89

编号	$(x'_1)^2$	$(x'_2)^2$	$x'_1 x'_2$	$x'_1 y'$	$x'_2 y'$	$(y')^2$
1	100	21025	-1450	-13	188.5	1.69
2	169	2500	650	-7.8	-30.0	0.36
3	121	33856	-2024	-6.6	110.4	0.36
4	625	148225	9625	-85	-1309	11.56
5	169	160801	5213	-29.51	-910.27	5.1529
6	121	5184	-792	-15.84	103.68	2.0736
7	1	39204	198	0.06	11.88	0.0036
8	576	1296	-864	-38.40	57.6	2.56
9	81	22201	-1341	5.4	-89.4	0.36
10	1089	576	792	-32.34	-23.52	0.9604
$\sum$	3052	434868	10007	-223.03	-1890.13	25.0805

解 设机动车车速、机动车数量及非机动车数量间的线性回归方程为

$$\hat{y} = a_0 + a_1 x_1 + a_2 x_2$$

(1) 设 $x'_1 = x_1 - 90, x'_2 = x_2 - 3300, y' = y - 16$，进行简化计算，则

$$\overline{x'}_1 = \frac{\sum x'_1}{N} = \frac{8}{10} = 0.8$$

$$\overline{x}_1 = \overline{x'}_1 + 90 = 90.8$$

$$\overline{x'}_2 = \frac{\sum x'_2}{N} = \frac{76}{10} = 7.6$$

$$\overline{x}_2 = \overline{x'}_2 + 3300 = 3307.6$$

$$\overline{y'} = \frac{\sum y'}{N} = \frac{2.89}{10} = 0.289 \approx 0.29$$

$$\overline{y} = \overline{y'} + 16 = 16.29$$

$$l_{11} = l'_{11} = \sum x'^2_1 - \frac{1}{N}\left(\sum x'_1\right)^2$$

$$= 3052 - \frac{8^2}{10} = 3045.60$$

$$l_{22} = l'_{22} = \sum x'^2_2 - \frac{1}{N}\left(\sum x'_2\right)^2$$

$$= 434868 - \frac{76^2}{10} = 434290.4$$

$$l_{12} = l_{21} = l'_{12} = \sum x'_1 x'_2 - \frac{1}{N}\left(\sum x'_1\right)\left(\sum x'_2\right)$$

$$= 10007 - \frac{8 \times 76}{10} = 9946.2$$

$$l_{1y} = l'_{1y} = \sum x'_1 y' - \frac{1}{N}\left(\sum x'_1\right)\left(\sum y'\right)$$

$$= -223.03 - \frac{8 \times 2.89}{10} = -225.34$$

$$l_{2y} = l'_{2y} = \sum x'_2 y' - \frac{1}{N}\left(\sum x'_2\right)\left(\sum y'\right)$$

$$= -1890.13 - \frac{76 \times 2.89}{10} = -1912.09$$

$$l_{yy} = l_{y'y'} = \sum y'^2 - \frac{1}{N}\left(\sum y'\right)^2$$

$$= 25.0805 - \frac{2.89^2}{10} = 24.25$$

(2) 求回归方程系数，解正规方程

$$\begin{cases} l_{11}a_1 + l_{12}a_2 = l_{1y} \\ l_{21}a_1 + l_{22}a_2 = l_{2y} \end{cases}$$

得
$$a_1 = -0.064, a_2 = -0.0029$$
代入回归方程有
$$a_0 = \bar{y} - a_1 \overline{x_1} - a_2 \overline{x_2}$$
$$= 16.29 + 0.064 \times 90.8 + 0.0029 \times 3307.6$$
$$= 31.69$$
则回归方程为
$$\hat{y} = 31.69 - 0.064x_1 - 0.0029x_2$$

(3) 求复相关系数
$$R = \sqrt{\frac{\sum a_i l_{iy}}{l_{yy}}} = \sqrt{\frac{a_1 l_{1y} + a_2 l_{2y}}{l_{yy}}} = \sqrt{\frac{19.97}{24.25}} = 0.9$$

则可知 y 与 x_1, x_2 的线性关系密切,此时,有
$$U = \sum a_i l_{iy} = 19.97$$
$$Q = l_{yy} - U = 24.25 - 19.97 = 4.28$$

(4) 显著性检验
$$F = \frac{\dfrac{U}{K}}{\dfrac{Q}{N-K-1}} = \dfrac{\dfrac{19.97}{2}}{\dfrac{4.28}{10-2-1}} = 16.33$$

由 $\alpha = 0.05$、$f_U = 2$、$f_Q = 7$,查 F 分布表得 $F_\alpha = 4.74$,而:
$$F = 16.33 > F_\alpha = 4.74$$
所以回归方程的线性关系显著。

(5) 偏相关分析

单相关系数系数为
$$r_{12} = \frac{l_{12}}{\sqrt{l_{11}l_{22}}} = \frac{9946.2}{\sqrt{3045.6 \times 434290.4}} = 0.2735$$

同样有
$$r_{1y} = -0.8292, \quad r_{2y} = -0.5892$$

则
$$r_{y1,2} = \frac{r_{1y} - r_{12}r_{2y}}{\sqrt{(1-r_{12}^2)(1-r_{2y}^2)}} = -0.860$$

同样有
$$r_{y2,1} = -0.674, \quad r_{12,y} = -0.476$$

结论:$|r_{y1,2}| > |r_{y2,1}|$ 表示在非机动车数量保持不变的情况下,机动车数量对机动车车

速的影响,比在机动车数量保持不变的情况下,非机动车数量对机动车车速的影响大一些。此外,$r_{12,y}$ 与 r_{12} 相比较,前者为负,后者为正,说明在机动车车速不变的情况下,非机动车数量增加对机动车数量有影响。

(二)非线性回归

当 $y = f(x)$ 或 $y = f(x_1, x_2)$ 为非线性关系时,采用直线或平面作为回归模型就不恰当了。对于资料数据 (x_j, y_j) 或 (x_{1j}, x_{2j}, y_j), $j = 1、2、\cdots、N$, 应该做非线性回归,以配出最佳曲线或最佳曲面来。

然而,在许多情况下,可以通过适当的变量代换,将非线性回归问题化为线性回归问题来求解。下面介绍这种方法适用的几种主要情况。

1. 指数回归模型

设有指数函数

$$y = ab^x \tag{7-68}$$

式中:a、b——待辨识系数。

对式(7-68)两边取对数,得

$$\ln y = \ln a + x \ln b \tag{7-69}$$

令 $Y = \ln y, A = \ln a, B = \ln b$,则有

$$Y = A + Bx \tag{7-70}$$

式(7-70)表示的模型为典型的一元线性回归模型。

特别地,若指数函数为 $y = ae^{bx}$,则两边取对数后得

$$\ln y = \ln a + bx \tag{7-71}$$

设 $Y = \ln y, A = \ln a$,则有

$$Y = A + bx \tag{7-72}$$

因为 $a = e^A$,所以预测模型为

$$\hat{y} = ae^{bx} \tag{7-73}$$

2. 幂回归模型

设有幂函数

$$y = ax^b \tag{7-74}$$

式中:a、b——待辨识系数。

对式(7-74)两边取对数,则有

$$\ln y = \ln a + b \ln x \tag{7-75}$$

设 $Y = \ln y, X = \ln x, A = \ln a$,则上式可以改写为

$$Y = A + bX \tag{7-76}$$

模型式(7-76)也是典型的一元线性回归模型。可由 $(\ln x_j, \ln y_j)$ 数据列求取 A, b,而 $a = e^A$,所以预测模型为

$$\hat{y} = ax^b \tag{7-77}$$

3. 对数回归模型

设变量 y 与 x 的对数呈线性关系,即

$$y = a + b \ln x \tag{7-78}$$

则设 $X = \ln x$，可建立 y 与 X 的一元线性回归方程

$$y = a + bX \tag{7-79}$$

则

$$\hat{y} = a + b\ln x \tag{7-80}$$

4. 逆元模型

因变量的倒数与自变量的倒数呈线性关系，即

$$\frac{1}{y} = a + b\frac{1}{x} \tag{7-81}$$

式(7-81)称为逆元模型。

令 $Y = \frac{1}{y}, X = \frac{1}{x}$，则可以建立 Y 与 X 的一元线性回归模型

$$Y = a + bX \tag{7-82}$$

5. 抛物线模型

设变量 x 与 y 之间具有以下关系

$$y = a_0 + a_1 x + a_2 x^2 \tag{7-83}$$

式(7-83)即为抛物线模型。

令 $x_1 = x, x_2 = x^2$，则式(7-83)可化为二元线性模型

$$y = a_0 + a_1 x_1 + a_2 x_2 \tag{7-84}$$

从而可以根据数据资料，利用二元线性回归公式求出系数 a_0、a_1 和 a_2。

同样地我们也可以把形如 $y = a_0 + a_1 x + a_2 x^2 + \cdots + a_m x^m$ 的函数式，转化为多元回归的形式，我们称之为多项式回归。一般地，次数 m 越大，回归曲线对资料数据的拟合程度越高，但与此同时，对实际变动趋势以外的扰动也越敏感，反而会增加预测的误差。

将上述非线性回归模型及相应的变换细节列于表 7-8 中。

常见非线性回归模型的线性化处理 表 7-8

非线性回归类型	数学模型	变换手段	变量代换	线性回归模型
指数回归	$y = ab^x$	等式两边取对数 $\ln y = \ln a + x\ln b$	$Y = \ln y$ $A = \ln a$ $B = \ln b$	$Y = A + Bx$
幂回归	$y = ax^b$	等式两边取对数 $\ln y = \ln a + b\ln x$	$Y = \ln y$ $X = \ln x$ $A = \ln a$	$Y = A + bX$
对数回归	$y = a + b\ln x$		$X = \ln x$	$y = a + bX$
逆元回归	$\frac{1}{y} = a + b\frac{1}{x}$		$Y = \frac{1}{y}, X = \frac{1}{x}$	$Y = a + bX$
抛物线回归	$y = a_0 + a_1 x + a_2 x^2$		$x_1 = x, x_2 = x^2$	$y = a_0 + a_1 x_1 + a_2 x_2$

(三)回归分析用于时间序列预测

如前所述,在自变量与因变量之间建立回归模型,可以解释变量之间在数量上的相关关系。如从例 7-5 中可以得到综合平均车速 $\bar{v}_1$ 与车头间距 L 间的关系

$$\bar{v}_1 = -4.72 + 1.24L \tag{7-85}$$

从例 7-6 中可以得到机动车平均车速 $\bar{v}_2$ 与机动车数量 N_1 和非机动车数量 N_2 间的关系

$$\bar{v}_2 = 31.69 - 0.064N_1 - 0.0029N_2 \tag{7-86}$$

通常做交通分析时,应先观测 L、N_1、N_2,再分别计算 $\bar{v}_1$、$\bar{v}_2$。如果要用于求未来 $\bar{v}_1$、$\bar{v}_2$ 的预测值,那么应首先预测 L、N_1 和 N_2 的值才能由回归方程计算出 $\bar{v}_1$、$\bar{v}_2$ 的预测值。一般会遇到以下三个方面的困难:

(1)因变量回归模型因自变量不含时间 t,不能直接用于预测。

(2)自变量数据来自观测统计,已经存在一定误差,用于分析与因变量的关系尚可,用于预测因变量,则会导致较大误差,使预测结果可能达不到要求。

(3)对自变量的预测需另辟蹊径。

而一条最主要的途径是利用时间序列。

同一变量的一组观测值,依其观测时间的先后次序排列所得的序列称为时间序列。如设时间依次的顺序是 $t_1,t_2\cdots t_n$,变量 y 在对应时刻观测值的序列为 $y_{t_1}、y_{t_2}\cdots y_{t_n}$,即为时间序列,简记为 $y_1、y_2\cdots y_n$。

y 值一般随时间 t 而变化,t 并不是 y 变化的原因,但是从 t 的变化可以预测到 y 的变化,这种利用 y 随 t 过去变化的规律来推测它今后变化的做法,称为时间序列预测。时间序列预测的特点是:不分析变量变化的因果关系,不探索变化的影响因素,方法简单易用,所需的资料数据相对较少,手算、电算皆可,缺点是不适宜做长期预测。

1. 线性趋势模型

现以例 7-7 说明线性趋势模型。

例 7-7 已知某地区近 13 年就业人数的分年统计数据,试据此预测第 14 年的就业人数。

设 y_t 为分年统计的就业人数(单位:$\times 10^3$ 人),t 为统计年,则数据如表 7-9 所示。

就业人数历史数据与计算表 表 7-9

$y_{t'} = y_t$	1864	1994	2096	2035	2153	2037	2137	2228	2267	2271	2370	2516	2508	28476
t	1	2	3	4	5	6	7	8	9	10	11	12	13	
t'	-6	-5	-4	-3	-2	-1	0	1	2	3	4	5	6	
$t' \cdot y_{t'}$	-11184	-9970	-8384	-6105	-4306	-2037	0	2228	4534	6813	9480	12580	15048	8697

解 建立散点图,如图 7-4 所示。

依据建立的散点图可知曲线总的来说是稳定增长的趋势,但每年新增人数受一些随机因素影响,可用式(7-87)来表示

$$y_t = a + bt + \varepsilon_t \tag{7-87}$$

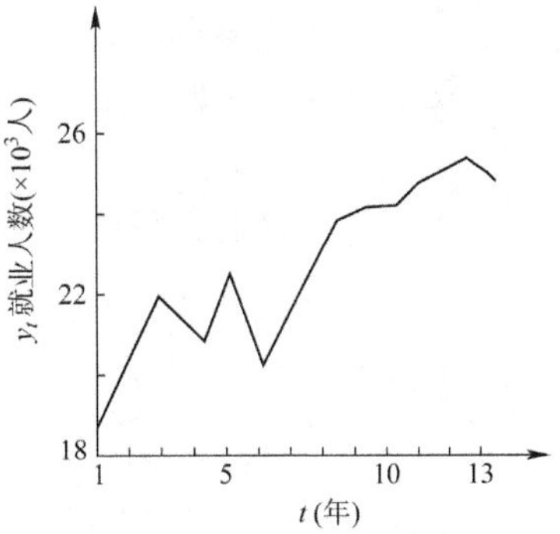

式中：ε_t——就业人口数所受到的各种随机因素的影响。

一般我们无法知道 y_t 未来的准确性，只能对它进行估计，如果认为 $\varepsilon_t = 0$，则 y_t 的估计值为

$$\hat{y}_t = a + bt$$

这是一个以 t 为自变量的一元线性回归模型，参数 a、b 的估计值分别为

$$\begin{cases} b = \dfrac{\sum ty_t - n\bar{t}\bar{y}}{\sum t^2 - n\bar{t}^2} \\ a = \bar{y} - b\bar{t} \end{cases}$$

注意到 n 是自然数序列，为了方便计算，n 取奇数，对 t 作以下述变换

$$t' = t - \frac{n+1}{2}$$

图 7-4 散点图

显然 $\sum t' = 0$，则 $\overline{t'} = 0$，变换后的 t' 序列称为集中时间序列，用集中时间序列进行回归分析称为集中时间序列法。

对于新的时间坐标，回归方程参数估计公式为

$$\begin{cases} a' = \bar{y}_{t'} = \dfrac{1}{n} \sum_{-\frac{n-1}{2}}^{\frac{n-1}{2}} y_{t'} \\ b' = \dfrac{\sum t'y_{t'}}{\sum t'^2} = \dfrac{\sum t'y_{t'}}{\dfrac{n(n^2-1)}{12}} \end{cases}$$

本例的计算列于表 7-9。

$$b' = \frac{\sum t'y_{t'}}{\dfrac{n(n^2-1)}{12}} = \frac{8697}{\dfrac{13 \times (13^2-1)}{12}} = 47.79$$

$$a' = \bar{y}_{t'} = \bar{y}_t = \frac{1}{13} \times 28476 = 2190.46$$

则

$$\hat{y}_{t'} = 2190.46 + 47.79t'$$

$$\hat{\sigma} = \sqrt{\frac{1}{n-2} \sum (y_{t'} - \hat{y}_{t'})^2} = 62.7$$

预测第 14 年的就业人数，此时 $t' = 14 - \dfrac{13+1}{2} = 7$。

$$\hat{y}_{t=14} = \hat{y}_{t'=7} = 2190.46 + 47.79 \times 7 = 2525 (千人)$$

误差分析

$$\hat{y}_{t'} - 2\sigma < y_{t'} < \hat{y}_{t'} + 2\sigma$$

即：$2400 < y_{t'} < 2650$ 的概率为 95%。

2. 二次趋势模型（抛物线时间序列模型）

设 y 与 t 满足如下关系

$$y_t = a_0 + a_1 t + a_2 t^2 + \varepsilon_t \tag{7-88}$$

有 n 组数据对方程(7-88)进行拟合，且估计值 $\hat{y}_t$ 为

$$\hat{y}_t = a_0 + a_1 t + a_2 t^2 \tag{7-89}$$

则残差

$$Q = \sum \varepsilon_{t_j}^2 = \sum (\hat{y}_{t_j} - y_{t_j})^2 = \sum (a_0 + a_1 t_j + a_2 t_j^2 - y_{t_j})^2 \tag{7-90}$$

由最小二乘法，令 $\dfrac{\partial Q}{\partial a_0} = \dfrac{\partial Q}{\partial a_1} = \dfrac{\partial Q}{\partial a_2} = 0$，则

$$\sum y_{t_j} = n a_0 + \left(\sum t_j\right) a_1 + \left(\sum t_j^2\right) a_2 \tag{7-91}$$

$$\sum t_j y_{t_j} = \left(\sum t_j\right) a_0 + \left(\sum t_j^2\right) a_1 + \left(\sum t_j^3\right) a_2 \tag{7-92}$$

$$\sum t_j^2 y_{t_j} = \left(\sum t_j^2\right) a_0 + \left(\sum t_j^3\right) a_1 + \left(\sum t_j^4\right) a_2 \tag{7-93}$$

如果采用集中时间序列，$t'_j = t_j - \bar{t}$，则 $\sum t'_j = \sum t'^3_j = 0$，故有

$$\begin{cases} a_0 = \dfrac{\sum t'^4_j \cdot \sum y_{t_j} - \sum t'^2_j \left(\sum t'^2_j \cdot y_{t_j}\right)}{n \sum t'^4_j - \left(\sum t'^2_j\right)^2} \\[2ex] a_1 = \dfrac{\sum t'_j \cdot y_{t_j}}{\sum t'^2_j} \\[2ex] a_2 = \dfrac{n \left(\sum t'^2_j \cdot y_{t_j}\right) - \sum t'^2_j \sum y_{t_j}}{n \sum t'^4_j - \left(\sum t'^2_j\right)^2} \end{cases} \tag{7-94}$$

预测值为

$$\hat{y}_t = a_0 + a_1 t' + a_2 t'^2 \tag{7-95}$$

五、灰色模型预测方法

(一)灰色预测的有关概念

在控制理论中常用黑色(黑盒)表示仅仅知道系统的输入、输出信息而对系统的内部结构、特性、参数等全部是未知的。黑色的对立面白色则表示与之相反的含义。然而自然界和实际的社会生活中大量存在着的却是部分信息已知，部分信息未知的介于"白色"和"黑色"之间的系统。如道路交通系统中的车流和客流的信息，由于影响它们的随机因素较多，很难获取该系统全部的信息，也很难掌握该系统的运行机制就是一例。20世纪80年代，我国灰色理论的奠基人，国内外著名的灰色系统理论专家邓聚龙教授把这一类系统定义为灰色系统。在灰色预测方面提出了以 GM(1,1)模型为代表的一系列有关概念和方法，使预测理论和方法焕然一新。GM(1,1)模型在交通预测分析中获得了广泛的应用，为此，有必要对这种

方法及其应用做一些介绍。

1)"灰色"的基本含义、特性及原理

灰色的基本含义是指信息的不完全(部分)性和非唯一性。即灰色有信息的部分性和非唯一性两个特性。部分性启发我们应从部分已知信息入手,对其进行加工、引申、扩展以逐步掌握系统的发展规律。非唯一性则鼓励我们探讨各种有效途径以获得最佳的效果。灰色的这两个特性又可归结为灰色理论的两个基本原理:信息不完全性原理和非唯一性原理。前者反映着信息少与多的辩证的统一,反映着系统"局部"与"整体"间的转化;而后者则表明了系统目标非唯一和目标可约束的统一,指出了目标可接近,信息可补充,方案可完善,关系可协调,思维可多向,认识可深化,途径可优化。

2)灰数、灰元及灰关系

灰数、灰元及灰关系是灰色现象的特征,是灰色系统的标志。

灰数,指信息不完整的数。例如车头时距在2～3s之间,记为 $\otimes t \in [2,3]$。

灰元,指信息不完整的元素。在交通工程中,交通密度 K 就可以看作灰元素。交通密度可以反映道路的服务水平,但是 K 值的标准往往取决于道路的等级、交通的状况和服务水平的定义,仅仅知道 K 值是不够的。

灰关系,指信息不完全的关系。例如现在的客运系统、主体运输(国有专业运输)和次体运输(其他性质的运输单位和个体)间的关系。

3)灰色系统的研究特征与思路

灰数、灰元及灰关系表示了灰色系统的特征,但是对灰色系统进行量化研究时,却不是以灰色为基础的。因为灰色系统理论较其他系统理论与其说是研究对象的不同,倒不如说是研究方法的不同。下面以一个例子来说明灰色系统的研究特征和思路。

例7-8 汉阳火车站是武汉市的一个主要货运车站,作为武汉市交通运输系统的一个子系统,可以用历年的装车数来研究它的行为特征。已知1981—1985年各年装的车数如表7-10所示。

各年装车数 表7-10

年份	1981	1982	1983	1984	1985
装车数	11213	12116	12955	13739	14600

表中的数字是白的,然而却有灰的内涵。比如,1981—1985年中,该站一年的装车数是多少?可有两种回答:

(1)平均数是12925辆;

(2)后一个数就是灰数[11213,14600]。

解 我们用表7-9中的数据分别建立三个GM(1,1)模型,每个模型表示一种运行模式。

(1)行为模式1。用1981—1984年的数据建立GM(1,1)模型为

$$\hat{x}_1^{(1)}(k+1) = 16291.494e^{1.088k} - \frac{5525.401}{1.088}$$

式中:1.088——模型的发展系数,它反映系统行为变化的速率;

5525.401——灰作用量,它反映系统行为变化的外因;

16291.494——初始量,它反映系统变化的基础。

(2) 行为模式2。用1982—1985年的数据建立GM(1,1)模型为

$$\hat{x}_2^{(1)}(k+1) = 205093.051e^{0.06118k} - \frac{11806}{0.06118}$$

(3) 行为模式3。用1981—1985年的数据建立GM(1,1)模型为

$$\hat{x}_3^{(1)}(k+1) = 190890.8e^{0.06165k} - \frac{11078.1217}{0.061655}$$

显然三种行为模式的初始量、发展系数和灰作用量都不同,即同一对象的行为模式非唯一。

通过行为模式计算所得的预测值称为系统变化的轨点,各个轨点的踪迹称为行为的轨迹。由 $\hat{x}_i^{(1)}(k+1)$ 所得的行为轨迹记为 $x_i^{(0)}$,$i=1,2,3$,则有

$$\hat{x}_1^{(0)} = (15586,16594,17667)$$
$$\hat{x}_2^{(0)} = (15490,16444,17457)$$
$$\hat{x}_3^{(0)} = (15535,16523,17574)$$

各式中的三个数字分别对应1986年、1987年、1988年的预测值。显然各行为模式的轨迹也非重合。

若记 a_i 为第 i 个行为模式的发展系数,α_i 为第 i 个行为模式的递增量,则

$$a_1 = 0.06266, \alpha_1 = 1 - e^{-a_1} = 6.1\%$$
$$a_2 = 0.06118, \alpha_2 = 1 - e^{-a_2} = 5.93\%$$
$$a_3 = 0.061655, \alpha_3 = 1 - e^{-a_3} = 5.97\%$$

从以上数字看,三种行为模式的年递增率相近,都在6%左右,同年预测数据相差不超过1.2%,表明行为轨迹的重合度较高,行为的轨迹是稳定的,从而推知该车站的运行机制是稳定的。

(二) 灰色关联分析

灰色关联分析是分析系统中各因素关联程度的方法。它的基本思想是,依据曲线间相似程度来判断关联程度。对于曲线相似程度如何进行量化,我们提出关联系数和关联度两个指标,以下分别予以说明。

1) 关联系数

设参考数列为 x_0,被比较数列为 x_i,$i=1,2,3,\cdots,N$,且

$$x_0 = \{x_0(1), x_0(2), \cdots, x_0(n)\} \tag{7-96}$$

$$x_i = \{x_i(1), x_i(2), \cdots, x_i(n)\} \quad (i=1,2,\cdots,N) \tag{7-97}$$

则称

$$\xi_i(k) = \frac{\min\limits_i \min\limits_k |x_0(k) - x_i(k)| + \rho \max\limits_i \max\limits_k |x_0(k) - x_i(k)|}{|x_0(k) - x_i(k)| + \rho \max\limits_i \max\limits_k |x_0(k) - x_i(k)|} \tag{7-98}$$

为曲线 x_0 与 x_i 在第 k 点的关联系数,其中:

(1) $|x_0(k) - x_i(k)| = \Delta_i(k)$ 称为第 k 点 x_0 与 x_i 的绝对差;

(2) $\min\limits_i \min\limits_k |x_0(k) - x_i(k)|$ 称为二级最小差,其中 $\min\limits_k |x_0(k) - x_i(k)|$ 称为第一级最小差,它表示在第 x_i 曲线上,找各点与相应点 x_0 的最小差;$\min\limits_i \min\limits_k |x_0(k) - x_i(k)|$ 则表示

在各条曲线找出的最小差的基础上,再按 $i = 1, 2, \cdots, N$ 找出所有曲线 x_i 的最小差。至于 $\min\limits_{i}\min\limits_{k}|x_0(k) - x_i(k)|$ 称为二级最大差,其意义与二级最小差相似,只不过分别求最大值。

(3) ρ 称为分辨系数,为 $0 \sim 1$ 之间的数,一般取 $\rho = 0.5$。

2) 关联度

对于某条曲线 x_i,综合各点的关联系数,按式(7-99)

$$r_i = \frac{1}{n}\sum_{k=1}^{n}\xi_i(k) \tag{7-99}$$

求得整个曲线 x_i 与参考曲线 x_0 的关联度 r_i。

若按 r_i 值的大小依次排列,就可以判断这些曲线与参考曲线 x_0 关联程度的大小了。值得注意的是,对于单位不同或初值不同的数列做关联分析时,一般要做处理,使之无量纲化、归一化。

例 7-9 设有数列:

$$x_0 = \{x_0(k)\}, x_1 = \{x_1(k)\}, x_2 = \{x_2(k)\}, k = 1, 2, \cdots, 6$$

其数据为

$$x_0 = \{20, 22, 40, 45, 60, 80\}$$
$$x_1 = \{30, 35, 55, 60, 70, 90\}$$
$$x_2 = \{40, 45, 43, 55, 65, 70\}$$

试求 x_1, x_2 和 x_0 的关联度。

解 (1)求关联系数 $\xi_1(k)$ 和 $\xi_2(k)$

① 初值化。初值化后数列形如

$$x'_0 = \left\{\frac{x_0(k)}{x_0(1)}\right\}, x'_1 = \left\{\frac{x_1(k)}{x_1(1)}\right\}, x'_2 = \left\{\frac{x_2(k)}{x_2(1)}\right\} \quad (k = 1, 2, \cdots, 6)$$

即

$$x'_0 = \{1, 1.1, 2, 2.25, 3, 4\}$$
$$x'_1 = \{1, 1.167, 1.833, 2, 2.333, 3\}$$
$$x'_2 = \{1, 1.125, 1.075, 1.375, 1.625, 1.75\}$$

② 求关联系数中两极差。

记

$$\Delta_i(k) = |x'_0(k) - x'_i(k)| \quad (i = 1, 2)$$

则

$$\Delta_1 = \{\Delta_1(k)\}, \Delta_2 = \{\Delta_2(k)\}$$

即

$$\Delta_1 = \{0, 0.067, 0.167, 0.25, 0.667, 1\}$$
$$\Delta_2 = \{0, 0.025, 0.925, 0.875, 1.375, 2.25\}$$

求第一级最小差和最大差,即

$$\min_{k}|x'_0(k) - x'_i(k)| = \min_{k}\{\Delta_i(k)\}$$

得

$$\min_{k}\{\Delta_1(k)\} = 0, \max_{k}\{\Delta_1(k)\} = 1$$

$$\min_k\{\Delta_2(k)\} = 0, \max_k\{\Delta_2(k)\} = 2.25$$

求第二级最小差和最大差,即

$$\min_i\min_k\{\Delta_i(k)\} = 0, \max_i\max_k\{\Delta_i(k)\} = 2.25$$

则

$$\xi_1(k) = \frac{0.5 \times 2.25}{\Delta_1(k) + 0.5 \times 2.25}$$

$$\xi_2(k) = \frac{0.5 \times 2.25}{\Delta_2(k) + 0.5 \times 2.25}$$

即

$$\xi_1(k) = \{1, 0.9438, 0.8707, 0.8182, 0.6278, 0.5294\}$$
$$\xi_2(k) = \{1, 0.9783, 0.5488, 0.5625, 0.45, 0.3333\}$$

(2) 求关联度

$$r_1 = \frac{1}{n}\sum_{k=1}^{n}\xi_1(k)$$

$$= \frac{1}{6} \times (1 + 0.9438 + 0.8707 + 0.8182 + 0.6278 + 0.5294)$$

$$= 0.7983$$

同理

$$r_2 = \frac{1}{n}\sum_{k=1}^{n}\xi_2(k) = 0.6455$$

由于 $r_1 > r_2$,说明 x_2 与 x_0 的关联程度小于 x_1 与 x_0 的关联程度。

3) 关联系数矩阵与关联度向量

关联系数若以矩阵形式表示,可表述成如下形式

$$X = \begin{bmatrix} x_0(1) & x_0(2) & \cdots & x_0(n) \\ x_1(1) & x_1(2) & \cdots & x_1(n) \\ \vdots & \vdots & \cdots & \vdots \\ x_N(1) & x_N(2) & \cdots & x_N(n) \end{bmatrix} = \{x_i(k)\}_{(N+1)\times n} \quad (7\text{-}100)$$

$$(i = 0, 1, \cdots, N; k = 1, 2, \cdots, n)$$

X 为数据矩阵(初值化后的数据列)。

经过 $|x_i(k) - x_0(k)|$ 变换后得两级差矩阵

$$\Delta = \begin{bmatrix} \Delta_1(1) & \Delta_1(2) & \cdots & \Delta_1(n) \\ \Delta_2(1) & \Delta_2(2) & \cdots & \Delta_2(n) \\ \vdots & \vdots & \cdots & \vdots \\ \Delta_N(1) & \Delta_N(2) & \cdots & \Delta_N(n) \end{bmatrix} = \{\Delta_i(k)\}_{N\times n} \quad (7\text{-}101)$$

$$(i = 1, 2, \cdots, N; k = 1, 2, \cdots, n)$$

经过求关联系数的变换

$$\xi_i(k) = \frac{\min_i\min_k\{\Delta_i(k)\} + \rho\max_i\max_k\{\Delta_i(k)\}}{\Delta_i(k) + \rho\max_i\max_k\{\Delta_i(k)\}} \quad (7\text{-}102)$$

即求得关联系数矩阵

$$\Pi = \begin{bmatrix} \xi_1(1) & \xi_1(2) & \cdots & \xi_1(n) \\ \xi_2(1) & \xi_2(2) & \cdots & \xi_2(n) \\ \vdots & \vdots & \cdots & \vdots \\ \xi_N(1) & \xi_N(2) & \cdots & \xi_N(n) \end{bmatrix} = \{\xi_i(k)\}_{N \times n} \qquad (7\text{-}103)$$

$$(i = 1,2,\cdots,N; k = 1,2,\cdots,n)$$

由 Π 矩阵中每一行的算术平均值为相应行的元素，求得关联度向量：

$$R = (r_i)^T = (r_1, r_2, \cdots, r_N)^T \qquad (7\text{-}104)$$

(三) 生成数

累加生成运算，记为 AGO(Accumulated Generating Operation)；累减生成运算记为 IAGO(Inverse AGO)，它们互为逆运算。

若记 $x^{(0)}$ 为原数列，$x^{(r)}$ 为 r 次累加生成后的生成数列，即

$$x^{(0)} = \{x^{(0)}(k)\}, x^{(r)} = \{x^{(r)}(k)\} \quad (k = 1,2,\cdots,n) \qquad (7\text{-}105)$$

则有 AGO 算式

$$x^{(r)}(k) = \sum_{j=1}^{k} x^{(r-1)}(j) \qquad (7\text{-}106)$$

将式(7-106)改写为

$$x^{(r)}(k) = \sum_{j=1}^{k-1} x^{(r-1)}(j) + x^{(r-1)}(k) \qquad (7\text{-}107)$$

则

$$x^{(r)}(k) = x^{(r)}(k-1) + x^{(r-1)}(k) \qquad (7\text{-}108)$$

式(7-108)为 AGO 递推算式。

对于 $x^{(r)}$，其 IAGO 算式为

$$a^{(0)}[x^{(r)}(k)] = x^{(r)}(k) \qquad (7\text{-}109)$$

$$a^{(1)}[x^{(r)}(k)] = x^{(r-1)}(k) \qquad (7\text{-}110)$$

由式(7-108)得

$$a^{(1)}[x^{(r)}(k)] = a^{(0)}[x^{(r)}(k)] - a^{(0)}[x^{(r)}(k-1)] \qquad (7\text{-}111)$$

同理有

$$a^{(2)}[x^{(r)}(k)] = a^{(1)}[x^{(r)}(k)] - a^{(1)}[x^{(r)}(k-1)] \qquad (7\text{-}112)$$

一般情况

$$a^{(i)}[x^{(r)}(k)] = a^{(i-1)}[x^{(r)}(k)] - a^{(i-1)}[x^{(r)}(k-1)] \qquad (7\text{-}113)$$

式(7-113)为 IAGO 的递推算式。

上述关系还可改写为

$$\begin{aligned} a^{(1)}[x^{(r)}(k)] &= x^{(r)}(k) - x^{(r)}(k-1) \\ &= \sum_{j=1}^{k} x^{(r-1)}(j) - \sum_{j=1}^{k-1} x^{(r-1)}(j) \\ &= x^{(r-1)}(k) \end{aligned} \qquad (7\text{-}114)$$

$$a^{(2)}[x^{(r)}(k)] = a^{(1)}[x^{(r)}(k)] - a^{(1)}[x^{(r)}(k-1)]$$
$$= x^{(r-1)}(k) - x^{(r-1)}(k-1) \tag{7-115}$$
$$= x^{(r-2)}(k)$$
......

一般情况
$$a^{(i)}[x^{(r)}(k)] = x^{(r-i)}(k) \quad (i \leq r) \tag{7-116}$$

易推知
$$a^{(r)}[x^{(r)}(k)] = x^{(0)}(k) \tag{7-117}$$

这表明：对 $x^{(0)}$ 数列做 r 次 AGO 得 $x^{(r)}$，对 $x^{(r)}$ 做 r 次 IAGO 得 $x^{(0)}$，可形象记为

$$x^{(0)} \xrightarrow{r \text{次 AGO}} x^{(r)}$$
$$x^{(0)} \xleftarrow{r \text{次 IAGO}} x^{(r)} \tag{7-118}$$

例 7-10 原数列 $x^{(0)} = \{3.278, 3.337, 3.39, 3.679, 3.85\}$。试做一次 AGO。

解
$$x^{(1)}(k) = \sum_{j=1}^{k} x^{(0)}(j) \quad (k = 1, 2, 3, 4, 5)$$
$$x^{(1)}(1) = x^{(0)}(1) = 3.278$$
$$x^{(1)}(2) = x^{(0)}(1) + x^{(0)}(2) = 3.278 + 3.337 = 6.615$$

同样计算可求得
$$x^{(1)} = \{3.278, 6.615, 10.005, 13.684, 17.534\}$$

例 7-11 试对上述数列做一次 IAGO。

解
$$a^{(1)}[x^{(1)}(k)] = a^{(0)}[x^{(1)}(k)] - a^{(0)}[x^{(1)}(k-1)]$$
$$= x^{(1)}(k) - x^{(1)}(k-1)$$
$$k = 1, a^{(1)}[x^{(1)}(1)] = x^{(1)}(1) - x^{(1)}(0) \quad [\text{取} x^{(1)}(0) = 0]$$
$$= x^{(0)}(1) = 3.278$$
$$k = 2, a^{(1)}[x^{(1)}(2)] = x^{(1)}(2) - x^{(1)}(1)$$
$$= 6.615 - 3.278 = 3.337$$
$$k = 3, a^{(1)}[x^{(1)}(3)] = x^{(1)}(3) - x^{(1)}(2)$$
$$= 10.005 - 6.615 = 3.39$$

同样计算可求得
$$a^{(1)}(x^{(1)}) = \{3.278, 3.337, 3.39, 3.679, 3.85\}$$

显然
$$a^{(1)}(x^{(1)}) = x^{(0)}$$

(四) GM(1, N) 模型

GM 模型是英文 Grey Mode 的缩写，GM(1, N) 表示 N 个变量一阶灰色模型。下面我们

讨论 GM(1,N) 模型的建模机理。

GM(1,N) 是一阶微分方程的模型，其最简单的形式是

$$\frac{dx}{dt} + ax = bu \tag{7-119}$$

式(7-119)表示变量 x 的变化率、变量本身及控制量 u 为线性组合，其中 a、b 为常数，按白化导数的定义有

$$\frac{dx}{dt} = \lim_{\Delta t \to 0} \frac{x(t+\Delta t) - x(t)}{\Delta t} \tag{7-120}$$

对上式，灰化的考虑是将 Δt 当作一个单位时间间隔，它随着计时单位的密化可以足够小。当 Δt 单位密化到一定程度后，可记

$$\frac{dx}{dt} = \lim_{\Delta t \to 0} x(t+\Delta t) - x(t) \tag{7-121}$$

或者记为离散形式，即

$$\frac{dx}{dt} = x(k+1) - x(k) = a^{(1)}[x(k+1)] \tag{7-122}$$

式(7-122)表明，当 Δt 足够密化且 $\Delta t = 1$ 时，白化导数是 $x(k+1)$ 的一次 IAGO 结果。

若称 $x(k+1)$ 和 $x(k)$ 的二元组合为偶对，记为 $[x(k+1),x(k)]$，则 dx/dt 是这个二元组合的等效值。因此 dx/dt 是偶对 $[x(k+1),x(k)]$ 的映射，可记为

$$F:[x(k+1),x(k)] \to \frac{dx}{dt} \tag{7-123}$$

根据这种映射关系可知 k 不同，偶对不同，dx/dt 也不同。事实上，每一个 dx/dt 值，都是在一定的 $a(k)$ 下得到的，我们称 $a(k)$ 为 k 时刻 dx/dt 的背景值。

由前述可知，式(7-119)是 $x,u,dx/dt$ 的线性组合。那么，做这种组合时，与 dx/dt 对应的背景值 $a(k)$ 究竟该取偶对 $[x(k+1),x(k)]$ 中的哪一个呢？作为白化导数，dx/dt 是在 $\Delta t \to 0$ 时取得的，此时，偶对 $[x(k+1),x(k)]$ 已经退化为一个点，偶对中的两个量已经重合。而在灰理论中，对于 Δt 而言，$\Delta t \to 0$ 是形式上的写法，Δt 实质上取一个单位，因此 dx/dt 与背景值 $a(k)$ 的对应是始终存在的。

所幸的是，当对象是广义能量系统即惯性系统时，可以认为在 Δt 足够小的前提下，变量从 $x(t)$ 到 $x(t+\Delta t)$ 不可能出现突变。为此，取偶对两个量的平均值作为 Δt 这一过程 dx/dt 的背景值应当说是可以的。换言之

$$a(k+1) = \frac{1}{2}[x(k+1) + x(k)] \tag{7-124}$$

设 GM(1,N) 白化形式的微分方程为

$$\frac{dx_1^{(1)}}{dt} + ax_1^{(1)} = b_1 x_2^{(1)} + b_2 x_3^{(1)} + \cdots + b_{N-1} x_N^{(1)} \tag{7-125}$$

式中 $x_i^{(1)}$ 是 $x_i^{(0)}$ 的 1 次 AGO，$i = 1,2,\cdots,N$。这表明模型是以生成数 $x_i^{(1)}$ 为基础的。

记式(7-125)的参数列为 $\hat{a}$，则

$$\hat{a} = (a,b_1,b_2,\cdots,b_{N-1})^T \tag{7-126}$$

将式(7-125)离散化后有

$$a^{(1)}[x_1^{(1)}(k+1)] + aa_1^{(1)}(k+1)$$
$$= b_1 a_2^{(1)}(k+1) + b_2 a_3^{(1)}(k+1) + \cdots + b_{N-1} a_N^{(1)}(k+1) \tag{7-127}$$

其中
$$a_1^{(1)}(k+1) = \frac{1}{2}[x_1^{(1)}(k+1) + x_1^{(1)}(k)] \tag{7-128}$$

$$a_i^{(1)}(k+1) = x_i^{(1)}(k+1) \quad (i=2,3,\cdots,N) \tag{7-129}$$

按 IAGO 定义有
$$a^{(1)}[x^{(1)}(k+1)] = x_1^{(1)}(k+1) - x_1^{(1)}(k) = x_1^{(0)}(k+1) \tag{7-130}$$

将上述关系代入式(7-127),移项得
$$x_1^{(0)}(k+1) = a\left\{-\frac{1}{2}[x_1^{(1)}(k+1) + x_1^{(1)}(k)]\right\} + b_1 x_2^{(1)}(k+1) +$$
$$b_2 x_3^{(1)}(k+1) + \cdots b_{N-1} x_N^{(1)}(k+1) \tag{7-131}$$

当 k 取确定值时有

$$k=1, x_1^{(0)}(2) = a\left\{-\frac{1}{2}[x_1^{(1)}(2) + x_1^{(1)}(1)]\right\} + b_1 x_2^{(1)}(2) + \cdots + b_{N-1} x_N^{(1)}(2)$$

$$k=2, x_1^{(0)}(3) = a\left\{-\frac{1}{2}[x_1^{(1)}(3) + x_1^{(1)}(2)]\right\} + b_1 x_2^{(1)}(3) + \cdots + b_{N-1} x_N^{(1)}(3)$$

$$k=n-1, x_1^{(0)}(n) = a\left\{-\frac{1}{2}[x_1^{(1)}(n) + x_1^{(1)}(n-1)]\right\} + \tag{7-132}$$
$$b_1 x_2^{(1)}(n) + \cdots + b_{N-1} x_N^{(1)}(n)$$

写成矩阵的形式为

$$\begin{bmatrix} x_1^{(0)}(2) \\ x_1^{(0)}(3) \\ \vdots \\ x_1^{(0)}(n) \end{bmatrix} = a \begin{bmatrix} -\frac{1}{2}[x_1^{(1)}(1) + x_1^{(1)}(2)] \\ -\frac{1}{2}[x_1^{(1)}(2) + x_1^{(1)}(3)] \\ \vdots \\ -\frac{1}{2}[x_1^{(1)}(n-1) + x_1^{(1)}(n)] \end{bmatrix} + b_1 \begin{bmatrix} x_2^{(1)}(2) \\ x_2^{(1)}(3) \\ \vdots \\ x_2^{(1)}(n) \end{bmatrix} + \cdots + b_{N-1} \begin{bmatrix} x_N^{(1)}(2) \\ x_N^{(1)}(3) \\ \vdots \\ x_N^{(1)}(n) \end{bmatrix}$$
$$\tag{7-133}$$

令
$$Y_N = \begin{bmatrix} x_1^{(0)}(2) \\ x_1^{(0)}(3) \\ \vdots \\ x_1^{(0)}(n) \end{bmatrix} \tag{7-134}$$

$$B = \begin{bmatrix} -\frac{1}{2}\left[x_1^{(1)}(1) + x_1^{(1)}(2)\right] & x_2^{(1)}(2) & \cdots & x_N^{(1)}(2) \\ -\frac{1}{2}\left[x_1^{(1)}(2) + x_1^{(1)}(3)\right] & x_2^{(1)}(3) & \cdots & x_N^{(1)}(3) \\ \vdots & \vdots & & \vdots \\ -\frac{1}{2}\left[x_1^{(1)}(n-1) + x_1^{(1)}(n)\right] & x_2^{(1)}(n) & \cdots & x_N^{(1)}(n) \end{bmatrix} \tag{7-135}$$

则方程的矩阵形式可简写为

$$Y_N = B\hat{a} \tag{7-136}$$

因 $B \neq 0$,以 B^T 矩阵左乘,则

$$B^T Y_N = B^T B \hat{a} \tag{7-137}$$

若 $|B^T B| \neq 0$,则

$$\hat{a} = (B^T B)^{-1} B^T Y_N \tag{7-138}$$

(五)GM(1,1)模型

GM(1,N)模型有许多用途,可是,变量 x_1 的值除依赖本身各时刻的值,还要依赖其余 $N-1$ 个变量在各个时刻的值。结果,为了预测 x_1 的值,首先必须预测其余 $N-1$ 个变量的值。作为预测用,GM(1,N)模型显然是不合适的,而 GM(1,1)模型却能胜任。下面先总结 GM(1,1)模型,然后用实例说明 GM(1,1)模型的建模步骤。

1)GM(1,1)模型分析

已知变量 x 的时间序列 $x^{(0)} = \{x^{(0)}(k)\}, k = 1,2,\cdots,n$,单变量的白化微分方程形式为

$$\frac{dx^{(1)}}{dt} + ax^{(1)} = u \tag{7-139}$$

式中:u——内生变量,与 a 同为待辨识的参数,则 $\hat{a} = (a,u)^T$。

仿照 GM(1,N)模型建模机理,GM(1,1)模型的背景量微分方程可写为

$$a^{(1)}\left[x^{(1)}(k+1)\right] = a\left\{-\frac{1}{2}\left[x^{(1)}(k) + x^{(1)}(k+1)\right]\right\} + u \tag{7-140}$$

令

$$Y_N = \begin{bmatrix} x^{(0)}(2) \\ x^{(0)}(3) \\ \vdots \\ x^{(0)}(n) \end{bmatrix} \quad g = \begin{bmatrix} -\frac{1}{2}\left[x^{(1)}(1) + x^{(1)}(2)\right] \\ -\frac{1}{2}\left[x^{(1)}(2) + x^{(1)}(3)\right] \\ \vdots \\ -\frac{1}{2}\left[x^{(1)}(n-1) + x^{(1)}(n)\right] \end{bmatrix} \tag{7-141}$$

则有

$$Y_N = ag + uE \tag{7-142}$$

若记

$$B = [g \vdots E] \quad E = I = \begin{bmatrix} 1 \\ \vdots \\ 1 \end{bmatrix}_{(n-1)\times 1} \tag{7-143}$$

则参数辨识方程为

$$Y_N = B\hat{a} \tag{7-144}$$

如果 $|B^TB| \neq 0$，则

$$\hat{a} = (B^TB)^{-1}B^TY_N \tag{7-145}$$

将 $\hat{a} = (a,u)^T$ 代入式(7-144)，并离散化，可写出 GM(1,1) 的离散形式为

$$\hat{x}^{(1)}(k+1) = \left[x^{(0)}(1) - \frac{u}{a}\right]e^{-ak} + \frac{u}{a} \tag{7-146}$$

2）用 GM(1,1) 模型进行预测

例 7-12 现已知某城市 1992—1999 年的历年人口数（表 7-11），采用 GM(1,1) 模型预测该城市 2000 年人口数量。

城市人口数据表   表 7-11

年份 t	1992	1993	1994	1995	1996	1997	1998	1999
年份序号 k	1	2	3	4	5	6	7	8
人口 $x^{(0)}$（千人）	929.8	951.1	977.5	998.7	1023.9	1047.4	1063.5	1089.7
$x^{(1)}$	929.8	1880.9	2858.4	3857.1	4881.0	5928.4	6991.9	8081.6

解 （1）建立已知数列 $x^{(0)}$ 的 GM(1,1) 模型，$x^{(0)} = \{x^{(0)}(j)\}, j = 1,2,\cdots,8$。

① 作 $x^{(0)}$ 的 1 次 AGO，$x^{(1)}(k) = \sum_{j=1}^{k} x^{(0)}(j)$，得 $x^{(1)}$ 数列，见表 7-11。

② 确定向量 Y_N 和矩阵 B。

$$Y_N = \{x^{(0)}(j)\}^T \quad (j = 2,3,\cdots,8)$$

即

$$Y_N = \left[x^{(0)}(2), x^{(0)}(3), \cdots, x^{(0)}(8)\right]^T$$

$$= (951.1, 977.5, 998.7, 1023.9, 1047.4, 1063.5, 1089.7)^T$$

$$B = \begin{bmatrix} -\frac{1}{2}[x^{(1)}(1)+x^{(1)}(2)] & 1 \\ -\frac{1}{2}[x^{(1)}(2)+x^{(1)}(3)] & 1 \\ \vdots & \vdots \\ -\frac{1}{2}[x^{(1)}(7)+x^{(1)}(8)] & 1 \end{bmatrix} = \begin{bmatrix} -1405.35 & 1 \\ -2369.65 & 1 \\ -3357.75 & 1 \\ -4369.05 & 1 \\ -5404.70 & 1 \\ -6460.15 & 1 \\ -7536.75 & 1 \end{bmatrix}$$

③ 计算 $(B^TB)^{-1}$。

设

$$B = \begin{bmatrix} b_1 & 1 \\ b_2 & 1 \\ \vdots & \vdots \\ b_{n-1} & 1 \end{bmatrix} \quad B^T = \begin{pmatrix} b_1 & b_1 & \cdots & b_{n-1} \\ 1 & 1 & \cdots & 1 \end{pmatrix}$$

则

$$B^TB = \begin{bmatrix} \sum\limits_{j=1}^{n-1} b_j^2 & \sum\limits_{j=1}^{n-1} b_j \\ \sum\limits_{j=1}^{n-1} b_j & n-1 \end{bmatrix}$$

因此本例有

$$B^TB = \begin{bmatrix} 165700253.39 & -30903.40 \\ -30903.40 & 7 \end{bmatrix}$$

又设 $B^TB = \begin{pmatrix} a & b \\ c & d \end{pmatrix}$，若 $\begin{vmatrix} a & b \\ c & d \end{vmatrix} \neq 0$，则

$$(B^TB)^{-1} = \frac{\begin{pmatrix} d & -b \\ -c & a \end{pmatrix}}{\begin{vmatrix} a & b \\ c & d \end{vmatrix}}$$

本例即为

$$(B^TB)^{-1} = \begin{pmatrix} 3.417 \times 10^{-8} & 1.508 \times 10^{-4} \\ 1.508 \times 10^{-4} & 0.8088 \end{pmatrix}$$

④ 求 $\hat{a}$。

$$\hat{a} = (B^TB)^{-1}B^TY_N$$

$$\hat{a} = \begin{pmatrix} 3.417 \times 10^{-8} & 1.508 \times 10^{-4} \\ 1.508 \times 10^{-4} & 0.8088 \end{pmatrix} \times$$

$$\begin{pmatrix} -1405.35 & -2369.65 & -3357.75 & -4369.05 & -5404.70 & -6460.15 & -7536.75 \\ 1 & 1 & 1 & 1 & 1 & 1 & 1 \end{pmatrix} \times$$

$$(951.1 \quad 977.5 \quad 998.7 \quad 1023.9 \quad 1047.4 \quad 1063.5 \quad 1089.7)^T$$

$$= -(0.0226 \quad 925.0212)^T$$

⑤ 确定 GM(1,1) 模型。

$$\frac{dx^{(1)}}{dt} + ax^{(1)} = u$$

即

$$\frac{dx^{(1)}}{dt} - 0.0226 x^{(1)} = 925.0212$$

离散化形式为

$$\hat{x}^{(1)}(k+1) = \left[x^{(0)}(1) - \frac{u}{a}\right]e^{-ak} + \frac{u}{a}$$

$\frac{u}{a} = -40930.142$，$x^{(0)}(1) - \frac{u}{a} = 41859.942$

因此该市 1992—1999 年人口序列的 GM(1,1) 模型为

$$x^{(1)}(k+1) = 41859.942 e^{0.0226k} - 40930.142$$

（2）对该市人口进行预测。

由 $x^{(1)}(i) = \sum_{m=1}^{i} x^{(0)}(m)(i = 1,2,\cdots,n)$ 知

$$\hat{x}^{(1)}(k+1) = \hat{x}^{(1)}(k) + \hat{x}^{(0)}(k+1)$$

所以

$$\hat{x}^{(0)}(k+1) = \hat{x}^{(1)}(k+1) - \hat{x}^{(1)}(k)$$

即

$$\begin{aligned}\hat{x}^{(0)}(9) &= \hat{x}^{(1)}(9) - \hat{x}^{(1)}(8) \\ &= 41859.942(e^{0.0226 \times 8} - e^{0.0226 \times 7}) \\ &= 41859.942 \times 0.027 = 1130.2(千人)\end{aligned}$$

由此，我们预测该市2000年全市人口为1130.2千人。

六、马尔可夫链预测方法

马尔可夫链，因安德烈·马尔可夫（A. A. Markov,1856—1922）得名，是数学中具有马尔可夫性质的离散时间随机过程。该过程中，在给定当前指示或信息的情况下，过去（即当前以前的历史状态）对于预测将来（即当前以后的未来状态）没有影响。

马尔可夫链（Markov Chain），描述了一种状态序列，其每个状态值取决于前面有限个状态。马尔可夫链是具有马尔可夫性质的随机变量 $X_1,X_2,X_3,\cdots$ 的一个数列。这些变量的范围，即它们所有可能取值的集合，被称为"状态空间"，而 X_n 的值则是在时间 n 的状态。如果 X_{n+1} 对于过去状态的条件概率分布仅是 X_n 的一个函数，则：

$$\begin{aligned}P(X_{n+1}) &= P(X | X_1 = x_1, X_2 = x_2, \cdots, X_n = x_n) \\ &= P(X | X_n = x_n)\end{aligned} \quad (7\text{-}147)$$

这里 X 为过程中的某个状态。上面这个恒等式可以被看作是马尔可夫性质。

马尔可夫过程的特点是每次状态的转移都只与互相连接的前一个状态有关，与过去的状态无关，即当过程在时刻 t_0 所处的状态为已知的情况下，过程在时刻 $t(t > t_0)$ 所处的状态与过程在时刻 t_0 之前的状态无关，这种特性称为无后效性。

如果随机变量 X_t 在 $t = k+1$ 时取值的规律只与 X_t 在 $t = k$ 时的取值有关，而与 $t = k$ 以前的取值无关，则这时的 X_t 称为一次马尔可夫链。同样，如果随机变量 X_t 在 $t = k+1$ 时取值的规律只与 X_t 在 $t = k$ 及 $t = k-1$ 时的取值有关，而与 $t = k-1$ 以前的取值无关，则这时的 X_t 称为二次马尔可夫链。依此类推可得到三次、四次马尔可夫链。本节主要讨论一次马尔可夫链预测方法。

（一）基本概念

1）状态转移概率矩阵

假设预测对象可能处在 $S_1,S_2,\cdots,S_n$ 这 n 个状态中，而且每次只能处在一个状态中。若目前它处于状态 S_i，则下一时刻可能由 S_i 转向 $S_1,S_2,\cdots,S_n$ 这 n 种状态之一。可能的转移方式有 n 种（其中 $S_i \to S_i$ 表示停留在状态 S_i），相应的转移概率为 P_{ij}。如果将 P_{ij} 作为矩阵中的第 i 行，则 n 个状态共有 n 行，即

$$R = \begin{bmatrix} P_{11} & P_{12} & P_{13} & \cdots & P_{1j} & \cdots & P_{1n} \\ P_{21} & P_{22} & P_{23} & \cdots & P_{2j} & \cdots & P_{2n} \\ \vdots & \vdots & \vdots & \ddots & \vdots & \ddots & \vdots \\ P_{n1} & P_{n2} & P_{n3} & \cdots & P_{nj} & \cdots & P_{nn} \end{bmatrix} \quad (7\text{-}148)$$

将矩阵 R 称为状态转移概率矩阵,其中 P_{ij} 表示从状态 i 转向状态 j 的概率,矩阵满足 $P_{ij} \geq 0$ 且 $\sum_{j=1}^{n} P_{ij} = 1$。

2)状态概率和稳定状态概率

状态概率是指系统在某一时期处在某一状态的概率。一般系统总是有多种状态的,在某一时期只处于其中的一种状态。系统在某一时期各种状态的发生概率可用一向量表示,称为状态概率向量。

稳定状态概率是指系统在一定的一次转移概率条件下,经过多次转移,处于某种状态的概率趋向一个常数,这种逐渐稳定下来的概率,就称为稳定状态概率。系统存在稳定状态概率的条件是一次转移概率不变,即系统在多次转移过程中,任何相邻两个时期的转移概率不变。

(二)一次马尔科夫链预测

1)预测对象所处的状态

对于状态划分问题,不同的事物、不同的预测目的,有不同的状态划分。有的是预测对象本身已具有明显的状态界限,如气象预报中的晴、阴、雨、风;有的则需要根据实际情况人为地做出划分,如可以把道路路面状况的好坏按综合指标划分成若干个状态。

2)计算初始概率

所谓初始概率 P_i,在实际问题中就是指分析历史资料得到的某一状态出现的频率。假设某事件有 S_i 个状态($i = 1,2,\cdots,n$),在已知历史资料中,状态 S_i 出现的次数 M_i 之和等于资料的总个数 N,$N = \sum_{i=1}^{n} M_i$,这时 S_i 出现的概率为 $F_i = M_i/N$。当样本足够大时,用频率 F_i 代替概率 P_i 的误差就会足够小。

3)计算状态的一次转移概率

同状态的初始概率一样,转移概率的理论分布是未知的,当掌握的数据资料足够多时,可以用状态转移的频率描述状态的转移概率。

从转移概率的定义知道

$$P_{ij} = P(S_i \to S_j) = P(S_j | S_i) \approx F(S_j | S_i) \quad (i = 1,2,\cdots,n; j = 1,2,\cdots,n) \quad (7\text{-}149)$$

式中:$F(S_j|S_i)$——样本中由 S_i 状态转向 S_j 状态的概率。

处于 S_i 状态的样本个数为 M_i,假设由 S_i 转向 S_j 状态的个数为 M_{ij},则

$$F(S_j | S_i) = \frac{M_{ij}}{M_i} \quad (7\text{-}150)$$

假设目前事件处于 S_i 状态,那么它的转移概率分布为

$$P_{i1} \approx F(S_1 \mid S_i) = \frac{M_{i1}}{M_i}$$

$$P_{i2} \approx F(S_2 \mid S_i) = \frac{M_{i2}}{M_i} \quad (7\text{-}151)$$

$$\cdots$$

$$P_{in} \approx F(S_n \mid S_i) = \frac{M_{in}}{M_i}$$

根据条件概率性质,对任意 $i(i = 1,2,\cdots,n)$ 均有

$$\sum_{j=1}^{n} P_{ij} = \frac{M_{i1}}{M_i} + \frac{M_{i2}}{M_i} + \cdots + \frac{M_{in}}{M_i} = \frac{M_{i1} + M_{i2} + \cdots + M_{in}}{M_i} = \frac{1}{M_i}\sum_{j=1}^{n} M_{ij} \quad (7\text{-}152)$$

因为 $\sum_{j=1}^{n} M_{ij} = M_i$,所以 $\sum_{j=1}^{n} P_{ij} = 1$,写成矩阵形式,即

$$R = \begin{bmatrix} P_{11} & P_{12} & P_{13} & \cdots & P_{1j} & \cdots & P_{1n} \\ P_{21} & P_{22} & P_{23} & \cdots & P_{2j} & \cdots & P_{2n} \\ \vdots & \vdots & \vdots & \ddots & \vdots & \ddots & \vdots \\ P_{n1} & P_{n2} & P_{n3} & \cdots & P_{nj} & \cdots & P_{nn} \end{bmatrix} \quad (7\text{-}153)$$

矩阵 R 称为一步转移概率矩阵,它完整地描述了 n 个状态相互转移的概率分布。矩阵主对角线上元素 $P_{11}, P_{22}, \cdots, P_{nn}$ 表示状态经过一段时间后,仍然处在原状态的概率。

在实际工作中,往往需要预测今后第 k 个时刻系统的状态,这时需要先求出系统的 k 步状态转移概率矩阵。根据无后效性和条件概率,数学上已经给出了严格的证明。这里仅介绍有关的计算公式。

$$R^{[k]} = R^{[k-1]} \cdot R \quad (7\text{-}154)$$

式中:R——一步转移概率矩阵;

$R^{[k]}$——k 步转移概率矩阵。

上述公式说明,系统的 k 步转移概率矩阵可以由 $k-1$ 步转移概率矩阵乘上一步转移概率矩阵得到。

4)根据转移概率矩阵进行预测

转移概率矩阵全面地描述了各状态之间相互转移的概率分布,可以根据它对系统未来所处的状态进行预测。

例 7-13 公路养护部门为了合理安排公路维修资金,需要预测路面状况的变化情况。路面一般分为四种状态:S_1——优,S_2——良,S_3——中,S_4——差。第一年处于优、良、中、差的道路长度分别为 300km、400km、200km、100km。根据以往经验,得到日常养护情况下的路面状态转移概率表(表 7-12)。试预测日常养护下第二、第三年的路面状况。

路面状态转移概率 表 7-12

路面状态	S_1	S_2	S_3	S_4
S_1	0.65	0.20	0.10	0.05
S_2	0.00	0.70	0.20	0.10
S_3	0.00	0.00	0.80	0.20
S_4	0.00	0.00	0.00	1.00

解 在路面管理系统中常利用马尔可夫链预测路面使用性质。马尔可夫链用于描述路面状态时假定:路面的当前状态仅依赖于路面的先期状态,而路面的未来状态只依赖于目前的状态。第一年处于 S_1、S_2、S_3、S_4 状态的道路里程向量为 $(300,400,200,100)$,则在日常养护条件下,第二年的路面状态为

$$(S_1,S_2,S_3,S_4) = (300,400,200,100) \begin{bmatrix} 0.65 & 0.20 & 0.10 & 0.05 \\ 0.00 & 0.70 & 0.20 & 0.10 \\ 0.00 & 0.00 & 0.80 & 0.20 \\ 0.00 & 0.00 & 0.00 & 1.00 \end{bmatrix} = (195,340,270,195)$$

即第二年处于优、良、中、差状态的道路长度分别为 195km、340km、270km、195km。

如果第三年仍然采用日常养护,则第三年的路面状态为:

$$(S_1,S_2,S_3,S_4) = (195,340,270,195) \begin{bmatrix} 0.65 & 0.20 & 0.10 & 0.05 \\ 0.00 & 0.70 & 0.20 & 0.10 \\ 0.00 & 0.00 & 0.80 & 0.20 \\ 0.00 & 0.00 & 0.00 & 1.00 \end{bmatrix}$$

$$= (126.75, 277, 303.5, 292.75)$$

即第三年处于优、良、中、差状态的道路长度分别为 126.75km、277km、303.5km、292.75km。

七、弹性系数预测方法

"弹性"一词来源于材料力学中的弹性变形的概念。弹性系数指材料长度变化的百分比同所施加力变化的百分比的比率。后来弹性的概念被推广应用于社会经济领域。弹性系数被用来表示两个因素各自相对增长率之间的比率。弹性系数法是通过变量之间变化率的关系来预测未来的变化。交通运输与经济发展的关系是密切的,根据其间的相互促进、制约和反馈的关系进行分析,往往有很好的结果。目前,弹性系数预测方法在制定规划、研究策略

等方面有着重要用途。

(一)弹性系数及其特点

在一个系统中若有两个变量 x_1、x_2，其各自的变化率之比就称为弹性系数，其表达式为：

$$e = \frac{\frac{\Delta x_2}{x_2}}{\frac{\Delta x_1}{x_1}} \tag{7-155}$$

式中：Δx_1、Δx_2——变量 x_1、x_2 单位时间变化量。

弹性系数具有以下特点：

(1) 当 $e > 0$ 时，表示 x_2 的变化率随 x_1 同向变化；
(2) 当 $e = 0$ 时，表示 x_2 的变化率不随 x_1 变化；
(3) 当 $e < 0$ 时，表示 x_2 的变化率随 x_1 反向变化；
(4) 当 $|e| = 1$ 时，表示 x_2 的变化率与 x_1 变化率相同；
(5) 当 $|e| > 1$ 时，表示 x_2 的变化率大于 x_1 的变化率；
(6) 当 $|e| < 1$ 时，表示 x_2 的变化率小于 x_1 的变化率。

(二)弹性系数预测

以公路货运量弹性预测为例。公路货运量与国民经济的发展有着密切的关系，国民经济发展速度越快，公路货运量增长速度也越快。这两种增长率之间的比例关系，可用公路货运量弹性系数 e 表示。

$$e = \frac{I_R}{I_E} \tag{7-156}$$

式中：e——公路货运量弹性系数；

I_R——公路货运量增长率；

I_E——国民经济增长率。

只要确定了未来的国民经济增长速度和公路货运量弹性系数，就可以得到预测期的公路货运量增长率，进而在预测基年的基础上计算得到未来预测年份的公路货运量。

八、类比预测方法

类比法(Method of analogy)也叫"比较类推法"，是指由一类事物所具有的某种属性，可以推测与其类似的事物也应具有这种属性的推理方法。其结论必须由实验来检验，类比对象间共有的属性越多，则类比结论的可靠性越大。

类比法的作用是"由此及彼"。如果把"此"看作是前提，"彼"看作是结论，那么类比的思维过程就是一个推理过程。古典类比法认为，如果我们在比较过程中发现被比较的对象之间有越来越多的共同点，并且知道其中一个对象有某种情况而另一个对象还没有发现这个情况，这时候人们就有理由进行类推，由此认定另一对象也应有这个情况。现代类比法认为，类比之所以能够"由此及彼"，之间经过了一个归纳和演绎程序，即：从已知的某个或某些对象具有某情况，经过归纳得出该类所有对象都具有这情况，然后再经过演绎得出另一个对象也具有这个情况。现代类比法是"类推"。其具体分析步骤如下：

(1) 弄清关键特点,考察不同事物之间的关键特点是否相似。
(2) 考察类比环境,判断在所要解决问题的场合下,类比是否有效,即不同事物之间的关键特点是否相似。若不相似则不能采用类比预测的方法。为了保证类比有效,需要逐项比较类比模型与类比物(预测对象)的环境条件,包括技术、经济、政治、文化等。

例 7-14 某城市某地区将新建居民住宅。预计居民中低收入、无汽车、每户 4 人的有 200 户;中等收入、有一辆汽车、每户 3 人的有 300 户;高收入、有两辆汽车、每户 4 人的有 100 户。根据该城市其他地区测定的各种家庭收入情况下每天的交通发生量见表 7-13。试求该地区总的交通发生量。

某城市不同家庭交通发生率(人次/户)　　　　　表 7-13

家庭汽车拥有量 (辆/户)	低收入家庭户均人口(人)		中等收入家庭户均人口(人)		高收入家庭户均人口(人)	
	1~3	≥4	1~3	≥4	1~3	≥4
0	2.0	4.7	2.5	5.2	2.7	5.5
1	2.5	6.0	3.0	6.0	3.7	7.0
2	3.0	7.5	3.5	8.0	3.9	8.5

解 由于在同一城市中,居民交通发生量统计规律基本相同,根据其他地区现状测定的不同收入家庭的交通发生率,预测该地区将产生的交通发生量为

$$200 \times 4.7 + 300 \times 3.0 + 100 \times 8.5 = 2690(人次/日)$$

即该地区未来将产生每日 2690 人次的交通发生量。

第二节　交通系统优化

一、交通系统优化概述

(一)交通系统优化目标与原则

1) 交通系统优化目标

交通系统优化是在城市规划及城市交通总体规划等上层次规划的指导下,立足于交通规划和可持续发展战略的切合点,着重解决城市内部交通组织的不合理,相关各类规划设计难以统筹协调等一系列问题。交通系统优化最终目标是提出城市近期交通改善的总体策略,制订近期优化的规划方案和实施计划,解决城市交通系统内部存在的各类问题,使城市交通系统运行更流畅,具有更佳的稳定性。

2) 交通系统优化原则

交通系统优化应遵循以下原则:
(1) 面向近期,研究以短平快的交通改善措施来缓解城市交通系统存在的问题。
(2) 面向综合,研究包括道路网络、停车、公共交通及行人交通管理等全方位的建设管理措施。
(3) 面向实施,近期改善规划的成果可直接应用于片区交通改善的实施,或指导下层次

的工程设计。

为充分体现上下层次规划之间的衔接及对近期交通热点问题改善的指导性,应分别从由下而上的现状分析和由上而下的需求分析两个方面同时展开:

(1)由上而下,针对交通需求,从交通需求总量和形态分析等宏观分析入手,提出规划目标与具体规划方案。

(2)由下而上,针对现状问题,从路段、交叉口等微观分析总结问题,提出规划方案和改善措施。

(二)交通网络优化方法

交通网络优化思路:首先根据路网规模预测及路网布局方法形成公路网的初步布局形态,然后将预测得到的交通出行 OD 流量分配到路网中并进行调整,最后考虑与现有城市道路网及与城市外部运输网衔接,进行路网的最后调整,形成城市交通系统规划设计中最重要的环节——道路网规划设计的方案研究。

道路网络优化理论:城市道路交通系统优化,首先根据现有的道路交通系统与未来交通需求分析,对现有道路网进行分析,形成未来道路网平面布局方案,然后不断进行质量分析与调整,直到满足城市交通需求和未来城市发展规模需要;对于道路网已经成型的城市,在原有基础上进行局部调整和扩增。

(1)道路网合理规模的确定。在对道路网所在区域的社会经济现状和未来社会经济发展趋势、道路网历史交通状况及其未来发展趋势等进行分析和预测的基础上,应用数学模型或方法确定道路网未来能够适应和满足交通需求和经济发展而应该达到的建设规模,如道路网总里程、密度、道路网的级配等。

(2)网络布局优化。根据最小树法进行区域的道路网分析,选择道路的初步走向,最后结合需求预测的交通流量流向图及规划对象区域的地形、地质、河流、区域周边的道路网、区域内部原有的道路网等进行反复调整校核,直至能够满足交通需求,最终确定规划对象区域的道路网布局。

(3)路网容量最优设置。要使城市道路网络变成一个高效的城市交通网络,就必须根据整个城市的交通量及其出行分布来合理划分车道,规定其流向。这一问题可分为2种情况讨论,一种情况是,给定一条街道的容量,如何将其在两个方向的车道间进行分割。另一种情况是在原有的城市道路网络中添加一条道路,如何确定其道路容量。这可归结为城市交通网络容量设置问题。

一方面,城市交通的出行分布(OD)及其在网络上的分布格局会影响到城市交通网络容量的设置。另一方面交通网络容量的设置直接影响到路段上车辆的行驶速度,从而会对出行者的路径选择产生影响,由此影响到交通流量在网络上的分布格局。一个著名的 Braess 诡异现象,就是增加网络的路段数反而使网络的总出行成本增加。考虑如图7-5所示的网络。

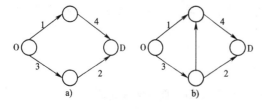

图 7-5 Braess 诡异现象

其中图7-5a)有一个 OD 对,OD 出行量为6,每条弧上的出行成本函数为

$$t_1(v_1) = 50 + v_1 \tag{7-157}$$
$$t_2(v_2) = 50 + v_2 \tag{7-158}$$
$$t_3(v_3) = 10v_3 \tag{7-159}$$
$$t_4(v_4) = 10v_4 \tag{7-160}$$

从 O 到 D 的路径有两条：1-4 和 3-2，其流量表示为 h_1, h_2。

由网络的对称性知，这一问题的 UE 解显然是

$$\begin{aligned}h_1 &= h_2 = 3 \\ v_1 &= v_2 = v_3 = v_4 = 3\end{aligned} \tag{7-161}$$

2 条路径的出行成本为

$$c_1(h_1) = c_2(h_2) = 83 \tag{7-162}$$

整个网络的总出行成本为 166。

现在地方政府为了减轻交通拥挤状况，达到降低网络总出行成本的目的，决定增加一条路段，如图 7-5b）所示。不妨设该新增路段的出行成本函数为

$$t_5(v_5) = 10v_5 \tag{7-163}$$

此时从 O 到 D 的路径也增加了一条 3-5-4，其流量为 f_3。这个新网络上的 UE 解为

$$\begin{aligned}h_1 &= h_2 = 1.831, \quad h_3 = 2.338 \\ v_1 &= v_2 = 1.831, \quad v_3 = v_4 = 4.169, \quad v_5 = 2.338\end{aligned} \tag{7-164}$$

3 条路径的出行成本为

$$c_1(h_1) = c_2(h_2) = c_3(h_3) = 70.141 \tag{7-165}$$

此时，网络上的总出行成本为 210.423。

可见，增加了网络的固定设施通行能力，并未如预料的那样减少拥挤程度，反而使路径出行成本从 166 增加到 210.423。对于这种诡异现象，主要是由于驾驶员只是从单方面考虑，选择自己认为出行成本最小的路径，而没有想到自己的决定将会对网络上总的出行效果产生什么影响，致使当系统达到均衡状态时，网络的总出行成本反而增加了。因此，交通管理部门在制定交通法规或决定增扩建道路时，一定要谨慎行事，实现对可能出现的后果进行估计，以便调整方案，使城市交通网络达到最佳的出行效果。

（4）路网结构最优设置。在城市道路网络上，一旦有车和人的出行和流动，就必须规定其流动的方向。与此同时，还必须有相应的交通管理措施。例如在一些路口设置交通标志，禁止车辆左转弯或右转弯，或禁止某类车辆在某时段通过某路段，因此道路网络和相应交通管制措施一起构成了交通网络结构。一般而言，城市交通管理措施是相对稳定的，交通标志一旦设置在相应的路口，会在较长一段时间内保持不变。只有当城市道路结构或城市交通出行量发生较大的变化时，才会重新设定新的管理方案。否则，会给出行者带来不便。由此可见交通网络结构一经确定，必定在一段时间内是相对稳定的。因此，如何确定一套合理的交通管理措施，亦即设计一个合理的交通网络结构，需要有科学的方法，而不能完全凭经验确定。必须从整个网络系统出发，特别要考虑到出行者对交通管理方案或交通网络结构变化的反应。

（三）其他优化方法

交通网络优化方法除了已经介绍的这些基本优化方法以外，我们还应该了解一些其他

常用的优化方法。

1）穷举搜索法

顾名思义,穷举搜索就是检查搜索空间中的每一个解直至找到最好的全局解。当运用穷举搜索法时,最基本的问题是：如何得到问题每一个可能解的序列。因为需要对每一个解都进行评估,这些解的产生与评估的次序是不相关的,问题的解依赖于所选择的表示方式。

2）局部搜索法

如果不对整个解空间进行穷举搜索,则可以针对某个特定解的局部邻域搜索。局部搜索法可用以下4步来说明：

（1）从搜索空间中找一个解并评估其质量,将它定义为当前解。

（2）变换当前解为一个新解并评估它的值。

（3）如果新解比当前解更好,则将当前解用新解替换；否则抛弃新解。

（4）重复步骤（2）和步骤（3）,直至在给定集中找不到改进解。

3）现代搜索法

现代搜索法包括遗传算法和模拟退火算法两大类。遗传算法是一类借鉴生物界的进化规律——适者生存、优胜劣汰机制演化而来的随机搜索算法。它是由美国 Michigan 大学的 Holland 教授于1975年首先提出的一种新的全局优化搜索算法。模拟退火算法（SA）是由 Metropolis 等于1953年提出的,1983年 Kirkpatrick 等将其用于组合优化。SA 算法是 Mente Carlo 迭代求解策略的一种随机寻优算法,其出发点是基于物理中固体物质的退火过程与一般组合优化问题之间的相似性。模拟退火算法在某一初始温度下,伴随温度参数的不断下降,结合概率突跳特性在解空间中随机寻找目标函数的全局最优解,即在局部最优解中能概率性地跳出并最终趋于全局最优。

4）爬山法

爬山法是指经过评价当前的问题状态后,限于条件,不是去缩小,而是去增加这一状态与目标状态的差异,经过迂回前进,最终达到解决问题的总目标。就如同爬山一样,为了到达山顶,有时不得不先上矮山顶,然后再下来,这样翻越一个个的小山头,直至最终达到山顶。可以说,爬山法是一种"以退为进"的方法,往往具有"退一步进两步"的作用,后退乃是为了更有效地前进。

（四）交通流的动态优化系统

1）交通流的静态平衡

交通流的静态平衡是建立在交通需求具有时间不变性的基础上的。稳定的交通网络需求在一定的供给条件现有道路网络下进行路径选择,多种客货流在能力、服务水平选择上相互影响,形成了网络平衡流。

交通网络的静态平衡有两个中心概念：一是消费者的选择行为；二是网络结构的影响。每个消费者都要对出行的路径进行选择,不同出行者对服务水平有不同的重视程度,因此构成了复杂的服务函数。网络中的每条边都有相应的服务特性矢量,但对于不同的出行者其服务函数通常不同；每条边的服务函数将随着客流量的增加而减少。因而消费者选择一条路径的服务特性取决于其他消费者做出的选择,反过来也一样。不同的交通流静态平衡模型就是对这两个概念不同的解释。

Wardrop 第一和第二模型是关于交通平衡流的著名模型。

Wardrop 的第一平衡概念为：在平衡状态下，对于不同的流量和服务水平的路，没有一个使用者能够通过转移路径增加它的效用。这个概念基于两个假设的前提：一是所有出行者的道路计算能力与水平相同，二是出行者掌握了整个交通网络的状态。由于 Wardrop 的第一平衡概念是以用户最优为目标的，因此人们又称之为用户最优平衡模型。用数学方式描述如下：

假设对每个消费者，对每条路的效用函数为

$$U_p = f(S_p) \quad (p \in P) \tag{7-166}$$

式中：P——运输网络中边的集合；

p——运输网络中的边；

S_p——边 p 的服务特性；

U_p——边 p 的效用函数。

当网络平衡时，对每个 OD 点对，有 m 条路 $p_1、p_2、\cdots、p_m$，则问题描述成

$$U_{p_1} = U_{p_2} = \cdots = U_{p_s} \geq U_{p_{s+1}}, U_{p_{s+2}}, \cdots, U_{p_m}$$

$$U_{p_r} = \begin{cases} > 0 & (r = 1, 2, \cdots, s) \\ = 0 & (r = s+1, \cdots, m) \end{cases} \tag{7-167}$$

Wardrop 的第二平衡概念为：在考虑拥挤对出行时间影响的网络中，交通流总是按照一定的方式分配，使系统所有使用者的平均出行时间最小。这个概念需要有一个假设条件：即所有出行者都在为系统最优化而努力。由于这一概念是以系统最优为目标的，因此人们又称之为系统最优平衡模型。用数学方式描述如下

$$\min Z = \sum_a x_p t(x_p) \tag{7-168}$$

约束条件

$$\begin{cases} \sum_k f_k^{rs} = q_{rs} & \forall r, s \\ f_k^{rs} \geq 0 & \forall r, s \end{cases} \tag{7-169}$$

式中：x_p——路段 p 上的交通流量；

$t(x_p)$——用户在路段 p 上流量为 x_p 时的行驶时间；

f_k^{rs}——r, s 间第 k 条路径上的流量；

q_{rs}——r, s 间的总流量。

2) 交通流的动态优化概念

动态优化是针对静态平衡提出来的，是建立在交通需求的动态特性基础上的，这种动态性可理解为日变动特性和实时变动特性。

由于不同运输方式的运行环境和方法不同，因此动态的含义有所区别。

对铁路运输而言，由于其承担的运量大部分是中长距离，因此运输需求的计划性强一些，动态性弱一些；加上计划性的运营组织，铁路客货运输流的动态优化可建立在时段平均交通量上。这种动态优化可由余数调度工作实现。铁路运输流的动态优化涉及的区域很广，相关的部门也很多，如客、货运站，编组站，机务段，车辆段，线路等。因此，优化问题还需考虑车辆保有量的限制，线路区间、站场能力的限制，机车数量和运转交路的限制等约束

条件。

对道路交通而言,由于交通流发生的瞬时性,道路动态优化既可考虑瞬时优化,也可考虑时段优化。具体是指:根据城市控制中心提供的实时 OD 信息,遵循一定的优化目标和规则,进行交通流的动态分配,并采取一系列控制、管理、诱导等手段,达到优化目的。

与静态平衡相比较,动态交通优化有以下不同:

(1) 达到的目标不同

静态平衡是进行交通规划所需要的交通网络理想状态,其目标是交通设施的建设和改造;动态交通优化面对的是实际运行中的交通运输网络,其目标是提高运行线路的使用效率。

(2) 研究的对象不同

对静态交通优化而言,指定 OD 点对的交通需求是一个常数;在动态交通优化中,认为对任何一个 OD 点对的 $d(i,j)$,存在交通需求函数 $R_{ij}(t)$,$0 \leqslant t \leqslant T$($T$ 为研究的时段),$R_{ij}(t)$ 是 t 时刻离开 i 前往 j 的出行率,是随 t 而变化的。所以动态交通优化的研究对象是随时间变化的交通需求。

3) 交通流动态优化系统

ITS 是运用系统工程综合集成的思想建立起来的一种在大范围、全方位发挥作用的,实时、准确、高效的交通综合管理系统。其最终目标是在运行过程中保持运输网络交通流合理分配,以有限的供给满足迅速膨胀的交通需求,高效地利用交通运输网络资源,提高交通运输网络的使用效率。因此,交通流的动态优化系统是 ITS 的核心子系统,是 ITS 目标实现的关键。

根据动态交通流优化的概念,交通流动态优化系统应能通过采集实时交通流信息,预测未来时刻交通流在交通运输网络上的流动状况,通过强制和诱导相结合的方式,组织、管理交通流,达到动态优化的目的。

为实现交通流动态优化系统的功能,该系统应综合集成交通基础信息管理系统、交通控制系统、交通组织和诱导系统以及交通流动态分析与预测系统。下面以城市交通为例分析交通流动态优化系统的系统结构。城市交通流动态优化系统的结构框图如图 7-6 所示。

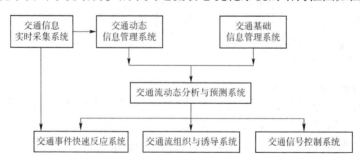

图 7-6 城市交通流动态优化系统

(1) 交通信息实时采集系统

该系统是城市交通流动态优化系统的基础,负责收集路段流量、占有率、平均车速、交叉口的车辆排队长度等运行状况,系统可运用设置在交叉口前及路段上的检测设备和具有视频检测功能的交通电视监视系统,获取所需的交通流实时状况信息。

(2)交通动态信息管理系统

该系统利用数字图像处理技术、模式识别技术等,对收集的动态信息进行加工、处理,转化成需要的信息类型。

(3)交通基础信息管理系统

该系统负责静态信息的存储、查询和管理。存储的静态信息包括:交通网络的结构,网络中各路段的基本属性(如道路长度、宽度、通行能力、道路的等级和类型等),交叉口的基本属性(交叉口的基本类型、受控方式、通行能力等),同时还存储日均交通需求信息,以及公共交通线路布局、站点分布等信息。

(4)交通流动态分析与预测系统

这是整个系统的核心。该系统根据交通动态信息管理系统提供的交通流动态信息,结合交通基础信息管理系统的道路网静态信息,估算一些主要交叉口的车辆延误时间,路段上的车辆行驶时间;预测出行 OD 矩阵,分析出下一时刻交通流在路网上的分配情况,为信号控制系统、交通流组织和诱导系统、事件快速反应系统提供预测信息。

(5)交通信号控制系统

交通信号控制系统以车道为基本控制单元,根据交通动态分析与预测系统的预测信息,提出交通车道的启闭、导向车道标志的变化、路口交通信号的控制优化参数、路段交通流速控制等道路交通流的控制信息,通过强制手段使系统产生自组织能力。

(6)交通流组织和诱导系统

根据交通流动态优化专家系统提供的预测信息,提出交通流优化组织方案,发布交通流诱导信息;同时,还为单个车辆提供出行信息,如出行时间、出行路径、出行方式等,合理引导用户的出行需求,最终达到优化交通流的目的。

(7)交通事件快速反应系统

对交通事件采取紧急措施,缩减解决事故的时间,减小事件的影响范围,确保道路的畅通。

二、交通系统优化措施

(一)路网优化措施

城市交通网络是指由若干个道路交叉口与路段组成的网状结构。道路网络优化是指在一定的约束条件下,通过确定优化目标、建立优化模型,采用适当的方法选择规划线路,将选定的控制节点连接起来,形成区域未来道路网络规划方案的过程。它是在对道路网络远景交通需求进行预测,并确定了道路网络的合理发展规模后,在道路网络的建设资金、发展规模以及等级结构等的约束下,对道路网络的平面轮廓进行设计。在进行道路网络线路优化时,通常采用的方法有经验调查法、数理解析法、四阶段法、节点法、总量控制法以及网络设计法,这些方法各有优劣,在优化研究时可根据实际情况选择其中合适的一种或几种方法。

1)合理调整城市路网等级级配

用科学的方法合理地对现状路网进行系统的等级级配调整,杜绝随意性行为,统筹优化路网结构,保障城市交通由低一级道路向高一级道路有序汇集,由高一级道路向低一级道路有序疏散,并按照城市道路网络一体化的思想来支撑城市的发展。尽量避免过境长距离交通穿越城市道路。城市路网等级应划分明确、层次清晰。依据道路交通流特性、道路两侧用地性质、道路间距、路网等级结构、交叉口间距、交通流分担比例、车速限制及停车限制等特征和条件,将城市道路分为高速路和快速路、主干道、次干道、集散道路和地方道路5个等级。城市快速路、主干路主要用于机动车长距离出行,其基本功能是通过性的,因此,特别强调禁止或限制两侧用地范围内的交通直接进入城市干道。即使在城市中心区,也应该通过低一级道路建立与城市干道的连接,以保证整个干道系统的畅通。集散道路具有通过性交通和出入交通的双重职能:一方面它服务于高一级道路,作为高等级道路的支撑,起着聚集和疏散交通的职能;另一方面它又作为区域内主要交通道路,深入到居住区、商业区、工业区内部,满足各区域内各种活动开展的需要。地方道路是地块内部道路,解决建筑物的交通出入,是对集散道路交通量的进一步疏解。

2)重视次干辅助性道路的建设

次干路和支路等辅助性道路是车辆进入快速路、主干路的载体,还承担短途交通,减轻快速路、主干路的交通负荷。各级道路应各司其职,有机结合,实现道路网络的协调统一。比如,日本十分注重城市支、次道路的"微循环"系统。支、次路一般设置成单向交通,较宽的路面设置两条车道,较窄的路面设置1条车道,支、次路网循环有序、衔接紧密,提高了道路的便捷性、通达性。

3)改建相关交叉口

在相关交叉口控制车流转向,将原经交叉口向快速路、主干路行驶的非长距离运行车辆改由辅路或其他道路疏导,并对相关交叉口进行渠化,改善交叉口交通运行条件及运行状况,减轻交通拥挤、阻塞,从而提高整体路段的通行能力。日前,英国伦敦市在改建交叉口上做了大胆尝试,市政府斥资500万英镑在繁华的牛津广场修建出新型"对角线型"人行道,车辆停下时行人可以走对角线直达目的地。红灯后,4个方向而来的汽车全部停在黄线区内,行人则总共有52s的时间通过纵横交错的6条人行道,从而快速到达目的地。

4)合理利用交通资源,挖掘现有道路资源潜力

通过交通需求优化,从城市规划、土地利用的角度,避免交通需求超过城市的交通容量极限;优化交通结构,合理利用城市有限的土地资源和交通设施,使交通结构的外部成本最小;优化路网规划,提高路网容量,实现交通管理的科学化和现代化,使现有交通基础设施发挥最大作用。日本城市道路普遍不宽,但利用率极高;其道路建设速度虽然一直落后于机动车的增长速度,但日本利用先进的科学技术手段,建设智能交通系统,改善道路的服务水平,有力地提高了道路行车的效率。以东京都警视厅为例,该厅交通管制中心于1991年建成,负责收集和处理东京、京都和近邻各县的交通信息,以实时控制路口交通信号、调整和诱导交通流量,使东京的城市交通系统能较好运转。

5)组织单向交通

组织单向交通,减少对向行车的交通冲突,并通过对单行道上快慢车道的重新划分,减少机动车与非机动车之间的相互干扰,从而减少车辆行车延误,提高行程车速,缓解交通拥挤问题;通过对道路的单向交通设置,可调配交通流量、流向,提高通行能力;同时,可在单行

道路的一侧划出一条车道设置停车泊位，解决停车难问题。单向交通是一种投资少、见效快、操作简单的交通管理措施，很适合旧城中心区的近期交通组织管理。如温州市城南立交桥的交通原本非常脆弱，时常发生拥堵，自该立交桥下沿线盘旋的道路均实施单向交通后，道路运行状况得到了很大的改善。

6) 保护城市历史文脉

我国许多城市旧城区的街巷格局、城市风貌、文物古迹、建筑风格及历史文化都是全人类宝贵的财富。因此，在进行道路建设时必须依据可持续发展战略，在城市特色和历史保护与城市发展之间求得平衡，为后人创造出古今和谐的社会环境。南捕厅位于南京古城南部，是明初南京城居住区的中心部位。在对其进行保护改造时，在改善道路方面采用非对称道路断面设计，古树、古井以及路边开放空间都得以保留，核心保护区内的步行系统都保持了街巷原有格局和形态。通过一系列保护措施，南捕厅地区的历史风貌得以延续。

7) 进行道路收费

由于有限的道路远远不能满足日益增长的交通需求，城市交通拥挤问题已经成为困扰许多城市的难题。解决城市拥堵问题不能仅仅靠不断地扩建或新建城市道路来解决。还要充分发挥现有城市道路网络系统的作用，制定有效的交通管理措施，规划一个高效而合理的交通网络结构。

目前，在许多发达国家采用了道路收费的措施来控制交通流量。在某些路段或某些特殊的交通设施，如海底隧道、过江大桥、城市间高速公路等，不同时段采取不同的收费标准，以限制交通高峰期的交通出行量。道路收费主要分为以下两种形式：

(1) 固定交通出行需求下的道路收费问题

在许多城市，容量有限的道路承载着过多的交通流量，特别是一些城市高速道路上车流过大导致道路堵塞，反而降低了高速道路的通行能力。为此，交通管理部门为某些高速道路采取了收费措施，有的在不同时段还采用不同的收费标准。随着当今科学技术的迅猛发展，电子收费系统已日趋成熟，使得道路收费措施变得方便可行。但是如何制定合理的收费标准，是值得研究的问题。在道路容量有限、交通出行量稳定的情形下，决策者制定收费标准的目标是希望尽量减少交通网络上总的出行成本，使得出行交通量能够合理地分布在交通网络上。

(2) 弹性交通出行需求下的道路收费问题

实际上交通出行需求是与交通网络上的出行成本相关的。低出行成本必然会刺激交通出行需求量的增加，而高出行成本也会抑制交通量的过度增长，因此，采用道路收费政策可以抑制交通出行量的增加。同时，某些道路分时段采用不同的收费标准还可以起到错开交通出行时间，减少高峰期交通出行量的作用。

(二) 停车优化措施

停车场的优化包括调查与分析、需求预测、分布规划和评价等主要内容。

1) 停车需求预测

停车需求预测是停车场规划工作的重点和难点，停车需求决定着停车场规模、分布和管理模式。

（1）在用地规模控制上，即从宏观上来讲，小区交通的发生量和吸引量与社会经济指标、土地性质和道路通行能力有关，可以根据以下公式来推算

$$P_i(A_j) = f(x_1, x_2, x_3) \tag{7-170}$$

式中：P_i——i 区交通生成量（人次/日）；

A_j——j 区交通吸引量（人次/日）；

x_1——社会经济指标影响参数；

x_2——土地性质影响参数；

x_3——道路通行能力影响参数。

对于小区停车需求量，可以通过已知的交通发生量或吸引量，以及一些换算参数来进行预测，公式如下

$$PD_{i(j)} = \frac{P_i(A_j)}{\alpha} \cdot \beta \tag{7-171}$$

式中：$PD_{i(j)}$——i 区或 j 区的停车需求量；

α——平均出行强度[次/(人·日)]；

β——转换系数。

通过小区的交通发生量或吸引量可以得到小区出行的人数，β 是将出行人数转换成出行车辆数的系数和将出行车辆数转换成停车需求量的系数综合起来的转换系数。

（2）在停车场布局阶段，可以根据各个交通区域的规划用地的建筑指标来确定停车需求。这种模型称为分类生成率法。公式如下

$$P_{di} = \sum_{j=1}^{n} R_{dij} L_{dij} N_{dij} \quad (j = 1, 2, \cdots, n) \tag{7-172}$$

式中：P_{di}——第 d 年 i 区停车需求量（车位）；

R_{dij}——第 d 年 i 区 j 类建筑单位面积停车需求生成率；

L_{dij}——第 d 年 i 区 j 类建筑土地使用面积；

N_{dij}——第 d 年 i 区 j 类建筑的容积率。

其中，容积率 = 建筑面积/用地面积，目前的城市规划中都采用了容积率来作为城市建筑面积度量的一个重要参数，它反映了城市对某种类型的建筑的总体规划。结合用地规划和各类建筑的停车生成率，就能够得到停车的总需求量，包括了路内停车和路外停车的总量，也包括了专用停车场和配建停车场的停车需求总量。该模型的优点是：停车需求的计算可以采用研究域内用地性质相近、规模相当和用地功能比重相对独立的组合大样本作为建模抽样的基础，既避免了调查的困难，又提高了典型资料的使用率，对研究域不仅可以得到总停车需求，还能按土地使用功能比重计算出每一功能土地的停车产生，适用性较强。

而对于一些停车场布局较为分散的地点，如风景旅游点的停车需求预测，则可以用以下公式进行计算

$$Y = \frac{P_s P_c \alpha}{C} \tag{7-173}$$

式中：Y——停车泊位；

P_s——风景旅游点游人的日饱和量（人次/日）；

P_c——总的游览人中乘车到达者所占的百分比(%);

$α$——风景旅游点游人的高峰系数,其值为高峰小时游人数与全天游人数之比;

C——单车平均载客人数(人/辆)。

2)停车场优化原则及具体指标

(1)公共停车场

①机动车公共停车场的服务半径,在镇中心地区不应大于200m;一般地区不应大于300m;自行车公共停车场的服务半径宜为50~100m,并不得大于200m。

②当计算镇中心区公共停车场的停车位数时,机动车与自行车都应乘以高峰日系数1.1~1.3。

③机动车公共停车场用地面积,宜按当量小汽车停车位数计算。地面停车场用地面积,每个停车位宜为25~30m²;地下停车库的建筑面积,每个停车位宜为30~35m²。摩托车停车场用地面积,每个停车位宜为2.5~2.7m²。自行车公共停车场用地面积,每个停车位宜为1.5~1.8m²。

④与土地利用性质相结合。

⑤与周边道路条件相结合。

⑥合理考虑实施可行性。

(2)货运停车场

货运停车场设置应满足以下原则:

①符合城市总体规划。

②与综合运输网络合理衔接。

③临近高速、快速路,缩短货物集疏距离。

④远离城市中心区,避免对城市交通造成过大干扰。

(三)公交优化措施

1)公共交通线路网优化

公共交通路线的数量应该有一个范围,既不能过多,也不能过少。因此,对于公交路线规划应该有可遵循的指标,即公共交通路线系统规划指标。对相关规划指标作如下研究:

(1)公共交通线路网密度。公共交通线路网密度一般在2.5~3.0km/km²之间。在中心区,居民密度高、客流集散多,路线重复系数稍大,规划的公共交通线路网的密度应该稍高,应达到3~4km/km²;在边缘地区应达到2.0~2.2km/km²。

(2)乘客平均换乘系数。小城镇乘客平均换乘系数不应大于1.3。

(3)公共交通线路非直线系数。公共交通线路非直线系数不应大于1.4。

(4)主要线路长度。从实践经验来看,公交路线长度过短,会造成乘客换乘次数过多而不方便。同时,也会造成车辆在路线起终点停歇时间相对增加而降低运营速度;反之,如果路线太长,会造成沿线客流不均匀,行车间隔时间不准确,使得公交车辆的运载能力难以充分利用,并使乘客候车时间增长。因此,公交路线的平均长度要根据城镇规模和形状来考虑,一般可取小城镇直径为平均路线长度。由调查统计资料可知,城镇居民出行距离在3~4km范围内,自行车出行更有优势,公共交通的优势在这个出行距离范围之外。但是,小城镇本身规模有限,考虑公交线路时可以适当向镇郊延伸,因此镇区公共汽车主要线路的长度宜为 5~8km。

2) 公交场站设施

公共交通场站设施是公共交通系统的重要组成部分,其规划布置的完善与否,对整个公共交通系统能否充分发挥作用具有重要意义。

(1) 公交场站规模的确定

公交站场总规模的测算采用定性和定量相结合的方法,根据相关标准与准则确定的公交场站规划面积指标,兼顾经济效益和社会效益。公交站场的总规模可按式(7-174)进行定量计算。

$$A = \mu \cdot Q \tag{7-174}$$

式中:A——公交场站总规模;

Q——公交车辆需求规模,等于公交出行需求与公交单车运能的乘积。

(2) 公共交通场站设施的布局要点

停车场、车辆保养场和公共交通车辆调度中心等的场站设施设置应与公共交通发展规模相匹配,用地有保证;公共交通场站布局,应根据公共交通的车种车辆数、服务半径和所在地区的用地条件设置,公共交通停车场宜大、中、小相结合,分散布置,具体见表7-14。

不同类别公交场站规划布局要点　　表7-14

类　别	布设要点	面积(m²)
首末站	人口集中的居住区、就业岗位集中的商业办公区配套布设	首站:2000 末站:1000
枢纽站	综合轨道站点和城市内外衔接点设置	大型枢纽:6000~8000 小型枢纽:3000~4000
综合车场	布设在首末站和枢纽站的中心;发达地区新建综合车场、修理厂应采用较节约用地的立体停车库,底层布设末站	10000~20000
修理厂		20000~30000

3) 公交网络系统最优票价设计

确定合理的公交系统的费用结构是非常重要的。一方面要考虑保证运营成本,另一方面也要考虑到不同层次的服务线路上乘客流量的平衡。否则,会造成某些线路拥挤而某些线路搭乘率低等现象。同时,公交服务系统的经营者还希望尽可能获得更多的利润。

通常以公交线路的车费(票价)作为设计变量,分别从固定乘客需求和弹性乘客需求这两个不同角度出发建立确定公交网络系统的最优车费结构的数学模型,同时考虑到乘客对经营者决策的反应。

一般而言,公交网络系统的收费依据主要有以下几个因素:

① 乘客类型:成人、儿童、年长者、持月票者等;

② 服务标准:普通线路、快线、普通车、空调车等;

③ 服务时段:正常时段和高峰期;

④ 定价类型:固定费用和按距离(即站点)收费。

(四) 行人交通优化措施

步行交通是城市交通出行的重要组成部分,虽然随着城市规模的扩大和经济发展水平与机动化程度的提高,步行出行比率有所下降,但它仍是交通出行中必不可少的部分。步行交通的特点是路线受自我控制,活动比较自由,与其他交通方式的相互干扰较少,具有一定的独立性,适合 1~1.5km 范围内的短距离出行。考虑到行人交通在居民出行中的比重和特殊性,在行人交通的综合整治过程中,充分考虑行人的路权问题,体现以人为本的原则。应把握的总原则是既要尽量满足行人的交通需求,同时减少对机动车交通的干扰。因此,在行人交通的综合整治中应从以下几方面着手:

(1)完善行人过街设施。完善路口行人过街条件,增加人行横道线、路段行人信号灯、交叉口信号灯、优化行人信号通行时间。

(2)完善立体行人过街设施,充分发挥立体行人过街设施的作用。根据现状交叉口交通量和行人过街流量,在相应人流密集地点设置立体过街设施。同时,建议有轨道交通的小城镇根据轨道建设情况,在轨道站点与周边公交场站间设置过街天桥。

(3)完善大型公交枢纽及轨道站点周边步行系统。大型公交枢纽和轨道站点人流密集,步行交通需求集中,建议完善周边步行系统,为行人创造便捷、安全的步行环境。

(4)加强对行人的管理。交通法规应对行人有较强的约束性。

(5)严格按照规范标准进行小城镇行人设施的布设。人行道、人行横道、人行天桥和人行地道应满足以下要求:

①沿人行道设置行道树、公共交通停靠站和候车亭、公用电话亭等设施时,不得妨碍行人的正常通行。

②确定人行道通行能力时,应按其可通行的人行步道实际净宽度计算。

③人行道宽度应按人行带的倍数计算,最小宽度不得小于 1.5m。人行带的宽度和通行能力应符合表 7-15 的规定。

④在主干道和次干道的路段上,人行横道或过街通道的间距宜为 205~300m。

⑤当道路宽度超过四条机动车道时,人行横道应在行车道的中央分隔带或机动车道与非机动车道之间的分隔带上设置行人安全岛。

人行带的宽度和最大通行能力　　　　　　　　表 7-15

地　　点	宽度(m)	最大通行能力(人/h)
城市道路	0.75	1800
车站、码头、行人过街设施	0.90	1400

(五)交通管理优化措施

交通管理是城市交通的重要组成部分,对于一座城市而言,仅有完善的道路系统是不够的,还必须有先进的管理体系,才能保证城市交通有秩序地正常运行,发挥出其效益。交通流是动态而复杂的,受多种因素影响。要使车辆有秩序地在道路上行驶,必须对交通进行科学管理。为了保证城市道路安全畅通,应逐步形成现代化的城市交通管理体系。城市交通管理内容是多方面的,从综合整治的角度来说,其内容有以下几个方面:

1)完善交叉口信号灯、电子监控、道路标志标线等

严格按照相关规范合理设置交通信号灯,对于达到规范设置标准要求的交叉口,必须设

置信号灯；同时针对交通标志标线缺乏的道路，需要进一步完善各自的交通标志标线；此外，根据交通调查数据，对交通流集中的路口需加强交通监控。

2）优化货运交通组织，提高货物运输效率

货运交通一般采用大型、重载的货车，容易对城市交通和周边居民生活产生不利影响。因此，需要在不影响正常经济生活的前提下，对货运交通进行科学组织。现状货运交通组织的缺点主要是城市内部与外部交通相互协调上比较困难，容易造成交通运行效率低下，影响城市交通系统运行。过境货运交通组织的原则：根据城市本身过境货运存在的问题，以近期道路交通建设规划为依据，引导过境货运经城市外围道路绕越城市，以避免对城市内部主要道路交通产生影响。对外货运交通组织的原则：根据城市自身土地利用实际情况和规划，以主要工业区周边道路为依托，最大限度地分离客、货运交通，减少城市内部货运对中心城区客运流量大的道路的影响。

3）提出交通管理改善建议

交通法规及宣传教育。目前，交通秩序混乱有相当一部分原因是交通参与者的遵守交通法规的意识淡薄。在交通法规及条例实施的同时，非常有必要进行广泛的宣传教育，使其深入人心，养成自觉遵守交通行为准则的良好社会风气，这是克服交通流和行人流的随意性的思想基础，也是交通管理的最基础性工作。

交通管理措施。交通管理措施是交通管理的重要一面。管理措施得当，能够大大提高现有道路的通行能力。交通流是多方向、多目的、多变的错综复杂的动态流，受到交通设施、人的意志的制约和影响，因此，进行交通系统优化时，应首先调查了解交通流流量、流向特点和规律，制定切实可行的管理措施。结合我国目前城市交通流的特点应重点研究并实施交通组织措施以及公交优先措施。城市交通管理中采用公交优先措施可以提高公交的分担率，从而引导城市的交通结构趋向合理方向发展。

（六）交通信号控制系统优化措施

城市交通信号控制系统是利用计算机来实现城市某个区域或整个网络的所有交叉口信号的集中协调控制系统。它又分为以主干道交通信号协调控制为代表的线控制系统和区域信号控制系统。主干道交通信号的协调控制是将一条主干道的一连串交叉路口作为控制对象，它要考虑这一连串交叉路口的交通流情况，并对其进行协调控制。这种类型的控制系统可分为3类："绿波带"线控制系统、自动感应式线控制系统和前置信号与速度指示并用的线控制系统。而区域控制系统则考虑了更复杂的控制问题，它所涉及的控制参数不仅限于一条主干道而是面向区域甚至是整个网络的。

纵观世界上比较先进的控制系统，控制策略大体上分为两大类，即以TRANSYT为代表的定时控制策略和以SCOOT为代表的实时自适应控制策略。交通信号控制系统在选型时一定要从被控对象的实际出发，也就是说一定要根据本城市固有的交通特点，制定切实可行的系统控制策略，从而选择相应的系统。

目前，典型的城市交通信号控制系统主要有以下三种：

1）TRANSYT系统

TRANSYT的全称是Traffic Network Study Tool，它是由英国道路研究所（Transportation and Road Research Laboratory，简称TRRL）开发的一种配时方案固定的定时离线控制系统，

适用于交通量增长已趋稳定的地区。

2）SCOOT 系统

英国 TRRL 在 TRANSYT 的基础上采用自适应控制技术，开发了 SCOOT 系统。它的全称是 Split-Cycle-Offset Optimization Technique，即绿信比、周期和相位差优化技术。SCOOT 系统是一种对交通信号网实行实时协调控制的自适应控制系统，交通流由车辆检测器检测，计算机通过分析检测到的交通流量信息来调整信号控制参数，以使整个路网上车辆的总延时和停车次数最少。

3）SCATS 系统

SCATS 的全称是 Sydney Co-ordinated Adaptive Traffic System，是澳大利亚科研人员在 20 世纪 70 年代末开发的一种以方案选择式优选配时方案与单点感应控制调整相结合的准实时控制系统。

（七）智能化城市交通管理

随着社会经济的迅速发展，许多城市道路网络的通行能力已满足不了日益增长的交通需求，交通拥挤阻塞现象日趋严重，由此带来的交通污染问题与交通事故引起了世界各国政府的关注。经过长期的研究和实践，许多发达国家已经从主要依靠修建更多的道路，扩大路网规模来满足不断增长的交通需求量，转变到用高新技术来改造现有道路运输系统及其管理体系，从而达到大幅度提高路网通行能力和服务质量的目的。日本、美国和西欧等发达国家和地区为了解决共同面临的交通问题，竞相投入大量资金和人力，开始大规模地进行道路交通运输智能化的研究实验，随着研究的不断深入，其功能已扩展到道路交通运输的全过程及其有关部门，发展成为带动整个道路交通运输现代化的智能交通系统（Intelligent Transportation System，ITS）。

智能交通系统强调的是系统性、信息交流的交互性以及服务的广泛性，其核心技术是电子技术、信息技术、通信技术和系统工程技术。它是在较完善的道路设施基础上，将先进的电子技术、信息技术、传感器技术和系统工程技术集成运用于地面运输的实际需求，建立起全方位、实时准确、高效的地面交通运输系统。它使交通基础设施能发挥出最大的效能，提高服务质量，从而获得巨大的社会经济效益。主要表现在：提高交通安全水平；减少阻塞，增加交通运输的机动性；降低汽车运输对环境的影响；提高道路网的通行能力；提高汽车运输的效率和经济效益。

第三节　交通系统预测及优化实例

一、交通系统预测实例

（一）运输量预测分析

例 7-15　某地区公路网规划中需预测未来 2010 年的综合客运量，现调查收集到该地区 1981—2000 年这 20 年综合客运量数据如表 7-16 所示，根据这些数据预测该地区 2010 年综合客运量。

某地区历年综合客运量(万人次/年)　　　　表7-16

年份	综合客运量	年份	综合客运量	年份	综合客运量	年份	综合客运量
1981	6140	1986	6851	1991	8082	1996	12104
1982	6663	1987	9287	1992	13927	1997	16473
1983	7101	1988	8807	1993	11810	1998	14291
1984	7517	1989	8125	1994	10586	1999	16845
1985	7324	1990	7519	1995	19863	2000	18559

解 根据已知数据的特点,分别采用时间序列法、回归分析法和弹性系数法进行预测。

(1) 时间序列预测

通过对该地区历年全社会综合客运量的分析发现,综合客运量的发展随时间的推移呈现总体增加的趋势。因此,根据区域的历史统计资料,以时间 T 为自变量建立时间序列模型,对未来年份综合客运量进行预测。

对历年综合客运量进行分析,采用综合客运量随时间变化的指数时间序列模型。

$$y = 5545.2e^{0.0576x}$$

式中:y——综合客运量;

x——时间序列(以 1981 年作为时间序列起点)。

该模型相应的综合客运量与时间序列的相关系数 $R = 0.90$,说明该地区的综合客运量与时间序列有密切的关系,所得到的模型可以反映地区综合客运量的发展变化趋势。

将 2010 年所对应的时间序列(30)代入所得到的时间序列预测模型,计算得到 2010 年该地区的全社会综合客运量为

$$y = 5545.2e^{0.0576 \times 30} = 31216(万人次)$$

(2) 回归分析预测

一般认为,地区综合客运量的变化与该地区的人口总量、经济水平、人均乘车次数等因素相关。现选取人均国内生产总值(人均 GDP)、年人均乘车次数等指标作为相关因素分别进行人均 GDP—综合客运量一元回归分析和人均 GDP—年人均乘车次数—综合客运量二元回归分析。

为实现回归分析预测,除了收集该地区历年的综合客运量之外,还须了解该地区相应的历年人均 GDP 和年人均乘车次数等数据,见表7-17。

根据历年人均 GDP 与综合客运量之间关系的分析,得到以下一元回归模型

$$y = 875.66x^{0.2886}$$

式中:y——综合客运量(万人次);

x——人均 GDP(元)。

相应的人均 GDP 与综合客运量的相关系数 $R = 0.92$,说明该地区的综合客运量与人均 GDP 有密切的关系。

地区人均 GDP 和年人均乘车次数　　　　　表 7-17

年份	人均 GDP(元)	年人均乘车次数	年份	人均 GDP(元)	年人均乘车次数
1981	834	11.7	1991	4166	14.3
1982	898	12.6	1992	6345	24.6
1983	988	13.4	1993	9239	20.7
1984	1279	14.1	1994	12616	18.5
1985	1718	13.7	1995	15764	34.7
1986	1926	12.7	1996	17456	21.1
1987	2326	17.0	1997	19697	28.6
1988	2995	16.0	1998	21726	24.8
1989	3167	14.6	1999	23574	28.9
1990	3603	13.4	2000	26648	32.1

根据该地区的经济预测,2010 年人均 GDP 将达到 8.5 万元,计算得到 2010 年该地区的全社会综合客运量为

$$y = 875.66 \times 85000^{0.2886} = 23172 (万人次)$$

根据历年人均 GDP、年人均乘车次数与综合客运量之间关系的分析,得到以下二元线性回归模型

$$y = 574.2548 \times A + 0.02758 \times B - 476.542$$

式中:y——综合客运量(万人);

A——年人均乘车次数;

B——人均 GDP(元)。

对历史数据的分析表明,人均 GDP、年人均乘车次数与综合客运量有着很高的相关性,相应的相关系数为 $R = 0.99$。可以利用该模型对未来的综合客运量进行预测。

根据该地区的经济预测,2010 年人均 GDP 将达到 8.5 万元,年人均乘车次数达到 48 次,因此综合考虑该地区人均 GDP 和年人均乘车次数对综合客运量的影响,该地区 2010 年的综合客运量将达到

$$y = 574.2548 \times 48 + 0.02758 \times 85000 - 476.542 = 29431 (万人次)$$

(3) 弹性系数预测

以综合客运量的变化率和 GDP 的变化率之比作为综合客运量对经济指标的弹性系数。

现根据该地区的国民经济发展计划,未来 10 年内 GDP 的平均增长率为 12%;根据地区经济和交通运输发展阶段分析,认为未来 10 年内弹性系数平均为 0.35。

因此,根据式(7-156),该地区未来 10 年间综合客运量的平均增长率为

$$0.35 \times 12\% = 4.2\%$$

预测基年 2000 年该地区的综合客运量为 18559 万人次,因此采用弹性系数法预测 2010

年综合客运量为

$$18559 \times (1 + 4.2\%)^{10} = 28005 (万人次)$$

从这个典型问题可以看出,工程中针对同一个预测对象,采用不同的预测方法将得到不同的结果。由于不同的预测方法有着不同的特点,因此在预测过程中为了提高预测结果的可靠性,一般应采用多种预测方法,并对预测结果进行分析,从多个预测结果中选择并确定最终采用的预测结果。如本例中,分别采用时间序列预测、人均 GDP—综合客运量一元回归分析、人均 GDP—年人均乘车次数—综合客运量二元回归分析以及弹性预测法预测 2010 年综合客运量分别为 31216 万人次、23172 万人次、29431 万人次、28005 万人次,根据该地区社会经济发展特点,最终认为 2010 年该地区综合客运量将达到 29000 万人次。

(二)城市道路交叉口高峰小时流量预测

例 7-16 某城市道路交叉口 1996—2000 年观测的高峰小时交通量如表 7-18 所示。根据已观测到的高峰小时交通量,预测 2001 年的交叉口高峰小时交通量。

交叉口 1996—2000 年高峰小时交通量 表 7-18

年份	1996	1997	1998	1999	2000
高峰小时交通量	714	719	726	731	735

解 交叉口高峰小时交通量的大小,与多种因素相关。虽然各种因素之间的关系无法确切描述,但高峰小时交通量是这些因素共同作用的结果。因此,高峰小时交通量可以视为灰色量,采用灰色模型法对交叉口高峰小时交通量进行预测。

原始交通量数列

$$x^{(0)} = \{714, 719, 726, 731, 735\}$$

一阶累加新数列

$$x^{(1)} = \{714, 1433, 2159, 2890, 3625\}$$

对一阶生成数列 $x^{(1)}$,建立预测模型的 GM 方程为

$$\frac{dx^{(1)}}{dt} + ax^{(1)} = u$$

式中:a、u——待估参数。

由式(7-138)得

$$\hat{a} = \begin{bmatrix} a \\ u \end{bmatrix} = (B^T B)^{-1} B^T Y_n$$

$$Y_n = [x^{(0)}(2), x^{(0)}(3), x^{(0)}(4), x^{(0)}(5)]^T = [719, 726, 731, 735]^T$$

$$B = \begin{bmatrix} -\frac{1}{2}[x^{(1)}(1) + x^{(1)}(2)] & 1 \\ -\frac{1}{2}[x^{(1)}(2) + x^{(1)}(3)] & 1 \\ -\frac{1}{2}[x^{(1)}(3) + x^{(1)}(4)] & 1 \\ -\frac{1}{2}[x^{(1)}(4) + x^{(1)}(5)] & 1 \end{bmatrix} = \begin{bmatrix} -1073.5 & 1 \\ -1796 & 1 \\ -2524.5 & 1 \\ -3257.5 & 1 \end{bmatrix}$$

解得
$$a = -0.0072, u = 712.0480$$
根据式(7-146),相应的预测模型为:
$$\hat{x}^{(1)}(k+1) = 99609.5556\mathrm{e}^{0.0072t} - 98895.5556$$
应用得到的预测模型对2001年交叉口高峰小时交通量进行预测。

2001年的交叉口预测高峰小时交通量为
$$N_{2001} = \hat{x}^{(1)}(6) - \hat{x}^{(1)}(5) = 99609.5556(\mathrm{e}^{0.0072 \times 5} - \mathrm{e}^{0.0072 \times 4}) = 741$$

利用交叉口高峰小时交通量观测数据,应用灰色理论进行预测,避免了确定高峰小时交通量增长率的困难,是一种简单可行的方法。

(三)运输市场占有率预测

例7-17 某地区有3家规模与服务质量相近的货运公司A、B、C。目前A公司的货运市场占有率为40%,B、C公司均为30%。经市场调研后发现:去年选择A公司的客户,今年有40%仍然选择A公司,而各有30%转而选择B、C公司;去年选择B公司的客户,今年有30%仍然选择B公司,而有60%转向A公司、10%转向C公司;去年选择C公司的客户,今年有30%仍然选择C公司,而有60%转向A公司、10%转向B公司。根据以上资料,预测近几年的货运市场占有率。

解 马尔可夫过程是研究对象状态及其转移的理论,现常用其预测未来市场占有率。
根据目前的运输市场占有率可知,运输市场占有率的初始状态向量S_0为
$$S_0 = (S_1, S_2, S_3) = (0.4, 0.3, 0.3)$$

市场调研得到的客户流动状况就是状态的转移。根据客户流动情况调查结果,得到一步状态转移概率矩阵P

$$P = \begin{bmatrix} P_{11} & P_{12} & P_{13} \\ P_{21} & P_{22} & P_{23} \\ P_{31} & P_{32} & P_{33} \end{bmatrix} = \begin{bmatrix} 0.4 & 0.3 & 0.3 \\ 0.6 & 0.3 & 0.1 \\ 0.6 & 0.1 & 0.3 \end{bmatrix}$$

一步状态转移概率矩阵中的元素P_{ij}表示系统从状态i经过一步转移到状态j的概率。在当前的市场调研结果下,预测明年运输市场占有率状态向量S_1为

$$S_1 = S_0 \times P = \begin{bmatrix} 0.4 & 0.3 & 0.3 \end{bmatrix} \begin{bmatrix} P_{11} & P_{12} & P_{13} \\ P_{21} & P_{22} & P_{23} \\ P_{31} & P_{32} & P_{33} \end{bmatrix} = \begin{bmatrix} 0.52 & 0.24 & 0.24 \end{bmatrix}$$

预测得到明年A、B、C三家公司的市场占有率分别将为52%、24%、24%。
预测后年运输市场占有率状态向量S_2为

$$S_2 = S_0 \times P^2 = \begin{bmatrix} 0.4 & 0.3 & 0.3 \end{bmatrix} \begin{bmatrix} P_{11} & P_{12} & P_{13} \\ P_{21} & P_{22} & P_{23} \\ P_{31} & P_{32} & P_{33} \end{bmatrix}^2 = \begin{bmatrix} 0.496 & 0.252 & 0.252 \end{bmatrix}$$

预测得到后年A、B、C三家公司的市场占有率分别将为49.6%、25.2%、25.2%。

二、交通系统优化案例

交通系统优化问题在交通信息与控制、道桥设计、交通运输、城市网络规划等方面都有

广泛的应用,为交通领域的工程、管理、科研问题提供了有力的工具。这里就交通运输规划讨论有关系统优化应用的问题。

首先对于交通系统优化的实际应用,一般要注意以下几点:

(1)确定供选方案

在建模之前,需要搜集与研究课题相关的资料与数据,在此基础上,确认建模的可供选择的方案,并用变量来描述。实际应用中的可供选择的方案从城市网络的可行路径集中选取,$P = \bigvee_{(i,j)} P_{ij}$。

(2)提出规划目标

在资料搜集的基础上,根据实际需要和可能,提出建模的极大化或极小化的目标,并以数学关系式表示。这就意味着,要结合实测道路交通流量来提出运输流量的理想目标,尤其是以服务功能为主的某些路段,更要提出合适的流量目标。一般来说,希望得到的各路段的交通流量尽可能接近流量目标。

(3)给出价值标准

在提出规划目标之后,需要拟定合理的价值标准,通过该标准,即可认为符合规划目标。运输系统中力争实现供需平衡点,使总的发展趋势趋于平衡。

(4)寻求限制条件

通常都是通过各个变量之间的一些不等式或等式来实现的。不同的供需特性呈现的限制条件也不尽相同,同时,服务质量与流量之间的密切关联也体现了交通运输系统的基本特征。其次给出两个基础理论:用户均衡原则(User Equilibrium,UE)与系统最优原则(System Optimal,SO)。

Wardrop 第一原则认为,路径上的出行者独立做出最小出行时间的决策,最终使得在相同的 OD 对之间,所有使用路径的出行时间相等且最小,所有未被使用路径的出行时间不小于使用路径的出行时间。

Wardrop 第二原则认为,路径上的出行者以整个网络的出行时间最小为目标,独立做出最小出行时间的决策,最终使得所有出行者形成井然有序的路径走向,并且路径总出行时间最小。

不难看出,在系统最优的状态下,交通运输路径得到充分利用,交通网络效应得到最大限度的发挥。

在上述理论的基础上,我们求解实际非线性问题,常常是非常复杂的迭代过程,因此这里介绍一种矩阵计算的数学软件——MATLAB,它不仅可以用于计算非线性规划问题,还可用于人工智能的神经网络编程和图像识别处理等。下面以一般非线性规划为例简单介绍该软件,并给出一个具体的交通运输算例。

一般非线性规划的标准型为

$$\begin{aligned}&\min F(X)\\&\text{s.t.} AX \leq b \quad Aeq.X = beq \quad G(X) \leq 0\\&Ceq(X) = 0 \quad VLB \leq X \leq VUB\end{aligned} \quad (7\text{-}175)$$

其中 X 为 n 维变元向量,$G(X)$ 与 $Ceq(X)$ 均为非线性函数向量,其他变量的含义与前章的线性规划、本章的二次规划相同,通过 MATLAB 求解标准型,基本步骤为

步骤 1：首先建立 M 文件 fun.m，用作定义目标函数 $F(X)$
$$\text{function } f = \text{fun}(X); f = F(X)$$
步骤 2：若约束条件中有非线性约束：$G(X) \leq 0$ 或 $Ceq(X) \leq 0$；则建立 M 文件 nonlcon.m，定义函数 $G(X)$ 与 $Ceq(X)$：function $[G, Ceq]$ = nonlcon(X)。

步骤 3：应用 fmincon 函数建立程序求解，命令格式如下：

(1) x = fmincon('fun', x0, A, b)
(2) x = fmincon('fun', x0, A, b, Aeq, beq)
(3) x = fmincon('fun', x0, A, b, Aeq, beq, VLB, VUB)
(4) x = fmincon('fun', x0, A, b, Aeq, beq, VLB, VUB, 'nonlcon')
(5) x = fmincon('fun', x0, A, b, Aeq, beq, VLB, VUB, 'nonlcon', options)
(6) [x, fval] = fmincon(…)
(7) [x, fval, exitflag] = fmincon(…)
(8) [x, fval, exitflag, output] = fmincon(…)

注意：若在非线性条件中给出梯度，有且只有上下界存在或只有等式约束时，fmincon 函数将选择大型算法，当既有等式约束又有梯度约束时，选择中型算法。此外，fmincon 函数会依据给出的初始解，给出可能的局部最优解。

例 7-18 某城市道路每条路径车辆的小时平均增量为 2 辆/h（标准车），随着车辆的逐渐增加，城市道路网络的通畅度会相应降低，并对此进行估算，如表 7-19 第一、二行，为尽快消散交通拥堵，交通规划单位投入一定的固定投资费用，欲建立若干可变标志牌，令畅通度有所提高，给定一个通畅度提高系数，假定统计得固定投资费用与通畅度提高系数的关系，问：如何设置可变标志牌，可使得在保证道路畅通的同时，费用也最低。

道路及投资相关数据表　　　表 7-19

车辆增量(辆/h)	2.0	2.5	3.0	3.5	4.0	4.5	5.0	5.5	6.0
预期通畅度	4.1	3.8	3.4	3.2	2.9	2.8	2.5	2.2	2.0
固定投资费用(万元)	0	1	2	3	4	5	6	7	8
通畅度提高系数	1.0	1.4	1.7	1.9	2.0	2.0	1.9	1.8	

解 设 x 为车辆增量，y 为预期通畅度，z 为固定投资费用，f 表示通畅度提高系数。固定投资之后，实际通畅度为 Y，交通规划单位因此获得的利润为 V。

其程序如下：
```
Clear all;
x = [2.0, 2.5, 3.0, 3.5, 4.0, 4.5, 5.0, 5.5, 6.0];
Y = [4.1, 3.8, 3.4, 3.2, 2.9, 2.8, 2.5, 2.2, 2.0];
figure (1);
plot (x', Y', '-*')
z = [0, 1, 2, 3, 4, 5, 6, 7, 8];
f = [1.0, 1.4, 1.7, 1.9, 2.0, 2.0, 1.9, 1.8, ]
figure (2); plot (z', f', '-*')
```

由表 7-19 可知预期通畅度 y 随着车辆增量 x 的增加而单调下降,而通畅度提高系数车辆增量随固定投资费用 z 的增加而增加,且在费用达到 5 万元时达到高峰。从以上两图易知,车辆增加量 x 与预期通畅度 y 近似于一条直线,固定投资费用 z 与通畅度提高系数 f 近似于一条二次曲线,为此建立拟合函数模型,令

$$\begin{cases} y = ax + b \\ f = c + dz + ez^2 \end{cases} \quad (7\text{-}176)$$

式中:a、b、c、d、e——待定系数。

再建立优化模型

$$\max_{x,z} = (c + dz + ez^2)(ax + b)(x - 2) - z \quad (7\text{-}177)$$

$$\text{s.t.} \begin{cases} x > 0 \\ z > 0 \end{cases}$$

模型求解:先求拟合函数的系数 a,b,c,d,e,并画出散点图(图 7-7)和拟合曲线(图 7-8),程序命令(接上面的程序)为:

>> a1 = polyfit(x,Y,1);
a2 = polyfit(z,f,2);

运行结果为:

a1 = -0.5133   5.0422   a2 = -0.0426   0.4092

即拟合函数的系数 $a = -0.5133, b = 5.0422, c = 1.0188, d = 0.4092, e = -0.0426$。

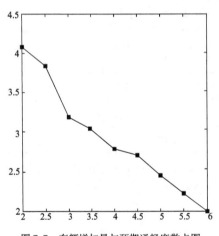

图 7-7　车辆增加量与预期通畅度散点图

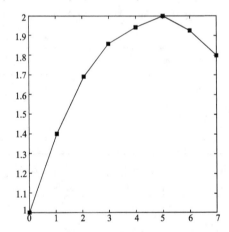

图 7-8　固定投资费用与通畅度提高系数散点图

其次求解优化模型,因 MATLAB 中仅能求极小值,程序命令为:

function y = nline(x)
x(2) - (-0.5133 * x(1) + 5.0422) * (-0.0426 * x(2)^2 + 0.4092 * x(2) + 1.0188) * (x(1) -2);

在命令窗口中输入:

>> [x,fval] = fmincon('nline',[5;3.3],[],[],[],[],[0;0],[])　　% 求解规划

问题

输出如下：

Maximum number of function evaluations exceeded;
Increase OPTIONS. MaxFunEvals.

X = 1.0e + 013 *

  1.1504

  0.0000

fval = −1.0449e + 014

即当车辆增量 $x = 5.9115$ 时，固定投资费用 $z = 3.083$ 万元时，交通规划单位预期的利润最多，为 11.6631 万元。

本章习题

1. 什么是预测？简述预测的基本步骤。

2. 什么是定性预测？定性预测包括哪些预测方法？什么是德尔菲法？德尔菲法有哪些优缺点？

3. 某地区公路网规划中需预测 2001 年的综合客运量，现调查收集到该地区 1981—2000 年这 20 年综合客运量数据如习题表 7-1 所示，根据上述条件分别使用移动平均法和指数平滑法预测该地区 2001 年综合客运量，并对预测结果作对比分析。

某地区历年综合客运量(万人次/年)　　　　　　　　　　习题表 7-1

年份	综合客运量	年份	综合客运量	年份	综合客运量	年份	综合客运量
1981	6140	1986	6851	1991	8082	1996	12104
1982	6663	1987	9287	1992	13927	1997	16473
1983	7101	1988	8807	1993	11810	1998	14291
1984	7517	1989	8125	1994	10586	1999	16845
1985	7324	1990	7519	1995	19863	2000	18559

4. 习题表 7-2 为某城市 1990—1999 年汽车保有量与人均 GDP 统计数据。试用一元线性回归预测 2000 年该城市汽车的保有量。

1990—1999 年汽车保有量与人均 GDP 数据　　　　　　习题表 7-2

年　份	人均 GDP(元)	汽车保有量(辆)	年　份	人均 GDP(元)	汽车保有量(辆)
1990	1652	58041	1995	4946	69802
1991	1917	59621	1996	5762	71311
1992	2321	62713	1997	6388	73521
1993	3296	67725	1998	6997	76308
1994	4419	68930	1999	7528	79532

5. 某城市道路交叉口 2006—2010 年观测的高峰小时交通量如习题表 7-3 所示。请根

据已观测到的高峰小时交通量,用灰色模型法预测 2011 年的交叉口高峰小时交通量。

交叉口 2006—2010 年高峰小时交通量   习题表 7-3

年　份	2006	2007	2008	2009	2010
高峰小时交通量	714	719	726	731	735

6. 某市 2000—2009 年 GDP 统计数据如习题表 7-4 所示。根据地区经济和交通运输发展阶段分析,认为未来 10 年内弹性系数($e = I_R/I_E$,e——公路货运量弹性系数;I_R——公路货运量增长率;I_E——国民经济增长率)平均为 0.35。2010 年该市的综合客运量为 18559 万人次,采用弹性系数法预测 2010 年综合客运量。

2000—2009 年 GDP 统计数据   习题表 7-4

年　份	GDP(万元)	年　份	GDP(万元)
2000	306867	2005	962001
2001	358603	2006	1137364
2002	437264	2007	1280130
2003	627291	2008	1430164
2004	851636	2009	1564299

7. 已知某交通网络,如习题图 7-1 所示,设 OD 之间的交通量为 Q,有两条路径相连接。以行驶时间代表阻抗,路径 1 行驶时间较短,但通行能力较小;路径 2 行驶时间较长,但通行能力较大。假设两条路径各自的行驶时间与交通流量关系为:

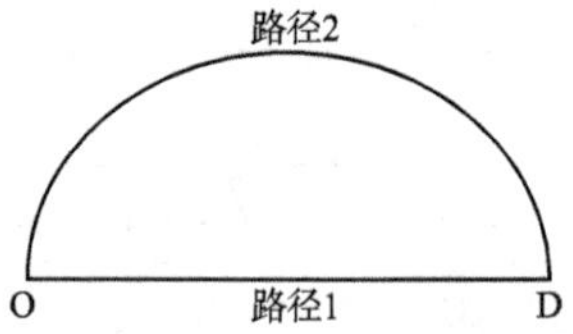

$$\begin{cases} t_1 = 10 + 0.02x_1 \\ t_2 = 15 + 0.005x_2 \end{cases}$$

习题图 7-1　路径图

试着回答下列问题:

(1)当 $Q = 2000$ 时,用 Beckmann 模型求解用户最优均衡分配结果。

(2)当 $Q = 2000$ 时,按照系统最优原理求解分配结果。

(3)根据 Wardrop 第一原理,如果两条路径都会被用户选择,Q 应该满足什么条件?

第八章 交通系统决策问题

第一节 决策分析基础

一、决策的概念

决策是人们在政治、经济、技术和日常生活中普遍存在的一种行为,是管理中经常发生的一种活动。决策其实就是决定的意思,它是为了实现特定的目标,根据客观的可能性,在占有一定信息和经验的基础上,借助一定的工具、技巧和方法,对影响目标实现的诸因素进行分析、计算和判断选优后,对未来行动做出决定。决策分析是一门与经济学、数学、心理学和组织行为学密切相关的综合性学科。它的研究对象是决策,其研究目的是帮助人们提高决策质量,减少决策的时间和成本。因此,决策分析是一门创造性的管理技术,它包括发现问题、确定目标、确定评价标准、方案制订、方案选优和方案实施等过程。

决策本质是一个优化过程,是一个反复分析、比较、综合并做出选择的过程。实际生活和生产中,凡是对于同一问题,面临几种情况,而又有多种方案可供选择时,就形成一个决策。

由于人类的社会活动是多方面、多领域、多层次的,因而,有关的决策问题和决策活动也是多方面、多领域、多层次的。从宏观上来讲,有政治上的决策、军事上的决策、经济上的决策、文教、科技、艺术上的决策等。从微观上讲,有具体到一个企业、一个部门的日常生产经营方面的决策。

决策的科学概念有以下几个显著的特点:

(1)决策一定要有预定目标,没有目标就无从决策。这个目标可以是具体的数量指标,如利润最大或损失最小等;也可以是非数量化的指标,如解决某些棘手的政治问题或军事纠纷等。

(2)决策总是要付诸实施的,不准备实施的决策是多余的。

(3)决策总是在某种条件(现实条件或可争取到的条件)下寻找优化目标和达到优化目标的手段,不追求优化的决策是没有意义的。

(4)决策总是在若干个有价值的方案中进行选择。一个方案若无从选择或没有选择则无从优化。

(5)决策是一个完整的动态过程,这一过程不单指对备选方案的选定,而是指确定目标、制定方案、选定方案、实施方案直至目标的实现。

随着我国国民经济的高速发展,城市化进程加快、机动车拥有量迅速增加,交通运输需求也迅速增加,交通运输供需不平衡的矛盾日益尖锐。制定正确、科学、合理的交通决策,建立可持续发展的交通环境,为新世纪我国国民经济的全面发展奠定基础,这是亟待解决的课题。

所谓交通系统决策是指通过对交通信息的加工与管理、仿真试验分析、多样化的输出信息表达等方式,在深入剖析交通系统的内在发展规律的基础上,为交通规划工作提供必要的技术支持,是进行相关的分析与决策所不可缺少的工具。交通系统决策问题,就是在交通系统中与交通运输活动有关的决策问题,如交通运输经济决策、交通运输科技决策、交通运输发展决策等。

二、决策的要素

决策有多种形式、多个层次和不同范围,以及各种各类决策中决策所包含的不变的东西,或称之为必有的组成部分,这就是决策的基本要素。决策者、决策对象、决策信息、决策方法、决策结果是决策的五大基本要素。

决策者,指决策系统的主观能力的体现者。这个体现者可以是个人或集团(决策机构)。决策者的基础是他的智、能、素质结构,关键是决策权力。

决策对象,指在人的意志指导下,只能对之施加影响处某一层次,并具有明确边界的系统,它可以是人、物或人物关系体。

决策信息,信息是事物之间的必然联系。决策信息是指与决策系统相关联的信息,包括决策者与决策对象构成的决策系统内部的相互联系的内信息及决策系统与外界发生的必然联系,即外信息。内信息是系统变化发展的依据。外信息是系统运动、变化发展的条件。

决策方法,决策者对确定的决策信息和决策对象进行分析、综合及合理计算得出决策方案过程中所采取的一切具有规律性的方式、手段称为决策方法。决策方法具体应用对象是不统一的,可以依据不同的决策环境采取不同的决策方法。

决策结果,决策者利用决策方法对决策信息和决策对象进行研究,最后确定的决策结论就是决策结果。决策结果可以有多种表达形式,如思想、语言、图表、软件等。

三、决策的内容

决策内容是广阔和复杂的,从具体决策的分析中抽象出的共性事物看,决策内容分为两大类,第一类是目的性内容,即决策行为所追求的结果;第二类是措施性内容,即为了实现结果所采取的行为方式。第二类之中又可根据内容对决策系统影响的重要程度、影响范围和影响时期分为战略性和战术性决策内容。

(1)决策系统的发展方向:方向是指决策系统的目的决定的行为趋势,发展是指符合决策系统价值准则的变化。方向的确定起因于目的,因而决策内容应首先包括决策系统的目的,即决策系统的长远的、整体的、根本的利益。价值准则是指对其目的定性和与定量的表述,是决策系统目的的具体体现。根据价值准则确定的评价事物的具体指标叫评价标准。

确定发展方向必须确定发展的价值准则和评价标准。因此,决策系统发展方向的确定包括价值准则和评价标准的确定。

(2)决策系统的阶段目标:决策的目的在于实现决策系统的目的,目的的实现是长期、复杂的过程,因而目的实现的过程必然表现出阶段性,即目的实现需要一定的过程。把握决策系统发展的阶段性,做好长远发展的统筹安排,称为战略部署,依据战略部署,分析各阶段的环境与条件就一定发展阶段提出发展目标。目标是指决策者根据发展阶段的主客观条件来定要实现目的的程度的度量。因此,决策的阶段目标包括战略部署与各阶段的具体目标。

(3)决策系统的战略性措施:战略性措施包括发展方针、路线、原则、政策。发展方针、路线侧重于决策系统发展的基本宏观的管理准则,而原则、政策侧重于决策系统的实践行为准则。

(4)决策系统的战术性措施:战术性措施包括计划、组织、控制、人事、条件、方式、方法等。其中计划、组织、控制、人事侧重于对决策系统结构的调整,对实践群体的整体性调控,条件、方式、方法则侧重于实践行为过程的设计与调控。

四、决策的过程

决策过程一般包括准备、计划、选择、实施控制四个阶段,见图8-1。

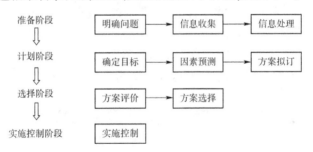

图8-1 决策过程

准备阶段主要包括明确决策问题、相关信息的收集和处理,即明确决策问题的性质、背景、特征、条件,收集与决策问题相关的政治、经济、社会和技术等方面的信息资料,并按照一定的要求将收集到的信息进行分析、加工和处理。

计划阶段在对所掌握的信息进行分析研究的基础上,确定预测目标,并对影响预测结果的重要因素进行预测。在此基础上提出可行方案,并对方案进行研究和论证。

选择阶段计算出不同方案在不同自然状态下的益损值,即对各种可行方案进行分析评价,在此基础上,按照一定的价值准则选择满意方案。

当前的决策是基于对事物过去、现在的认识和对将来预测基础上的,但在决策方案实施过程中,常会出现偏差或未预料的新情况。因此,决策方案不是一成不变的,需要在实施过程中根据实际情况不断调整和补充。

五、决策问题的分类

从不同角度出发,可以对决策进行不同的分类。例如,根据决策者地位的高低,可将决策分为:高层决策、中层决策和基层决策;根据所需做出决策的次数,可分为:一次决策和多阶段决策;根据决策的内容可分为:战略决策和战术决策;根据决策目标的个数可分为单目标决策和多目标决策……下面我们着重说明另一种分类方法。

决策就是决定未来的行动方案。未来必将出现什么状态,或可能出现什么状态,这对决策分析的方法和结果有着重大的影响。根据对未来状态的把握程度的不同,决策问题可分为以下三类。

(1)确定型决策

若未来的自然状态是确定的,则这种问题的决策就称为确定型决策。当可供选择的方案不多时,对这种问题很容易做出决策。但是,实际问题中,可供选择的方案往往很多,就需要根据问题的性质选用线性规划、动态规划或其他有效的方法来解决。

(2)不确定型决策

在具有多个自然状态的决策问题中,如果对各自然状态在未来发生的可能性一无所知,也就是在进行决策时,决策者不知道哪个状态会发生,哪个状态不会发生,哪个状态发生的可能性大,哪个状态发生的可能性小,那么,对这种问题的决策,就是不确定型决策,我们将简要介绍几种有关的决策方法。

(3)风险型决策

在具有多个自然状态的决策问题中,决策者虽然不知道未来哪一个状态一定发生,但知道(或可估计)每个状态发生的可能性有多大,即知道(或可估计)各自然状态发生的概率。这时,决策者即可根据概率论和统计学的知识,做出统计意义上的决策。由于这时决策者总要冒一定的风险,故称为风险型决策(或概率型决策、统计决策)。一般情况下,决策者总要设法获得关于状态发生的一些信息,因此这种决策问题在实际中大量存在。

第二节　确定型决策和不确定型决策

一、确定型决策

在确定型决策中,决策信息是明确的,决策方案的结局也是确定的。实际上,绝大多数的决策问题都因为决策环境和信息等的不确定而不可能是确定型的决策。但很多决策问题经过简化处理,可以作为确定型决策问题来解决。

解决确定型问题的方法有很多,最终都是比较各种方案的价值,描述如下

$$a^* = \max V(a_i) \tag{8-1}$$

式中:a_i——各种方案的集合中第 i 个方案;

$V(a_i)$——方案 a_i 的价值函数值;

a^*——最佳方案。

二、不确定型决策

(一)等可能准则

决策者在决策过程中,不能肯定哪种状态容易出现,哪种状态不容易出现时,则认为这些状态出现的可能性(概率)是相同的。将每个方案在各种可能情况下的收益加以平均,收

益值最大的方案就是最优方案,故等可能准则也称平均值准则。

例 8-1 某种产品的生产方案有 4 种,产品投入市场后的效益情况有不好、一般、好三种。但是三种情况的概率难以估计,12 种结局的收益如表 8-1 所示,试选择最佳方案。

各方案收益情况(万元) 表 8-1

收益 方案	好	一般	不好	收益
方案 1	400	700	500	533
方案 2	800	500	400	567
方案 3	500	600	400	500
方案 4	500	600	600	567

解 由等可能准则

$$方案 1 \text{ 收益} = \frac{400+700+500}{3} = 533$$

$$方案 2 \text{ 收益} = 567$$

$$方案 3 \text{ 收益} = 500$$

$$方案 4 \text{ 收益} = 567$$

故方案 2 与方案 4 是最佳方案。

(二)悲观准则

当决策者对决策问题不明确时,担心决策失误会引起损失,对损失特别敏感。所以,在进行决策时,小心谨慎,总是抱着悲观的态度,从最坏的角度考虑,也从最坏的结果里争取最好的结果,因此又叫极大极小决策标准。

例 8-2 为改善某交叉口的交通状况,提出了三个方案。方案甲:修建高标准立交桥,投资最大,收益也最大;方案乙:修建简易立交桥,投资较少,收益也较少;方案丙:改建原有设施,调整车流运行方式,加强交通管理,投资最少,收益也最少。预测未来该路口交通量的增长情况有三种:迅速增长、一般增长和缓慢增长。各方案相应于不同交通量增长情况的效益净现值如表 8-2 所示。

各方案效益净现值(万元) 表 8-2

状态 方案	迅速增长	一般增长	缓慢增长	最小收益
甲	100	50	30	30
乙	60	80	50	50
丙	40	60	70	40
		max{30,50,40}	= 50	

$\max\{30,50,40\} = 50$,相应的方案为乙,即方案乙为采用悲观准则得到的最优方案。

(三)乐观准则

乐观准则与悲观准则标准相反,其特征为:实现方案选择的乐观准则。进行决策时,决策者不放弃任何一个获得好结果的机会,争取大中取大,充满乐观精神,决策者对收益非常敏感。该方法的思想是对客观情况总是抱着乐观的态度,考虑最有利情况,因此又称极大极大决策标准。

对于例8-2,先计算每个方案各种状态下的最大收益,再计算各方案最大收益中的最大值。如表8-3所示。

各方案效益净现值(万元)　　　表8-3

状态 方案	迅速增长	一般增长	缓慢增长	最大收益
甲	100	50	30	100
乙	60	80	50	80
丙	40	60	70	70

$$\max\{100,80,70\} = 100$$

$\max\{100,80,70\} = 100$,相应的方案为甲,即方案甲为采用乐观准则得到的最优方案。

(四)折中准则

悲观准则和乐观准则的倾向性较大。往往决策人员对客观条件的估计既不那么悲观,也不那么乐观,主张从中平衡一下,用一个系数表示乐观程度,称为乐观系数,记为 α。因此,该准则又称乐观系数准则。

这种方法首先选定 $\alpha(0 \leq \alpha \leq 1)$,然后根据每一方案的最大收益 A_i 和最小收益 B_i 计算相应的折中值

$$H_i = \alpha A_i + (1-\alpha)B_i \quad (i = 1,2,\cdots) \tag{8-2}$$

折中值最大的方案就是最优方案。

乐观系数 α 的取值根据问题的性质而定,α 越大越乐观,α 越小越悲观。α 取 1 时为乐观准则,α 取 0 时为悲观准则。

在例8-2中,用折中标准求解最优方案,取 $\alpha = 0.7$。计算结果见表8-4所示。

各方案效益净现值(万元)　　　表8-4

状态 方案	迅速增长	一般增长	缓慢增长	最大收益	最小收益	折中收益
甲	100	50	30	100	30	79
乙	60	80	50	80	50	71
丙	40	60	70	70	40	61

$$\max\{\alpha A_i + (1-\alpha)B_i\} = \{79,71,61\} = 79$$

即方案甲为最优方案。

(五)遗憾准则

遗憾准则也称"后悔值"准则。决策者制定决策后,若情况未能符合理想,必将有后悔的感觉,或者引以为憾。该方法的思路是,每一种自然状况下总有一个方案可以达到最好的情况或取得最优值,如果选择其他方案其结果将达不到最优值,相应的差值称为后悔值。一般将一个方案中各自然状态下的最大后悔值作为该方案的后悔值,然后从各方案中,将具有最小后悔值的方案选作最优方案。

遗憾准则的求解方法是首先确定各自然状态发生时的最优方案,这时每个方案在各状态下的后悔值为该状态下的最大收益值减去其他方案的收益值。比较各方案的后悔值,最小后悔值所对应的方案即是最优方案。

对于例8-2,先计算每个方案在各状态下的后悔值,再计算各方案的后悔值。最后计算各方案后悔值中的最小值。如表8-5所示。

各方案效益净现值(万元)　　　　　　　　　　　表8-5

状态 方案	迅速增长	一般增长	缓慢增长	后悔值
甲	0	30	40	40
乙	40	0	20	40
丙	60	20	0	60
		min{40,40,60} = 40		

即此时有两个方案可供选择:甲方案或乙方案,后悔值均为40万元。

第三节　风险型决策

风险型决策是指在决策问题中,决策者除了知道未来可能出现哪些状态以外,还知道这些状态出现的概率分布。即状态是随机变量,当它的出现是某种概率分布时,决策是风险型的。风险型决策常用的决策方法有最大可能准则、期望值准则、决策树法等。

一、最大可能准则

最大可能准则的基本思想是将风险型决策问题转化为确定型决策问题。风险型决策问题中,每种自然状态的发生都有一个概率值,某种状态发生的概率越大,说明该状态发生的可能性越大。基于这种想法,在风险型决策中,当某种状态出现的概率远比其他状态大得多的时候,就可以忽略其他状态,而只考虑概率特别大的这一种状态。这样,风险型决策问题就转变成确定型决策问题。

例8-3　以例8-2所述问题为例,说明最大可能准则的决策过程。假设三种状态出现的概率分别为:0.7、0.2、0.1,此时,路口交通量迅速增长的情况出现的可能性非常大,故不再考虑其他两种情况,只考虑交通量迅速增长这一情况。分别用最大收益标准和最小损失标准决策,计算结果见表8-6。

各方案收益及损失　　　　　　　　表8-6

方　案	收益值标准	损失值标准
甲	100	0
乙	60	40
丙	40	60
决策	max{100,60,40} = 100	min{0,40,60} = 0

故：选择甲方案。

用最大可能准则对风险型问题进行决策适用于某个状态出现的概率比其他状态出现的概率大得多,而它们相应的益损值相差不是很大时,用这种方法进行决策能得到较好的效果。相反,如果一组自然状态出现的概率都很小,并且互相接近,采用这种方法会造成决策失误。

二、期望值准则

在风险型决策问题中,未来出现哪种状态是不确定的,是一个随机事件,每一可行方案能获得的收益也是个随机事件,但获得某个收益的概率是知道的。因此,每一可行方案所能获得收益的数学期望值为

$$E(A_i) = \sum_{j=1}^{n} P(j) C_{ij} \tag{8-3}$$

式中：A_i——第 i 个可行方案；

$E(A_i)$——第 i 个可行方案的收益期望值；

$P(j)$——出现自然状态 j 的概率；

C_{ij}——可行方案 i 在自然状态 j 下的收益值。

在所有方案中,收益期望值最大的就是最优方案。

例8-4　仍以例8-2为例,据估计,交通量迅速增长的概率为50%,一般增长的概率为30%,缓慢增长的概率为20%。此时,问题就变成风险型决策问题了(表8-7)。

最大期望收益值标准决策　　　　　　　　表8-7

状态 方案	迅速增长 ($P=0.5$)	一般增长 ($P=0.3$)	缓慢增长 ($P=0.2$)	期望收益 $E(A_i) = \sum_{j=1}^{n} P(j) C_{ij}$
甲	100	50	30	$0.5 \times 100 + 0.3 \times 50 + 0.2 \times 30 = 71$
乙	60	80	50	$0.5 \times 60 + 0.3 \times 80 + 0.2 \times 50 = 64$
丙	40	60	70	$0.5 \times 40 + 0.3 \times 60 + 0.2 \times 70 = 52$
		max{71,64,52} = 71		

故应选择期望收益值最大的甲方案。

决策者制定决策后,若情况未能符合理想,将有后悔的感觉。每一种自然状况下总有一个方案可以达到最好的情况或取得最优值,如果选择其他方案其结果将达不到最优值,每种状态下的最大收益值与该状态下各方案收益值之差称为该状态下各方案的悔值。在应用期

望值准则时,除计算可行方案的收益期望值外,也可以根据各方案的悔值计算悔值期望值。从悔值期望值中选取最小值,相应的方案即为最优方案。

对于例 8-4,先计算各方案在不同状态下的悔值,见表 8-8。再计算各方案悔值的期望值。

最小损失期望值标准决策　　　　　　　　　　　　　　表 8-8

状态 方案	迅速增长 ($P=0.5$)	一般增长 ($P=0.3$)	缓慢增长 ($P=0.2$)	期望损失值
甲	0	30	40	$0.5\times0+0.3\times30+0.2\times40=17$
乙	40	0	20	$0.5\times40+0.3\times0+0.2\times20=24$
丙	60	20	0	$0.5\times60+0.3\times20+0.2\times0=36$

$$\min\{17,24,36\}=17$$

故应选择期望损失值最小的甲方案。

三、决策树法

决策树法是利用树形结构图辅助进行决策的一种方法。这种方法是把各种备选方案、可能出现的状态以及决策产生的结果,按照逻辑关系画成一个树形图,在树形图上完成对各种方案的计算、分析和选择。决策树由四个部分组成,结构如图 8-2 所示。

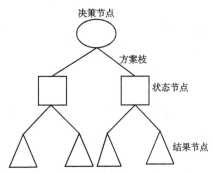

图 8-2　决策树结构

注:图中"○"代表决策节点,表示决策者要在此处进行决策。从它引出的每一个分支都代表决策者可能选取的一个方案。

"□"代表状态节点,从它引出的分枝代表其后续状态,分枝上的数字表示该状态发生的概率。

"△"代表结果节点,表示决策问题在某种可能情况下的结果。

1. 决策树法的使用步骤

(1) 画决策树

画决策树的过程就是建立决策问题的模型的过程。这种模型不是用数学公式来描述的,而是用一个树形图来反映的。

(2) 计算期望损益值

在决策树中,由结果节点开始,按照自右向左的方向,逐列计算每个状态节点和决策节点的期望损益值,并标在相应的节点上。

(3) 比较、剪枝、决策

在决策树中，比较状态节点的期望损益值，进行方案的选择。

若决策问题的目标是效益、利润、产值等，应取最大期望收益值对应的方案为最优方案。

若决策问题的目标是费用、成本、损失等，应取最小期望损失值对应的方案为最优方案。

将收益最大(或损失最小)的期望值标在相应的决策节点上，表示该方案即为决策选择的方案，其他的方案删除，称为剪枝。

2. 决策树法的算例分析

例8-5 某运输集团公司拟修建一个货物中转仓库，拟订了两个方案：一个是投资300万元投资大仓库；另一个是投资160万元建小仓库，经营期均为10年。据预测，在这10年经营期内，前3年货源好的概率为0.7；而若前3年货源好，则后7年货源好的概率为0.9；若前3年货源差，则后7年货源肯定差。另外，估计每年两个方案的损益值如表8-9所示，要求用决策树法确定应采用哪种投资方案。

两个投资方案损益值表 表8-9

投资方案	经营后的年损益值(万元)	
	货源好	货源差
大仓库	100	−20
小仓库	40	10

解 (1)画决策树

两个投资方案决策树如图8-3所示。

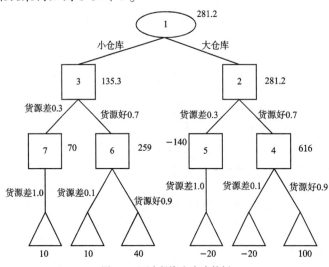

图8-3 两个投资方案决策树

(2)计算各事件节点值

节点2 = [0.7×100×3+0.3×(−20)×3]+[0.7×616+0.3×(−140)−300] = 281.2

节点3 = (0.7×40×3+0.3×10×3)+(0.7×259+0.3×70)−160 = 135.3

节点4 = [0.9×100+0.1×(−20)]×7 = 616

节点5 = [0.1×(−20)]×7 = −140

节点 6 = (0.9×40 + 0.1×10)×7 = 259
节点 7 = (1.0×10)×7 = 70

(3) 比较、剪枝、决策

比较节点 2 和节点 3 的收益期望值,节点 2 的收益期望值大,则有节点 1:max(281.2, 135.3) = 281.2。

故:最优方案为投资大仓库。在节点 1 上方标上收益期望值 281.2 万元,并剪去投资小仓库方案枝。

第四节　交通系统决策问题的应用实例

一、厂房建筑设计决策分析

例 8-6　某建筑公司拟建一预制构件厂,一个方案是建大厂,需投资 300 万元,建成后如销路好每年可获利 100 万元,如销路差,每年要亏损 20 万元,该方案的使用期为 10 年;另一个方案是建小厂,需投资 170 万元,建成后如销路好,每年可获利 40 万元,如销路差每年可获利 30 万元;若建小厂,则考虑在销路好的情况下 3 年以后再扩建,扩建投资 130 万元,可使用 7 年,每年盈利 85 万元。假设前 3 年销路好的概率是 0.7,销路差的概率是 0.3,后 7 年的销路情况完全取决于前 3 年;试用决策树法选择方案。

解　这个问题可以分前 3 年和后 7 年两期考虑,属于多级决策类型,如图 8-4 所示。

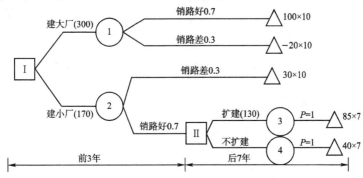

图 8-4　决策树图

考虑资金的时间价值,各点益损期望值计算如下:

点①
净收益 = [100×(P/A,10%,10)×0.7 + (-20)×(P/A,10%,10)×0.3] - 300 = 93.35(万元)

点③
净收益 = 85×(P/A,10%,7)×1.0 - 130 = 283.84(万元)

点④
净收益 = 40×(P/A,10%,7)×1.0 = 194.74(万元)

可知决策点Ⅱ的决策结果为扩建,决策点Ⅱ的期望值为 283.84 + 194.74 = 478.58(万元)。

点②
净收益 = (283.84 + 194.74)×0.7 + 40×(P/A,10%,3)×

$$0.7 + 30 \times (P/A, 10\%, 10) \times 0.3 - 170 = 345.62 (万元)$$

由上可知,最合理的方案是先建小厂,如果销路好,再进行扩建。在本例中,有两个决策点 I 和 II,在多级决策中,期望值计算先从最小的分枝决策开始,逐级决定取舍到决策能选定为止。

二、工厂建设投资方案决策分析

例 8-7 某投资者预投资兴建一工厂,建设方案有两种:①大规模投资 300 万元;②小规模投资 160 万元。两个方案的生产期均为 10 年,其每年的损益值及销售状态的规律见表 8-10。投资者又提出了第三个方案,即先小规模投资 160 万元,生产 3 年后,如果销路差,则不再投资,继续生产 7 年;如果销路好,则再作决策是否再投资 140 万元扩建至大规模(总投资 300 万元),生产 7 年。前 3 年和后 7 年销售状态的概率见表 8-11。试用决策树法选择最优方案。

各销售状态下各年损益值   表 8-10

销售状态	损益值(万元/年)	
	大规模投资	小规模投资
销路好	100	60
销路差	-20	20

销售概率表   表 8-11

出现概率	销售状态	
	好	差
前 3 年	0.7	0.3
后 7 年	0.9	0.1

解 (1)绘制决策树

如图 8-5 所示。

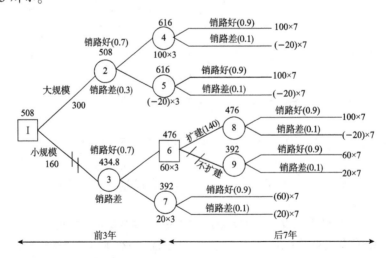

图 8-5 决策树图

(2)计算各节点的收益期望值,并选择方案

节点④
$$100 \times 7 \times 0.9 + (-20) \times 7 \times 0.1 = 616(万元)$$

节点⑤
$$100 \times 7 \times 0.9 + (-20) \times 7 \times 0.1 = 616(万元)$$

节点②
$$(616 + 100 \times 3) \times 0.7 + [616 + (-20) \times 3] \times 0.3 - 300 = 508(万元)$$

节点⑧
$$[100 \times 7 \times 0.9 + (-20) \times 7 \times 0.1] - 140 = 476(万元)$$

节点⑨
$$(60 \times 7 \times 0.9 + 20 \times 7 \times 0.1) = 392(万元)$$

节点⑧的收益期望值为476万元,大于节点⑨的收益期望值392万元,故选择扩建方案,剪去"不扩建"方案枝。因此,节点⑥的期望损益值取扩建方案的期望损益值476万元。

节点⑦
$$(60 \times 7 \times 0.9 + 20 \times 7 \times 0.1) = 392(万元)$$

节点③
$$[(476 + 60 \times 3) \times 0.7 + (392 + 20 \times 3) \times 0.3] - 160 = 434.8(万元)$$

节点③的期望损益值434.8万元,大于节点②的期望损益值508万元,故剪去"小规模投资"方案枝。

综上所述,投资者应该进行大规模投资。

三、邮寄包收费方案决策分析

例8-8 邮寄包收费标准如下:若收件地点在1000km以内,普通件2元/kg,挂号件3元/kg。若收件地点在1000km以外,普通件2.5元/kg,挂号件3.5元/kg;若质量大于30kg,超重部分每kg加收0.5元。请对邮寄包收费方案进行决策。

解 首先,绘制收费的原始决策表,并对其进行优化,优化后的决策表如表8-12所示。

优化决策表　　　　　　　　　　　　　　　　表8-12

	决策规则号	1	2	3	4	5	6	7	8
条件	普通件	Y	N	Y	N	Y	N	Y	N
	$W \leq 30$	Y	Y	Y	Y	N	N	N	N
	1000km以内	Y	Y	N	N	Y	Y	N	N
采取的行动	$2W$	×							
	$3W$		×						
	$2.5W$				×				
	$3.5W$						×		
	$2.5W + (W-30) \times 0.5$							×	
	$3.5W + (W-30) \times 0.5$								×

注:表中Y代表符合条件,N代表不符合条件,×代表最终选择所需的费用。

得到优化后的决策表,再绘制出决策树(质量用 W 表示),决策树如图 8-6 所示。

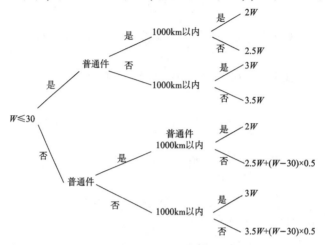

图 8-6 决策树图

故根据不同收费标准和邮包重量选择具体的最优方案。

本章习题

1. 某工程队正在施工,可供选择的施工方案有四种:P_1、P_2、P_3、P_4,不同的施工方案在不同天气状况下的收益是不同的。施工期间可能遇到的天气状态有四种:W_1(施工期间下雨天数 $D<10$ 天)、W_2(10 天$\leq D<20$ 天)、W_3($20\leq D<30$ 天)、W_4($D\geq 30$ 天)。不同施工方案在不同天气状况下的收益见习题表 8-1。

不同施工方案在不同天气状况下的收益(千元)　　习题表 8-1

施工方案	天气状况			
	W_1	W_2	W_3	W_4
P_1	40	70	30	35
P_2	95	75	65	40
P_3	80	45	90	35
P_4	60	50	65	45

试分别用:悲观准则、乐观准则、折中准则等可能性准则做出决策。

2. 某道路施工,管理人员需决策下个月是否开工:若开工以后天气好,能按时完工,则可获利 50000 元;若天气坏,则将损失 10000 元;若不开工,则窝工要付费 1000 元。据以往的气象资料预测下月天气好的概率是 0.3,天气坏的概率是 0.7,试做出决策。

3. 有两个道路建设方案:

一是建设高速公路,使用期限为 30 年,总投资 10000 万元,若在前 15 年交通量达到设计标准(10000 辆/日),则获得年收益 1500 万元;若交通量达不到设计标准,则年收益为 1000 万元。据预测,前 15 年交通量达到设计标准的概率为 0.7,若前 15 年达到设计标准,则后 15 年达到设计标准的概率为 0.8,且达到设计标准的后 15 年的年收益为 2500 万元、未达到设计标准的后 15 年的年收益为 1600 万元。

二是先建一级公路,使用期限为 15 年,总投资为 6000 万元,前 15 年达到设计交通量(2500 辆/日)年收益 900 万元,概率为 1.0,15 年后改建为高速公路,改建费 5000 万元。据预测达到设计交通量的概率为 0.8,年收益 2200 万元,如达不到标准,年收益为 1500 万元。问,在年利率为 1.5% 时,应选取哪个方案?

参 考 文 献

[1] 吴广谋,盛昭瀚.系统与系统方法[M].南京:东南大学出版社,2000.
[2] 王炜.交通规划[M].北京:人民交通出版社,2007.
[3] 田丰,胡运权,顾基发,等.运筹学[M].北京:清华大学出版社,2012.
[4] 王炜,陆建.道路交通工程系统分析方法[M].北京:人民交通出版社,2004.
[5] 王炜,过秀成.交通工程学[M].南京:东南大学出版社,2011.
[6] P. Ramamurthy. Operations Research [M]. Seborga: New Age International, 2007.
[7] 何亚伯,张海涛,杨海红.工程经济学[M].北京:机械工业出版社,2008.
[8] 刘新梅.工程经济学[M].北京:北京大学出版社,2009.
[9] 胡运权.运筹学习题集[M].4版.北京:清华大学出版社,2010.
[10] 胡运权.运筹学教程[M].3版.北京:清华出版社,2005.
[11] 洪军.工程经济学[M].北京:高等教育出版社,2004.
[12] 易德生,郭萍.灰色理论与方法[M].北京:石油工业出版社,1992.
[13] 刘舒燕.交通运输系统工程[M].北京:人民交通出版社,1998.
[14] 马鹤龄.道路交通系统工程基础[M].北京:人民交通出版社,1995.
[15] Dennis Blumenfeld. Operations Research Calculations Handbook[M]. America: CRC Press, 2001.
[16] 冯树民.交通系统工程[M].北京:知识产权出版社,2009.
[17] 田丰,马仲蕃.图与网络流理论[M].北京:科学出版社,1987.
[18] 徐光辉.随机服务系统[M].北京:科学出版社,1980.
[19] 陈珽.决策分析[M].北京:科学出版社,1990.
[20] 吴凤平.运筹学方法与应用[M].南京:河海大学出版社,2009.
[21] 张莹.运筹学基础[M].北京:清华大学出版社,1995.
[22] 郭耀煌.运筹学原理与方法[M].成都:西南交通大学出版社,1994.
[23] Wayne L. Winston, Jeffrey B. Goldberg. Operations Research: Applications and Algorithms [M]. American: Thomson Brooks/Cole, 2004.
[24] 徐红利.城市交通流系统分析与优化[M].南京:南京大学出版社,2013.
[25] 王炜,陈学武,陆建.城市交通系统可持续发展理论体系研究[M].北京:科学出版社,2004.
[26] 王炜,杨新苗,陈学武.城市公共交通规划建设与管理技术[M].北京:科学出版社,2002.
[27] 陈新,李永义,杨亦慧,等.交通工程系统分析方法[M].北京:国防工业出版社,2014.
[28] 杨佩昆,张树升.交通管理与控制[M].北京:交通人民出版社,1995.
[29] 李作敏,杜颖.交通工程学[M].北京:交通人民出版社,1997.
[30] 王炜,徐吉谦.城市交通规划理论与方法[M].北京:交通人民出版社,1992.

[31] 王炜.城市交通规划理论及其应用[M].南京:东南大学出版社,1998.

[32] 沈志云.交通工程学[M].北京:交通人民出版社,1999.

[33] 徐言谦,过秀成.交通工程学[M].南京:东南大学出版社,1994.

[34] 吴广谋.系统原理与方法[M].北京:北京师范大学出版社,2013.

[35] 吴广谋,吕周洋.博弈论基础与应用[M].南京:东南大学出版社,2009.

[36] 毛宝华,姜帆,刘迁,等.城市轨道交通[M].北京:科学出版社,2001.

[37] 薛声家,左小德.管理运筹学[M].广州:暨南大学出版社,2000.

[38] Wayne L. Winston.运筹学概率模型应用范例与解法[M].李乃文,林细才,译.北京:清华大学出版社,2006.

[39] A. M. Natarajan, P. Balasubramani. Operations Research[M]. India: Dorling Kindersley, 2005.

[40] Jay E. Aronson, Stanley Zionts. Operations Research: Methods, Models and Applications[M] America: IAP, 2008.

[41] 梁工谦,张享福,刘西林.运筹学典型题型解析及自测题[M].西安:西北工业大学出版社,2002.

[42] 腾传林.管理运筹学[M].北京:中国铁道出版社,1986.

[43] Michael W. Carter, Camille C. Price. Operations Research: A Practical Introduction[M]. America: CRC Press, 2000.

[44] Thomas L. Saaty. Mathematical Methods of Operations Research[M]. America: Courier Corporation, 1959.

[45] H. A. Eiselt, Carl-Louis Sandblom. Operations Research: A Model-Based Approach[M]. German: Springer Science & Business Media, 2012.

[46] 卢向南.应用运筹学[M].杭州:浙江大学出版社,2005.

[47] 吴清烈,尤海燕,徐士钰,等.运筹学[M].南京:东南大学出版社,2004.

[48] 李宗元.运筹学 ABC[M].北京:经济管理出版社,2000.

[49] 赵可培.运筹学[M].上海:上海财经大学出版社,2000.

[50] K. Rajagopal. Operations Research[M]. India: PHI Learning Pvt. Ltd. ,2012.

[51] 邓聚龙.多维灰色规划[M].武汉:华中理工大学出版社,1993.

[52] 邓聚龙.灰色控制系统[M].武汉:华中理工大学出版社,1993.

[53] 李修刚,杨晓光,王炜,等.基于 GIS 的城市交通规划的数据库研究[M].北京:科学出版社,2000.

[54] 陆化普.城市交通现代化管理[M].北京:人民交通出版社,1999.

[55] David J. Rader. Deterministic Operations Research: Models and Methods in Linear Optimization[M]. America: John Wiley & Sons, 2010.

[56] 钱学森.论系统工程[M].湖南:湖南科技出版社,1982.

[57] 邹珊刚.系统科学[M].上海:上海人民出版社,1987.

[58] 沈泰昌.系统工程基础[M].北京:国防工业出版社,1988.

[59] 姚德民,李汉铃.系统工程实用教材[M].哈尔滨:哈尔滨工业大学出版社,1986.

[60] 袁嘉新,张国伍.系统论在区域规划中的应用[M].北京:社会科学文献出版社,1987.
[61] 廖泉文.管理系统工程概论[M].江西:江西人民出版社,1989.
[62] 蔡宜三.最优化与最优控制[M].北京:清华大学出版社,1982.
[63] 国务院经济技术研究中心.可行性研究及经济评价[M].陕西:陕西人民出版社,1984.
[64] 欣士敏.经济决策概论[M].上海:上海社会科学出版社,1988.
[65] 邹至庄.用控制论方法进行计量经济分析[M].北京:中国友谊出版公司,1987.
[66] 国家科委政策局.决策支持系统研究与应用[M].山西:山西科学出版社,1989.
[67] T.C.哈恰图罗夫.运输配置[M].张国伍,译.北京:科学出版社,1960.
[68] Е.Д.哈努科夫.运输与生产配置[M].黄良安,张国伍,译.北京:商务印书馆,1960.
[69] 严大凡.输油管道设计与管理[M].北京:石油工业出版社,1986.
[70] 徐光辉.随机服务系统[M].北京:科学出版社,1998.
[71] 月华.图论及其应用[M].南京:东南大学出版社,2002.
[72] 成虎.工程项目管理[M].北京:中国建筑大学出版社,2001.
[73] 官建成.随机服务过程及其在管理中的应用[M].北京:北京航空航天大学出版社,1994.
[74] 张惠泉.图论及其应用[M].北京:科学出版社,2004.
[75] 吴开登.图论及其解法[M].合肥:中国科学技术出版社,2003.
[76] 董肇君.系统工程与运筹学[M].北京:国防工业出版社,2003.
[77] 陈晓剑,梁梁.系统评价方法及应用[M].北京:清华大学出版社,2005.
[78] 王则柯.博弈论平话[M].北京:中国科技大学出版社,1993.
[79] 俞玉森.数学规划的原理与方法[M].武汉:华中理工大学出版社,1993.
[80] 董承章.投入产出分析[M].北京:中国财政经济出版社,2000.
[81] 马仲番,维权龄,赖炎连.数学规划讲义[M].北京:中国人民大学出版社,1981.
[82] 管梅谷,郑汉鼎.线性规划[M].济南:山东科学技术出版社,1983.
[83] 胡昌富.线性规划[M].北京:中国人民大学出版社,1990.
[84] 钱学森.论系统工程(新世纪版)[M].上海:上海交通大学出版社,2007.
[85] 汪应洛.系统工程[M].4版.北京:机械工业出版社,2008.
[86] 汪应洛.系统工程理论、方法与应用[M].北京:高等教育出版社,2004.
[87] 陈宏民.系统工程理论[M].北京:高等教育出版社,2006.
[88] 高隆昌.系统学原理[M].北京:科学出版社,2005.
[89] 杨浩,赵鹏.交通运输的可持续发展[M].北京:中国铁道出版社,2001.
[90] 路涛.基于情景模拟的两阶段投资决策模型研究[M].长春:吉林大学出版社,2008.